기지촌의 그늘을 넘어

기지촌의 그늘을 넘어

2007년 3월 16일 초판 1쇄 발행

펴낸곳 (주)도서출판 삼인

지은이 여지연
옮긴이 임옥희
펴낸이 신길순
부사장 홍승권
책임편집 강주한
편집 최인수 김종진 양경화
마케팅 이춘호
관리 심석택
총무 서장현

등록 1996.9.16. 제 10-1338호
주소 121-837 서울시 마포구 서교동 339-4 가나빌딩 4층
전화 (02) 322-1845
팩스 (02) 322-1846
E-MAIL samin@saminbooks.com

표지디자인 (주)끄레어소시에이츠
제판 문형사
인쇄 대정인쇄
제책 성문제책

ISBN 978-89-91097-64-3 03330

값 18,000원

기지촌의 그늘을 넘어

미국으로 건너간 한국인 군인아내들 이야기

여지연 지음 · 임옥희 옮김

삼인

이 연구가 가능하도록 신뢰와 우정을 보내 주었던 한국인 여성들에게,
그들의 이야기와 나의 경청이 헛되지 않기를 희망하면서.

열 시간이든 스무 시간이든, 하여튼 간에 아무리 오랜 시간 동안 앉아서 당신이 그들의 이야기에 귀를 기울인다고 해도, 그건 다 소용없는 일이에요. 그 이야기를 이해하려면 경험해 봐야해요. 그런 삶을 함께 살아보고 경험해 봐야 알아요. 클럽과 술집에서 일하는 젊은 아가씨들, 그들과 함께 일을 해봤을 때라야 비로소 당신은 그 여자들 마음을 이해할 수 있어요. 오로지 경험을 해봐야 이해할 수 있어요. 그래, 당신은 몸 팔아 본 적 있어요? 자기 몸을 팔아 보아야 비로소 당신은 그 사람들 마음을 이해할 수 있어요. 배 속에 든 아이를 지워 본 적 있어요? 낙태를 해봐야 비로소 그 사람의 마음을 이해할 수 있어요. 모든 걸 당신 스스로 경험해 보았을 때라야 비로소 이해할 수 있어요. 그게 직접 살아봄으로써 인생을 배우게 되는 법이잖아요.

— 소머 부인, 1995년 1월 24일 화요일

우리 모두 한국인이야. 동족이고 우리 모두 같은 민족이야. 외국인과 결혼한 여성들, 우리 모두 다 같은 한국인이란 말이야. 우리를 깔보지 말라 그래.

— 브레넌 부인, 1996년 11월 11일 월요일

글 싣는 순서

감사의 글

책이라는 것은 단지 한 사람에 의해 쓰여지는 것이 아니다. 왜냐하면 글쓰기는 책을 만드는 한 단계에 불과하기 때문이다. 이 연구 과정을 완수하기까지 자신들의 가정과 삶 속으로 기꺼이 나를 초대해 주었던 많은 여성들이 없었더라면 이 책의 출판은 불가능했을 것이다. 그들에게 감사와 깊은 존경을 보내며 이 책을 바친다. 필라델피아 한인 커뮤니티의 많은 사람들 중에서도 이문범은 이 연구에 도움이 되도록 사람들을 연결시켜 주었다. 특히 여금현, 김명분, 김현순에게 감사하고 싶다.

많은 학자들이 지적인 지원과 충고를 해주었다. 이제는 정년퇴임한 서울대학교의 이광규 선생은 진행 중이었던 이 프로젝트에 관해 친절하게 논평을 해주면서 이 주제를 연구해 보는 것이 어떻겠냐고 제의했다. 펜실베이니아 대학의 대학원 지도교수였던 월터 리흐트(Walter Licht)는 든든한 지원자였다. 머릿속에서만 부글거릴 뿐 몇 개월 동안 한 줄도 쓰지 못하던 나에게 그는 이 연구가 엄청난 작업이 될 것이라면서 격려하고 믿어

주었다. 게리 오키히로(Gary Y. Okihiro)와 박계영은 인내심과 관대함으로 지지해 주었고, 원고를 비판적으로 읽어 주었다. 캐머런 허스트(Cameron G. Hurst)는 사려 깊고, 심금을 울리는 논평을 해주었다. 다니엘 모스헨버그(Daniel Moshenberg)는 탁월한 스승이자 동료가 되어 주었다. 프랭클린 오도(Franklin Odo)와 진 우(Jean Wu)는 아시아계 미국인 연구에 입문하도록 해주었는데, 대학원 시절 내내 관대하게 지도해 주었다. 노스웨스턴 대학의 동료들, 특히 로라 헤인(Laura Hein), 세라 마자(Sarah Maza), 마이클 셰리(Michael Sherry), 테시 리우(Tessie Liu), 아담 그린(Adam Green), 낸시 맥클린(Nancy Maclean), 에드 뮈어(Ed Muir)에게 감사한다. 신뢰하는 동료 일레인 김(Elaine Kim)은 나에게 엄청난 도움을 주었다. 뉴욕 대학교 출판부 편집장인 에릭 지너(Eric Zinner)는 탁월한 편집자로서 처음부터 나에게 자신감을 불어 넣어주었다.

남동생인 여석구는 가장 좋은 연구 조수였다. 내가 사람들과 참고 문헌을 추적할 수 없었을 때에도 남동생은 끈기를 발휘하여 찾아주었다. 나는 또한 펜실베이니아 대학에 신세를 졌다. '멜론 재단'과 '한국학 연구를 위한 Y. H. 박 재단'은 내 작업을 친절하게 지원해 주었다.

하지만 학문적인 지원만이 나와 내 연구를 숨 쉬게 한 것은 아니다. 우배(Oobae) 회원들에게 특히 감사한다. 그중에서도 특히 김재보, 이진형, 박남수 그리고 좋은 친구인 송숙주에게 동료로서 감사한다. 그들과 함께 작업하고 놀았던 것이 피곤한 나의 영혼에 기쁨이자 향기였다. 성질 나쁜 딸을 참고 견뎌 준 어머니와 나를 위해서 언제나 자제심을 발휘했던 아버지에게 감사한다. 가장 힘겨웠던 기간 동안, 두 분은 나에게 무조건적인 사랑을 주었다. 남편은 행동으로 깊은 사랑을 표현했다. 남편이 가사를 담당하고 갓 태어난 아들을 보살펴 주었기에 나는 이 연구를 박사학위 논문으로 쓸 수 있었다. 또한 남편은 그 뒤에 태어난 딸을 맡아 주어서 이 책을 수정할 수 있었다. 그는 인내심을 발휘하여 내 고민을 들어주고 조언을 해주면서 내 생각이 치밀해질 수 있도록 자극했다. 남편은 부드럽지만 집요하게, "오늘은 얼마나 진척이 있었어?"라고 밤마다 물었다. 남

10

편이 없었더라면 나는 이 책을 쓰기 힘들었을지도 모른다. 아들과 딸은 인생의 멋진 수학 공식을 가르쳐 주었다. 하나 더하기 하나는 둘보다 많다는 것을 깨닫게 해주었다. 무엇보다 가장 소중한 것은, 그들이 태어나서 우리에게 기쁨을 주었으며 우리가 가족이 되었다는 것이다.

■ 일러두기

1. 이 책은 여지연(Ji-Yeon Yuh)의 *Beyond the Shadow of Camptown—Korean Military Brides in America* (New York University Press, 2002)를 우리말로 옮긴 것이다.

2. 지은이는 모든 인터뷰를 한국어로 진행한 후 영어로 옮겼다. 인터뷰를 한 군인아내들의 모든 이름은 가명이며, 비밀을 보호하기 위해 식별 가능한 모든 것은 필요하다면 변경 시켰다.

3. 인터뷰를 인용할 경우 부호의 쓰임은 다음과 같다.
   — 인터뷰 중 지은이가 질문을 한 경우는 ( )로 표시했다. 또한 웃음, 비명, 한숨, 제스처 등 비언어적 행동들도 ( )로 표시했다.
   — 지은이와 옮긴이가 설명을 덧붙일 때는 〔 〕로 표시했고, 옮긴이의 설명은 〔 —옮긴이〕로 표시하여 구분하도록 했다.

4. 원서에는 영어권 독자들을 위한 〈근현대 한국사에서 선별한 사건의 연대기〉가 실려 있 는데, 한국의 독자들에게는 불필요한 내용이라 판단하여 편집 과정에서 싣지 않았다. 다만, 군인아내들의 역사와 관련하여 주목할 만한 내용은 다음과 같다.
   — 1945년이 끝날 무렵. 남한에서 최초의 기지촌이 부평에 생겼다.
   — 1950년. 미국인과 결혼한 최초의 한국 여성이 미국에 도착하기 시작했다.
   — 1970년대 초반. 미국은 남한에서 미군을 감축했으며, 한국 정부와 더불어 기지촌 정 화 운동을 시작했다. 남한 정부는 관리들을 기지촌으로 보내 여성들에게 외화를 벌 어들이는 애국자이며 민간외교관으로 봉사하라는 강연을 했다.
   — 1992년. 서울 근처에 있는 기지촌 술집의 호스티스였던 윤금이 씨가 미군에 의해 살 해되었다. 남한 경찰은 그들이 보았던 어떤 범죄보다도 끔찍한 범죄라고 표현했다. 윤금이 씨 살해 사건은 불평등한 소파협정에 반대하며 개정을 요구하는 운동에 불을 지폈으며, 미군 축출을 주장하는 학생 운동에 힘을 실어 주었다.
   — 1997년. 한국에 아이엠에프 사태가 터지자 기지촌 여성들은 자신들이 하는 일이 또 다시 외화벌이로서 값어치를 가지게 되었다는 농담을 했다.

서론

양장 차림을 한 젊은 아시아 여성이 여객선에서 내린다. 꽃을 든 중년의 미국인들이 인사를 한다. 한국 전쟁신부인 그녀는 시집 식구들과 처음 만난다. 그녀가 미국에서 새로운 생활을 하게 될 것이라는, 단조로운 목소리의 내레이션이 무덤덤하게 깔린다.[1]

한국 전시 정부가 만든 단편 뉴스 영화로부터 나온, 화질이 좋지 못한 이런 장면과 유사한 이미지들은 1940~1950년대 미국의 대중 잡지인 『라이프』와 『타임』에서도 찾아볼 수 있었다. 이들 전쟁신부에 관한 많은 묘사들은 대개가 여객선에서 내리면서 손을 흔들며 웃고 있는 것이 특징이었다. 이들은 미군인 남편과 함께 살기 위해 미국에 도착한 여성들이었다. 이른바 미국의 세기가 막 동틀 무렵, 익숙했던 모든 것들을 뒤로 한 채 미국 땅으로 온 이들은 미국 대중들의 눈에는 미국의 우월감을 증명하는 존재들처럼 보였다. '전쟁신부(war bride)'라는 용어 자체가 이들 여성이 남자들에게 의존하고 있음을 강조하는 것이며, 전쟁과 연관되어 있음을 나타낸다. 이 용어는 그들에게 인간 전리품이라는 위상을 부여한다.

남편과 합류하기 위해 유럽에서 미국으로 건너오는 일군의 여성들을 실어 나르는 '전쟁신부 여객선'이 있었다.

2차 세계대전의 승리와 더불어 미국의 우월감이 한창 무르익었지만, 미국 남성들이 외국 여성들과 결혼하는 것이 과연 현명한 처사인지에 관한 회의가 상당히 있었다. 이런 부부들이 결혼 허가에 필요한 것들을 얻으려면 대단히 힘든 관료 절차를 통과해야 했다. 어쨌거나 이들 여성은 아내로서 받을 사랑과 미국 생활 방식에 대한 흠모로 인해 미국인이 되기를 열렬히 바라고 있는 것으로 가정되었고, 또한 그럴 것으로 기대되었다.[2]

문제의 신부들이 아시아인일 때, 이런 기대는 의구심을 받으면서도 동시에 더욱 강한 확신으로 뒷받침되었다. 그 당시 전반적인 입장은 낯선 문화권 출신인 이들 여성이 미국 남성들에게 적합한 아내가 될 성싶지 않을 뿐만 아니라 진짜 미국인이 되는 데도 엄청난 애로사항이 있을 것으로 보았다. 하지만 그들이 미국인이기를 선택한 것이야말로 미국이 이 지상에서 가장 위대한 나라라는 미국인들의 자신감을 입증해 주었다. 초기 시절 아시아인 이민에 대한 엄격한 법적 장벽으로 인해 아시아 전쟁신부들의 미국 입국 허가는 대단히 제한적이었다. 1924년에 절정에 달한 이민법은 모든 아시아 여성들의 이민을 금지했다. 1945년 전쟁신부법안은 미군과 결혼한 아시아 여성들의 경우 예외 조항을 전혀 허용하지 않았다. 1952년 이민 법안이 개정되어서야 비로소 아시아인 이민 금지가 해제되었다. 그 시기에 이르기까지 아시아 전쟁신부—주로 일본 여성들과 약간의 한국 여성들—들은 미군들이 아시아인 아내들을 고국으로 데려올 수 있도록 일시적인 기회의 창(窓)을 제정했던 의회의 특별 법안을 통해서만 이민이 허용되었다.[3]

16

아시아인 전쟁신부들은 과연 제대로 미국인이 될 수 있을까라고 의심을 받으면서도 다른 한편으로 이들은 가능한 빨리 그리고 충분히 미국화되도록 기대되었다. 어쨌거나 그들은 미국 남성과 결혼한 여성들이기 때문이었다. 미국인으로서 그들의 새 생활은 백인 남성의 권위와 주류 미국 문화에 특권을 부여하는 인종적·문화적 그리고 젠더 이데올로기에 의해 구성되었다는 점은 1957년 영화 〈일본인 전쟁신부(Japanese War Bride)〉에서 명백히 드러나 있다. 여주인공이 겪는 고생은 일본계 미국인 이웃들과 관련된 것이다. 그녀는 일본계 미국인들을 거부하고 미국인 백인 남편을 가장으로 하는 핵가족 안에서 편안하게 자리 잡게 될 때라야만 비로소 행복을 찾는다. 아시아 전쟁신부들이 충족시켜 주어야만 했던 기대치에 대한 영화적 묘사는 그들의 실제 경험에 바탕한 것이었다. 예를 들어 1970년대 한국인 전쟁신부에 관한 조사에 따르면, 시집 식구들과 겪는 가장 주된 갈등은 그들이 한국 문화를 부인하고 심지어는 한국인들과 접촉하는 것마저 제한하려고 하는 것에서 비롯되었다.

　전쟁신부들에게 미국인이 된다는 것은 남편 문화를 충실히 따르기 위해 자신의 문화를 포기하고 동포들과 친족 관계를 저버리는 것이었으며, 미국인 가족 안에서 아내와 어머니로서 헌신해야 한다는 것을 의미했다. 달리 표현하자면, 전쟁신부는 타인들이 규정한 역할에 충실히 따를 것으로 기대되었다. 아시아 전쟁신부의 경우, 미국인들이 아시아인들에게 느끼고 있던 인종차별주의, 상투적 이미지, 특정한 의구심으로 인해 이 문제는 좀더 복잡했다.

　1950~1989년에 십만 명에 가까운 한국 전쟁신부들이 미합중국으로 이민을 왔다. 이 책에서 초점을 맞추고 있는 것이 바로 그들의 삶이다.

최근에 이르기까지 이들이 과연 누구인지 실제로 알고 있는 한국인들이나 미국인들은 거의 없었다. 그들은 의식의 가장자리에서 상투적인 이미지로 존재했다. 한국인들에게 그들은 미군과 결혼한 수상쩍은 여성들이었다. 왜냐하면 가난으로부터 탈출하는 유일한 방법이 그와 같은 결혼으로 여겨졌기 때문이다. 한편 미국인들에게 그들은 다혈질인 미국인들이 도무지 납득할 수 없는 이유로 결혼하는 외국인들이자 '마마상(mama-sans)'들이었다. 마마상이란 군대에서 운영하는 피엑스(PX)의 잡화점에서 물건을 빼돌려 불법적인 암거래를 했거나 마사지 숍에서 일했던 전력이 있는 여성을 일컫는 명칭이다. 2세대 한국계 미국인들에게 그들은 교회의 예배 시간과 친교 시간에 남편도 없이 홀로 앉아 있는 여성들이었으며, 그들이 무시했던 여성들이었다. 왜냐하면 모든 사람들이 그들을 무시했기 때문이었다. 그들의 존재는 거의 인정되지 않았으며, 그들의 역사는 주변화되었다. 하지만 그들의 존재는 의미심장하며, 한국 여성들은 미군들과 매년 지속적으로 결혼하고 있다.[4]

1950~1953년 이전부터 남한을 지배했으며 지금까지도 이어지고 있는 미군의 남한 지배라는 역사적 맥락 속에서, 한국 여성들은 미군 병사들을 만나서 결혼했다. 따라서 한국 전쟁신부와 대부분의 다른 아시아 국가 전쟁신부들에게 '전쟁신부(war bride)'라는 용어는 잘못된 것이다. 대다수 한국 전쟁신부들은 군사적 갈등이 중지되었던 휴전 시기 동안, 말하자면 전쟁 상태가 아니라 비교적 평화 시기 동안 병사였던 남편을 만나서 결혼했다.[5] 그들의 결혼은 1945년 이후부터 남한에 미국 군대가 계속해서 주둔한 직접적인 결과였다. 미군의 지배가 이런 결혼을 가능하게 한 것이며, 한국인과 미국인의 결혼이라는 취지에 광범한 영향을 미치게 되

었다. 이런 이유로 인해 이제부터 나는 이들 여성을 '군인아내(military bride)'라고 부르겠다.

한국인 출신의 군인아내들은 일본 식민지 시대로부터 미국과 소련이라는 초강대국 사이의 갈등으로 인해 나라가 분단되던 시대에 태어나서 자랐다. 민족 국가상으로 볼 때 그들은 남한 출신들이었다. 남한은 반공주의라는 이름 아래 미국의 국가 안보상의 필요에 봉사했으며, 종종 자국민을 희생시키면서까지 북한에 대응했다. 1948년 출범하기 이전부터 남한은 정치적·군사적·경제적으로 미합중국에 종속되어 있었다. 따라서 남한 시민들은 과거에도, 그리고 현재에도 그들의 생애 대부분을 미국의 다양한 헤게모니에 예속되어 있다.[6]

대다수 남한 사람들과 마찬가지로 군인아내들은 미국의 문화적 헤게모니와 지속적으로 협상하면서 미국의 요구와 압력 중 일부는 수용하면서도 나머지는 거부할 방법을 모색해 왔다. 남한과 미합중국 사이의 신제국주의 관계는 군인아내들이 미국을 경험하고 마주쳤던 방식으로 형성되었을 뿐만 아니라 그들이 가족과 미국 사회 전체 안에서 차지한 위치에 따라 형성되었다. 한국 출신 군인아내들은 과거 반세기 동안 한국과 미국 사이의 문화적·사회적 접촉의 최전선에 서 있었다.

민족 국가의 안팎에서 그런 관계가 한국인들에게 영향을 미치는 것과 마찬가지로 남한의 헤게모니와 그들이 맺는 관계 역시 복합적이다. 여성으로서 그들은 결혼과 모성을 여성의 궁극적인 목표로 간주하는 한국의 젠더 이데올로기에 의해서 형성되었다. 하지만 비한국인과 결혼한 여성으로서, 미군 병사와 결혼했다는 단지 그 이유만으로 미군 기지촌과 매춘으로 연상되는―그들의 사회적인 출신 배경과는 아무런 상관없이―오염된 여성으로서, 존경할 만한 한국인 여성임과 동시에 진정으로 한국적인 것, 이 양자의 경계로부터 벗어난 곳에 존재하는 여성으로 간주된다. 따라서 군인아내는 한국인으로서의 정체성뿐만 아니라 점잖은 사회적 대우를 끊임없이 요구해야 한다.

이 책은 군인아내들이 미국 문화와 한국 문화 양자와 어떻게 협상하는가에 초점을 맞추고 있다. 1장은 한미 군사 관계의 맥락 속에서 한국 출신 군인아내라는 현상을 탐색하고, 이를 통해 미국적인 문화의 지배가 남한에 도입된다는 점을 주장하고자 한다. 2장은 한국 역사상 반세기에 걸쳐 한국 여성들이 미군과 결혼하도록 이끈 변화와 지속의 흔적을 통해 이들 여성의 생활을 논의한다. 이민자이자 아내로서 이들의 생활에 관한 논의를 시작하는 3장은, 이종(異種) 문화로 구성된 가족이라는 사적이고 친밀한 공간 속에서 이들 여성의 투쟁을 보여 주고자 한다. 4장은 문화적 표현 형식으로서의 음식을 조명한다. 음식으로 표현되는 문화적 형식은 좋은 한국 여성과 좋은 미국 아내가 되려는 여성들의 노력을 강조한 것이다. 5장은 1970~1980년대를 통틀어 이들이 한국 이민 최초의 핵심적인 연결 고리였으며, 그런 만큼 이들이 한국 이민 사회의 구성에 도구적인 역할을 했음을 주장하고자 한다. 군인아내들은 그들 나름의 커뮤니티를 구성하였다. 6장은 이런 커뮤니티들이 어떻게 함께하게 되었으며, 한국인 커뮤니티와 미국인 커뮤니티 모두의 엄격한 자기규정에 어떻게 도전했는지를 탐색한다.

이 책에 옮겨진 이야기들은 주로 구술사 인터뷰에 토대한 것이며, 3년간에 걸쳐 실시한 현지 조사를 통해 기록한 것이다. 내가 인터뷰하고 관찰했던 여성들과 가족들은 한인 이민 사회를 통해 사적인 접촉으로 알게 되었다. 내가 만났던 여성들이 다른 여성을 소개시켜 주었고, 그들은 세 지역의 군인아내 협회를 알려 주었다. 또한 군인아내들과 그들 가족으로 구성된 한인 교회를 소개시켜 주었다. 나는 협회가 주관하는 자선 모금 디너파티와 모임에 참석했으며, 2년간 교회 구성원으로 교회 활동에 참여했다. 나는 어머니들의 요청에 따라 주일학교에서 아이들에게 한국어를 가르쳤다.

이 연구 조사를 통해 나 자신의 위상이 내부자임과 동시에 외부자라는 것을 절실히 깨달았다. 나 역시 한국 여성이지만 군인아내는 아니며, 내가 인터뷰했던 여성들과 대체로 같은 세대가 아니었다. 그들처럼 나 역시 이민 온 한국인 여성이지만 그들과 달리 나는 어른이 되어서 이민을 온 것이 아니라 어린 시절에 이민을 왔다. 나 역시 미국에서 인종적·문화적 소수자이지만 나는 영어에 능통하다. 영어를 잘 구사했기 때문에 많은 특혜를 누린 게 사실이다. 그로 인해 고등 교육을 받고 사회적으로 높은 위상과 더 많은 수입을 얻을 수 있었다.

시카고 이민 사회에서 성장하면서 1970~1980년에 한인 교회에 다녔던 나는 군인아내들을 볼 만큼은 충분히 보아왔으며 그들이 나와 다르다는 사실 또한 알고 있었다. 어른들이 경멸적인 어투나 동정어린 어조로 그들에 관해 이야기하는 것 또한 들었다. 그들의 사회적 신분은 '우리' 지역 커뮤니티에서 천민으로 여겨졌던 것이 분명했다.

다른 많은 한국인들처럼, 우리 집안에도 군인아내가 있었다. 서울에 살던 나의 사촌언니는 미군과 결혼했다. 사촌언니는 1980년대 초반 영어를 배우러 다녔는데, 그때 영어 강사였던 남편을 만났다. 그 이후로 사촌언니는 남편을 따라 미국과 다른 나라에 있는 여러 미군 기지에서 생활했다. 대부분의 군인아내들처럼 사촌언니는 미국에 있는 우리 가족을 포함하여 대가족의 반대를 무릅쓰고 결혼했다. 하지만 대다수 군인아내들과 달리, 그녀는 친척들이 이민 오는 데 전혀 도움을 주지 않았다.

군인아내와 다른 한국인들이 서로 가족적인 유대를 맺고 있었던, 혹은 맺고 있지 않았던 간에, 우리의 역사와 경험은 그들과 떼려야 뗄 수 없을 정도로 연결되어 있다. 내가 인터뷰하고 연구했던 대다수 여성들은 나보다 훨씬 나이가 많았는데, 그들은 나를 딸이나 조카딸 혹은 여동생처럼 대해 주었다. 그들은 나에게 식사는 충분히 했는지를 물어보거나, 혹은 내 얼굴이 창백해 보인다, 얼굴이 반쪽이다, 내가 너무 과로한 것 아니냐와 같은 대화로 인터뷰를 마무리했다. 혹은 나에게 살이 좀 쪄야겠다는 온화한 훈계를 하거나 결혼을 하라고 충고하면서 화장을 좀 하는 것이 어떠냐고 마치 어머니처럼 조언을 했다. 그중 몇 사람은 나에게 적당한 남편감을 소개시켜 주겠다고까지 했다.[7] 나는 그들의 아이들에게 관심을 가졌으며, 공문서를 독해하는 데 영어로 도움을 주겠다고 제안했다. 나는 연구자라기보다는 스스럼없는 집안의 친구처럼 그들과 지냈다.

자신들의 삶 속으로 나를 받아들이고 따스하게 대접해 주면서도 다른 한편으로 그들은 연구자로서 나의 역할을 나만큼이나(비록 그 이상은 아니라할지라도) 예민하게 의식했다. 많은 사람들은 주로 내가 한국인을 대표하는 것처럼 생각했다. 그래서 나에게 자신들의 삶을 설명하면서 마치 한국인 전체에게 말하고 있는 것처럼 느꼈다. 자신들의 이야기를 더 많은 사람들이 들어주기를 기대했으며, 몇몇 사람은 공공연하게 그런 소망을 드러냈다. 그들은 내가 모든 한국인들에게 군인아내에 관한 '진실'을 말할 수 있으리라는 기대를 했다. 그런데 흥미롭게도 그들 중 어느 누구도 자신들의 이야기를 미국인들에게 들려주었으면 하는 그와 비슷한 희망을 표현한 사람은 없었다. 미국인들이 그들에게 가지고 있는 편견을 너무도 예민하게 의식하고 있기에 그런 희망을 드러낸 사람은 없었다. 아마도 그들은 나를 '진짜' 미국인으로 여기지 않았을 것이며, 자신들의 이야기를 미국인들에게 전달하기에는 적절한 도구가 아니라고 생각했던 것 같다. 아마도 그들은 미국인들에게 이해받는 것 자체에 그다지 관심이 없었는지도 모른다.

내가 만났던 여성들이 인터뷰를 허락하고 대화에 참여한 것은 외부인에게 자신들의 개인적인 생활을 노출하는 것을 의미했다. 동포인 한인들로부터 받았던 수모에 익숙한 대다수 여성들은 나와 말하는 것을 달가워하지 않았다. 대다수는 형식에 치우친 인터뷰를 싫어했으며, 자신들의 삶은 그만한 가치가 없다고 말했다. 그것은 연구자가 접근하는 것을 점잖게 거절하는 방식이었다. 많은 여성들은 내가 군인아내에 관해 널리 퍼져 있는 정형화된 이미지를 확인하려고 이 인터뷰를 하는 것은 아닌가라는 의구심을 품고 있었다. 1994년에 방영된 한국 텔레비전의 어느 다큐멘터리는 한국 출신 군인아내들을 나쁜 관점에서 묘사했는데, 이들은 이 프로그램을 '어쩔 수 없는 인텔리들'의 또 다른 사례라면서 비판했다. 그 다큐멘터리는 이들에게 선정적인 이야기를 사냥하러 다니는 외부인들을 좀더 철저히 경계하도록 만들었을 따름이다.

하지만 전반적으로 그들은 다른 어느 누구나 마찬가지로 반듯한 생활을 하려고 노력하는 사람들이었다는 점을 세상에 널리 알려 주기를 원했다. 이런 소망이야말로 자신들의 삶 속으로 내가 들어오는 것을 허락한 으뜸가는 이유였다. 그들은 나를 관대하고 정중하게 대우했다. 때로는 커피를 권했고, 주말에는 교회에서 만나기도 했다. 협회 모임이나 행사에 나를 초대했으며, 공식적인 인터뷰 이외에도 그들의 집에서 무수히 많은 대화를 나누었다.

비록 한국 출신 군인아내들이 이 책의 초점이기는 하지만 그들의 남편과 자녀들의 이야기가 전혀 없는 것은 아니다. 남편과 자녀들의 생활은 아내와 어머니로서의 이들 여성의 관점에서 묘사되었다. 남편과 자녀들은 그들이 들려준 이야기의 중요하고 필요한 배경으로 기능하고 있다. 대다수 남편들은 자기 아내가 연구 조사 인터뷰에 참가하는 것에 양면적인 태도를 취하거나 아예 반대했다. 남편들의 반대로 인해 공식적으로 녹음 인터뷰하는 것에 대한 동의를 얻는 데 지장이 생겼다. 하지만 몇몇 여성들은 남편의 반대를 무릅쓰고 인터뷰 요청을 허락했다. 또한 그 밖의 많은 사람들은 남편이 일하러 나가고 없는 동안 은밀하게 비공식적으로 대화를 나누기 위해 나를 만났다. 자기 아내가 자신이 전혀 알아듣지 못하는 한국어로 나에게 말한다는 사실로 인해 남편들은 인터뷰와 대화 내용을 매우 불편해 했다. 그렇다고 모든 남편들이 하나같이 인터뷰에 반대한 것은 아니었다. 현장 방문을 다니면서 나는 그들에 관해 많은 것들을 알게 되었고, 주로 군인아내 교회에서 많은 것을 알게 되었다. 우리가 나눈 비공식 대화는 이 책을 더할 나위 없이 풍부하게 만들었다.

집으로 방문하거나 주말에 교회에서 만남으로써 나는 또한 그들의 자녀들과 자연스럽게 알게 되었다. 겨우 걸음마를 하는 아이에서부터 젊은 이까지 연령층이 다양했는데, 그중에는 삼십대 심지어 사십대 초반도 있었다. 나는 자녀들과의 공식적으로 인터뷰하는 것은 삼가면서도 그들과 대화를 나눴다. 특히 십대와 이십대 자녀들과의 대화를 통해 그들 어머니의 생활 경험을 이해하는 데 많은 도움을 얻었다. 나아가 자녀들의 삶과 가족의 역학 관계에 대한 통찰을 얻었다.

한국인 출신 군인아내의 삶과 역사에 관한 연구는 미국 역사, 아시아 역사, 아시아계 미국인들의 역사를 이해하는 데 주요한 한 분과 연구이다. 넓은 의미로 말하자면, 아시아계 군인아내들을 진지하게 고려한다는 것은 전체 미국-아시아 관계와 이들 관계가 일부를 차지하고 있는 사회적 결과를 재고하지 않을 수 없다는 의미이다. 아시아 국가와 미국 관계의 불평등한 성격에 주목해야 할 뿐만 아니라 이들 관계가 일부를 차지하고 있는 젠더화·인종화된 이데올로기의 불평등한 성격에 주목해야 한다. 이 관계는 아시아인과 아시아계 미국인 여성들의 생활에 엄청난 영향을 끼쳤다. 심지어 아시아계 이민에 대한 해석은 심각하게 재고되어야 할 필요가 있다. 여기에 덧붙여 뒤에서 논의할 군인아내 결혼과 같은 그런 결혼으로 인해 생긴 이질적인 두 문화의 공존과 이질적인 두 인종 가족은 인종과 다문화주의의 개념에 대한 새로운 이해를 요구하도록 만들었다.

앞으로 내가 말할 한국 출신 군인아내들에 관한 역사는, 한국에 대한 미국의 연루와 미국과 연루된 한국의 역사를 "까마득한 저 아래쪽에서" 올려다본 것이라고 로빈 켈리(Robin Kelley)라면 말했을지도 모른다.[8] 내가 연결시켜 놓은 연관 관계—한미 관계의 제국주의적인 성격과 남편과 아내 사이의 연관 관계, 미국화하라는 압력과 아시아 여성들과 그들 가족 관계에 대한 오리엔탈리즘적인 이미지 사이의 연관 관계—는 가장 사적인 관계에서마저 깊이 뿌리내리고 있으며, 따라서 그것은 역사적·사회적 상황에 의해서 형성된 것임을 보여 준다. 이런 역사에서 나는 낯선 이방인이나 혹은 공적인 공간에서의 사회적 우월감에 대한 것이 아니라 친밀한 가족 내부에서 보여 주는 사적인 공간에서의 일상적인 저항의 윤곽을 추적하고자 한다. 그 결과 군인아내들이 특정한 헤게모니에 저항하고 있음을 보여 줌에도 불구하고 미국식 다문화주의의 공허함을 동시에 보여 주게 될 것이다. 그러므로 이 책은 국가를 넘어선 커뮤니티를 상상하고 자리매김할 수 있는 변화의 잠재력을 어렴풋이나마 제공해 줄 것이다.

1장

미합중국 기지촌

1950년 미국 시민의 신부가 된 최초의 한국 여성이 미국 땅에 발을 디뎠다. 그해 미국 땅에 도착한 사람은 그녀 한 명뿐이었다. 십중팔구 그녀의 남편은 미군 병사였을 것이다. 그 이후로 거의 반세기 동안 십만 명에 가까운 한국 여성들이 미군의 아내가 되어 뒤따라왔다.[1] 이런 결혼은 남한에 미군이 지속적으로 주둔함으로써 가능한 일이었다. 남한은 한국 여성과 미군이 만나서 결혼할 수 있는 직접적인 배경을 제공한다. 미국인의 존재는 물리적인 상황을 제공했을 뿐만 아니라―군사 기지와 기지 주변의 기지촌, 기지를 중심으로 경제적으로 돌아가는 타운, 미군들의 욕망을 채워 주는 홍등가를 포함한 기지촌은 두 사람이 만날 수 있는 공간이 된다―사회적·문화적 환경을 창조하는 데 일조함으로써―군대 매춘, 군사 기지를 중심으로 한 그 지역 민간인의 고용과 미국적인 것의 유혹―미군과 결혼하는 것이 한국 여성들에게 매력적인 선택으로 만들었다.

한국 여성과 미군의 관계는 한미 관계처럼 불평등하게 형성되어 왔다.

이들의 결혼은 개인적인 선택에 따른 것일 수 있지만, 미군이 남한을 반세기 동안 지배한 결과이기도 하다. 적어도 여성들이 미군과의 결혼을 선택한 것은 한국의 가난과 미국의 부유함 사이에 초래된 현저한 격차를 지속적으로 상기시켜 주는 것으로 기능한다. 그런 현상은 또한 한국의 후진성과 미국의 현대성 사이의 대비로 해석되기도 한다. 여기에 덧붙여 미군 주둔지를 중심으로 한 한국 여성들의 성적인 종속 관계는 한국 여성과 미군 사이의 관계의 성격과 기원을 검토하는 데 간과할 수 없는 측면이다.

한국과 미국의 관계 그 자체 또한 젠더화되어 있다. 한국은 보호를 필요로 하는 여성적인 타자로, 미국은 남성적인 우월성과 수호자의 역할을 수행하는 것으로 각인된다. 이처럼 젠더화된 신제국주의적인 맥락은 한국인과 미국인 사이의 국제결혼에서 미국 남성과 한국 여성의 결합이 압도적인 다수를 차지하게 되는 왜곡된 젠더 프로필의 주요한 요소가 된다.[2]

물론 보호라는 차원의 이면을 살펴보면, 남성적인 수호자가 여성적인 타자를 착취할 수 있는 권력을 가지는 것이다. 한미 관계의 젠더화된 성격의 이런 측면은 군대 매춘 현상에 가장 악명 높게 반영되어 있을 것이다. 군대 매춘은 아시아에서 미군 기지가 있는 곳이면 어디서나 찾아볼 수 있다. 남한, 오키나와, 필리핀, 태국, 베트남 등지에서 이른바 기지촌 (베이스 타운이나 지아이[GI] 타운으로도 알려진)을 중심으로 집결된 클럽이나 바는 미군의 성욕을 채워 주는 곳이었거나 지금도 그런 지역으로 남아 있다.[3] 한국에서 이런 기지촌은 미군의 주요 주둔지 근방에는 어디서든 찾아볼 수 있다. 작은 주둔지에는 작은 기지촌이, 큰 주둔지에는 큰 기지촌이 형성되어 있다. 기지촌 활동가들은 대략 2만~2만 5천 명의 여성들

이 현재 이런 곳에서 성 노동에 종사하고 있는 것으로 추정한다.[4]

남한의 수도인 서울의 심장부에 위치하고 있는 이태원은 잘 알려진 대규모 기지촌 중의 하나이다. 패스트푸드점, 가죽 재킷, 야구모자와 같은 한국산 제품들을 파는 가게가 즐비한 이태원은 미국인 관광객들과 고향의 맛을 그리워하는 외국 이주자들에게는 쇼핑 지구로 통한다. 그러나 밤이 되면 이곳은 주한 미군사령부와 미 8군의 근거지인 용산 근방에 주둔한 병사들에게는 홍등가인 환락 지구로 봉사한다. 한 미국인 기자는 이태원을 이렇게 묘사한다.

서울 중심부에 자리 잡은 용산 미군 주둔지 외곽으로부터 1마일 남짓한 거리에, 관광객을 위한 가게와 불스, 레이더스 등등의 제복을 파는 노점상들을 지나고, 버거킹과 새로 문을 연 오렌지 줄리어스를 지나서, 더 아래쪽으로 내려가다 여기저기 나 있는 좁은 골목으로 따라 들어가면, 허름한 클럽으로 미군들이 떼 지어 들어갔다 나왔다 하는 모습을 볼 수 있다. 캐딜락 클럽, 러브 큐피드, 텍사스 클럽, 보스턴 클럽, 킹 클럽, 팔라디움, 그랜드 올 오프리 등이 늘어선 이곳은 남한에 상당한 규모의 군사 기지가 위치한 곳이면 그 외곽 어디나 존재하는 180개 지아이 타운 중 하나이다.

이태원에서는 어느 날 밤이든 매춘 복장을 한 여성들이 클럽 문에 붙어 서서 한편으로는 환영을, 다른 한편으로는 경멸을 보내면서 미군들에게 호객 행위를 한다. 뒷짐을 진 나이 든 한국 여성이 후커 힐(Hooker Hill, 이태원에 있는 성매매 집결지를 일컫는 말—옮긴이)을 오르락내리락 하면서 오리털 스포츠 재킷을 입은 젊은 미군에게 다가와서 "아가씨 필요해?'라고 묻는다. 그러면 미군은 "얼마?" "나이는?" 따위의 몇 가지 질문을 한 뒤, 그녀를 뒤따라 언덕으로 올라가 골목길로 내려간다.[5]

　나는 서울 근처에 있는 훨씬 작은 기지촌인 의정부를 1997년에 직접 가 보았는데, 주류 한국 사회와 기지촌 사이의 사회적 거리는 확연했다. 서울 도심에서 나는 학생들과 단정한 옷차림을 한 중년 여성들, 사무원 차림의 젊은 여성들, 양복을 입은 남자들과 함께 지하철을 탔다. 한 명뿐인 외국인 여성은 눈에 띄었다. 50분쯤 지하철을 타고 가는 동안, 승객의 구성이 달라졌다. 중년 여성들의 복장은 초라해졌고, 젊은 여성들의 화장은 짙어졌다. 양복을 입은 남자들은 전혀 찾아볼 수 없었고 대부분 노동자 차림이었다. 군인들 특유의 피로감이 눈에 띄는 흑인과 백인 지아이들이 기차의 모든 칸에서 보였다. 그들은 혼자 앉아 있거나 젊은 한국 여성과 쌍쌍으로 무리지어 있었다. 젊은 한국 여성들은 하나같이 짧은 스커트, 파마머리, 짙은 화장을 하고 있었다. 파마머리와 짙은 화장과 짧은 스커트가 한국의 도회지 젊은 여성들 사이에 유행하는 복장임에도 불구하고, 그들이 입고 있는 싸구려 옷과 야하고 얼룩덜룩한 디스코 클럽 스타일 화장은 이들 여성과 서울의 패션 거리를 활보하는 세련된 도시 여성들을 구분시켜 주었다.

　의정부 자체는 번창하는 상업 지역처럼 보이는 북적거리는 작은 도시였다. 영어 간판들로 보건대 미국인들이 주요 고객임이 분명했다. 기차역에서 얼마 떨어지지 않은 곳에는 미국 패스트푸드 체인점들이 여러 개 있었다. 거리에는 한국인 행인들과 미군 차량들이 뒤섞여 있었다. 미군들이 자동차와 버스들 틈새로 여기저기 눈에 띄었다. 몇 명의 지아이들과 함께

32

시내버스에 오르면서 나는 기사에게 뺏벌에서 내려달라고 부탁했다. 뺏벌은 의정부 홍등가의 지명이다.[6] 버스는 시 외곽으로 향했다. 미군 기지가 있다는 증거는 도처에 있었다. 군용 지프와 군용 트럭에 덧붙여 레드 클라우드 캠프와 스탠리 캠프 방향을 가리키는 도로 표시판이 있었다. 스탠리 캠프의 정문과 도로는 반(半)농촌 지역을 위한 것이라기에는 너무 넓어서 군용 차량 수용을 감안하여 건설한 것이 분명했다.

　의정부 기지촌은 각각의 미군 기지 앞에 위치한 사실상 두 개의 동네로 구성되어 있다. 뺏벌 버스 정류장은 스탠리 캠프 앞에 있는 고산동에 있다. 그곳은 초라하고 가난한 지역이다. 좁은 도로와 후미진 골목길 옆에는 벌집처럼 작은 집들이 다닥다닥 붙어 있다. 얼핏 보면 그곳은 남한의 농촌 지역 어디에서나 흔히 볼 수 있는 가난한 동네로 착각할 수 있다. 하지만 그 지역의 시설과 다이아몬드, 무스탕 같은 이름의 클럽들, 미군 지아이들이 한국 여성들과 걸어 다니는 모습은 이곳이 여느 지역과 다르다는 것을 알게 해준다. 기지촌 활동가에 따르면, 의정부에는 약 15개의 클럽이 있고 50여 명의 여성이 그곳에서 일을 한다.

　미군과 결혼한 많은 한국 여성들은 이와 같은 기지촌에서 매춘을 했거나 클럽 호스티스였을 것으로 추정되고 있다. 미군 지아이와 결혼한 기지촌 여성에 관해 이용할 만한 신빙성 있는 통계 자료가 없음에도 불구하고, 기존 문헌은 대다수 한국 여성과 미군 지아이의 결혼이 기지촌 여성과 관련이 있다는 결론을 내린다.[7] 대부분의 결론은 민족지적인 증거에 기초한 것이며, 미국에서 살고 있는 한국인 군인아내의 사례 연구, 미국 시민의 아내로서 미국으로 이민 간 한국 여성들에 대한 아이엔에스(INS: International News Service) 통계에 따른 추측, 그리고/혹은 한국인과 미국 시민 사이에 발생한 이민과 결혼에 관해 한국 정부가 보관하고 있는 통계에 기초한 것이다.[8] 어느 미군 지아이의 한국인 아내는 한국 여자들 중에서 열에 아홉은 미군 병사들에게만 성적 서비스를 제공하는 클럽에서 미군 지아이를 만났다. 그 말은 그들이 매춘 여성이었다는 것을 의미한다고 연구자에게 말했다. 그러면서 덧붙이기를 그들 중 열에 아홉은 그 사실을 부인할 것[9]이라고도 했다. 또 다른 연구자는, 미군과 결혼한 대다수 여성들이 매춘 여성이라는 가정은 자신의 데이터로서는 뒷받침할 근거가 없다고 주장했다. 그런 데이터들은 1978년에 접수했던 신청서에서 무작위적으로 표본을 채취한 것이었다. 이 데이터는 한국 여성과 결혼하기 위해 부대장으로부터 허락을 받으려고 미군이 낸 신청서와 미국인과 결혼한 한국 여성들 중에서 한국 정부로부터 이민 비자를 얻으려고 했던 여성을 조사한 것이었다.[10]

내가 만났던 여성들 중에는 그들의 동포들이 한때 기지촌 여성이었다는 것을 '기정 사실'로 받아들이는 사람도 있었다. 하지만 극소수만이 기지촌 배경에 관해서 말할 뿐, 절대다수는 친구, 영내 직장, 그 밖의 다른 만남을 통해 남편과 만난 과정을 소상히 밝혔다.

미군과 결혼한 한국 여성에 관한 만족할 만한 인구 프로필은 데이터의 빈곤으로 인해 아마도 결코 집계되지 않을 것이다. 기지촌이 한국 여성과 미군 병사가 만나서 관계를 맺는 하나의 장소이지 그곳이 유일한 장소는 아니라는 점은 분명하다. 과거에는 그곳이 국제결혼이 활발하게 일어났던 주요한 공간이었는지는 모르겠지만, 지금도 여전히 그렇다는 가정은 더 이상 유지될 수 없다. 그렇지만 군대 매춘이 한국 여성과 미군의 결혼이라는 현상에서 두드러진 모습이었던 것은 사실이다. 기지촌 연구와 미군 지아이의 아내로서 미국으로 건너간 한국 여성에 관한 연구는, 많은 결혼이 과거의 기지촌 매춘과 연루되어 있다는 점을 알려준다. 또한 이런 연구들은 여성들이 실제로 매춘 여성이었던지 아니었던지 상관없이 기지촌과 미군 기지 근처에서 왔다는 것을 보여 준다.[11]

하지만 더욱 중요한 것은, 군대 매춘의 존재 그 자체가 한국 사회와 미군과 결혼한 한국 여성들의 삶에 그늘을 드리우고 있다는 것이다. 심지어 그들이 만나고 결혼한 곳이 기지촌과는 상관없는 지역이었다 할지라도 말이다. 그중에서 가장 심한 사례를 하나만 들어보자. 미군과 약혼했던 한 한국 여성이 깨달았던 것처럼, 미군과 결혼한 모든 여성의 정조 관념은 즉각적으로 의심을 받는다. 약혼자와 같은 기지에서 일했던 그 여성은 당시 동료들의 반응을 이렇게 회상했다.

> 같은 사무실 사람들은 존과 내가 약혼했다는 소문을 들은 순간부터 나를 깔보기 시작했어. 나는 더럽고 싸구려로 취급받았지. 군인 몇 명은 자기네들과 함께 자러 나가지 않겠냐고 묻기도 했어. 그들은 나를 매춘의 손쉬운 표적으로 본 것이 확실했어. 그런 허튼 수작을 참느니 차라리 직장을 그만두었지.[12]

그녀의 약혼자 역시 어려움을 겪었다. 군대 동료와 상관들은 이런 결혼은 하지 말라고 그를 말렸다. 몇 명은 자기 여동생과 사촌의 사진을 보여 주면서 소개시켜 주겠다고 했다. 한국 여성은 성적인 상대로 받아들일 수는 있지만 아내로 맞이하여 고국으로 데려갈 수는 없다고 일반적으로 생각하는 것처럼 보인다.

기지촌 여성에 관한 상투적인 이미지와 그들에게 씌워진 오명은 사회적인 소외를 초래한다. 그런 오명은 한국인으로서 군인아내가 된 여성들을 주류 미국 사회와 주류 한인 사회로부터 계속 소외시키게 만들었다. 군인아내들은 고향에서는 물론이고 미국에 있는 한인 이민 주류 사회에서도 소외당해 왔다. 왜냐하면 이들 여성은 손쉬운 경멸의 표적이 되기 때문이다. 따라서 이 여성들은 엄격하게 한정된 사회적 서클 안에서 고립되며, 그들의 주된 관계는 직계 가족이거나 아니면 다른 한국인 군인아내들로 국한된다.

따라서 한국인 여성과 미군 사이에 맺어지는 결혼의 사회적·역사적 맥락을 충분히 이해하기 위해서는 군대 매춘에 대한 검토가 꼭 필요하다.

미국의 위안부

많은 미군 병사들에게 한국은 그야말로 신나고 멋진 시간을 보낼 수 있는 곳이며, 그런 인상을 주는 데 한국 여성과의 경험은 꼭 필요한 것이다. 말하자면 그들에게 한국 여성은 쉽게 샀다가 쉽게 버릴 수 있는 노리개였다. 미군 병사들은 한국 여성들이 천성적으로 색욕이 강하고 심지어 타락한 여성들이어서 돈과 재미를 위해 그 일을 한다고 본다. 또한, 만약 누군가가 그들에게 매춘을 강요한다면, 그것은 한국인 포주 엄마들과 포주들이지 미국 군대가 아님은 물론 군인들 자신도 아니라고 분명히 생각한다.[13] 이런 믿음이 만연되어 있다는 사실은, 1999년 봄 한국의 군대 매춘에 관한 이메일 리스트를 통한 토론에서 잘 드러나 있다. 이들이 쓴 글을 통해서 파악해 보건대, 이들은 주로 한국에서 한동안 지냈으며 한국에 관심을 유지하고 있는 주로 서구 남성들, 특히 미국인들이었다. 이 토론을 통해 드러난 사실은 군인들만이 그런 의견을 가지고 있는 게 아니라는 점이었다. 이 주제에 의견을 단 대다수 사람들은 이런 상황에 처한 여성들이 미국 군대 혹은 개인적인 사병에 의해서 어떤 면으로든 희생당했다는 점을 결코 인정하지 않으려고 했다. 오히려 토론자들은 이들 여성 대개가 매춘을 자유의지로 선택했다고 주장했다. 한 남성은 기지촌 여성을 "남편 사냥하는 여성이자 재미 보기 위해 혹은 피엑스 배급 카드를 빨아가는 여자들"이라고 표현했다. 그는 "당신이 정말로 해야 할 일은 '그 돈의 행방을 추적' 하는 것이다"라고 말하면서, 병사들의 돈이 그 여성들과 포주들에게로 흘러가기 때문에 매춘으로 이익을 보는 것은 바로 그들이라고 주장했다. 또 다른 남성은 기지촌 매춘이 없었더라면 "강간이 훨씬 더 많았을 것이며 (이것은 말하기에 뭐하지만) 군대가 지역 사회에서 폭력을 낮춰 주고 있다"[14]고 주장했다.

이러한 담론에서 인종차별주의와 성차별주의가 강력한 요소라는 점을 무시할 수 없다.[15] 이런 담론이야말로 아시아인들을 대하는 미국인들의 뿌리 깊은 인종차별주의가 군대를 통해 표출된 것이다. 20세기에 미국의 인종차별주의는 아시아인들을 '황화' (黃禍, 독일의 빌헬름 2세가 황색 인종의 우세를 언급한 것에서 연유함—옮긴이), '황색 무리', 악당 '푸만추' (인종차별주의가 고정관념이었던 서구 제국주의 시대, 영국 통속작가인 색스 로머 [Sax Rohmer]의 작품에 등장하는 중국인 악당—옮긴이) 혹은 섹시하지만 위험한 '드래곤 레이디' (미국 만화 『테리와 해적들(Terry and the Pirates)』에 등장하는 인물로 종종 무자비하고 사악한 힘을 행사하는 글래머 여성으로 표현됨—옮긴이)와 같은 악의적인 비난으로 표현해 왔다. 아시아 여성에 대한 인종차별주의와 성차별주의가 상투적인 고정관념으로 결합되어 아시아 여성을 섹스 대상으로 보는 것, 이런 종류의 사고는 미군들에게 매춘 여성들뿐만 아니라 아시아 여성 일반을 소모품적인 성적 노리개로 보도록 부추기고 허용했다.

남한의 군대 매춘에 관한 캐서린 문(Katherine Moon)의 선구적인 연구가 보여 주다시피, 미국 군대는 부대원들의 그런 행동을 관대하게 봐줄 뿐만 아니라 심지어 부추기기까지 한다. 한 선원이 그녀에게 증언한 바에 따르면, 어떤 부대장은 자기 부대원들에게 아시아인들은 매춘을 좋아한다면서 그것이 그들의 생활 방식이라고 말했다[16]고 한다. 태평양 미군 부대들을 위한 주요한 군대 신문인 『태평양 성조기(Pacific Stars and Stripes)』에 실린 기사는 클럽을 소개하면서 병사들에게 기지촌을 찾아가 보라고 적극 권장하기도 했다. 예를 들면 1977년 기사는 기생 파티—여성 접대부와 함께하는 술과 춤의 밤—를 "더할 나위 없는 경험"이자 "말로만 들었던 동양을 찾아냈다"[17]고 표현하면서 권유했다. 1980년대 미 육군 교본은 "사내애들 장난은 어쩔 수 없어"라는 태도로 부대원들의 매춘을 보고도 못 본 척하면서 "혈기 왕성한 미군들이라면 그곳의 다양한 측면을 경험하는 기회를 틀림없이 갖게 될 것"이라고 설명했다. 또한 이 교본은 뒤를 봐주는 기지촌 이모들에게 '팁'을 주고 여성들이 VD 카드(일종의 보건증으로 성병[venereal disease]검사증—옮긴이)를 가지고 있는지 체크하도록 군인들에게 조언을 하면서 보건증을 가지고 있는 클럽 여성들만을 상대할 것과 거리 여성들을 피하라고 충고했다.[18] 캐서린 문과 1991년 인터뷰를 한 미 군목(軍牧)은 다음과 같이 설명했다.

심지어 외국에 도착하기도 전에 병사들이 듣고 읽었던 것들이 매춘에 많은 영향을 미칩니다. 예를 들어 한국 여성들은 예쁘고 순종적이라는 이야기…… 그런 이야기들은 대체로 허풍이자 미화되게 마련이거든요. 그래서 미군들은 한국 여성에게 욕정을 품기도 합니다. 한국 여성들은 자산이고 물건이며 노예지요……. 인종차별주의, 성차별주의, 그런 게 전부 다 있어요. 군인들은 그런 여성들을 인간으로 보질 않아요. 진저리를 내면서, 던져 버릴 수 있는 물건일 뿐이지요. 그들은 여성들을 노리개처럼 생각하고 경멸합니다.[19]

서구인들이 보는 이러한 왜곡되고 위험한 발상은 미군 병사와 지역 기지촌 여성들 사이의 관계의 조직결(fabric) 자체에 새겨진다. 이들 여성은 미국의 위안부이자 군대 매춘의 희생자들이다. 미국 군대는 자기 병사들을 위해 군대 매춘을 규제하는 한편 지원하기도 한다.[20]

일본은 2차 세계대전 동안 위안부 부대(corps)를 만들어, 일본 군인들의 성욕에 봉사하는 실제적인 성노예를 만들었다는 이유로 주로 비난받고 있지만, 미국 역시 여성과 소녀들에게 성적인 종속과 착취라는 유사한 상황을 강제했던 역사를 가지고 있다.[21] 베트남에서는 4천 명의 미군들에게 서비스하는 매춘 시설이 미군에 의해 특별히 만들어졌다. 물론 그 시설은 미군들을 위한 것이었다. 그 사창가에는 두 개의 콘크리트 막사 건물 각각에 바, 음악 홀, 그리고 여자들이 그곳에서 살면서 일할 수 있도록 커튼을 친 60개의 칸막이 방이 있었는데, 이 건물은 헌병이 보초를 서는 영내의 울타리 안에 있었다. 또한 이 시설에는 군인들을 위한 오락 시설과 식당이 포함되어 있었다. 한국전쟁 동안 정치적인 혐의를 받은 3백여 명의 한국 여성들, 즉 공산당원이거나 인민위원회의 지도자들은 서울에 있는 인간창고(warehouse)에 감금된 채 미군들에 의해 거듭 강간을 당했다. 오키나와에서 미군 군속들은 12살 내지 13살짜리 오키나와 소녀들을 미군 기지에 있는 포로수용소에 가둬 놓고 병사들에게 성적인 서비스를 강요했다. 필리핀에서 미군 부대장은 적극적으로 매춘을 장려했으며, 그들 중 일부는 심지어 자기 소유 클럽을 가지고 매춘부들을 집단적으로 관리했다. 1970년대 한국에서는 군용 버스가 하루에 200명이나 되는 여자들을 동두천 기지촌에서부터 근처에 있는 캠프 케이시로 실어 나르곤 했다.[22] 이때 부대장은 그런 일을 암묵적으로 봐주고 넘어가거나 혹은 적극적으로 가담했다.

이런 사례들은 역사적인 기록과 목격자의 증언에서 단지 몇 가지만 발췌한 것이다. 이 중 일부는 편차가 있는 것으로 간단히 무시해 버릴 수도 있겠지만, 아시아에서 미국이 군대 매춘 체계를 전개했다는 사실만큼은 달라지지 않는다. 해외에 군대를 주둔시키고 있지 않은 일본은 더 이상 군대 매춘 형태에 개입할 기회가 없는 반면 미군 위안부들은 오늘날에도 여전히 아시아에 있는 모든 미군 기지 외부의 기지촌에 존재하고 있다.[23] 오키나와, 남한, 필리핀에서 미국 군대는 직·간접적으로 클럽과 그곳에서 일하는 호스티스-매춘 여성들을 규제한다. 외관상 미군들을 성병으로부터 보호한다는 이유에서이다.[24] 한국에서 군대 매춘 체계는 대단히 만연되어 있고, 미군의 주둔에 매우 핵심적인 문제이다. 한국학자 브루스 커밍스(Bruce Cumings)는 성병을 "전체 한미 관계에서 가장 중요한 측면이자 한국에서 복무했던 젊은 미국인들에게 한국에 관한 주요한 기억이되었다"[25]고 말한다.

미국은 병사들의 오락을 위해 한국 여성들을 이용한 최초의 나라는 물론 아니다. 군대에 의한 성적인 착취, 특히 정복한 나라의 남성들이 정복당한 나라의 여성들을 착취하는 형태는 전 세계적으로 손에 손을 맞잡고 일어난 것이었다.[26] 사실상 한국에서 매춘의 역사는 외국에 의해, 처음에는 일본에 의해, 그 다음에는 미국에 의해 한국이 정치적·군사적으로 예속된 것과 밀접한 연관이 있다.[27]

20세기 이전에는 떠돌이 광대 패거리들이 때로는 돈과 물품과 섹스를 교환한 적이 있었으며, 양반들의 여흥을 돕기 위해 가무를 훈련받은 기생들이 때로는 후원자들과 성관계를 맺기도 했다. 지난 세기 한국의 지배계급은 궁녀나 기생들에게 성적인 서비스를 받고 그들의 몸을 사용했으며, 자신들의 이익을 관철시키려고 젊은 여자들을 몽골 왕들에게 공물로 바쳤다.[28] 하지만 조직적이고 상업화된 노력의 일환으로서 매춘은 19세기 말 일본에 의해 한국에 도입되었다. 한국에서 일본의 세력이 점점 커지다가 마침내 1910년 일본은 한국을 합병했고, 일본 군대는 한국 어디서나 흔히 볼 수 있는 광경이 되었다. 초기 식민지가 제공하는 경제적 기회를 잡기 위해 홀로 한국에 오는 일본 남자들이 많아졌고, 그들을 위해 일본은 최초의 공창 구역을 1900년대에 만들었다. 최대 규모의 공창은 남쪽 항구 도시였던 부산과 서울에 자리 잡았다.

불법 매춘 또한 일본 정부가 의도적으로 권장한 것이다. 일본 정부는 술집 웨이트리스와 기생들을 매춘 여성으로 전환시키는 정책을 실시했다. 술집 웨이트리스와 기생은 매춘 여성을 가리키는 미사여구가 되었다. 기생들은 자신들을 총애하는 후원자와 종종 성관계를 갖기도 했지만, 그들은 돈을 위해 하룻밤 섹스를 하는 여성들이라기보다는 시와 사랑의 편지를 주고받는 불륜의 대상이라는 특성이 더욱 강조되었다. 하지만 이제 이들은 의무적인 상업적 거래를 하게 되었다. 일본 군대와 정부 관리들은 사창가와 술집의 주요 단골 고객층을 형성했으며, 계급이 높은 일본군 장교와 정부 관리들은 좀더 값비싼 기생집을 빈번히 출입했다.[29]

매춘 여성으로 일했던 많은 젊은 여성들은 궁핍한 가족에 의해 팔려 가기도 했으며, 납치된 경우도 있었다. 이것이 사회 문제로 대두하자, 한국에 설치되었던 일본 총독부는 '직업소개소(placement agencies)'를 제도화했다. 이런 소개소들은 겉보기에는 젊은 여성들을 고용하기 위한 중개소였는데, 특히 일자리를 찾아서 도회지로 온 가난한 농촌 출신의 여성들을 상대로 했다. (일본 식민지 정책은 많은 한국인들의 땅을 빼앗아 소규모 자작농들을 빈곤한 소작농으로 전환시켰다. 그런 농촌 가정의 아들딸들은 도시에서 일자리를 찾으려고 했다.[30]) 실제로 직업소개소가 한 짓은 이들 여성을 사창가, 술집, 기생집에 팔아넘기는 것이었다. 일단 그런 식으로 몸을 '더럽히게' 되면, 여성의 정절을 강조하는 가부장적인 사회 관행상 이들 여성이 다른 일자리를 찾거나 '단정한' 생활을 영위하기가 힘들어진다.[31]

일본 식민주의의 유산은 남한에서 강력한 흔적을 남겼다. 직업소개소는 1945년 일본이 한반도에서 물러난 이후에도 몇 십 년 동안 존재했으며, 미군들을 접대하는 기지촌 클럽에서 일하는 것을 포함하여, 젊은 한국 여성들을 속여서 매춘을 하도록 하는 데 한몫을 단단히 했다. 당시 홍등가는 일본이 공창 구역으로 만들었던 바로 그 지역에 위치해 있는 경우가 흔했다. 일종의 섹스 관광인 기생 관광은 수천 명의 일본 남자들을 매년 한국으로 끌어들였다.[32]

한국에서 군대 매춘은 중국과 전쟁을 치른 일본 팽창주의의 출현과 더불어 1937년에 공식적으로 시작되었다. 일본은 한국의 노동자들을 동원했으며, 일본과 만주, 러시아, 동남아시아에서 일본의 정착에 필요한 인력을 충당하기 위해 노동자들을 강제 징용했다. 이런 동원에 여성들도 포함되었는데, 처음에는 육체노동자로 그 다음에는 '위안부'로 동원했다. 위안부는 일본 군인들이 독점으로 이용하기 위해 일본 정부에 의해서 유지되고 조직되었던, 사창가 체계에서 성노예로 동원된 여성들이었다. 사창가는 한국에 위치한 기지뿐만 아니라 남태평양, 동남아시아, 중국 등지의 전선에도 설치되었다. 대체로 십대 초반에 불과했던 가장 어리고 예쁜 여성들 중 일부는 일본에 있는 특수 기지로 보내졌다. 그곳에서 그들은 처음에는 고급 장교들에게 제공되었으며, 그들의 순결이 더럽혀진 다음에는 일반 군인들에게 서비스하는 전선의 사창가로 보내졌다. 이들 여성은 학교 교사들, 지방 관리들, 그리고 조선총독부 통치 아래 권세를 누렸던 사람들에 의해 모집되었다. 총독부는 각 지역에서 감당해야 할 인원을 할당했으며, 가족을 돌보기 위해 일본 공장에서 돈을 벌게 해주겠다는 약속에도 불구하고 인원을 모집할 수 없었을 때는 여성들을 납치했다.[33]

2차 세계대전에서 일본이 패한 후 한국은 일본 제국주의로부터 공식적인 해방을 맞이했다. 하지만 냉전의 출현과 더불어 한반도는 38선을 경계로 분단되어서 소련군은 북한에, 미군은 남한에 진주했다. 한국인들에게 보내는 최초의 선언에서 맥아더 장군은 미군은 점령군이며, 미국 군대는 일본 정부가 떠나면서 남긴 자산과 기능 모두를 양도받을 것이라고 공표했다. 그 이후 얼마 지나지 않아 미군정이 공식화되었다. 한국의 남쪽 절반은 미국의 식민지와 거의 다름없게 되었다.[34] 이 점을 상징하려는 것처럼, 서울에 있는 용산 기지는 한때 일본 제국 군대의 사령부였다가 이제는 미군사령부가 들어섰다. 다른 일본군 군사 시설은 항구 도시 부산에 있는 주둔지나 마찬가지로 미군의 군사 시설이 되었다.

기지촌: 약사(略史)

한국에 미군의 진주와 기치촌의 설립은 사실상 동시적인 것이었다. 1945년 9월 8일, 한국의 남쪽 지역과 서부 해안 도시인 인천에 미군이 상륙했다. 그해 마지막 무렵, 부평에 최초의 기지촌이 들어섰다. 인천에 주둔한 병사들은 오락을 위해 술과 여성을 찾았다. 가난에 찌든 여성들 중 일부는 일본인들을 상대했던 창녀들이었으며, 다른 일부는 가난한 농촌과 도시 출신으로 생계를 유지할 목적으로 군인들의 욕망을 채워 주기 위해 모여들었다. 얼마 지나지 않아 신천이라고 불린 동네에 판잣집이 솟아났다. 이런 클럽과 사창가에 약 천 명의 여성들이 기거했다. 간혹 있었을지도 모르겠지만 영어로 말할 수 있는 사람은 없었다. 이들의 서비스는 돈이 아니라 주로 미군 공급 물자인 배급 식량, 담배, 재킷 따위의 물건으로 보상을 받았다.[35] 이들은 흔히 '양갈보'라고 불렸다. 군대 매춘으로서 미국식 스타일이 한국 전역으로 확대되자 다른 용어들이 생겨났다. '양공주'와 '양색시'가 그런 용어들이었다. 이 여성들을 묘사하기 위해 '공주'와 '신부'라는 표현을 사용한 것은, 미국으로 상징되었던 물질적인 안락과 매력을 인정한 수사적 제스처였다. 하지만 다른 한편으로는 미군을 상대로 자기 몸을 팔아 그런 것들을 얻고자 하는 여성들의 노력에 대한 경멸적인 표현이기도 했다.

한국전쟁(1950~1953)을 거치며 기지촌의 숫자는 증가했다. 부평 근처의 신천을 중심으로 한 기지촌은 크기가 두 배로 늘어났으며, 대략 2천 명의 여성들이 이 지역 클럽으로 모여들었다. 기지가 있는 곳이면 임시변통의 기지촌이 솟아났다가 군대가 철수하거나 진군하고 나면, 곧장 허물어졌다. 전쟁 기간 중에는 군대가 민간인 마을로 접근하는 것이 엄격히 통제되었다. 그래서 여자들은 담요를 지참하고 다니면서 동네 바깥에서 흥정을 했으며 산에서 주로 일을 보았다. 이것이 이른바 말하는 담요부대의 시초였는데, 부대를 따라서 이곳저곳으로 함께 이동한 한 무리의 여성들을 가리키는 말이었다. 전쟁이 끝난 뒤 담요부대는 한국의 오지에서 실시하는 연례 군사 작전 훈련 기간 동안 병사들을 따라다녔다. 담요부대는 오늘날까지도 존재하는데, 이들은 연례 군사 작전 훈련 기간과 장소에 관한 상세한 정보를 제공하는 미군 인사과 직원들의 도움을 받는 포주들에 의해 조직된다. 주로 기지촌 여성들로 구성된 담요부대는 군사 작전을 수행하는 병사들이 있는 부대를 따라서 깊은 시골까지 이동한다. 그곳에서 여성 한 명이 하룻밤에 서른 명 내지 마흔 명의 군인을 받는다.

　기지촌의 발전은 남한 전역에 걸쳐 한때는 평화로웠던 농촌 마을을 변형시키고 종종 파괴하기도 했다. 1990년에 출판된 소설 『은마(Silver Stallion)』(안정효의 『은마는 오지 않는다』의 영문 번역판―옮긴이)는 이 과정을 정숙한 여성과 정숙하지 못한 여성에 대한 사회적 분계선과 연결시켜 묘사한다. 한국전쟁을 배경으로 한 이 소설은 미군이 작은 농촌 마을에 나타나는 것으로부터 시작한다. 외관상의 이유인즉 이 지역에서 적군을 수색하기 위한 것이었다. 그들은 마을로부터 그다지 멀지 않은 곳에 기지를 세운다. 어느 날 밤, 아이 둘을 데리고 사는 한 과부가 미군에게 겁탈을 당한다. 그 일 이후로 마을 사람들은 그녀와 접촉하기를 꺼려한다. 과부의 불운과 실절(失節)로 인한 수치심을 못 본 척하게 된 것이다. 그리고 다른 한편으로는 자신에게도 언제 그런 운명이 닥칠까 봐 전전긍긍한다. 그래서 그들은 밤마다 보초를 세워 여자를 약탈하러 오는 병사들을 경계한다. 여러 번 병사들은 여자들을 찾으려고 집안을 뒤진다.[36] 하지만 얼마 지나지 않아 창녀들이 기지 주변으로 모여들고 작은 기지촌이 형성된다. 불결한 여자들이 주변에 있다는 것이 곤혹스러웠지만 그래도 마을 사람들은 집단적으로 안도의 한숨을 내쉬었다. 그 여자들 덕분에 적어도 마을 부녀자들은 외국 군대의 성폭력으로부터 안전할 것이기 때문이다.[37]

소설에서 '정숙한' 여성과 '불결한' 여성을 분리한 것은 한국 사회의 분리를 반영한 것이다. 한국 사회에서 기지촌에서 일하는 여성들은 사회적 천민들이지만 필요악이다. 왜냐하면 그들의 존재는 정숙한 여성의 순결을 지켜 주기 때문이다. 기지촌과 양공주는 한국전쟁이 끝난 뒤 한국 사회에서 영구적으로 고착되었으며, 기지촌 여성들은 '타락한 여성'의 원형이 되었다. 왜냐하면 전쟁은 평화 협정으로 끝난 것이 아니라 휴전으로 끝났기 때문이다. 즉 미군은 남한 사회에서 군대를 계속 유지하게 된 것이다. 결과적으로 기지촌의 숫자는 군사 시설의 숫자와 더불어 증가했고, 따라서 양공주의 숫자도 늘어났다.

부평에 덧붙여 가장 초기의 최대 기지촌으로 이태원, 일명 하야리아와 텍사스라고 불리는 부산 지역, 동두천, 송탄이 있다. 부산의 기지촌들은 가장 안정적이었다. 왜냐하면 미군들이 전쟁 기간 내내 주둔했기 때문이다(부산은 한국의 남동쪽 끝자락에 위치한 항구 도시인데 유엔 감시단

〔control〕이 짧은 전시 기간 이후 떠났기 때문에 가능했다). 미군은 부산을 상륙항으로 이용했으며, 하야리아(캠프 하야리아 부근)의 기지촌과 텍사스 기지촌이 곧장 생겨났다. 하야리아는 오늘날에도 기지촌으로 남아 있으며, 반면 부산역 근처에 위치한 텍사스는 미군들뿐만 아니라 항구를 거쳐 가는 선원들과 다른 순회 여행자들에게도 서비스를 제공하는 기지촌이 되었다.[38]

1960년대는 기지촌의 전성기였다. 3만 명 이상의 여성들이 사실상 남한 구석구석에 주둔한 6만 2천 명의 미군 병사들에게 여흥을 제공하면서 생계를 유지했다. 서울의 북서부에 위치한 파주 지역은 남한과 북한 사이의 휴전선으로 기능하는 비무장지대(DMZ)[39]와 가까이 있기 때문에 군사적인 요충지인데, 이곳은 1971년에 이르기까지 미군 부대의 최대 집결지가 포함되어 있었다. 일명 '지아이들의 왕국'이라고 불리는 이 지역은 미 해군 1사단(Ist Marine Division), 24사단, 7사단, 그리고 제2 보병 사단의 본 기지였다. 이 시기 동안 최대 기지촌은 파주의 바로 동쪽에 위치한 동두천이었는데, 일명 리틀 텍사스라고 불렸다. 캠프 케이시가 한국전쟁이 끝날 무렵 주요 보병기지로 확립되었을 때, 외딴 시골 마을이었던 동두천은 갑자기 마약, 섹스, 범죄, 피엑스 물건을 취급하는 암시장이라는 무법천지로 바뀌었다. 1960년대 중반에 이르러 절정을 이룬 이 시기 동안 동두천에는 7천 명의 여성들이 미군에게 서비스를 제공하는 매춘여성으로 일했다.[40]

1940년대부터 1970년대에 이르는 매우 가난했던 시절에 미군 기지는 유일한 수입원은 아니라 할지라도 가장 주요한 수입원의 하나였다. 따라서 기지촌은 생계를 유지하기 위해 전쟁 과부나 고아와 같은 가난한 여성들만을 유인했던 것이 아니라, 사업가와 범죄자들도 끌어들였다. 지아이들과 충돌하면서 한국 민간인들은 군대 공급 물품과 기지로부터 피엑스 물건들을 몰래 빼내어 상당한 이윤을 챙기면서 암시장에서 팔았다. 포주와 마마상(madam) 들은 병사들에게 여자들을 조달하는 클럽들을 세우고 여성들을 고용하여 기아선상의 임금을 주고 호스티스 겸 매춘 여성으로 일을 시켰다. 마을 사람들은 군인들과 기지촌 여성들이 일상생활에 필요한 것을 파는 장사(식당, 가게, 세탁소 등)를 시작했다. 남한의 주요 일간지인 『동아일보』는 서울의 북쪽이지만 더욱 큰 동두천의 남쪽에 위치한 의정부를 모델로 삼아 기지촌 개발에 관한 기사를 보도했다. 전쟁 이전 의정부는 약 만 명의 주민과 산업이라고는 오직 비단 공장이 전부였던 곳이었다. 하지만 전쟁과 더불어 수천 명의 실업자, 유엔군, 범죄자들이 이 동네로 몰려들어 다양한 지하 활동을 유입시켰다. 약 2천 명의 여자들이 양공주로 일하기 시작하면서 이 작은 동네는 갑자기 카바레, 바, 양복점, 옷가게, 그리고 다른 다양한 가게들로 넘쳐 나게 되었다. 1960년대 무렵에 이르러 6만 5천 명으로 추정된 의정부 인구의 60퍼센트는 미군에게 조달하는 사업과 관련된 일을 했다.[41]

미군 기지의 건설과 더불어 한국 마을은 변형되었을 뿐만 아니라 파괴되기도 했다. 1951년 7월, 버스로 서울에서 약 한 시간 남짓 거리에 있는 송탄에 불도저가 침범해 들어왔다. 미 공군 417 비행대대 기지를 건설하기 위해서였다. 비행대대가 비행장을 건설함으로써 5천 명(1천 가구)이 고향을 잃었다. 몇 세대에 걸쳐 이들은 송탄에서 작은 땅뙈기를 일구면서 농사를 지었다. 일 년의 생계를 벼농사로, 인근 야산에서 찍어온 나무로 숯을 굽고 살았던 사람들이었다. 조상이 살았던 땅을 등지게 된 그들의 손에는 미군이 약속한 보상 금액이 한글과 영어로 단정하게 타이핑된 종이쪽지가 들려 있었다. 약속한 보상금은 그 땅의 실제 시장 가격에 훨씬 못 미치는 것이었으며, 몇 해에 걸친 싸움에도 불구하고 구체적인 보상은 실현되지 않았다.[42] 그 후 오산 공군 기지가 확장되어 한국에서 최대이자 아시아에서 두 번째로 큰 공군 기지가 되었고, 그에 따라 더욱 많은 주민들이 자기 땅에서 쫓겨났다. 필리핀의 클라크 공군 기지가 1992년 폐쇄된 이후로 이제 오산은 아시아에서 가장 큰 공군 기지가 되었다. 저널리스트 오연호는 송탄의 변화를 이렇게 기술했다.

> 원주민들의 원한에도 아랑곳하지 않고 초고속으로 6개월 만에 완공된 비행장과 그 주변은 어느새 성조기의 나라가 되었다. 초가지붕은 원색의 영자간판이 걸린 각종의 상점에 밀려나고 바가지는 깡통으로 변하고, 댕기 딴 수줍은 처녀들만 있던 마을은 삽시간에 양공주의 마을로 변했다.[43]

비행장 건설과 더불어 송탄은 아시아에서 미군 활동의 주요 허브가 되었으며 날로 번창하는 기지촌이 되었다. 미국이 1971년 육군을 감축하기 시작할 때, 동두천과 같은 미군 기지촌은 힘들게 되었지만, 송탄은 미국이 공군력을 계속 강화함으로써 오히려 성장했다. 공군대대가 이곳에 주둔함으로써 다른 부대 소속 군인들이 훈련이 있는 주말 동안 오키나와 등지에서 날아온다.[44] 오늘날 송탄은 가장 큰 기지촌의 하나이며, 약 1,500명의 매춘 여성들이 있다. 현재 서울의 용산에 있는 8군과 주한 미군사령부가 예정대로 이전한다면 송탄은 한국 기지촌의 중심지가 될 것이 확실하다.

남한과 미국 정부의 협동으로 아메리카 타운은 기지촌으로 발전했다.

박정희 정권의 절정기였던 1969년에 남한의 일반 주민들과 지주들에 의해 건설된 아메리카 타운은 전라북도에 있는 농경지를 미군을 위해 불하받아 홍등가로 변모한 것이다. 군산 근방의 민간인 타운과 확연히 구분되어 있으며, 연쇄 사슬 모양의 주변 시골에 의해 둘러싸여 있는 아메리카 타운은 처음에는 개발업자 두 사람의 소유였으나 나중에는 주식 소유자들로 구성된 주식회사가 되었다. 1970년대에 이곳의 사업은 너무나 번창하여 심지어 낮에도 클럽들이 문을 열었다. 버스들이 떼를 지어서 군산 공군 기지와 아메리카 타운 사이에 오가는 군인들을 태워다 이곳에 부려 놓았다. 2001년 현재, 두 대의 버스가 매일 이 두 곳을 운행한다. 아메리카 타운에는 여성들을 위한 기숙사를 비롯하여 20여 개의 클럽과 10여 곳의 가게, 그리고 정부가 운영하는 보건진료소가 들어서 있고, 여성들은 의무적으로 성병 검사를 받는다.[45]

이런 기지촌은 남한과 미국 모두에게 중대한 사회적 기능을 수행한다. 양국 정부는 기지촌을 필요악으로 간주하는 것처럼 보인다. 남한의 입장에서 기지촌은, 불건전한 미국 영향을 봉쇄하겠다는 약속을 지킴으로써 강간의 위협으로부터 '정숙한' 여성들을 보호하며―특히 경제 발전의 초기 단계 동안―외화벌이를 할 수 있었다.[46] 기지촌은 또한 예속된 나라가 지배하는 국가에게 여자를 조달하는 한 방법이기도 하다. 한편 미군의 입장에서 기지촌은 부대원에게 위안을 제공하고 군대의 사기를 높이는 역할을 한다. 기지촌은 또한 '보통의' 민간인들과 군인들을 떼어 놓음으로써 한국인들과 미군 사이에서 발생할 수 있는 긴장을 완화시킨다. 군인들에게 건전하지 못한 영향을 미친다는 이유를 들어 미군은 공식적으로 매춘을 비난한다. 하지만 오히려 그런 비난은, 한국에서 빈번한 매춘

50

은 관대하게 봐줄 만한 행동이라는 사실을 알려 주는 것이다. 한 군목은 이렇게 증언했다.

한국에서 군인들은 실컷 매춘을 즐깁니다. 미군과 미국 정부는 "흠, 흠, 그냥 못 본 척하라"고 말하고 있지요. 어느 정도 차이를 두고, 어느 정도 규칙을 받아들여야 하는지, 독일이나 다른 나라의 규정은 훨씬 엄격합니다. 하지만 그런 식의 엄격한 규정이 한국에서는 통하지 않아요. 우리는 이 문제를 20분 정도면 해결할 수 있었죠. 한국에서 우리는 그냥, "아, 그게 이곳 문화니까" 하고는 그냥 눈 한 번 찡긋하고 넘어갑니다.[47]

하지만 남한과 미국 정부 모두에게 그것은 단지 "눈 한 번 찡긋하고 넘어"갈 정도로 간단한 문제는 아니다. 이런 기지촌과 기지촌 여성들에 대한 규제는 남한 정부가 미국 정부와 원만한 관계를 유지하는 데 관건이었다. 캐서린 문은 기지촌 여성들이 접대부로서 그리고 성적 파트너로서 적절한 역할을 해줌으로써 미군들이 한국에 대한 우호적인 태도를 증진시키는 것이야말로 남한 정부가 국가 안보를 유지하는 핵심 전략이었다고 지적한다. 미국 입장에서는 병사들의 사기 진작을 위해 돈을 지불하는 성적 파트너가 '필요'하며, 군인들이 감염되지 않도록 기지촌 여성들이 성병이 없어야 한다고 요구하는 것을 당연시한다. 따라서 캐서린 문이 지적한 것처럼, 남한 정부와 미군은 10년이란 긴 시간에 걸쳐 기지촌 여성들과 그들의 행태를 규제하는 데 협력해 왔다. 여성들은 이중으로 희생되었다. 그들은 자기 정부로부터는 배신당하고, 일종의 전리품으로 미국에 팔린 존재가 되면서 외국 정부로부터는 착취당했다. 미국 정부는 부대원의 사기를 진작시킨다는 표면상의 이유를 내세워 한국 여성들이 성적인 향응을 제공하는 것에만 관심을 가졌다.

미군은 오랫동안 도덕적 문제와 건강 문제로 매춘을 파악했다. 하지만 다른 한편으로는 지역 주민들의 시선을 염려하지 않을 수 없었다. 즉 매춘으로 인해 미국의 명성에 먹칠을 하지 않을까 걱정했던 것이다. 하지만 '우리 아들들'(미군을 말함—옮긴이)의 도덕적인 상태에 관해서 공식적으로 언급을 하면서도, 미국은 남한의 군사 기지 주변에서 자행되고 있는 매춘을 제거하려는 노력을 심각하게 실시한 적이 없었다. 앞서 인용했던 어느 군목의 말처럼 이것은 미국이 유럽 기지에서 매춘을 제거하려고 했던 노력과는 대조적이다. 공식으로는 군인들이 매춘에 연루되는 것을 금지했지만, 비공식적으로는 못 본 척하고 넘어갔다. 1965년 미 8군이 실시한 보고서는 그런 "친목(매춘의 형태로 나타난 친목)은 부대 커뮤니티 관계에 핵심에 가깝다"는 점을 솔직히 인정한다. 이 보고서는 또한 대부분의 군인들이 이러한 '친목'을 통해 한국이 미군에게 우호적일 수 있다고 믿고 있으며, 그로 인해 사기가 진작되어 기꺼이 싸우려고 할 것이며, 대부분의 장교들이 '친목'을 대체로 건설적인 것으로 여긴다는 점을 인정한다. 궁극적으로 미국은 "사내애들 장난은 어쩔 수 없어"라는 태도를 남한의 기지촌 정책으로 채택했다.[48]

1970년대 이전 미군은 클럽과 클럽 접대부들을 규제하려는 산발적인 노력에 참여했다. 그것은 주로 성병 전염을 통제하는 수준이었다. 미군 군의관들이 간헐적으로 기지촌 여성들에게 성적으로 전염되는 질병(STD: Sexually Transmitted Disease)을 검진했고, 미군 당국은 독단적으로 군인 출입 금지 클럽을 공표했다. 하지만 감염된 여성이 그곳에서 일을 했고 헌병들이 계속해서 타운을 순찰하고 단속했기 때문에 그런 식의 규제는 문제가 있었다. 기지는 또한 성병(VD) 접촉 확인 체계를 마련하고 군인들에게 감염자들을 식별하도록 압력을 넣었다. 군인들이 식별해 낸 클럽 여성들은 군대 안에 있는 메디컬 센터로 송치되어 검사와 치료를 받았다. 하지만 그런 식의 규제는 미군의 공식적인 입장과 상충되는 것이었다. 미군은 매춘과는 아무런 상관이 없다고 주장해 왔기 때문이다. 따라서 미국 관리들은 한국 정부에게 기지촌과 접대부 여성들을 규제하도록 압력을 가했다.

체계적인 조치를 취하는 것을 꺼려하면서도 한국 정부는 규제에 나서게 된다. 첫 번째 단계는 외국인들에게 '향응'을 제공하는 것을 주된 사업으로 하는 공식 지역을 설정하는 것이었다. 따라서 1961년에 매춘이 공식적으로는 불법이었는데도, 이듬해 104개 지역이 특별 매춘 지역으로 지정되었다. 1964년에 이르면 145개 지역으로 늘어났는데 전부 기지촌이었다. 1972년에는 그중에서 대략 72곳이 영업을 했다. 서울 주변 지역을 중심으로 파주, 동두천, 의정부 등이 최대 집결지였다.[49] 클럽에서 일하는 여성들은 호스티스로 등록을 했으며 장미 클럽, 민들레 클럽과 같은 이름을 가진 '여성들의 모임'에 가입하도록 요구받았다. 정부가 운영하는 보건소, 그리고 정부와 계약을 맺은 사립 병원들이 접대부들의 의무적인 성병 검사와 치료를 위해 각 지역에 설치되었다. 하지만 재정 부족과 솔선하려는 의지 부족으로 규제는 느슨했다. 성병은 한국 정부가 이 문제에 관해 무슨 조치를 취하라고 거듭 요구함과 더불어 미군의 지속적인 불만 사항이 되었다.[50]

한국 정부는 이 문제에 관해 1971년에 이르기까지 아무런 조치도 취하지 않았다. 닉슨 독트린 발표 후 주한 미군의 감축으로 인해 박정희 정부는 미군의 안정적인 지원이 끊길까 봐 초조해지기 시작했다. 그 무렵 매춘의 비도덕성에 관해 언급하던 미국의 공식적인 입장은 슬그머니 뒤로 사라졌고, 건강 문제, 즉 말하자면 성병의 전염과 그로 인한 병사들의 전투 준비 태세에 미칠 수도 있을 영향이 전면에 부각되었다. 질병에 관한 예방과 처치, 지역 매춘 인구의 통제가 주된 관심사가 되었다. 한 선원은 필리핀이나 한국의 항구에 내리기 전에 전함의 의료 장교가 건강 예방에 관해 간단한 주의 사항과 더불어 콘돔을 나눠 주었다고 증언했다.[51] 남자들에게 전달된 메시지는 분명했다. 해라, 하지만 성병에 걸리지 않도록 조심하라는 것이었다. 1971년 기지촌의 상황에 관한 미국의 불평과 한국의 국방에 대한 미국의 참여를 선점할 필요성에 의해서 한국 정부는 주한 미군과 공조하여 5개년 정화 캠페인에 합류했다.

한미주둔군지위협정 합동위원회(U.S.-Korea Status of Forces Joint Committee)[52] 주도로 실시된 정화 캠페인은 성병을 통제하려는 기존의 노력을 확장하고 강화했다. 캠페인은 민–군 관계를 개선하고 위생과 물리적인 하부 구조를 개선하여, 범죄와 암시장의 암약, 클럽 업주 교육, 호스티스들에게 흑인 병사와 백인 병사를 차별 대우하지 않는 교육을 실시했다. 매 단계마다 주한 미군은 한국 정부에게 조치를 취하도록 촉구했으며, 의약품을 지원하거나 권고 사항을 전달했다. 하지만 미국 관리들은 거의 언제나 뒤로 물러나 있었다. 이것은 한국 정부가 매춘과 기지촌을 주로 규제하고 있다는 그릇된 인상을 심어 주었지만, 사실상 그런 규제는 주한 미군의 요구와 협조에 의한 것이었다. 힘없는 한국 정부는 순응할 수밖에 없었다.

한국 정부는 미국의 군사 원조가 국가 안보에 핵심이라고 믿었다. 정당한 것이든 아니든 간에, 남한에 대한 미군의 지원이 흔들리는 그 순간 북한이 공격할 것이라는 인식은 미군의 원조가 필요하다는 믿음에 힘을 실었다. 이것은 박정희 정부가 애국적인 수사를 이용하는 전략으로 기지촌 여성들에게 정화 캠페인에 협조해 달라고 설득하면서 공산주의의 위협을 내세운 이유의 일부이기도 하다. 1970년대를 거치면서 한국 정부 관리들은 기지촌 여성들을 한 달에 한 번씩 강당에 모아 놓고 애국심을 주입시키는 강연을 했다. 기지촌 여성들은 애국자였다. 정부 관리들은 미군 지아이와 관계 맺고 있는 여성들이 국가 방위에 일조하며 국가 경제 발전을 위해 외화를 벌어들인다고 추켜세우곤 했다. 따라서 정화 캠페인에 전적으로 협력하는 것은 미군과의 관계를 더욱 개선시킬 것이고 그로 인해 기지촌의 사업도 번창할 것이라고 함으로써 그것을 애국심의 형태로 제시했다. 이런 논리에 따르면 여성들은 국익을 위해 지고의 희생을 하는 것이었다. 하지만 그런 말을 믿는 여성은 거의 없었다. 기지촌 여성들이 인터뷰에서 말해 주었다시피 성 노동은 단지 지저분한 것이며, 그것에 애국심 따위는 전혀 없었다.[53]

성병 통제에 덧붙여 미군은 또한 흑인과 백인 병사들 사이 인종 갈등의 증폭을 진정시켜 달라고 주문했다. 이런 문제는 1960~1970년대 미국의 인종적 갈등을 반영한 것이었지만, 미군 당국은 흑백을 분리하여 클럽을 운영하는 기지촌과 기지촌 여성들을 비난했다. 기지촌은 미국 사회와 마찬가지로 인종의 선을 따라 분리되어 있었다. 대부분의 클럽은 백인 병사들만 손님으로 받았고, 숫자도 얼마 안 되고 대체로 시설도 좋지 못한 클럽에서는 흑인 병사들만 접대했다. 접대부들 스스로도 백인을 접대하는 여성과 흑인을 접대하는 여성으로 구분했다. 한 흑인 병사는 『주간 해외 소식(Overseas Weekly)』(1971년 4월)에 신랄하게 불평을 털어놓았다. "내가 자러 가자고 하니까 싫다고 했다. 내 돈도 누구의 돈이나 마찬가지로 푸른 색(달러의 색깔)이다." 클럽 업주와 기지촌 여성들은 그런 의견에 반대하면서 백인 병사들의 편견이 기지촌을 인종 차별적으로 분리시켜 놓았다고 주장했다. 흑인 병사들의 입장을 허락하면 백인 병사들을 잃었고, 백인 병사들은 흑인 병사와 관계한 여성들을 기피했다.[54] 백인 병사들이 숫자상으로 많았고 그들을 잃는다는 것은 곧 장사에서 손해를 보는 것이었다. 자기 군인들을 교육시키는 대신, 주한 미군 당국은 기지촌 여성들에게 군인들 사이의 인종 문제에서 처신을 잘하라는 식으로 호소했다. 흑인과 백인 병사들을 동등하게 대하라고 기지촌 여성들을 '교육시키는 것'이 정화 캠페인의 중요한 목적이기도 했다.

기지촌 매춘에 대한 미군의 규제는 최고조에 달했다. 용산 미 8군의 사령관은 캠프 근처에 있는 이태원의 클럽을 방문하여, 흑인 병사들에게 처신을 잘 하도록 여성들을 교육시킬 것을 클럽 업주들에게 요구했다. 여성들이 흑인 병사들을 계속해서 차별대우한다면 군인들에게 클럽 출입 금지령을 내릴 것이며, 그렇게 되면 클럽 수입이 줄어들 것이라고 경고했다. 군대는 클럽에서 사용할 포스터, 군 깃발, 쟁반, 그 밖에도 자잘한 소품을 제작하여 그 모든 것에다 반인종차별주의 구호를 문장으로 장식해 놓았다. 또한 흑백 병사들을 동등하게 대우하지 않는다면 군인들 사이에 사기가 떨어질 것이고, 이것은 곧 한국의 안보를 위험에 빠뜨리는 행위라는 내용을 실은 소책자를 제작하여 여성들에게 나눠 주었다.[55]

성병을 통제하려는 노력이 정화 캠페인의 초점이 되었다. 하지만 그런 노력은 오로지 여성들만 표적으로 삼았다. 병사들에게는 감염 사실이 드러나는 경우에만 경고를 주고 교육과 치료를 해주었고, 그들을 규제하지도 않았다. 미국공중위생국(surgeon general)은 8군 사령관에게 보낸 보고서에서 "매춘의 수원지에서 감염을 통제하는 것이야말로 가장 중요하다"고 강조하면서 사령관에게 주한 미군이 "대한민국에게 진단 능력을 신장시키도록 권장해야 한다"[56]고 권고했다. 사실상 이것은 여성들에게 규제를 강화한다는 의미였다. 클럽 호스티스로 등록하는 여성들은 증가했고, 등록 조건은 점점 더 엄격해졌다. 등록된 여성들에게는 성병검사증(보건증)을 지참하도록 요구했으며, 무효인 카드는 벌금을 물었다. 한마디로 수용소—여성들 사이에서는 몽키하우스로 알려진 수용소—행이었다. 검사 결과 양성 반응이 나온 여성은 그곳에 수용되어 감염이 깨끗해질 때까지 치료를 받아야 했다. 검사는 일주일에 두 번씩이었으며, 여성들은 등록과 검사를 했는지 입증하기 위해 미군 헌병과 한국 경찰들에게 시달려야 했다. 성병 여부를 확인시켜 주는 등록과 검사를 하지 못했다는 것은 기지촌 매춘의 공간으로 인정되었던 클럽에서 영업을 할 수 없다는 것을 의미했다.[57]

미군 헌병들은 기지촌을 순찰할 뿐만 아니라 감시의 횟수도 늘렸다. 이것은 겉보기에는 병사들의 행태를 감독하는 것처럼 보이지만, 또 다른 의미에서는 여성들을 규제하는 데 효과적이었다. 예를 들어 미군 헌병들은 클럽을 기습적으로 방문하여 여성들에게 성병검사증을 보여 달라고 요구했다. 헌병들은 또한 감염된 병사들이 가리킨 여성들을 감염의 원천으로 지목하여 체포했다. 기지촌 여성들에게는 자신을 지목한 병사와 사실상 성관계가 있었는지를 증명할 기회가 전혀 주어지지 않았다. 따라서 많은 여성들은 어떤 병사가 자신을 지목했는지 알 수가 없었다. 여성들에게 이런 통제 방법은 정신적 스트레스일 뿐만 아니라 경제적인 부담이었다. 경찰의 감시와 검진, 특히 미군 의사들이 실시하는 검진은 깊은 모멸감뿐만 아니라 민족적인 자긍심에 모욕을 주었다. 결국 미국 관리들이 하려는 것은 한국에서 한국 민간인들을 검진하고 괴롭히려는 것인가? 게다가 여성들은 의무적인 검진과 치료에 대한 비용까지 지불해야만 했다. 얼마 되지 않는 수입으로 볼 때, 이것은 종종 불가능한 요구였다. 많은 여성들은 클럽 업주들에게 돈을 빌리지 않을 수 없었으며(특히 포주들에게) 클럽 업주의 엄격한 통제 아래 더 많은 빚을 지지 않을 수 없었다.

여성들에게 번호표를 달도록 요구했는데, 그것은 병사들이 누구와 잠자리를 했는지 쉽게 식별할 수 있도록 하기 위해서였다. 병사들에게는 클럽에 비치되어 있는 서류에 자신이 잠자리를 한 여성의 이름을 적도록 했다. 각 기지에는 사진첩을 비치해 두었는데, 여성들을 쉽게 식별하기 위해 등록된 여성의 사진과 함께 번호와 이름이 적혀 있었다. 군인들이 번호를 기억하지 못하고 이름을 적어 넣지 못하면 헌병들은 그들을 클럽으로 데려와서 위반한 여성을 지목하라고 시켰다. 그러면 여성들은 그 자리에서 거의 아무런 변명도 하지 못한 채 진료실이나 수용소로 끌려갔다. 병사들은 자신이 누구와 잤는지를 제대로 기억하지 못했기 때문에 종종 엉뚱한 여성을 지목했다. 그럼에도 불구하고 심지어 음성 반응이 나온 여성들마저도 그런 확인이 끝나고 나면 어쨌거나 치료를 받아야 했다.[58]

이런 체계의 많은 부분들이 21세기에도 여전히 남아 있다. 한국 관리들과 주한 미군 관리들은 기지촌을 정규적으로 순회하면서 등록증과 성병검사증을 조사한다. 그렇지 않을 경우 기지촌 여성들의 동태를 지속적으로 감시한다. 아직도 미군 헌병들은 확인 임무를 수행하기 위해 병사들을 동반하고 온다. 또한 여성들은 지금도 여전히 정규적인 성병 검사 비용을 지불하고 있다.[59]

기지촌에 이르는 길

기지촌 여성들은 어떤 사람들이며 그들은 어떻게 그곳에서 끝나게 되는가?[60] 절대다수의 여성들에게 매춘은 마지막 수단이며 종종 속아서 들어오는 직업이기도 하다. 미군정 초기와 한국전쟁 동안 여성들은 전쟁 과부이거나 고아들이었다. 그중 일부는 일본 식민지 시기에 매춘 여성이었던 경우도 있었으며, 일부는 유엔군과 미군에 의한 강간 희생자이기도 했다. 일반화하기는 어렵지만, 입수한 증거에 따르면 가난이 기지촌 매춘에서 가장 큰 역할을 담당했던 것으로 드러난다. 시간이 지날수록 기지촌 여성들은 일반적으로 공식 교육을 거의 받지 못한 빈곤 가정 출신이거나 부모 모두가 없어서 경제적으로 형제자매를 책임져야 하거나 병들고 일자리가 없는 부모를 돌봐야 하는 형편이었다. 그중 많은 경우는 강간이나 근친상간의 희생자들이거나 무책임하고 그리고/혹은 학대하는 남자친구나 남편의 희생자였다. 그들 대다수는 공장에서 일을 하거나, 혹은 웨이트리스나 가게 점원과 같은 임시직 노동자였다. 속아서 혹은 납치되어 오게 되었든, 아니면 마지막으로 이르게 된 곳이었던지 간에, 기지촌은 그들이 매춘을 시작한 최초의 장소가 아닐 수도 있다. 일부 여성들은 현재의 포주에 의해서 클럽 업주에게 팔린 경우도 있다.

많은 기지촌 여성들의 경우에 그들이 기지촌 클럽으로 이르는 길은 직업소개소 광고에 응답을 하는 순간부터 시작되었다. 직업소개소는 일본 식민지 치하에서부터 이미 단단히 자리 잡았으며, 기지촌이 처음 생길 때부터 그 사업에 뛰어들었다. 기지촌이 생겼을 때 직업소개소들은 일자리를 찾는 여성들에게 열성적으로 설득하고 강요하여 매춘을 하도록 했다. 전망이 좋은 일자리이자, 숙식 제공에 때로는 교육도 시켜 준다는—그 교육이 어떤 것인지는 결코 구체적으로 밝힌 적이 없지만—광고에 혹하여 넘어가고 나면, 여성들은 대체로 강간을 당하고 죽도록 얻어맞은 후 고분고분해지면 한국 사창가나 기지촌 클럽에 팔려 간다.

노골적인 납치도 흔한 방법이었다. 포주들은 시골에서 서울 같은 대도시로 막 상경하여 일자리를 구하는 어린 여자들을 표적으로 삼아 일자리와 숙식을 제공하겠다고 꼬드겼다. 이런 소녀들은 대체로 가난했고 가출한 경우도 있었다. 소개소의 꼬드김에 넘어가면 대개 그들은 강간을 당한 뒤 매춘 여성으로 팔렸다. 때로는 처녀성을 잃었던 여성들이 자발적으로 기지촌으로 들어오기도 했다. 이들은 잔인하고 무책임한 남성에게 희생당한 여성들이다. 그들은 강간의 희생자이거나, 가족으로부터 도망치려 한 근친상간의 희생자일 수 있다. 혹은 강제적인 성관계를 맺은 후 버림을 받았거나 학대하는 남편에게서 도망친 여성들도 있고, 남편이나 남자친구에게 버림받았던 경우일 수도 있다. 그들은 대체로 가난한 집에서 살았으며, 종종 동생이나 어린 자녀들을 먹여 살려야 했다. 그들은 이미 '더럽혀'졌으므로 자기 몸을 생계 수단으로 삼는 게 당연하다는 생각에서 매춘 노동을 시작했다.

일단 이 일에 몸을 담그게 되면, 이유야 어떻든 간에 사회적인 낙인이 찍혀 '정상적인' 일을 하면서 '존중받는' 사회로 복귀하는 것은 대단히 어렵다. 여성들이 기지촌에서 벗어나기가 어려운 또 다른 이유는 클럽 시스템 그 자체 때문이다. 클럽은 여성들이 계속 빚의 멍에(debt bondage)를 걸머지도록 만든다. 교육도 거의 받지 못했고 기술도 없기에 달리 일자리를 찾을 수도 없는 현실이 그들을 기다리고 있다. 택시 운전, 미용, 양재와 같은 기술을 배우려는 여성들 또한 직업을 찾기가 어렵다.[61] 결과적으로 많은 여성들은 그냥 그렇게 나이 들면서 기지촌에서 죽는다. 이보다 재수가 좋은 경우는 그들 자신이 클럽 업주가 되는 것이다. 반면 이보다 재수가 나쁜 경우는 나이가 들면서 거리의 여자가 된다. 그들은 궁핍한 삶을 어쨌거나 유지하기 위해 손자뻘은 충분히 될 법한 술 취한 젊은 병사들을 유혹한다.

클럽 시스템은 일반적으로 기지촌 여성들의 삶을 지배한다.[62] 대개 여성들은 클럽 업주로부터 돈을 빌려서 시작한다. 침대, 음향 기계, 옷, 그리고 그들이 배당받은 방을 꾸미는 데 필요한 여러 물건들을 사기 위해 돈을 빌린다. 그들이 손님을 받도록 되어 있는 방이므로 서구식 침대도 필요하고 오디오도 필요하다. 많은 클럽의 뒤쪽에는 호스티스들이 머무는 방이 있다. 숙식비는 수입에서 제한다. 일을 시작하면서 진 빚은 대체로 여성들이 클럽 업주에게 빚에 묶이는 출발점이 된다. 그들의 수입으로는 모든 비용을 전부 감당할 수 없다. 특히 아이들, 형제자매, 부모를 돌봐야 하는 경우는 그 수입만으로 해결이 되지 않으므로, 신용 대출을 받을 수 있는 유일한 통로인 클럽 업주에게 계속해서 돈을 빌릴 수밖에 없다. 여기에 덧붙여 이들이 일자리를 구할 때 직업소개소에 지불된 거래 몸값(여성을 사들인 클럽 업주가 지불한 돈)은 여성들이 주로 갚아야 하는 것이다. 이런 방식으로 인해 여성들은 실질적인 빚을 끌어안고 기지촌 생활로 들어서게 된다. 그곳을 떠나려면 그 빚을 갚아야 한다. 하지만 대다수 여성들에게 그 빚을 갚는 것은 불가능한 일이다.

일부 클럽은 얼마 되지 않는 기본급을 주기도 하지만 여타의 클럽은 여성들에게 커미션을 보고 일하도록 한다. 일은 초저녁부터 시작하는데, 클럽에 온 지아이들과 몇 마디를 나누고 그들에게 술을 사게 만든다. 호스티스에게 지불되는 모든 술값은 커미션으로 계산된다. 그러므로 그냥 주스나 마시는 것보다 알코올이 든 술일수록 커미션이 높다. 여성들이 좀더 돈을 벌려면 남자들과 섹스를 하지 않을 수 없다. 이론상으로는 여자들이 결코 매춘을 택하지 않을 수도 있지만, 실제로는 업주에게 진 빚의 무게 때문에 그런 선택은 사실상 불가피하다. '짧은 시간(숏 타임)'은 한 시간 남짓 하는 것이며, '긴 시간(롱 타임)'은 하룻밤을 의미한다. 여성들에게 단골 고객이 있는 경우도 흔하다. 단골 고객과는 계약에 따라 동거에 들어갈 수도 있다. 그런 조건에 합의를 하면 그 쌍은 살림을 차리고 남자는 한 달 생활비를 지불한다. 그런 합의는 대체로 결혼을 약속하는 것이므로 아이를 낳는 경우도 많다. 하지만 그런 관계는 지아이의 근무 기간이 끝나면 대체로 끝장나게 마련이다. 혹은 그 이전에 동거가 끝날 수도 있지만, 그렇게 되면 여자들은 생계를 위해 다시 클럽으로 돌아갈 수밖에 없다.

아메리카, 아메리카

미군, 기지촌, 양공주는 한국인들에게는 떼려야 뗄 수 없을 정도로 엉켜 있다. 그들은 또한 이중적인 의미를 지닌다. 한편으로 그들은 부도덕하며 나쁜 영향을 미치는 것으로 경멸받는다. 예를 들어 한국 소설 속에서 지아이들은 잔인하고 어리석으며, 양공주들은 천박하고 비극적인 삶을 사는 것으로 그려진다. 한국의 남서부 농촌 지역에서 성장한 한 중년 남자는 이렇게 말한다. "우리 모두 양공주에 관해 알고 있었다. 하지만 그것은 우리 삶의 일부가 아니었다. 우리는 단지 그들이 불결하다고만 알고 있었다. 모든 사람들이 그렇게 알았다." 다른 한편으로 그들은 미국의 물질적 풍요와 연관되어 있으므로 대단히 유혹적인 존재로 채색되어 있다. 어떤 기지촌 여성은 영화와 텔레비전에서 묘사된, 사치스러운 미국으로 들어가려는 동경으로 인해 순진하게도 1980년대 기지촌에 들어오게 되었다고 말한다.

어린 시절 텔레비전과 영화를 보면서 나는 미국으로 가서 살고 싶다고 생각해 왔어요. 조금 더 나이가 들었을 때는 사치스럽게 살고 싶었죠. 하지만 가난한 집안에서 그건 불가능했지요. 그래서 미국인들을 만날 수 있고, 또한 많은 돈을 벌려고 기지촌으로 왔어요. 그런데 막상 여기로 오고 보니, 내가 기대했던 것과는 많이 다르다는 걸 알게 되었죠. 이런 일을 해야 할 거라고는 상상도 못했으니까. 그렇다고 돈을 많이 버는 것도 아니고 ……. 이곳이 어떤 곳인지 진작 알았더라면 결코 오지 않았을 거예요.[63]

이와 유사한 정서가 윤정모의 소설 『고삐』에도 표현되어 있다. 이 소설은 양공주가 된 두 이복 자매의 삶의 궤적을 그리고 있다. 한국전쟁 동안 주인공인 정인의 어린 시절과 미국에 대한 그녀의 인상이 다음과 같이 그려져 있다.

그날부터 정인은 외할머니 집에서 살았고 그 얼마 뒤에 미군들도 들어와 외할머니 동생댁 과수원에 주둔하기 시작했다. 아이는 끊임없이 끓어 넘치는 전쟁 이야기 속에서 성장했다. 그 전쟁은 무섭거나 공포가 아닌 쾌감 같은 전율이나 감격, 흥분이었고, 그속에는 항상 미군과 달콤한 초콜렛 향내가 숨어 있었다. 그래서 아이는 날마다 외할머니 동생댁 과수원으로 초콜렛을 얻으러 다닐 수 있는 미군들과 그 전쟁이 좋았다. 또한 당신 마누라 좀 빌려달라 했다 하여 미군들한테 마구 화를 내던 필수아버지를 그니는 이해할 수가 없었다. 빌려주면 초콜렛과 맛난 과자를 한 가마쯤 줄텐데……그리고 우연히 엿보게 된 원자……과수원 뒷산에서 미군들 여럿이가 마을 처녀 원자를 눕혀놓고 번갈아가며 배를 탔고, 미군들이 떠나자 호미로 땅을 탕탕치며 울던 원자가 마을에서 사라진 그 다음해엔 소문처럼 양공주가 되었는지 멋진 삐딱구두를 신고 자기집에 다니러 왔었다. 그니는 멋쟁이로 변한 원자를 보고 미군들이 처녀의 배를 타는 것은 그 처녀를 멋쟁이로 만들어주기 위한 고마운 요술이라고 믿어버렸다.

(……) 기집애들은 돌팍에 발뒤꿈치를 올려세우고 제법 엉덩이까지 흔들며 신나게 노래를 불러댔다.

양갈보 똥갈보, 어디로 가느냐
삐딱구도 신고서 양놈한테 간단다.

열 살 전후까지 정인은 그 노래를 불렀다. 그럴 때마다 얼른 삐딱구두가 신고 싶었고 그리하여 원자 처녀처럼 양놈한테 달려가고 싶었다.⁶⁴

등장인물의 회상과 기지촌 여성의 증언 모두에서 성적 폭행, 가난, 기지촌 생활의 현실은 미국의 물질적 사치와 쾌락이라는 소박하고 경이에 찬 관점으로 인해 은근슬쩍 가려져 버린다. 그 시절에 음식은 가장 두드러진 사치품이었다. 미군들이 가난하고 굶주린 한국에 가져 왔던 듣도 보도 못했던 물건들에 관한 장황한 이야기 가운데서도 먹을거리는 가장 중요한 항목이었다. 테이스터스 초이스 커피, 햄, 스팸, 오스카 메이어 핫도그, 볼로냐, 핫코코아, 마시멜로우, 피넛버터, 치즈, 잼과 젤리, 오레오 쿠키, 리츠 크래커, 젤로 푸딩, 포테이토 칩, 허시 초콜릿 등. 지아이들이 한국 아이들에게 던져 주었던 군대 배급품 중에서 초콜릿은 미국의 풍요와 관대함의 상징이었다. 미국은 너무 부자라서 군인들에게 초콜릿과 같은 캔디를 공급할 수 있을 뿐만 아니라 미국인들은 너무 인심이 좋아서 한국 아이들에게 공짜로 그런 것들을 던져 준다고 했다. 이런 소문들에 의하면 미국인들은 너무 잘 살아서 끼니때마다 고기를 먹는데, 그것도 국이나 곰국에 고기가 조금 들어간 정도가 아니라 사람들마다 자기 몫으로 각자 커다란 고깃덩어리를 놓고 먹는다는 것이었다. 위에서 나열했던 미국 중산층의 요리 소품들은 부자들이 먹을 수 있거나 혹은 암시장을 통해서 얻을 수 있는 진기한 맛을 가진 것들이었다. 심지어 남한이 번영을 구가한 뒤에도 미국 음식은 사치품으로 남아 있었다. 예를 들어 스팸과 같은 미국 상품은 고급 백화점에 수입되어 팔렸으며, 오레오 쿠키, 치즈 위즈, 크라프트 싱글즈 등은 근처에 있는 피엑스로부터 흘러나와 식료품점이나 야시장에서 암거래로 팔렸다.

　남한 경제가 번창하고 국가가 산업화됨에 따라 미국 생활의 사치는 할리우드 영화와 한국에 있는 미군 텔레비전 네트워크인 AFKN 일일 방송을 통해 한국인들에게 전달되었다.[65] 예를 들어 1980년대 황금 시간대에 방송되었던 멜로드라마 〈달라스(Dollas)〉는 미국의 매력적인 상류층의 초상화를 전달했다. 하지만 가장 가시적으로 보이는 미군들은 한국에서 접촉할 수 있는 미국인의 존재이자 미국의 물질적 풍요와 풍성하고 호사스런 삶에 대한 일차적인 상징이었다. 〈달라스〉와 달리 군인들은 보통 사람들도 미국에서는 풍요로운 삶을 영위한다는 인상을 주었다. 일반 사병들마저 한국의 상류층보다도 물질적인 풍요를 누리는 것처럼 보였다. 골프 코스, 볼링장, 영화관, 넓은 정원을 갖춘 저택, 수영장, 시세의 절반 값으로 서비스하는 스테이크 하우스 등에 관한 이야기들이 한국의 도시인들에게 널리 퍼져 나갔다. 용산과 같이 큰 기지에는 그와 같은 쾌적한 시설이 갖춰져 있었다. 가족의 주거 공간은 교외에 사는 미국 중산층을 충실하게 모방했다. 학교, 공원, 스포츠 리그, 사친회(PTA) 등을 완벽하게 갖췄다. 양공주가 된다면 지아이들과 사귀게 될 것이고 그러면 미국과 미국의 호화스러움과 접할 수도 있었다. 양공주가 되는 것은—비록 그것이 수반하는 것이 무엇인지 순진한 사람들에게는 알려지지 않았다할지라도—따라서 이런 생활을 성취하는 가장 분명한 방법이라는 인상을 젊은 이들에게 심어 준 것처럼 보인다. 미국의 마법적인 유혹은 한국에서 이들의 현실을 모호하게 만들었다.

한국에서 미국이 발휘하는 유혹(넓은 의미에서는 아직도 존재하는)은 두 나라 사이의 불평등한 관계의 결과이다. 그것은 식민지 본국이 식민지에 발휘하는 매력이다. 그런 매력이 더욱 강화된 것은 미국은 식민 지배자가 아니라 해방군이라는 이미지 때문이었다. 한국을 일본 제국주의로부터 구해 주고 그 다음에는 공산주의로부터 구해 준 구세주 미국이라는 담론의 지배 아래서, 미국적 영웅주의와 관대함은 미국의 물질적인 풍요와 더불어 유토피아의 이미지와 결합했다. 기지촌 여성들은 더러운 여성이라는 것을 누구나 다 안다고 말했던 바로 그 남자는 이렇게 말을 잇는다. "하지만 미국은 우리의 맏형이자 동맹군이었다. 그래서 우리는 우리나라를 방어하려고 도와준 미군들에게 고마움을 느낀다." 퇴폐적인 영향을 미치는 미국이라는 이미지와는 상반되는 유토피아의 이미지가 서로 평행선을 달리고 있었다. 미국이 상징하는 권력, 부, 근대성의 이미지는 한국에 대한 미국의 지배로 인한 부정적인 결과를 은폐했다. 실제로 이런 미국의 이미지는 광주 학살 이후에야 비로소 무너지지 시작했다. 민주화를 외치는 시위대를 무자비하게 진압한 광주항쟁에 미군이 연루되었기 때문이다.[66]

미국의 매력이 휩쓸고 있을 때마저도 대부분의 한국인들은 기지촌과 그곳에서 일하는 양공주들을 경멸했다. 전통적인 가부장제의 사회 관행은 여성의 정절을 강조했으며 한민족은 동질적인 문화를 가지고 있다는 것에 대한 몇 백 년 묵은 자부심을 가지고 있는 분위기에서, 외국인과 관계하는 매춘 여성은 사회의 쓰레기로 폄하되었다. 위에 인용한 기지촌 여성처럼, 미국에 대한 자신의 꿈을 좇아서 기지촌으로 들어온 사람들은 상상조차 할 수 없는 현실과 직면하면서 재빨리 환멸을 느끼게 되었다. 이런 관점에서 볼 때 기지촌 여성들에게 나라를 위하는 애국자라고 아부했던 한국 정부의 훈시는 이들의 착취를 정당화하는 공허한 수사일 뿐이었다.

가부장적인 사회적 관행도, 문화적·인종적인 극단의 자부심도, 기지촌 여성들과 군인아내들에 대한 엄청난 경멸을 전부 다 설명해 줄 수는 없다. 다름 아닌 그 가부장적인 사회적 관행과 바로 그 자부심이 일본 통치 아래 자행되었던 위안부 문제를 몇 십 년 동안 비밀에 부쳤지만, 이제 그들은 제국주의 침략자들에게 당한 순진한 희생양이라고 주장되는 반면, 기지촌 여성은 여전히 사회적 천민으로 남아 있다. 사실 과거의 위안부 여성들 자신도 기지촌 여성과의 연관을 결코 떳떳하게 여기지 않는다. 이런 차이를 어떻게 설명할 수 있는가? 그런 질문에 대한 부분적인 대답은 침략자의 정체성 문제와 관련이 있다는 것이다. 일본은 아직까지도 역사적으로 매듭지어야 할 것이 남아 있는 과거의 식민주의자이며, 아직도 과거 식민지에 음험한 생각을 가지고 있을지 모르는 식민주의자로 간주된다. 하지만 미국은 여전히 감사해야 할 동맹이자 우방이며, 미국의 자유와 물질적인 풍요는 부러워하고 경쟁해야 할 이상으로 간주된다.

기지촌 여성을 군대 매춘의 희생양이자 현대판 위안부로 이해하는 것은 미국에 대한 비전을 산산조각 내는 것일 수도 있다. 이러한 시각은 한국인들에게 미국인들과 미군들이 저지른 무수한 모멸과 만행을 대면하도록 만들 것이다. 그들이 저지른 만행은 신문의 한 귀퉁이에 작은 활자로 눈에 띄지 않도록 배치되었고 반쯤 잊혀진 기억 속에 은폐되었다. 군인들이 장악한 땅에서 농민들은 미군 기지 설비를 위해 논과 밭을 비워주어야만 했다. 미군 부대는 조국의 분단과 미군정에 항의하면서 평화 시위를 하는 비무장 민간인 집단에게 발포를 했다. 1945년 일본의 패배 후 일본인 소유주가 버리고 간 공장들을 스스로 가동하기 시작했던 공장에서 노동자들은 쫓겨났다. 미군들이 무수한 한국의 민간인들을 학살하고 만행을 저질렀지만 미군 당국은 그들을 약간 꾸짖는 정도로 넘어갔다. 저널리스트 오연호는 그와 같은 엄청나게 많은 사례들을 힘들게 조사하여, 미국은 남한과 같은 '약소국 파트너'를 다루면서 거만하고 이기적인 제국주의자였음을 증언했다. 여기에 덧붙여, 최근 들어 1980년 광주 학살 뿐만 아니라 1948년 제주도 학살(제주 4·3 항쟁을 말함—옮긴이)과 한국 전쟁 동안 노근리 학살에 관한 폭로가 보여 주다시피, 미국은 한국을 폭력으로 다루었다.[67]

이것은 미국에 대해 널리 퍼져 있는 생각과는 정면으로 충돌하는 이미지이다. 하지만 좀더 요점을 지적하자면, 기지촌 여성을 미군이 후원하는 군대 매춘의 희생자로 파악하는 것은 자신을 주권 국가로 생각하는 한국의 자기 인식이 산산조각 날 수도 있다. 그것은 미국이 한국과 한국인을 압박하는 방식을 깨닫지 않을 수 없도록 만드는 것이다. 또한 한국은 기껏해야 약소국이자, 약소국 파트너이며, 최악의 경우 미제국주의의 희생자이자 하수인에 불과하다는 점을 인정하지 않을 수 없게 만든다. 또한 남한에서 미군의 존재로 인해 한 도시가 경제적으로 그 지역 미군 기지에 의존하고 있으며, 미군 부대의 크기에 따라 지역 경제가 좌지우지된다는 것을 의미한다. 간단히 말해 의정부, 송탄, 동두천과 같은 도시의 흥망은 경제적으로 몇 천 마일 떨어져 있는 외국의 지도자들이 내린 결정에 달려 있다. 그와 같은 현실을 직면한다면, 미국과 대등한 파트너이자 주권 국가로서의 (남한의) 국가적인 자기 정체성은 산산조각이 날 수도 있다.

주권 국가로서의 자기 정체성은 분명 남성적인 개념이다. 한 나라가 남성적이고 주권적으로 유지되려면, 여성적인 것과 종속적인 것을 추방시켜야 한다. 외국 군대에게 성적인 서비스를 하는 기지촌 여성은 여성적이고 종속적인 것의 상징이다. 그들은 미국의 손아귀에서 한국이 겪었던 모든 수모를 상징한다. 사실상 남한에서 정치적 급진주의자들은 기지촌 여성의 이미지를 제국주의 아래 멍들고 상처 입은 국가에 대한 은유로 점점 더 동원하고 있다. 소설가들은 이런 은유를 오래 전부터 활용했다. 한국 문학에서 양공주는 수십 년 동안 한민족 전체의 예속에 대한 은유로 묘사된다.[68] 하지만 한국 주류 사회는 이 여성들을 매춘 여성이라고 비난하거나, 그리고/혹은 민간외교관이며 외화벌이꾼이라는 점에서 애국자라고 냉소적으로 칭찬하면서도 그들을 보이지 않는 그림자 영역으로 반드시 몰아넣으려고 한다. 이들을 보이지 않는 존재로 만들어 놓아야만 한미 관계의 현실을 무시하고 부인할 수 있으며 따라서 공식적으로 한국의 주권성과 미국의 관대함이라는 기존의 믿음을 유지할 수 있기 때문이다. 미국의 황금 이미지는 비교적 오염시키지 않으면서도 그 이면에 있는 기지촌과 기지촌 여성들을 한국인들은 경멸한다. 실제로 한국 사회에 미치는 미국의 현실적인 영향력은 개인의 타락으로 간단히 취급되어 버린다. 여성들이 매춘부가 된 것은 한국의 상황과 미국과의 관계 때문이 아니라 그 여성들이 도덕적으로 타락했기 때문이라는 것이다. 국가의 자부심이라는 논리가 그런 해석을 요구한다.[69]

미국은 칭송하면서도 양공주는 비난하고 접촉하지 않으려는 우리 사회의 이중적인 잣대로 인해 기지촌 생활에 어떤 환상도 가지고 있지 않은 기지촌 여성들마저 미군과 결혼하여 미국에서 살려는 꿈에 그처럼 매달리게 된다. 그들은 한국 사회에서 자신들이 천민의 위상을 차지하고 있다는 것을 잘 알고 있다. 기지촌 활동가들이 운영하고 있는 기지촌 여성들을 위한 커뮤니티 센터인 쉼터(My Sister's Place)에서 실시한 기지촌 여성과의 인터뷰와, 산드라 폴록 스터드반트(Saundra Pollock Sturdevant)와 브렌다 스톨츠퍼스(Brenda Stoltzfus)의 인터뷰에 따르면, 이들 여성은 자신들 역시 인권을 누려야 하며 그러므로 매춘으로 인해 비난받지 않아야 한

70

다고 믿고 있다.[70] 전부는 아니라할지라도 여성들 대다수는 기지촌으로 온 것이 실수였다고 본다. 기지촌 여성들에게 합법적인 직업으로서 성 노동 개념은 문자 그대로 생소한 것이기 때문이다. 많은 여성들은 아내와 어머니로서 '정상적인' 생활을 꿈꾼다. 기지촌 여성들은 한국 사회에서 추방된 존재들이므로 이런 상태로는 한국 남자와 결혼하는 것은 불가능하며 따라서 미군과의 결혼을 꿈꾼다. 기지촌에서 어떻게 생존할 것이며 어떻게 이곳에서 벗어날 것인가 하는 문제는 대다수 기지촌 여성들의 일상적인 관심사이다. 기지촌 매춘을 고착시킨 역사적·사회적 조건은 서구 페미니스트들의 주장과 매춘 활동가의 주장, 즉 매춘은 여성들의 역량을 강화하는(empowering) 직업이며 가부장적인 지배로부터 벗어나는 방식이라는 주장과는 대체로 무관하다.[71] 오히려 한국에서 군대 매춘은 그런 주장과는 정반대이다. 기지촌 여성들은 한국과 미국 모두로부터 그들의 몸에 행사되는 극단적인 가부장제의 지배를 받으면서 살고 있다.

여기에 덧붙여 많은 기지촌 여성들이 한국 남자에게 당한 부정적인 경험—학대, 성 폭력, 포주와의 경험 등—은 모든 한국 남성들은 무가치하고 여성들을 잘 대해 주지 않는다는 믿음을 갖게 만든다. 그런 상황에서 우리 사회에 널리 퍼져 있는 미국에 대한 매혹이 자리 잡는다. 미국인들이라면 심지어 멍청한 지아이들이라도 한국 남자들보다는 "낫다"고 생각한다.

소설가 강석경은 기지촌 여성들에 관한 글을 준비하면서 기지촌에서 살았는데, 그녀는 1983년에 발표한 단편 「낮과 꿈」에서 여성들을 이렇게 묘사한다.

생각하건대 기지촌이란 한국과 미국 사이에 떠 있는 섬과도 같다. 물도 아니고 바다도 아닌 섬, 섬이 섬일 뿐이듯 이곳 여자들은 양갈보일 뿐이다. 미군들의 일시적인 '하니' 면서 조국에서도 외면당하고 있으므로 그 이름으로만 불린다.

(……) 뿌리가 없는 섬이므로 여기 사는 여자들도 뿌리를 내리지 못한다. 여자들이 기둥서방을 두거나 미국행을 열망하는 것은 섬의 허망됨을 잘 알고 있기 때문이다.[72]

기지촌 여성들의 꿈에서 기지촌 생활은 비참할 수도 있지만, 지아이들 중에서 간혹 멋진 왕자님을 만나 미국이라는 파라다이스에서 멋지고 새로운 생활을 할 수도 있을 것이다. 이와 같은 신데렐라의 꿈을 가진 젊은 신참들은 나이 든 고참이 겪은 미군들의 이야기를 듣고 상당히 풀이 꺾이는 것처럼 보인다. 미국으로 가기 위해 기지촌을 떠났던 여성들이 공포스러운 이야기를 듣고 이곳으로 되돌아옴으로써[73] 신참의 꿈은 세월이 가면서 이울어지게 된다. 그런데도 미군과의 결혼은 기지촌에서 벗어날 수 있는 몇 가지 안 되는 길 중 하나로 남아 있다.

하지만 그것은 좁고 험난한 길이다. 대부분의 기지촌 여성들은 결혼을 약속했지만 근무 기간이 끝남과 동시에 결국 버림을 받았다는 지아이들과의 이야기 하나쯤은 가지고 있다. 지아이와 결혼에 성공하여 미국으로 이민 간 여성들은 과거 반세기 동안 기지촌에서 일했던 수만 명의 여성들 중에서 불과 얼마 되지 않는다. 여성들이 지아이의 결혼 약속을 철석같이 믿고, 원하지 않는 아이를 낙태시키지 않고 낳아서 키우는 경우도 종종 있다. 약속이 깨졌을 때 여성들은 혼혈아를 혼자 도맡아 키워야 하는데,

혼혈 사생아에 따라다니는 사회적 낙인과 가난이라는 이중고에 시달림으로써 그들은 더욱 힘들어졌다.[74]

기지에서 일하기

이번 장의 초반에 강조했다시피, 기지촌은 한국 여성과 미군 지아이가 만나는 유일한 공간이 아니다. 가장 흔한 또 다른 현장은 미군 기지 그 자체이다. 1945년 미군이 남한에 처음으로 주둔하게 되면서 한국인들은 통역관에서부터 수위에 이르기까지 다양한 직업에 고용되었다. 여성들에게 흔히 허용된 일자리는 접시 닦기, 요리, 기지 내 레스토랑의 웨이트리스, 구내식당, 바, 클럽, 서기, 접수계 직원, 다양한 사무실의 비서, 피엑스나 매점의 경리 등이었다. 1940~1950년대에 미군 기지 주변으로 몰려든 많은 여성들은 그런 종류의 일자리를 아마도 희망했을 것이다. 하지만 영어가 부족하거나 개인적인 인맥이 없으면 그런 일자리를 얻기가 힘들다는 것을 알게 되었다.

이 연구를 위해 인터뷰를 한 여성들 중 몇몇은 미군 기지에서 일을 하면서 그곳에서 남편을 만났다고 말했다. 한 사람은 기지 레스토랑에서 접시 닦기로, 다른 한 명은 야채 다듬는 일을 했다고 한다. 그녀가 묘사하는 것으로 볼 때 아마도 구내식당에서 일을 한 것 같았다. 또 다른 여성은 공급계에서 서기로 일했다. 그녀가 담당했던 일은 공급 물품의 명세서를 타자기로 기록하는 것이었다. 그녀는 영어 알파벳을 간신히 알 정도였고 타자는 전혀 칠 줄도 몰랐지만 물품들의 철자를 암기해서 일 처리를 했다. 그녀가 일한 것처럼 기지 안의 일자리는 주로 개인적인 인맥을 통해서 얻어지는 것이었다. 예를 들어 한 여성은 절친한 이웃인 국군 장교를 통해 일자리를 얻었다.

기지 안의 일자리, 특히 피엑스나 사무실에서 일을 하면서 한국 여성은 미국적인 분위기를 접하게 되었으며, 따라서 자연스레 미국과 한국을 비교하게 되었다. 기지촌이 여기도 저기도 아닌(한국도 미국도, 뭍도 바다도 아닌) 섬에 비유될 수 있다면, 기지는 반도에 비유될 수 있다. 한국 영토에 침입한 미국 본토의 확장으로서의 반도 말이다. 늘 써야 하는 언어는 영어이고 직장 동료들은 미국인이며, 일을 하는 과정에 그녀가 상대해야 할 사람들과 고객들 역시 미국인이다. 직장 문화, 다른 사람과 상호 작용하는 방식, 심지어 일하는 도구와 그 일을 통해 접하는 물품들마저도 (타자기, 연필깎이, 접시 닦는 기계, 수세식 변기, 오븐, 그중에서 특히 피엑스나 매점에서 파는 소비자 물품들, 시어스 백화점의 카탈로그 등) 미국적인 것이다. 용산과 같은 큰 기지에서 일을 한다면, 미국 교외의 군인 사택을 떠올리게 하는 주택들을 보았을 것이다. 집집마다 정원과 뒷마당을 가지고 있는 집들. 기지의 정문을 통과할 때마다 그녀는 자신이 살고 있는 세계와는 전혀 다른 이질적인 세계로 걸어들어 갔던 것이다. 한 기지촌 여성은 한국 사회와 기지 사이의 차이를 이렇게 묘사한다.

> 미군 기지로 들어가면 모든 것이 자동이거든요. 그들은 필요한 만큼 얼마든지 전기나 물을 사용할 수가 있어요. 이에 비해 [한국—옮긴이] 정부는 전기와 물을 절약하라고 말합니다. 정말 동떨어진 세계지요.[75]

이것은 1990년대의 상황이었다. 부족과 풍요, 박탈과 특권이 가장 으뜸가는 대조였다. 한 나라의 수도에 수돗물도 전기도 없었으며, 한국전쟁 이후 나라 전체가 폐허더미에 올라앉았을 때, 이런 대비는 얼마나 눈에 띄게 두드러졌겠는가.

미국은 사실 한국인들에게 동떨어진 세계였다. 미국이라는 세계는 심오하고도 불안정한 방식으로 한국인들의 삶에 와 닿았다. 미국은 남한의 정치적 상황과 경제뿐만 아니라 헤아릴 수 없이 많은 한국인들의 개인적인 삶에도 영향을 미쳤다.

2장

미국병

새롭게 약혼하거나 결혼한 커플에게 흔히 볼 수 있는 꿈에다 한 가지 더 덧붙여 미군과 결혼한 한국 여성은 신천지에서 더 나은 삶을 갈망했다. 다른 이민자들과 마찬가지로 그들은 동화적인 풍요의 땅, 미국에서 새로운 출발을 갈구했다. 더 나은 삶에 대한 그들의 희망은 전쟁, 가난, 한국의 가부장제, 일본의 식민주의, 미국의 제국주의에 의해서 형성되었다. 여기에 제시된 아홉 명의 여성들 이야기는 어떻게, 왜 그들이 미군과 결혼하기로 결심했는가를 보여 준다.

이야기는 세 부분으로 나눠서 연대기 순으로 배열했으며, 결혼과 한국인 군인아내로서의 이민과 관련된 주요한 시기를 집중적으로 조명한다. 네 번째 부분은 이런 이야기를 함께 묶어 줄 수 있는 공통된 주제를 간략히 논의한다.

전쟁에서 벗어나

35년간의 일본 통치를 경험하고 난 뒤 한국은 1945년 해방되었지만,

38선을 중심으로 북쪽은 소련이, 남쪽은 미국이 각각 점령함으로써 결국 서로 다른 세력으로 부상하고 있던 세계적 강대국들에 의해 반쪽으로 분단되었다. 대립적인 이데올로기 사이에서 찢어진 한국은 얼마 가지 않아 쓰라린 내전으로 빠져 들었다. 남쪽과 북쪽은 각자 국제적인 지배를 위해 전투에 참여하고 있던 외국 군대의 지원을 받았다.[1] 군대는 한반도를 따라 북진했다가 후퇴했다. 그들 사이에 세 명의 여성들도 끼어 있었다. 그 당시는 서로 알지 못했지만, 훗날 이들은 제각기 미군의 아내가 되어 미국으로 건너와서 미국 동부 해안의 같은 도시 지역에 정착했다. 그들의 이야기는 식민주의, 민족 분단, 외세의 지배가 한국 여성들에게 미친 영향에 관해 어느 정도 시사하는 바가 있다.

조순이는 1951년 미국으로 떠났다. 한국전쟁이 발발하고 난 지 채 일 년이 되지 않았을 때였다. 식민지 조선에서 성장했던 그녀는 후진적이고 정체된 나라에서 벗어나고 싶어 했다. 우선 그녀는 일본으로 가기를 갈망했다. 그녀의 선생은 일본이라는 나라를 지상의 진정한 천국으로 묘사했다. 1945년 해방과 더불어 남한에서 일본 식민 통치는 미군정으로 대체되었다. 태평양전쟁이 끝나기 몇 개월 전 서울로 가기 위해 남부 지방에 있는 고향집을 떠나면서, 조순이는 미국인들이 한국에 진입하는 광경을 목격했다. 미군 기지에서 간호사로 일했던 고향 친구의 도움을 받아서 그녀는 피엑스에서 일자리를 구했다.

난 한국을 벗어나고 싶었어. 최소한 일본으로 가서 살고 싶었거든. 그게 내 꿈이었으니까. 적어도 일본 가서 살고 싶은 거야. 그래, 한국에는 머물기 싫었어. 왜냐하면 미래가 없으니까. 그다지 미래가 보이지 않으니까. 알다시피 나라는 작은데 발전된 건 아무 것도 없고 언제나 다른 나라들이 관리했지. 오늘날은 어떤지 모르겠다만. 어쨌거나 내 꿈은 한국을 떠나는 것이었어. 떠나는 것, 외국으로 가는 것. 일본이든 미국이든 그건 그다지 문제가 아니지. 그래서 난, 난 그게 내 소원이었어. 미국으로 오는 유일한 방법은 결혼하는 거더군.

외국에 관해 어떤 경로를 통해 알게 되었냐고 내가 물었을 때 그녀는 별 멍청한 질문도 다 있군, 하는 표정을 지었다. "음, 일본을 통해"라고 말하면서 그녀는 웃었다. "알다시피, 일본 선생님이 학교에서 일본에 관해 가르쳐 줬지. 그러니 일본에 관해 어떻게 모를 수 있었겠어?" 미국에 대해서는 "음, 전쟁이 끝났어. 아, 그러니까 2차 대전이 끝났어. 미국인들이, 그들이 서울에 몽땅 들어왔어, 안 그래? 그래서 그들이 모든 걸 통제한 거야"라고 말했다.

일본에서 살겠다는 그녀의 욕망은 미국에서 살아야겠다는 것으로 쉽사리 바뀌었다. 그녀의 표현대로라면 모든 것을 통제하면서 새롭게 나타난 사람들의 언어를 배워야 한다는 것이 그녀의 강박이 되었다.

난 그 점[언어를 배워야 한다는 것—옮긴이]에 관해 생각하게 되었어요. 그러니까, 옛날 우리 부모님들은 일어를 몰랐어. 그래서 정말 멍청이 같았지. 우리가 하는 말을 부모님이 못 듣게 하고 싶으면 서로 일어로 말하고는 했어요. 그래서 바로 그 때문에 난, 난 영어를 배워야만 한다고 생각한 거야. 그래서 영어를 배워야만 한다고 느낀 거지. 그래서 책을 읽었어. 책을 마치 사전처럼 읽은 거야. 배우고, 책을 들여다보고, 읽고…….

난 미군들과 교제를 했어. 그래야 영어로 말하는 법을 배울 수 있으니까. 음, 음, 충분할 정도로. 말하자면 우린 강한 외국인 억양을 가지고 있어. 그렇죠? 말하는 게 쉽지 않았어. 그래서 이를 악물었지. 난 배워야 해, 난 영어를 배워야만 해하고. 밤이면 난 사전을 가지고 공부하고 또 공부했어. 낮에는 다른 영어 단어를 주워듣고 하면서. 그러기 위해선 미국인들과 만나야 해. 만나야 대화 기회가 생겨. 그러면 할 수 있지, 날마다 배울 수 있어. 그땐 젊었고 젊은 시절엔 배우는 게 빨랐어.

나이 든 부모들이 자기 자녀들로부터 무식한 바보 취급을 당했으며, 부모에게 비밀로 하고 싶은 것이 있으면 일어로 말하고는 했다고 조순이는 기억했다. 이런 사실로 보건대 그녀에게는 언어와 권력의 관계가 깊이 새겨져 있었던 것 같다. 이에 덧붙여 그녀는 자기 오빠가 유창한 일본어 실력 덕분에 일본에서 교육을 받을 수 있었다고 했다. 일어를 능숙하게 하기란 잘 교육받은 부잣집 자녀들에게나 가능한 일이었다. 그녀는 언어를 이해할 수 없어서 강자의 세계로부터 배제되는 위치에 있고 싶지는 않았다. 그런데, 일본이 패하고 그 자리를 미국이 대체하자 그녀의 일본어 능력은 더 이상 그녀가 추구하는 더 나은 세상으로 그녀를 데려다 줄 수 있는 잠재력을 발휘할 수 없게 되었다. 그녀는 영어 공부를 필사적으로 하지 않을 수 없도록 내몰리게 되었다.

그녀는 유복한 가정 출신이었다. 일본 식민지 시절에 지방 관리였던 아버지와 어머니는 그녀가 어린 시절에 돌아가셨다. 그녀는 작은아버지 가족에 얹혀서 자랐다. 그녀의 오빠는 2차 세계대전 때 기숙사가 폭격을 당하는 바람에 일본에서 죽었다. 직계 친족이 없었던 상황도 그녀가 그처럼 한국을 떠나고 싶었던 것에 영향을 미쳤을 수도 있다.

> 무슨 일이 있어도, 그 생각을 하면 할수록, 아무리 그들[삼촌과 숙모]
> 이 나에게 잘해 준다하더라도 내 마음은 언제나 외국으로 가고 싶은 거야
> ……. 난 작은 시골 동네를 벗어나 큰 도시로 차근차근 나가고 싶었어.
> 그래서 작은 동네와 한국을 벗어났지.

남녀 역할에 관한 한국 관습을 좋아하지 않았던 것도 조순이가 한국을
떠나고 싶었던 이유 가운데 하나였다. 그녀는 말한다. "[한국에서] 모든
것은 남자를 위한 것이야. 킹콩을 섬기는 거나 마찬가지였지. 지금은 안
그렇지만, 그땐, 여자들은 그냥 밥이나 하고, 부엌에서 살았어. 음……
뭐 그저 일이나 하고 그랬지. 난 [그런 식의] 관습을 좋아하지 않았어요."
또한 그녀는 양장 차림에 화장을 하고 서울 거리를 다니면서 마주치는
위협적인 시선을 좋아하지 않았다. 1940년대 대부분의 사람들, 그중에서
도 특히 여성들은 한복을 입었으며 화장을 하지 않았다. 기지촌에서 일하
거나 미국인과 관련된 여성들만이 화장을 하고 양장을 입었다. 따라서 대
부분의 한국인들이 보기에 치장한 여성은 매춘 여성의 표시였고, 더욱 중
요하게는 외국물에 찌들었기 때문에 한국의 미풍양속과 사회 구조의 통
제를 넘어선 여자였다. 그런 여성들은 악담과 모욕을 퍼붓기 좋은 손쉬운
사냥감이었다. 그녀가 한국을 더욱 싫어하게 된 데에는 그런 식의 가부장
적인 관습도 한몫을 했다. 미국의 가장 좋은 점은 그런 행태로부터 자유
롭다는 것이라고 그녀는 말한다. "아무도 뭐라 하지 않아요. 거리를 그냥
걸을 수 있어. 또한 아무도 당신에게 악담을 날리지 않아. 당신은 자유로

워"라며 말을 계속했다. "한국에서 미국 남자와 길거리를 걷는다는 건 생각할 수 없는 일이야. 모든 건 비밀이지, 비밀. 난 그런 걸 좋아하지 않아요. 심지어 일본에서도 그러질 않지. 당신은 자유가 많아. 아무도 아무 말 하지 않지. 그들은 그냥 볼 뿐이야[그게 전부다]. 심지어 일본도 매우, 매우 모던하다니까."

이와 대조적으로 한국은 후진적이었다. 여성을 부엌으로 몰아넣고 부엌에서 떠나려 한다고 여성들에게 악담을 퍼붓는다는 점에서 저개발 국가였다. 어린 시절 일본에 대한 그녀의 꿈은 미국에 대한 꿈으로 바뀌었다. 하지만 미국으로 가는 유일한 방법은 미국인과 결혼하는 것이었다. 그것은 말은 쉽지만 막상 행하기는 훨씬 힘들다. 그녀의 설명에 따르면 한국이나 일본 여성과 결혼하고 싶어 하는 미국인들은 많았다. 하지만 그런 결혼이 아시아인 신부들에게 미국으로 가는 법적인 권리를 곧장 부여해 주는 것은 아니었다. 조순이의 의견으로는 그것은 결혼을 무의미한 것으로 만드는 것이었다. "당신은 결혼할 수 있어. 그래서 결혼을 하지. 그런데도 남편과 함께 올 수 없거든. 왜? 그렇다면 뭣 때문에 결혼했겠어?" 미국 이민법이 개정되어 아시아계 군인아내들이 남편과 함께 미국으로 오는 것이 허용된 이후에도, 관공서의 까다로운 형식 절차 탓에 이 과정은 쉽지 않았다.[2] 게다가 적당한 미국인 남자를 만난다는 것도 쉬운 일은 아니었다. 그녀는 자신이 한국을 떠날 수 있었던 것은 오로지 운이 좋았기 때문이라고 말했다.

내가 알기로는, 난 매우 운이 좋았어요. 매번 정말 재수가 좋았지. 서울로 오게 된 것도 행운, 간호사 친구를 만난 것도 행운. 가장 친한 친구였는데, 정말, 정말 예뻤는데⋯⋯. 그리고 음, 멋지고 젊은 남자를 만난 것도 행운이었지. 우리는 일본으로 가서 결혼했죠. 아⋯⋯, 모든 게 내가 계획한 대로 되었어. 난 정말 재수가 좋았어요, 정말로.

피엑스에서 판매원으로 일하면서 그녀는 백인 미군 사병과 데이트를 시작했다. 1949년 그는 일본으로 전출되었다. 그리고 이듬해 봄 한국전쟁이 발발했다. 그녀는 친구의 도움을 받아 인천에서 배를 타고 일본으로 건너가 남자친구를 찾아냈다. 1951년 2월 그들은 도쿄에서 결혼식을 올렸다. 당시 스물한 살이었던 조순이는 그렇게 하여 린버그 부인이 되었다.

왜 그 사람과 결혼했냐고 물었을 때, 그녀는 그 질문에 놀라는 것처럼 보였다. "글쎄, 우린, 우린 서로 사랑했으니까. 결혼을 원하지 않는 사람이 있어요?" 왜 서로 사랑하게 되었냐고 내가 계속 찌르면서 질문을 해대자, 그녀는 웃음을 터뜨렸다.[3]

　　모든 사람은 누군가를 만나죠. 오! 난 그를 알고 싶고, 그러니까, 음, 사랑하는 감정이 생기지. 사랑한다, 그 사람을 사랑한다. 가슴으로, 가슴으로. 당신의 얼굴, 당신의 몸이 사랑에 빠진 것을 알게 돼. 왜? 누구나 사랑에 빠지니까. 모든 사람이 젊었을 때는, 음, 젊을 땐 사랑에 빠져요. 모든 사람이 누군가와 사랑에 빠지지요.

일본을 떠나 미국으로 가려고 하면서, 처음으로 린버그 부인은 자신이 일본에 체류할 수 있는 자격이 있다는 것을 입증해야 한다는 사실을 알았다. 전쟁의 와중에 일본으로 도피했으므로 그녀는 제대로 된 서류를 전혀 가지고 있지 않았다. 그녀에게는 여권과 한국 정부가 발급한 이민 비자가 필요했다. 한국 정부로부터 그런 서류를 얻어 낸다는 것은 쉬운 일이 아니었다. 주일 대사관은 필요한 서류 신청을 했을 때 애를 먹었다. 그녀는 영사가 미군 기지에서 일하면서 안면이 있었던 사람이라는 것을 알게 되었다. 그의 도움으로 미국 이민에 필요한 모든 서류를 손에 넣었다. "그 사람 덕분이야. 그들은 내 결혼을 인정해 주었고, 나에게 비자를 줬어. 달리 말해 그 영사가 나를 위해 하나를 만들어 준 것이야. 그가 해 주지 않았더라면, 세상일을 어떻게 알겠어요? 아마 [필요한 서류를] 손에 넣지 못했을 거야"라고 그녀는 말했다.

남편과 함께 린버그 부인은 요코하마로 갔다. 그곳에서 그들은 미국행 여객선에 올랐다. 린버그 부인에 따르면 여객선은 미군과의 계약을 맺고 많은 미국인 승객을 태워 날랐다. 14일이 지나 그들은 시애틀에서 하선했다. 그때가 1951년 늦은 여름이었다. 린버그 부인은 그해 미국 시민의 아내로 미국에 들어왔던 11명의 한국 여성 중 한 사람이었다.[4]

같은 해인 1951년 이경자는 피난민이었다. 그녀는 서울의 중산층 가정에서 성장했다. 전쟁이 터졌을 때, 그녀의 대가족은 한집에 모여서 살았다. 할머니는 전쟁의 혼란 속에서는 함께 모여 있는 것이 상책이라고 생각했기 때문이다. 하지만 그 집은 폭격을 당했고 가족 모두 폭사했다. 이경자는 폭격 당시 집에 없어서 구사일생으로 살았다. 하지만 그녀에게 남은 것이라곤 아무 것도 없었다. 적군이 서울을 점령하자 그녀가 선택한 유일한 방법은 전쟁을 피해 달아나는 것이었다.

친구가 한 명 있었어. 우린 함께 떠났지. 여름 무렵이었어. 말라리아 알아? 난 말라리아에 걸렸어. 여름이었으니까. 말라리아는 모기에 물리면 걸리는 것이었어. 우리가 거리에 나앉은 후 말라리아에 걸린 거죠. 내 친구도 함께. (침묵) 음, (긴 침묵, 한숨, 울음) 미안해요. (울음) 대구와 대전에는 피난민들이 너무 많았어. 갈 곳은 없었고. (침묵, 한숨) 그래서 우린 약 이틀을 길거리에서 지냈어. 그런데 더 이상 그렇게는 지낼 수가 없더군. 피난민들은 넘쳐 났고, 우린 물조차 마실 수가 없었어요. 그래서, (울음) 우린 대전으로 되돌아갔어. (침묵) 그런데, 그 이후에, 글쎄, 우리 편이 이겼어, 그렇지? 인민군이 후퇴를 했어요. 그래서 우린 [서울로] 돌아왔지. 내 친구는 [미군] 기지에서 일했는데, 그 친구가 내 남편을 알았어요. 그래서 우린, 음, 우린 결혼했어요. 그게 그간 일어났던 일이었어요. (침묵) 난 많은 걸 두고 떠났어요. (웃음)

그녀는 남편을 만나게 된 경위나 미국에 도착하기 직전의 상황에 관해서는 그다지 많은 이야기를 하지 않았다. 전쟁이 끝난 뒤 친구의 어머니가 그녀를 양딸로 삼았다. 양어머니와 함께 사는데, 기지에서 일하는 그 친구가 그녀에게 미군을 소개해 주었다. 결혼해서 그녀를 미국으로 데려갈 수 있는 사람을 골랐던 것이 분명했다. 그녀 자신이 미국인과 결혼하고 싶었냐는 질문에 그녀는 잠시 침묵했다가 말문을 열었다. "그래요, 그랬던 것 같아. 아마도 더 나은 삶을 위해. 그래요, 더 나은 삶을 위해, 그래요."

린버그 부인과 마찬가지로 그녀 또한 자신이 사랑해서 결혼했다는 점을 강조했다. 미국으로 오면 어떤 것이 더 나아질 것이라고 생각했냐는 나의 물음에, "글쎄, 그런 건 그다지 중요하지 않았어요. 그이가 날 사랑했으니까. 있잖아, 뭐 그런 거"라고 그녀는 대답했다. 인터뷰를 하는 도중 미국으로 가고 싶어 했냐는 나의 질문을 받고서, 그녀는 "물론이지. 난 혈혈단신이었으니까. 그 무렵엔 나도 그를 많이 사랑했어요"라고 대답했다. 하지만 그녀는 두 가지를 걱정했다. 장차 아이가 태어났을 때 그 아이가 절반은 아시아인이라는 사실 때문에 차별을 당하지는 않을지, 또한 미국 남자는 아내에게 충실한가라는 걱정이었다. 남자친구로부터 이 걱정들에 대한 긍정적인 답변을 들었고, 그녀는 결혼 신청을 받아들였다.

어렸을 적부터 그녀는 한국 남자와는 결혼하지 않겠다고 결심했다. 아버지의 바람기 때문에 어머니가 고통받는 것을 지켜보았던 것이 그런 결심을 했던 결정적인 원인이었다. 그녀의 아버지는 계속해서 첩을 들였다. 그는 조강지처가 살고 있는 곳에서 그다지 떨어지지 않은 곳에 둘째 부인과 살림을 차리기도 했다. 둘째 부인은 종종 집으로 찾아왔고, 그녀의 어머니를 모욕하기도 했다. 왜냐하면 함께 살던 그녀의 친할머니가 언제나 아들 편을 들었고, 심지어는 둘째 며느리가 훨씬 낫다고 거들었기 때문이었다. 그녀의 어머니는 의지할 할 데가 없었다.

하지만 그녀의 아버지 같은 사람과는 달리, 미국 남자들은 "그처럼 지저분하게 굴지는 않았어요. 그들은 결혼을 하고 나서는 다른 여자와 함께 살거나 바람을 피우는 짓은 하지 않았어요. 그게 내 생각이었어"라고 그녀가 말했다.

〔미국에서는〕 일단 결혼하고 나서 문제가 있으면 깨끗이 갈라선다고 들었어요. 그런 것들을 참고 견디지 않는다는 거지. 그렇지 않아요? 그래

서 나는 어떤 일이 있어도 절대로 한국 남자와는 결혼하지 않을 거라고 결심했던 거야. 거 있잖아, 내 아버지는 어찌나 첩을 많이 보았던지.

그래서 이경자는 미군을 소개시켜 준다는 제안을 흔쾌히 받아들였다. 소개를 받은 그 군인은 동부 연안 출신의 백인 사병이었다. 그는 한국어를 전혀 몰랐고, 그녀는 영어를 거의 몰랐으므로 두 사람은 충분히 의사소통을 할 수 없었다. 하지만 사랑에 빠지면 언어 장벽 따위는 그다지 문제가 되지 않는다고 그녀는 말했다. 게다가 그녀는 자신의 영어를 그가 그다지 힘들지 않게 이해했던 것 같았다고 말했다. 두 사람은 결혼하기로 결심했고 필요한 서류를 준비하기 시작했다. 그런 서류에는 부대장의 허가서가 포함되어 있었다. 허가서를 받은 후, 한국에서 남편의 근무 기간이 끝나자 두 사람은 서울에서 출발하여 일본으로 갔다. 그들은 도쿄에서 하룻밤을 보낸 다음 샌프란시스코로 갔고, 그곳에서 동부 연안에 있는 남편의 고향으로 날아갔다. 그의 다음 근무지인 켄터키의 기지로 이동하기 전 몇 주일 동안 두 사람은 그곳에서 보냈다. 이제 그랜트 부인이 된 이경자가 샌프란시스코에 도착했을 때, 그녀는 1957년 미국 시민의 아내로 미국에 입국했던 288명의 한국 여성들 중 한 명이 되었다.[5]

1945년 한국은 해방과 더불어 분단되었다. 그로 인해 박혜영은 고향인 황해도 북부에서부터 서울을 거쳐 미국 동부 연안에 있는 반(半)농촌인 교외에 이르는 긴 여행을 했다. 그 여행에 걸린 시간은 대략 15년이었다.

박혜영은 부유한 가정에서 자랐다. 그녀의 아버지는 만주산 쌀을 생선과 거래함으로써 상당한 재산을 모았다. 중학교 시험에 떨어진 뒤, 그녀는 2년제 직업학교에 다니다가 일본 회사에 사무원으로 취직했다. 식민지 교육을 받은 그녀는 일본어를 모국어처럼 읽고 쓸 수 있었지만 한글은 거의 몰랐다. 그녀의 한국어 실력은 학교 문턱에도 가보지 못한 아이 수준이었다. 태평양전쟁이 끝났을 때 그녀는 겨우 열다섯 살이었다. 일본이 떠났고, 공산주의가 그 자리에 들어섰다.

경찰은 정기적으로 그녀의 집을 순시했다. 일본 치하에서 번창한 사업가였던 그녀의 아버지는 정치적으로 감시의 대상이었다. 집에 쌓여 있던 쌀은 정기적으로 압수당했다. 그런데 어느 경찰관이 곳간에 머리를 디밀어 보았으면서도 "동무들, 여긴 오늘 쌀이 없습니다"라고 말했다. 이 일로 인해 그 경찰은 그녀 아버지에게 신임을 얻었고, 아버지의 총애를 받은 이 남자가 남는 방에 하숙을 하게 해달라고 했을 때 그녀의 아버지는 아내의 반대를 무릅쓰고 허락을 했다. 그 하숙생은 거의 1년 동안 그들과 한집에서 살았다. 박혜영에 따르면 그는 많은 시간을 일본에서 보냈으며, 마르크스주의 문학에 심취했던 것이 분명했다. 그는 정치적 확신으로 인해 공산주의자들과 합류하기 위해 북한행을 택했었다. 하지만 그는 환멸을 느끼게 되었다. 이 일로 인해 박혜영의 아버지는 곤경에 빠졌으며 감옥살이를 하기도 했다. 그녀의 어머니 또한 정치적 반동분자를 주변에 얼쩡거리게 했다는 이유로 잠시 감옥살이를 했다. 이 하숙생은 남쪽으로 달아나지 않는 한 목숨이 위태로울 수 있었다고 그녀는 말했다. 그녀에게는 전혀 알리지도 않은 채, 그는 그녀를 아내로 삼아 남쪽으로 데려가겠다고 혼자 마음먹었다.

어느 날 그가 집에 왔을 때, 나는 뒷마당에서 동무들과 놀고 있었어.

우리는 그때 일어로만 말했거든. 그는 나를 "미키코, 미키코" 하고 부르더군. 그래서 "하이"라고 대답했지. 일본어로 "하이"가 예스라는 뜻이거든. 그는 날더러 남쪽으로 가겠냐고 묻더군. 그래서 말했지, "그럼요, 좋아요"라고. 그때 난 너무 어렸고 이성에 관해서는 아무 것도 몰랐으니까. 우린 데이트를 한 적이 없었거든. 한 번도 데이트라는 걸 한 적이 없었으니까. 그러니까, 그처럼 순진하고 뭘 몰랐던 거야. 그 무렵 남쪽에서는 화려한 불빛이 번쩍거리는 데서 젊은 남녀가 쌍쌍이 데이트를 한다는 소문을 들었어. 남쪽은 그처럼 평화스럽고 멋진 곳이라고들 했으니까. 북쪽에서 우린 라디오마저 들을 수 없었어. 전구를 켤 수도 없었고. 알잖아, 십대에 그건…… 라디오를 듣고 싶다면 이불 속에서 몰래 들어야 했거든. 유일하게 잡히는 게 남쪽에서 보내는 방송들이었으니까. 그래서 그가 남쪽으로 가겠냐고 물었을 때 난 물론 가고 싶다고 했던 거야. 남으로 가는 게 그 남자의 아내가 된다는 의미는 아니었으니까. 난 그런 뜻이 전혀 아니었거든.

그런 혼란이 말끔히 사라졌을 때 그녀의 부모님은 딸을 데리고 가겠다는 그의 요구를 거절했다. 그러자 그는 일본식으로 자살하겠다고 위협했다. 한국에서는 남자가 어떤 집 딸 때문에 자살하게 되면 집안에 액운이 덮친다는 말들이 전해진다. 그래서 그녀의 어머니는 그에게 떠나라고 말했다. 그는 그녀의 집에서 그다지 멀지 않은 바닷가로 가서 자살할 준비를 했다. 그를 죽게 내버려둠으로써 집안에 액운이 덮치는 것을 방관할 수는 없어서 그녀의 어머니는 마음이 약해졌고 결국 허락을 하고 말았다. 그는 그녀보다 나이가 열다섯 살이나 많았다. 1946년, 남북의 경계선—

생긴 지 채 일 년도 되지 않았다—은 그때까지만 해도 경계가 삼엄하지 않았다. 모든 사람들이 쉽사리 넘나들 수 있었다. 남북 분단과 전쟁 사이의 5년 동안 남북 왕래가 그렇게 힘든 것은 아니었으므로, 두 사람은 걸어서 여행을 떠났다.

그렇게 해서 남으로 오게 되었지. 남쪽으로 갔는데, 겁이 났어. 절반쯤 갔을 때 난 너무 겁나고 무서웠어. 아무런 생각이 나질 않더군. 그래서 싫다고, 북쪽에 있는 집으로 돌아가겠다고 했지. 어머니한테로 돌아가야 한다고 했어. 그가 눈알을 부라리면서 이렇게 날 쳐다보는 거야. 난 어쩔 도리가 없었어. 어쩔 수가. 그러면서 한편으로는 호기심도 생기고 한편으로는 약간 원하기도 하고. 남쪽이 어떤 곳인지 보고 싶기도 했으니까. 그래서 남쪽으로 가면 삼촌을 찾아봐야겠다는 생각을 했어. 그 남자랑 살 거라 단 한번도 생각해 본 적이 없었으니까.

일단 서울 외곽에 도착했을 때, 북에서 도망쳐 온 피난민들로 여관은 발 디딜 틈이 없었다. 그녀는 매우 지쳤을 뿐만 아니라 발은 멍이 들고 피가 흘렀으며 다리는 퉁퉁 부었다. 그녀는 여관에 들어가서 쉬었다 가자고 그에게 사정을 했다. 그녀는 여관에서 하룻밤을 자고 다음날 새벽에 혼자 떠나 삼촌을 찾아볼 작정을 했다. 하지만 그는 그녀의 부탁을 들어주지 않았고, 강제로 걷게 했다. "그는 미쳤어. 그 무렵 난 그이가 겁이 났어. 할복하겠다고 위협한 이후로 그 사람이 무서웠으니까"라고 그녀가 말했다. 그는 도시에 있는 조용한 여관으로 그녀를 데리고 갔고, 그곳에서 그녀를 강간했다.

나는 그가 이불을 나란히 펴는 것을 보았어. 그래서 "이건 아니잖아요"라면서 이불을 따로 폈거든. 그러자 그가 어떻게 한 줄 알아? 자살하겠다고 위협을 했어! 그는 흰옷을 꺼내 가지고 그걸 갈아입기 시작했어. 그날 난 얼마나 울고 또 울었는지. 사정을 했어, 제발 죽지 말라고. 왜 이러냐고 그 사람에게 물었지. 난 섹스에 관해선 전혀 몰랐으니까. 난 그 사람에게 그저 빌 수밖에 없었어. 그가 죽는다면 난 감옥에 갈 것이고, 내게 그런 일이 일어난다는 건 믿을 수가 없었으니까. 그래서 난 사정하고 사정하면서 매달렸지. 마침내 내가 말했지. 당신이 원하는 건 뭐든 할 테니 제발 죽지만 말아 달라고. 그거 말이지, 그러니까 난 섹스에 관해선 아무 것도 몰랐으니까. 아마 그게 진짜 강간은 아니라고 할 수도 있겠지. 하지만 그건 강제였어. 그 남자가 그랬지. 글쎄, 어쨌거나 그렇게 해서 그 어린 나이에 임신을 하게 되었던 거야.

그렇게 하여 그녀는 그의 아내가 되었다. 잠시 남동쪽 지방에 있었던 그의 고향집에 머물다가 그들은 서울에 정착했다. 그 시절 여느 한국 사람들과 마찬가지로 그들은 지독히 가난했다. 일본 식민주의와 민족 분단이라는 혼란의 여파로 한국 전체가 가난한 나라였다.[6] 1940년대 후반부터 1960년을 통틀어 남한 경제는 외국 원조, 주로 미국 원조에 심각하게 의존했으며, 많은 남한 사람들은 남한에 진주한 미군에 용역과 물품을 제공함으로써 생계를 유지했다. 브루스 커밍스는 1950년대 "창조적 기업은 …… 사력을 다해 미국에 매달리는 것도 시도해 볼 만한 전략의 하나"[7]로 간주했다고 표현한다. 그런 전략은 박혜영이 가난과 싸우면서 이용했던 방법 중 하나였다. 몇 년에 걸쳐 그녀와 남편은 미군 기지에서 일을 했

으며, 잘 발달하고 번창했던 지하경제를 통해 미제 물건들을 팔았다.[8]

그녀의 남편이 미군 기지에서 그 일을 한 기간은 짧았다. 남편은 미국인들에게 그처럼 역겨운 일을 할 수 없었다고 그녀는 말했다. 하지만 그는 다른 일자리를 구할 수 없었다. 육체노동을 하기에 그는 너무 자부심이 강했다. 그 정도 학력으로 육체노동을 할 수는 없었다. 그는 또한 그녀에게는 그 일을 그만두라고 금지했다. 그런 일을 너무 민망한 것으로 여겼다. 그녀의 가족은―북한 출신의 많은 지주들, 전문직, 사업가 등과 마찬가지로―남쪽으로 도피를 했다. 그들은 딸을 서울에서 만났다. 그녀의 임신을 안 것은 다름 아닌 어머니였다. 그녀는 자기가 임신한 사실조차 모르고 있었다. 그런 것을 도통 몰랐다. 어머니와 산파의 도움으로 딸아이를 낳았을 때, 그녀는 불과 열여섯 살이었다. 한동안 그녀의 가족은 공장에 다녀서 돈을 벌었던 그녀의 언니에게 의존해서 살았다. 박혜영 또한 자신의 비단옷을 내다 팔았다. 비단옷들은 예단이었는데, 그녀의 어머니가 고향에서 그 먼 서울까지 가져온 것들이었다. 치마를 팔아서 저녁거리를 샀다. 한번은 새를 잡아서 임시방편으로 만든 새장에 넣어 두었다가 팔았는데, 가족이 한 달을 꼬박 살 수 있는 돈을 받았다. 아마도 엄청난 희귀조였을 것으로, 이전 주인으로부터 달아난 게 아니었을까 싶다고 그녀는 말했다. 그녀는 또한 길거리에서 고구마를 구워서 팔았다. 고구마를 판 돈으로 쌀을 사서 그날 저녁으로 죽을 쑤어 먹었다. 팔다 남은 고구마는 아이들에게 주고 어른들은 굶은 채 잠을 청했다. 그 시절 굶주렸던 많은 사람들과 마찬가지로, 그녀는 시장에서 떨어진 푸성귀들을 주웠다고 회상했다.

그때 그곳은 마포였지. [겨울에는 김장용으로] 상인들이 배추를 팔았어. 상인들이 배추 포기를 하나요, 둘이요 하면서 손에서 손으로 전달하는데[배추를 사러온 가정주부들에게], 그럴 때 겉잎들이 떨어졌어. 그때 어렸던 나는 떨어진 배춧잎을 주우면서, 저 사람들은 얼마나 돈이 많길래 그 많은 배추들을 정말 사서 가져갈까라는 생각을 하고는 했어. 그 배춧잎마저 장사꾼으로부터 멀찌감치 떨어진 곳에서 주워야 했거든. 그게 그러니까, 나이 든 노친네들이 장사꾼 코밑에서 주우니까, 상인들이 내가 있는 방향으로 배춧잎을 던져 주고는 했어. 그때 난 정말 어렸고, 배춧잎을 그렇게 해서 주웠어.

그녀는 다시 임신을 했다. 이번에는 산파를 부를 돈이 없어서 혼자 아이를 낳았다. 겨울이었고 방은 외풍이 엄청났다. 갓 태어난 아이는 폐렴에 걸렸다. 하지만 의사의 왕진을 받기는커녕 그녀에게는 약값조차 없었다. 그녀는 어머니에게 손을 내밀었다. 하지만 그녀의 어머니는 아이 약값을 달라는 그녀의 청을 거절했다. 그녀의 어머니는 어떤 아이에게도 약을 먹여 키우지 않았지만 전부 무사했다는 말만 했다. 박혜영의 아들은 태어난 지 겨우 열흘 만에 죽었다.

나는 너무 많이 울었어. 죽기 전에 의사에게 한 번이라도 데려가서 약을 한 번만이라도 먹였더라면……. 지금도 이 마음속에 품지 않을 수가 없어요. (가슴에 손을 얹고 한숨을 쉰다.) 그럴 수가 없었지. 그래서 지금도 생각해. 돈밖에 없다, 오직 돈, 돈, 돈, 돈, 돈…… 오직 돈 생각이 전부였어. 그래서 생각했지, 이렇게 살 수는 없다, 직업을 가져야겠다고. 그래서 이제 남편이 뭐라 말하든 전혀 상관하지 않겠다, 일자리를 잡을 거야, 그게 내가 한 생각이었어. 그런 식으로는 도무지 살 수 없다고 정말 절실하게 생각했던 게 그때가 처음이었어. 아이가 죽었을 때 깨달았어. 세상에 의지할 데라고는 돈밖에 없다고. 부모도 필요 없고 아무도 필요 없다, 내가 약 한 번 사달라고 했는데도 거절을 했으니. 그래서 더 이상 부모도 없고, 형제자매도 없다, 세상에 아무도 없다고 느꼈으니까. 내가 죽으면 산더미처럼 쌓인 돈과 함께 죽고 싶었어.

그 무렵 남편은 병자가 되었고 그녀는 더 이상 남편을 두려워하지 않았다. 정말로 남편의 폭력적인 방식을 원망하고 경멸했지만 무엇보다도 생활 능력이 없다는 점에서 경멸했다. 그녀는 구제품들을 가져와서 노점상을 했다. 한강 근처에서 담배와 캔디, 다른 잡화들을 팔았다. 그런데도 형편은 여전히 어렵기만 했다. 그녀는 죽을 결심을 했다. 일단 죽으면 더 이상 먹을 필요도 없고 따라서 더 이상 굶주림도 없을 것이라고 생각했다. 그녀는 아이를 등에 업고 물에 뛰어들 작정으로 한강으로 갔다. 그런데 차마 뛰어들 용기가 나지 않았다. 죽는 대신 괜찮은 일자리를 좀더 열심히 찾아보기로 했다. 집주인이 국군 장교였는데, 주인마누라에게 도움을 청했다. 그는 서울 외곽에 있는 미군 기지에서 미군 부대에 소속된 국군 병사(이른바 카투사—옮긴이)들에게 급료 대장을 관리하는 일을 하고 있었다. 한 달쯤 지나 그녀는 미국인들과 함께 점원으로 일하도록 배치를 받았다.

처음에 그녀는 겁에 질렸다. 영어를 전혀 몰라서 틀림없이 해고될 것이라고 생각했다. 하지만 일은 비교적 단순했다. 이러저러한 차량들이 도착했다는 것을 표시한 것을 손으로 적어 놓은 차량 명세서를 받으면 그 정보를 서식에다 타이핑해서 적어 넣는 것이었다. 이 일을 하는데 알아야 할 단어는 트럭, 지프 등과 같이 대단히 한정된 것이었다. 가장 힘든 부분은 군인들이 손으로 직접 쓴 글씨를 읽는 것이었다. 그녀는 같은 사무실에 있는 군인들에게 영어 알파벳을 배웠고, 타자 치는 법과 갈겨 쓴 글씨를 읽는 법 등을 배웠다. 그녀는 또한 미국 초등학교 영어 독본을 공부했다. 자신은 그 기지에서 일한 유일한 한국 여성이었다고 자부심이 섞인 목소리로 그녀는 말했다. 왜냐하면 그녀는 한복 저고리 위에 배지를 달고 다녔는데, 그래서 헌병으로부터 시달림을 받지 않았던 것이다. 달리 표현하면 그녀는 기지촌 여성으로 오해받지 않았으며, 자격이 있었으므로 기지를 출입하는 데 전혀 문제가 없었다.

군인들은 그녀에게 시어스 로벅 백화점 카탈로그를 통해 물건을 주문해서 주었고, 그녀는 한국 여성들에게 그 물품들을 팔았다. 한국에서의 '도매가격'이 카탈로그에 적혀 있는 금액의 두 배 이상이었기 때문에 이것은 수지맞는 장사였다. 그녀는 집을 지을 정도로 돈을 모았고 그 일자리를 그만둘 날을 고대하고 있었다. 하지만 남편은 집을 세놓았고, 부동산 세금을 지불할 수가 없어서 마침내는 그 집을 팔았다. 이것이 마지막 지푸라기였던지라, 그녀는 결국 남편과 이혼했다.

그녀는 나중에 기지에서 하는 일을 그만둔 후 미용실을 열고 그 밖에 다른 사업을 했다. 그녀는 기지에서 일하면서 만났던 군인과 데이트를 시작했고, 그들은 결혼했다.

내가 왜 그와 결혼했냐고요? 글쎄, 그 사람이 날 위해 물건들을 엄청

주문해 주었으니까. 그리고 그는 정직했어. 그는 돈을 전혀 떼먹지 않았어요. 물론 내가 사무실에서 일할 때 어느 누구도 돈을 떼먹지는 않았지만. 그래도 그 사람은 뭐 더 주문할 것 없냐고 물었지. "당신을 위해 더, 더 주문할까?" 그 사람은 그렇게 친절했지. 그가 자기와 결혼해 달라고 했을 때, 만약 그와 결혼한다면 그는 직장이 있으므로 굶주리지는 않을 거라고 생각했어. 사랑은 전혀 없었지만, 나는 그냥 그이와 결혼했어요. 그냥 그렇게 된 거야. 사랑도 있었다고 생각은 했지만 그다지 많았던 것은 아니었어. 나는 그냥 단순했으니까. 사랑한다는 말을 남자에게 할 수가 없었어. 그 당시엔 내가 숙맥이었거든. 나는 그를 좋아했고 그래서 결혼했어요. 다 그런 거 아닌가? 그렇지 않으면 어떻게 결혼할 수 있겠어요? 안 그래?

남편의 계급(선임하사)을 묻자 내 질문에 대답을 하고 난 뒤, 그녀는 덧붙였다.

미국에 사는 모든 사람들은 부자라고 생각했어요. (웃음) 모든 사람이 부자라고 생각했다니까. (뭣 때문에 그렇게 생각하신 거죠?) 그러니까, 무엇보다 미국인들은 전부 차를 가지고 있으니까. 영화에서 보면 그 사람들은 전부 차를 가지고 있어. 그게 부자라는 뜻이지. 한국에서 차를 가질 수 있는 사람이 있나? 그 당시는 아무도 자기 차를 가지지 못했어. 그걸 보고 생각해 봐, 와우! 저 사람들은 정말 부자인 게 분명해, 모든 사람들이 자기 차를 가지다니. 집은 크고 높고. 무엇보다 그가 정직한 거, 정직한 게 마음에 들었거든. 그리고 그가 나를 사랑했고.

이제 멀리건 부인이 된 박혜영은 1960년 10월, 십대인 딸과 네 살배기 아들을 데리고 미국에 도착했다. 아들은 미국 남편 사이에 난 아이였다. 같은 해, 648명의 한국 여성들이 미국 시민의 아내로서 미국으로 들어왔다.[9]

기지촌의 그림자

민족 분단과 전쟁이 1950년대 미국으로 이민 왔던 여성들의 삶에 흔적을 남겼다면, 나중에는 기지촌이야말로 이민 왔던 여성들의 삶에 흔적을 남겼다. 미군 부대가 자리를 잡고 남한 사회에서 영구적으로 정착함에 따라, 기지촌도 역시 자리 잡게 되었다. 1960 ~1970년대 한국의 경제가 향상되었음에도 불구하고 가난은 곳곳에 남아 있었다. 자포자기한 많은 여성들이 쉽게 속아서 기지촌으로 들어와 일을 시작했다.[10] 자신들의 생애사를 말해 주었던 여성들 가운데 세 명의 여성들이 그곳에서 일했다고 말했다. 하지만 기지촌과 직접적인 경험이 없었던 사람들도 그들의 존재를 느끼지 않을 수 없었다. 왜냐하면 미국인과 결혼한 매춘 여성의 이미지는 한국인의 집단의식에 깊이 새겨져 있었기 때문이다. 한국인 군인아내의 삶에 그늘을 드리운 그림자는 태평양을 가로지르기 이전에 벌써 여기서도 시작되었으며, 심지어는 한국에서 보낸 과거지사까지 들먹이면서 한국 여성들과의 결혼을 반대하는 미국인 부모에게서 잘 반영되어 있다.

배주현은 한국 중부 지역에 위치한 작은 농촌 마을의 점잖은 집안의 가운데 아이였다. 그 지역 여자 고등학교를 졸업한 뒤, 집 근처에 있는 미군 기지에서 타이퍼스트를 모집한다는 소리를 듣고 시험을 쳤다. 이미 영어와 한글 타자 치는 법을 배웠던 터라 시험은 간단했다고 그녀는 말했다. 그녀는 집에서 약간 떨어진 미사일 기지에 배치되었다.

1967년 한 장교가 그녀의 기지로 부임해 왔다. 그들은 서로 좋아했고 데이트를 시작했다. 그들은 기지촌 안에 있는 영화관에 영화를 보러 갔고, 장교 클럽에서 함께 이야기하면서 종종 시간을 보냈다. 그의 근무 기간이 만료되기 직전에 두 사람은 결혼하기로 결심했다. 그녀는 스무 살이었다. 그녀는 부모님에게 미군 장교와 결혼하고 싶다고 말했다. 그녀는 아직 스물한 살이 되지 않았으므로 부모의 허락을 받아야 했다. 부모님은 완강하게 반대했다. 그를 집으로 데려왔을 때 부모님은 만나기를 거절했다. 온 가족이 아우성을 쳤다. 왜냐하면 미국인, 그중에서도 특히 미군과 결혼을 하는 것은 가족의 명예에 먹칠을 하는 것이라고 보았기 때문이었다. 배주현은 가족의 반대를 설명하다가 잠시 말을 멈췄다. 그런 다음에 말을 다시 시작했는데, 앞뒤가 조금 엉뚱했다.

그러니까 그 당시 미국인과 결혼하고 부모의 허락을 얻는 건, 알다시피, 그런 결혼에 대한 사람들의 인상이 좋지 않았거든. 그래서 가족은 절대 안 된다고 했지. 그게 그러니까, 그렇게 결혼한 사람들의 80내지 90퍼센트는…… 뭐라고 말을 해야 할지……. 그런 말은 하고 싶지 않지만 나 역시 미국인과 결혼을 했으니까, 미국인과 결혼한 바로 그런 여성들은, 그들을 무시하고 싶지는 않지만…… 이렇게 말함으로써 그런 얘긴 하고 싶지 않은데. 하여튼 이미지가 좋지 않아. 그래서 부모님이 반대를 한 거야.

그녀는 기지촌의 그늘을 느꼈다. 자기 입으로 기지촌에 관한 것을 분명히 끄집어 낼 수가 없었다. 그녀는 80~90퍼센트의 군인아내들이 과거 기지촌 여성이라는 말을 꺼냈지만 그러다가 그 말을 멈췄다. 미국인과 결혼한 여성들을 무시한다는 자신의 입장을 드러내지 않고서는 그 말을 할 수가 없었다. 그것은 자기 스스로를 모욕하는 것이기도 했다. 그녀가 말했다시피 자기 자신도 군인아내이기 때문이었다. 비록 군인아내에 관한 나쁜 이미지와 자신은 무관하다는 점을 분명히 했지만, 그러면서도 동시에 그녀 역시 그들 가운데 한 사람임을 느꼈다. 이처럼 집단적으로 공유된 이미지에 관해 내가 만났던 모든 군인아내들이 공통적으로 표현했다.

남자의 집에서도 반대하기는 마찬가지였다. 그는 동부 연안의 부유한 유대인 가족의 아들이었는데, 그의 가족들은 자기네처럼 유복한 가정 출신의 유대인 처녀와 만나서 결혼하기를 원했다. 심지어 백인도 아닌 이교도를 만나서 결혼하는 것을 가족들은 좋아하지 않았다. 그의 부모는 한 친척에게 정치력 영향력을 휘둘러 주길 부탁했다. 부탁을 받은 그 친척은 주한 미대사관에 편지를 보내 그녀의 이민 비자 요청을 거부하라는 압력을 넣었다. 한국 여성에 대한 상투적인 이미지, 즉 교활하게 잔꾀를 부리는 창녀이거나 순진한 미군을 유혹하여 결혼하게 만드는 가난에 찌든 악당이라는 것이 반대 이유였다. 그녀는 헤픈 여자에게 흔히 사용하는 한국식 표현을 빌려 "그들은 나를 마구 굴러먹었던 여자로 생각했거든" 하고 말했다.

양쪽 집안의 결사적인 반대에도 불구하고 이 젊은 커플은 집요했다. 그는 근무 기간을 4개월 연장했다. 그래서 배주현은 스물한 살이 되었다. 더 이상 부모의 결혼 동의가 필요 없는 나이가 되었기에 그들은 결혼할 수 있었다. 결국 그녀의 어머니는 포기하고 말았다.

> 내가 단호했었나 봐. 정말 결혼하고 싶었나 봐. 그래서 모든 걸 그냥
> 내던졌으니까. 그 당시 난 기지에서 일하고 있었는데 한동안 집에 들어가
> 지 않았어. 기지에 머무르면서. 그게 그러니까, 기지는 집과 많이 떨어져
> 있었거든. 그래서 집에 가질 않았지. 그러자 어머니가 자식 하나 잃을까
> 봐 체념하고 날 찾아왔어요. 찾아오셔서 허락해 주겠다고 하더군. 어머니
> 가 필요한 서류를 가져 오셨더군. 호적등본,[11] 뭐 그런 것들. 결혼을 하려
> 면 그런 서류들이 필요한데 그걸 가져다주셨어. 그렇게 우린 시작했어요.

1968년 11월 그들은 결혼을 했고 배주현은 와인버그 부인이 되었다.
그녀에게는 친한 친구가 많았지만 누구에게도 자기 결혼을 알리지 않았
다. 십 년 동안 아무 하고도 접촉하지 않았다. 왜 그랬냐고 물었을 때, "글
쎄, 내가 미군이랑 결혼했기 때문에 그랬나 봐"라고 대답했다.

이듬해 2월 와인버그 부인은 남편과 함께 시애틀에 도착했다. 남편은
공식적으로 제대를 했다. 그들은 동부 연안의 주요 도시인 고향으로 향했
다. 1969년 와인버그 부인은 미국 시민의 아내로서 미국으로 들어간
1,954명의 한국 여성의 하나가 되었다.

김명자는 와인버그 부인이 군인아내들에 관한 나쁜 이미지에 책임이
있다고 본 80~90퍼센트의 여성에 속했다. 김명자는 젊은 시절 대부분을
미군에게 유흥을 제공하는 것으로 생계를 꾸렸다. 최초의 고아 가무 순회
공연단의 일원이 되었다가 나중에는 기지촌 매춘 여성이 되었다. 어떤 직

업도 자신이 선택한 것은 아니었다. 그녀가 말했다시피, "너무나 가난한 데다가 일자무식이면 나쁜 사람들의 꼬임에 넘어가게 되잖아. 그럼 뭘 할 수 있겠어? 그게 내 팔자였겠지."

서울에서 농아 부모 아래서 태어난 그녀는 다섯 아이들 중에서 맏이였다. 어린 시절의 기억으로는 부자였지만, 한국전쟁이 터지면서 가족은 비참한 가난으로 떨어졌다.

> 전쟁이 끝나자, 난 어머니와 구걸을 했어. 아버지 몰래 구걸하러 나갔던 거야. 쌀, 보리, 돈, 김치……. 뭐든 사람들이 주는 대로 받았어. 아버지는 우리가 구걸해 온 걸 먹지 않으려 했어. 아버지는 어머니에게 내심 진저리를 쳤어.

아이들을 먹여 살릴 수가 없게 되자, 김명자의 부모는 거의 200명을 수용했던 수녀원의 고아원에 그녀를 맡겼다. 그곳은 미군과 한국인 여성 사이에 태어난 아이들, 또 가난한 집안의 아이들을 수용했다. 그녀에 따르면 고아원 운영 경비의 일부는 아이들이 텔레비전 쇼나 미군을 위한 공연 수익금으로 충당했다. 그녀는 그런 가무단의 일원이 되었다. 그녀는 음식을 구걸하기보다는 춤추고 노래하는 것이 좋았고, 고아원을 위해서 일할 수 있어서 자랑스러웠다고 말했다.

> 우리는 많은 쇼에 나갔어. 나가서 상금을 타면 그 돈으로 생계비를 충당했으니까. 이승만 대통령은 아이들의 노래와 춤을 특집으로 하는 쇼를 많이 개최했어. 우리는 언제나 3등 안에는 들었지. 대체로는 일등을 했지

만 말이야. 3등을 하면 울고는 했지. 종종 우리는 케이비에스 텔레비전에
도 출연을 했어. 매주 토요일마다 우린 미군 텔레비전 방송국에 출연했
고, 돈을 벌어오면 그것을 생활비로 썼어요. 우리는 군부대 쇼에도 나갔
지. 수요일마다 부대들은 우리의 춤과 노래를 보려고 수녀원으로 왔지.
그 모든 것으로 우리는 생활비를 벌고는 했어.

김명자는 12년 동안 고아원에서 살았다. 그리고 열아홉 살이 되었을
때 고아원을 떠나 집으로 돌아왔다. 사회에 적응하는 것이 어려웠다. 수
녀원의 엄격한 규율에 묶여 살았던 그녀는 시내버스 한 번 타 본 적도 없
었고, 돈을 어떻게 써야 하는지도 몰랐다. 마침내 그녀는 서울 도심에 있
는 한 병원에서 비서로 일하게 되었다. 그곳에서 그녀는 가난한 건설 노
동자와 데이트를 시작했다. 그들의 연애는 가족이 부유한 남자와 결혼 자
리를 주선하기 전까지 계속되었다.

내가 결혼하기로 되어 있던 남자의 집안은 부유한 장사꾼이었어. 그는
나를 병원에서 보았다고 했어. 나는 그랑 결혼하기 싫었어. 그 사람은 너
무 말라서 뼈와 가죽만 앙상하게 남아 곧 죽을 것만 같았거든. 하지만 우
리 가족은 돈이 필요했어. 하루하루 연명하기 빠듯했으니까. 어머니는 그
남자가 우리 가족을 돌봐 주겠다는 말에 정말 기뻐했어요. 그런데도 난
그 사람과 결혼하기 싫었어. 잃어버린 내 사랑을 보고 싶었거든. 하지만
우리 가족은 내 결혼을 계획대로 밀고 나갔지.

그녀는 결혼식 당일 아침에 애인과 달아났다. 그들은 건설 노동자들의

숙소였던 회사의 막사에서 며칠을 함께 보냈다.

> 그와 함께 보냈던 그 며칠은 꿈만 같았어요. 우리 옆방은 스물 내지 서른 명의 인부들이 한 방에 득실거렸고, 벽은 얇았어. 하지만 우리는 숨 죽여 이야기하면서도 행복했어. 우리가 먹었던 것이라고는 보리죽과 신 김치뿐이었는데, 그래도 그 사람과 함께 먹으니 어찌나 꿀맛이던지.

하지만 그는 막사에서 벌어진 한밤중의 난동 끝에 죽었다. 집으로 돌아온 그녀는 어머니에게 늘씬하게 맞았다. 그런 다음 일자리를 찾아 나섰다. 구직 광고를 보고 찾아갔다가 결국 동두천에서 미군에게 몸 파는 사창가로 팔려 넘어가게 되었다. 김명자는 직업소개소 중개업자가 데려간 곳이 사창가라는 것을 몰랐다.

> 그들이 나에게 영어를 아느냐고 묻길래 그래서 안다고 했어. 나는 동두천으로 갔어요. 그들은 그곳에서는 많은 돈을 벌 수 있다고 했어. 그리고 나는 양공주 신세가 되었지. 사창가 마마상은 나 때문에 골치가 아팠을 거야. 미군에게 데려다 놓으면 나는 그냥 입 다물고 있었으니까. 미군은 내가 아무 것도 모른다는 것을 알고서는 그냥 웃고는 떠나 버렸어. 나중에서야 알게 되었지만, 내가 돈을 벌려면 군인이 옷을 벗어야만 했던 거야.

김명자는 사창가 업주가 쳐 놓은 함정에 빠져 들었다. 그녀는 양공주가 되었고 1960년대 기지촌 매춘 여성으로 일했던 대략 3만 명의 한국 여성들 가운데 한 명이었다. 남한 전역에 주둔하면서 순환 근무했던 6만

2천 명의 미군들은 그들의 주요 '단골' 고객이었다.[12] 김명자에게는 끔찍한 시절이었다. 수지맞지 않는 양공주였던 그녀는 마마상들에 의해서 이 사창가 저 사창가로 팔려 다녔다. 마마상들에게 그녀는 돈벌이가 되기보다는 짐 꾸러미였기 때문이었다. 처음에는 당혹스럽고 혼란스러웠지만 그녀는 얼마 가지 않아 기지촌에서 배울 것은 전부 배웠다.

가족을 먹여 살리기 위해 몸을 파는 여자들을 많이 보았어. 그중 한 여자는 남동생 학비를 전부 다 대줬지. 마침내 그 동생은 국회의원이 되었어. 그러자 동생은 누나를 더러운 여자라 하면서 가족의 인연을 끊더군. 그 여자, 자살했어. 그때 알게 되었지. 오로지 여자들만이 슬픔을 참는다고.

그 시절 동안 그녀는 장차 남편이 될 군인을 만났다. 그가 한국을 떠나기 몇 개월 전 그녀는 임신을 했지만, 공포에 질려 낙태를 했다. 그녀는 동두천을 떠나 미군사령부가 있는 용산의 한 모텔에서 일을 시작했다. 베트남전쟁의 퇴역 군인이었던 그 아프리카계 미국인 병사가 미국에서, 그리고 그의 다음 부임지인 오키나와에서 편지를 보냈다. 편지에서 그는 청혼을 했다. 그녀는 어떻게 해야 할지 확신이 서지 않았다. 그는 여자를 밝히는 데다 술꾼으로 알려져 있던 터라 그녀는 걱정스러웠다.

나는 어머니와 상의를 했어. 어머니는 나에게 아버지에 관한 얘길 해주더군요. 그 수녀님들이 두 분을 맺어 주었을 때 아버지는 골초에다 술꾼이었다더군. 결혼 조건으로 술 담배를 모두 끊겠다고 했대. 나는 아버지가 술과 담배를 하는 모습을 한 번도 본 적이 없어. 그래서 그의 나쁜 버릇은 바뀔 수도 있다고 어머니가 말하더군. 게다가 난 양공주라는 과거가 있으니 장차 한국에서도 그다지 희망이 없었던 거야. 그래서 그와 결혼하기로 동의했어. 우리는 12월에 결혼하기로 마음을 굳혔어.

하지만 그의 '나쁜 버릇'은 변화할 기미가 전혀 보이지 않았다. 그는 계속해서 여자를 밝히고 술을 마셨다. 기지촌 창녀였다는 과거 때문에 한국에서 그녀의 미래는 전혀 희망이 없었다. 그래서 김명자는 어쨌거나 그와 결혼을 했다. 처음부터 사랑 없는 결혼이었다. 그가 왜 그녀에게 결혼하자고 했는지도 분명하지 않았다. 아마도 그냥 여자가 필요했던 것 같았다고 그녀는 추측했다. 그녀의 설명에 따르면 그녀의 결혼 생활은 그를 위해 살림 살아 주고, 두들겨 맞아 주고, 그리고 그의 수많은 애인들에게 경멸받는 것이었다.

나는 그에게 나의 과거를 절대 말하지 않았어. 그리고 그의 과거에 관해서도 결코 묻지 않았지. 우리는 그냥 섹스하고 그러다가 결혼했던 거야. 우리는 서로에 관해 아무 것도 모르는 부부였어.

그들의 신혼여행은 두 사람의 결혼 생활에서 가장 평화로웠던 시기였다. 간소한 예식을 마친 후 그들은 동두천 모텔로 갔다.

그는 나에게 "돌아올게"라고 말하고서는 나갔어. 하지만 그는 돌아오지 않았지. 나는 그날 밤을 여관집 안주인과 함께 보냈어. 그녀가 말동무를 해주었어. 그녀는 내가 신혼 첫날밤인데 혼자 내버려 둘 수는 없다고 생각했던 것 같아. 그가 아침에 나타나서 내 옆에 조용히 눕길래 나는 자는 척을 했어. 잠시 후 그가 일어나서 말하길 "나가서 아침 먹자"고 하더군. 그래서 우린 아침을 먹었어. 그런 다음 그가 다시 "돌아올게"하고는 또다시 나가 버리더군. 그날 저녁까지 돌아오지 않았어. 그래서 나는 서울로 혼자 돌아왔지. 적어도 일이라도 하는 게 낫겠다 싶어서 말이야. 그가 사흘이 지난 후 나타나서 길길이 날뛰더군. 아무 말도 하지 않고 나는 그를 오키나와에 있는 근무지로 돌려보냈어.

서류가 왔을 때, 이제는 골딘 부인이 된 김명자는 오키나와에서 남편과 합류했다. 남편의 근무 기간이 끝나자 그들은 어린 아들과 함께 미국으로 들어갔다. 동부의 교외인 그의 고향집에 잠시 머물렀다가 두 사람은 다음 임지인 텍사스로 옮겼다. 그때가 1972년이었고, 골딘 부인은 미국 시민의 아내로 그해 미국으로 왔던 2,148명의 한국인 여성 중 한 명이었다. 1970년대에 미군과 결혼했던 한국 여성들은 무려 4만 명에 달했다.[13]

노순애는 한국 동남부에 있는 작은 읍에서 상당히 안정적으로 사는 가정의 외동딸이었다. 그녀가 5학년이 되었을 때 집안이 망했다. 여태까지도 그때 무슨 일이 일어났는지 그녀는 모른다고 한다. 하여튼 갑자기 그녀의 수업료는 말할 것도 없고 먹고 잘 곳마저 없었다. 1960년대 중반이었다. 그녀는 길거리에서 행상을 했고 그러다가 공장에서 일했다. 너무 쇠약해진데다 허기와 피로로 인해 종종 쓰러지고는 했다. 이때가 남한에서는 산업화에 매진하던 시기였다. 노순애와 같은 어린 처녀들이 산업 역군으로 이바지했다. 불빛은 침침하고, 닭장처럼 비좁은 곳에서 그들은 바느질을 하거나 금속 부품을 찍어 냈다. 수출하기 위한 수백 가지 소비자 물품과 산업 제품들을 생산했다.[14] 노동자들의 대부분은 농촌 출신이었으며, 그들은 점점 심해지는 농촌의 가난으로부터 벗어나려고 노력하고 있었다. 하지만 그들은 도시에서도 여전히 빈곤을 탈피할 수 없었다.[15] 아무리 열심히 일해도 굶주림과 가난으로부터 벗어날 가망성은 없었다고 노순애는 말했다.

끝이 없었어. 일하고 일해도 가난에는 끝이 보이지 않았어. 밤에도 일하고 잔업하고. 일하고 또 일해도 앞이 보이지 않았지. 그냥, 가난에는 끝이 없었어. 그런 참에 〔서울에 가서〕 열심히 일하면 월급도 훨씬 많이 받을 수 있고 좀더 나은 삶이 보장될 것이라는 말을 들었어. 그 말에 홀딱 넘어갔지. 그렇게 속아 넘어가서 팔려 간 거야. 심지어 요새 그렇게 팔려 가는 여자들은 헤아릴 수도 없이 많아. 도망치고 싶지만 그곳에서 벗어날 수가 없지. 한국에는 그런 여성들이 너무 많아.

그런 여성들은 매춘으로 팔려 넘어갔다. 그녀에게 일어났던 일도 바로 그것이었다. 좀더 나은 직장을 구하려고 그녀는 신문광고를 낸 직업소개소 중개인에게 답장을 했다. 주소는 서울역 근처였다. 그녀가 도착했을 때 그들은 그날 당장 시작할 수 있는 일자리는 없다고 말했다. 그래서 그녀는 광고에 난 전화번호로 전화를 했다. 전화를 받은 사람은 어느 어느 거리에 있는 보행자 다리 위에 서서 신문광고를 손에 쥐고 있으라고 했다. 그녀는 그 사람이 시키는 대로 했다. 그러자 한 남자가 그녀를 데리러 왔다. 이미 날은 저물었고 소개소 문은 닫혔으니까 여관으로 가서 하룻밤을 묵자고 했다. 여관방에서 그들은 그녀가 할 수 있는 직업에 관해서 이야기를 나눴다. 그는 식모살이 일자리를 알아봐 주겠다고 말했다. 그 남자는 그녀에게 뭘 좀 먹었느냐고 물었고, 그녀가 먹은 게 없다고 하니까 저녁을 시켜 주었다. 나중에 알고 보니 이 저녁 값도 그녀 몸값의 일부로 계산되었다. 하지만 그 당시에 그녀는 이런 친절을 정말 고맙게 생각했다. 그는 잘 곳이 없으면 하룻밤을 여관에서 보내도 좋다고 그녀에게 말했다. 그리고 그는 그녀를 강간하려고 했다. 괜찮은 일자리를 반드시 구해야 했고, 그가 약속한 일자리만큼은 적어도 구해 주겠거니 하고 생각했기에 다음날 아침 그녀는 그를 따라나섰다. 그들은 지하철을 여러 번 갈아타고 나서 마침내 목적지에 도착했다. 그녀는 그들을 마중 나온 한 남자와 젊은 여자를 만났다.

우리가 도착했을 때 [두 남자는] 서로 엄청난 돈다발을 건네더군. 난 그 이유를 몰랐어. 왜 저 남자가 이 남자에게 돈을 주는지. 나는 그냥 두 사람 사이에 뭔가 거래가 있는 모양이라고 생각했을 따름이야. 그런 다음 그들이 나에게 저쪽으로 가라더군. 젊은 여자가 나를 데려갔는데, 그 언니[16]가 "여기가 어딘 줄 알아?"라고 묻더군. 그래서 모른다고 했어. 나는 그저 식모살이 하러 온 것으로 안다고 했지. 그러자 그녀가 나에게 "넌 팔려 온 거야"라더군. "팔리다니, 그게 무슨 말이에요?" 그러자 그 언니가 말했어. "돈다발 주고받는 거 못 봤어? 그게 네 빚이야." 그래서 내가 말했죠. "무슨 소릴 하는 거예요? 난 여기 식모로 일하러 온 거니까요, 식모로. 그래서 기다리고 있는 중인데요." 그러자 그녀가 사정이 그런 게 아니라고 말하더군. 그러자 그녀는 자기가 가도 좋다고 할 때까지 기다렸다가 가라고 하면 반드시 가야 한다더군. 그래서 "참 이상한 언니도 다 있네, 내가 왜 그래야 하는데요?"라고 물었어. 내가 식모로 일하러 왔다고 하는데도 그 언니는 온갖 이상한 얘길 했어요. 나는 그녀가 하는 말을 믿을 수가 없었어. 하여튼 그녀는 날더러 계속해서 빨리 서둘러 떠나라고 했어요. 그래서 내가 좋다고 했지. 잠시 후 그녀는 날더러 빨리 도망치라고 했어. 그녀는 나에게 어떻게 도망쳐야 하는지 방법을 가르쳐 주면서 내가 달아나도록 해주었어. 그래서 나는 뛰고 또 뛰었어. 그 언니가 가능한 빨리 도망치라고 알려 주었으니까. 버스비를 손에 쥐어 주면서 어떤 버스든지 제일 먼저 오는 버스를 타고 달아나라고 했어. 그래서 좋다고 하고서는 있는 힘껏 달아났어요. 그런데 난 도망칠 수가 없었어. 붙잡히고 말았거든.

노순애와 그 언니는 흠씬 두들겨 맞았다. 노순애는 기지촌으로 끌려갔고, 그 언니는 또 다른 곳으로 끌려갔다. 그때가 1975년이었고 노순애는 채 스무 살이 되지 않았다.

난 일자리를 찾으려고 서울로 갔는데, 그런데 난데없이, 믿을 수 없게도 기지촌에 팔려 갔던 거야. 그곳에서 뼛골 빠지게 고생했지. 피눈물이 난다는 표현이 딱 맞아요, 딱. 그게 그런 경우에 쓰라고 만든 표현이더군. 정말 피눈물이 났어, 피눈물이.

그녀는 그 일을 한 첫날밤을 회상했다.

미국인이었어, 미국인. 난 그의 이름을 잊을 수가 없어. 바비야. 그래 바비. 그는 엄청난 거구였어. 키도 크고. 하여튼 그들은 이게 내 방이라면 서 그 방으로 들어가라더군요. 그래서 그 방으로 들어가서 앉아 있었지. 그러자 마마상이 이 남자를 데려와서 그가 하라는 대로 하라더군. 그가 무 슨 말을 하던지 간에 시키는 대로 하라고. 그때는 이미 며칠 지난 후였고 그 사이에 나는 이미 여러 번 두들겨 맞았어. 난 이미 마비된 상태였어. 얼 어붙은 상태였지. 처음에는 이 남자에게 그야말로 강간을 당했어. 그는 돈 을 주고 나를 샀어. 나를 위해서 그런 건 아니잖아. 알다시피. 다리로 피가 흘러내려 침대보가 다 젖었어, 흥건하게. 나는 나흘 동안 피를 흘렸어. 아 래가 다 찢어져서. 그렇게 하여 그날 완전히 그걸 도둑맞았던 거야.

노순애는 기지촌에서 약 3년을 보냈다. 처음에 그녀는 계속해서 도망 쳤지만 매번 붙잡혀서 그때마다 거의 죽도록 맞았다. 그런 다음 다른 곳 으로 팔려 갔다. 결국 그녀는 도망을 포기했다. 그런데도 그 일은 결코 쉬 워지지 않았다. '난 참을 수가 없었어. 내 몸뚱이가 내 몸뚱이가 아니니 까. 있잖아, 그게, 스물네 시간 내내 내 몸은 내 것이 아니었어."

처음에 그녀가 팔려 간 곳은 미군과 한국군 모두를 접대하는 곳이었 다. 나중에 그녀는 미군 전용 클럽에서 일했다. 그곳에서 그녀는 자기 빚 을 갚아 주고 그곳에서 빼내어 준 미군을 만났다. 두 사람은 점점 친해졌 고, 나중에는 정말로 가까워졌다. 그래서 클럽 업주가 두 사람을 갈라놓 으려고 했다. 그는 그녀가 빚에 묶여서 그곳에 계속 있어야 한다는 사실 을 알고는 그녀를 그곳에서 빼낼 결심을 했다. 그는 미국에서 송금해 온 돈으로 그녀가 지켜보는 가운데서 그 돈을 헤아린 다음 '업주'에게 주었다. 그녀의 빚을 청산해 준 것이다. 그들은 함께 기지촌을 떠나 작은 아파트를 빌렸다. 몇 주가 지나자 그의 근무 기간이 끝났고 그는 한국을 떠났다. 그 이후로도 한동안 그는 생활비를 부쳐왔지만 점차 송금은 끊어졌다. 이 말을 하면서 그녀는 두 사람이 함께 살 운명이 아니었음이 분명하다는 제스처로 어깨를 한 번 추슬렀다. 하지만 그녀는 그야말로 자신의 생명의 은인으로 그를 기억한다고 덧붙였다.

그녀는 미군들을 상대하는 작은 선물 가게를 열어 생계를 꾸리기도 했고, 웨이트리스로 일하기도 했다. 또 때로는 군인들과 계약 동거를 하기도 했다. "글쎄, 알다시피 더 이상 숫처녀도 아니고, 이런 군인들과 살림을 차리면 많은 돈을 벌 수 있었어. 한 달에 5백 불이면 그 당시로서는 큰 돈이었으니까."

기지촌 여성이라는 과거가 있는 한 한국 사회에서 그녀는 가장 밑바닥으로 떨어진다는 것을 알았다. 그래서 그녀는 미국으로 가기로 결심했고, 미군과 계약 결혼을 했다.

이 몸을 가지고는 한국 남자와는 절대 결혼할 수 없었어. 그렇다고 돈이 많아서 돈의 힘을 즐기면서 살 수도 없었고. 그런데 사람들이 미국에 가면 미국은 길바닥에서 돈을 긁을 수 있다더군. 그래서 이왕 몸은 망쳤고, 돈이나 벌어 보자 싶었던 거야. 그래, 미국이나 가자. 그래서 엄마에게 말했지. "엄마, 난 미국 갈 테니까, 삼 년만 기다려요. 그냥 기다려. 삼 년이 지나야 시민권이 나온대. 내가 시민권 받으면, 엄마, 미국으로 와서 함께 삽시다. 내가 미국 가는 이유도 그거야. 사람들이 그러는데 미국 가면 길에서 돈을 갈퀴로 긁어 담는대. 그러니 삼 년만 기다려요." 그런데 삼 년이 아니라 일 년도 안 돼 엄마는 암으로 돌아가셨어. 난 물론 한국으로 갈 수도 없었고. 내가 할 수 있는 것이라고는 가슴을 치고 통곡하는 게 전부였어. 이 미국 땅에서. 나는 한국으로 갈 수가 없었으니까.

그녀는 그 군인에게 1,500불을 선불로 주고, 2년이 지나 영주권을 얻고 난 뒤에 다시 1,500불을 주었다. 그가 먼저 미국으로 떠났다. 서류가 도착했을 때 그는 텍사스에 있는 미군 기지에서 그와 합류했다. 그곳에서 그녀가 미국 영주권(그린 카드)을 얻을 때까지 그들은 부부로 살았다. 그때가 1980년이었고, 노순애는 에드슨 부인이 되어 미국에 도착했다. 그해 미군과 결혼한 한국인 여성은 4천 명을 넘었다.[17]

모험을 찾아서

1970년대 후반, 미국 상품들은 근대성과 번영을 넌지시 말하면서 서울의 암시장에 이미 오래 전부터 흘러넘치고 있었다. 미국으로의 대규모 이민이 진행되고 있었으며, 박정희의 이민 정책과 1965년에 개정된 미국 이민법[18]으로 이민은 박차를 가하게 되었다. 미국 열기, 곧 미국병이 남한 전체로 급속히 퍼져 나갔다.[19] 복작거리고 좁고 억압적인 한국을 떠나 넓고 자유로 가득 찬 미국으로 도피하려는 욕망이 있었다. 즉 일상과 가난으로부터 벗어나 돈이 정말로 나무에서 자란다는 소문이 떠도는 미국으로 가고자 했다. 그래서 누구든지 출세할 수 있다는 그 땅에서 행운을 거머쥐고 싶어 했다.

일부 한국인들은 주로 영어를 배우기 위해 미군과의 제한된 만남을 추구하기 시작했다. 성공을 위한 필수조건으로써 영어의 중요성이 계속 커지고 있었기 때문이었다. 남한의 대학들, 특히 서울 지역에 있는 대학들은 영어 클럽을 조직하고 영어 회화를 가르치기 위해 미국인(미군인 경우가 종종 있었다)을 채용했다. 어떤 한국인들은 영어를 배우려는 동기와 목적을 가지고 의도적으로 미국인과 친해지려고 했다. 또한 화려하고 휘황찬란한 미국 문화를 경험하고 싶다는 단순한 욕망이 작용하기도 했다. 하지만 한국 사회는, 특히 미군일 경우 여성들에게 데이트하는 것과 결혼하는 것 사이에 엄격한 선을 긋고 있었다. 미군과 결혼하는 것에는 아직 낙인이 남아 있었다. 1970~1980년대에 이르러는 미군과 결혼하는 여자들이 한 해에 4천 명에 육박했는데도 여전히 그런 인식은 남아 있었다.[20] 그런 가정 이면에는 언제나처럼 그들 모두가 기지촌 출신이라고 생각하지만, 사실상 많은 경우는 그렇지 않았다.

문경희는 대학을 가겠다는 꿈을 소중하게 간직했다. 배우고 싶은 것도 많았고 발견하고 싶은 온갖 세상이 있었다. 하지만 고등학교 2학년 무렵 아버지의 사업이 실패했고, 그녀는 대학을 포기할 수밖에 없었다. 대학 등록금은커녕 그녀의 가족은 생계도 간신히 꾸릴 형편이었다. 1975년 서울에 있는 한 고등학교를 졸업하고 난 후, 그녀는 미국 전기회사 직원으로 취직했다. 그녀가 하는 일은 미국인들과 어울리는 것이 아니었음에도 외국인들과 마주칠 때마다 그녀는 두려움을 느꼈다. 직장에서 성공하기 위해 그녀는 영어 실력을 늘려야 했지만, 영어 과외 선생을 구할 돈이 없었다. 그녀는 영어 회화 연습을 하기 위해 마음에 맞는 친구와 함께 미국인 친구를 찾아 나서기로 작정했다. 그들은 서울 심장부에 있는 외국인 지역인 이태원으로 갔다. 미국인이 모이는 장소로 그들이 떠올린 유일한 곳이 이태원이었다. 하지만 그들은 미국인들과 친해지지 못했으며, 몇 번의 시도 끝에 그 생각을 접기로 했다.

어느 날 이 두 친구는 이태원에서 멀리 떨어진 커피숍에 앉아 있었다. 두 명의 미군들이 옆 테이블에 있었다. 바로 그 순간 두 사람에게는 포기했던 그 생각이 떠올랐고, 그것을 기회로 삼았다. 문경희는 군인에게 다가가 그중 한 명이 가지고 있던 휴대용 라디오에 관심이 있는 척했다. 군인들은 열심히 반응을 보여 주었고 여자들의 테이블로 건너왔다. 그중 한 명이 두 사람에게 교회를 다니는지 물으면서 근처에 미국 교회가 있다고 말해 주었다. 그들은 두 친구를 교회로 데리고 갔고, 교회를 계속 다니라고 졸랐다.

그들의 동기는 전도하는 것이었어. 그래서 우리더러 교회로 오라고 했던 거지요. 그런데 우리에겐 다른 이유가 있었고. 우린 영어 회화를 배우길 원했으니까. 아무튼 그렇게 해서 우린 친구가 되었죠. 그들은 우리에게 다음날 만날 수 있는지 묻더군요. 우린 얼씨구나 좋다 했지. 공짜로 영어를 배울 수 있을 테니까.

두 친구는 남자들과 계속 만났다. 라디오를 가지고 있던 그 남자가 문경희에게 관심을 보였다. 어느 날 그는 그녀에게 자기 여자친구가 되어 주겠냐고 물었다. 그녀는 그 단어가 정말로 의미하는 바가 무엇인지도 모른 채 좋다고 했다.

116

그게 글쎄, 남자친구라는 단어는 단지 남자이자 친구라는 의미로 알았다니까. 그래서 남자인 친구로 생각했던 거야. 나는 남자친구가 애인이라는 말인 줄은 몰랐어요. 그래서 여자친구가 되어 줄 수 있냐고 하길래, 여자친구가 되지 못할 게 뭐람, 하는 생각이 들더군요. 그래서 난 좋다고 대답했지. 그러고 난 뒤 그는 나에게 키스를 했고, 뭐 그런 거 있잖아요.

한 달 남짓 지나고 난 뒤 그는 한국에서 떠날 날이 불과 6개월 남았다고 했다. 두 사람이 함께 있으려면 결혼을 해야만 한다고 말했다. 그는 당장 결정을 하라고 종용했다. 왜냐하면 그 과정이 적어도 3개월은 걸리기 때문이었다. 그녀는 그와 사랑에 빠지지는 않았지만 좋아하기는 했다. 두 번 다시 그를 만날 수 없다는 생각이 들자 그녀는 그의 구혼을 받아들이기로 했다. 그녀는 덧붙였다.

난 너무 어렸어. 어느 면에서는 그건 일종의 모험이자 반항이었어요. 그리고 호기심도 있었고, 미국으로 가서 넓은 세상에서 사는 게 낫겠다는 생각도 있었고. 여기[한국]서는 아무리 좋은 사람을 만나 봤자……. 그를 사랑했기 때문은 아니었어요. 내가 사랑했던 사람을 따라왔던 것이라기보다 일종의 모험이었지. 반반이라고 해야 할까? 부모님이 반대했기에 일종의 반항이기도 했고.

부모가 대학을 보내 주지 않았던 것 때문에 실망이 컸던 그녀는 부모의 반대에 더욱 반항했다. 미국에서 대학을 다녀야겠다고 생각했다. "한국에서 내가 아무리 결혼을 잘 해보았자 사실 얼마나 잘 할 수 있겠어요?'라고 그녀가 말했다. "그래서 차라리 큰 나라로 가서 내가 원하는 공부나 실컷 하자고 생각했어요. 내가 생각했던 게 그거였답니다."

부모의 반대를 뿌리치고 문경희는 사병으로 왔던 미국 남자친구와 결혼을 했다. 그때가 1978년이었고, 그녀는 스물한 살이었다. 그들은 곧장 그의 다음 부임지로 갔다. 그곳은 그의 고향 근처였던 미국 동부 연안이었다. 이제 페리먼 부인이 된 문경희는 1978년 미군과 결혼했던 7천 명에 육박하는 한국 여성들 중 한 명이 되었다. 한 해 결혼한 숫자로는 최대로 많은 인원이었다.[21]

전명숙은 미군을 어디서나 쉽게 볼 수 있는 곳에서 자랐다. 그녀는 의정부 근처의 농촌에서 살았는데, 그곳은 서울의 바로 북쪽인데다 미군 기지가 두 군데 있었다. 그녀의 아버지는 얼마 안 되는 땅을 부치는 농부였고, 어머니는 작은 식료품 가게를 하고 있었다. 기지가 근처에 있던 터라 미군들은 흔히 볼 수 있는 고객들이었다. 고등학교를 졸업한 후 전명숙은 어머니의 가게 일을 도와주면서 집에서 놀고 있었다. 그녀는 3남 1녀에서 둘째였는데, 그녀가 대학에 갈 수 있는 집안 형편이 아니었다. 혹 대학을 보내준다고 했어도 대학을 갈 수 있을 만큼 공부를 잘하지 못했다면서 그녀는 웃었다. 하지만 다른 농촌 가정에 비하면 전명숙의 집은 그나마 형편이 나은 편이었다. 저곡가와 저수확량으로 고생한 것을 벌충할 수 있을 만큼 가게에서 수입이 있었기 때문이었다. 그래서 그녀는 한국 농촌 가정의 많은 젊은 여성들과는 달리 가족을 벌어 먹여 살리기 위해 일자리를 절박하게 찾지 않아도 되었다.

어린 시절부터 그녀는 미국인들에 비해 한국 남자들을 좋게 보지 않았다. 아마도 가게에서 미국인들과 일찍부터 마주쳤던 데다가 대중 매체의 영향 탓도 있을 것이라고 그녀는 말했다.

> 오래전부터 아무런 이유도 없이, 왜 있잖아요, 난 미국인들을 좋아했어요. 미국인과 결혼하게 된 것도 그게 한 요인으로 영향을 미쳤을 거야. 미국인들을 영화나 텔레비전에서 볼 수 있었지. 고향에서는 바로 근처에 기지가 있었어요. 많은 미국인들이 여기서 훈련을 받았고, 우리 가게에 미군들이 들락거렸어. 아무런 이유도 없이, 내 스스로 생각해 봐도 아무런 이유 없이 미국인들에게 좋은 인상을 가지고 있었던 거야. 그래서 내 친구가 그곳에서 일한다는 말을 들었을 때, 글쎄, 그러니까, 친구를 만나러 갔어요. 처음으로 그런 곳에 발을 들여놓았던 셈이지. 그곳은 온통 번쩍거리고 휘황찬란했어요. 그래서 나는 친구와 함께 그곳에서 시간을 보내기 시작했어요. 그냥 재미로. 일은 그렇게 해서 시작한 거야.

미국인에 대한 호기심으로 고등학교 때 같은 반이었던 친구를 찾았고, 친구가 동두천 클럽에서 미국인들과 일한다는 소문을 들었다. (의정부에서) 좀더 북쪽에 위치한 더 큰 기지촌이 있는 동두천 거리에는 미군에게 서비스를 제공하는 클럽, 바, 레스토랑, 가게들이 즐비했다. 밤마다 거리는 네온사인으로 휘황했고, 미국식 로큰롤 리듬이 거센 파도처럼 요동쳤다. 어린 전명숙에게 그런 휘황함과 번쩍거림은 눈이 휘둥그레지도록 강렬한 인상을 남겼다. 그녀에게 기지촌은 좋은 놀이터였다. 그곳은 젊은 여성들이 헤픈 차림으로 즐길 수 있는 곳이었다. 여기서 일하는 여성들은 어떤 여자들이냐고 물었을 때, 친구는 실제로 그들이 무슨 일을 하는지 제대로 알고 있지 못한 것 같았다. 그녀의 친구는 매춘과 빚더미, 그리고 여성들이 겪고 있는 끊임없는 규제와 같은 시스템에 관해 아는 게 별로 없었다. 그녀가 접해 본 것이라고는 파티가 전부였다.

전명숙의 친구는 근처에 있는 캠프 케이시 소속 미군과 함께 살고 있었다. 그녀는 친구를 따라 클럽에 갔으며, 몇 주 지나지 않아 그곳에서 사병으로 온 한 미군을 만났다. 클럽에서 그와 만나서 시간을 보내느라고 그녀는 집에 가기보다는 동두천에 머물렀다. 아버지가 자신의 행동거지를 알았을 때 노여워할 것을 두려워하면서도 그녀는 친구와 함께 살기 시작했고, 그러다가 얼마 가지 않아 그 미군과 함께 살게 되었다.

실종된 딸을 찾기 위해 온 집안이 발칵 뒤집혔다. 그녀의 여동생은 그지역을 샅샅이 훑으면서 사람들에게 언니의 사진을 보여 주면서 혹시 이와 같이 생긴 젊은 여자를 보지 못했느냐고 수소문하고 다녔다. 몇 개월 후 가족들이 그녀를 마침내 찾아냈다. 그녀는 집으로 가서 그간의 자초지종을 말했다. 대안은 결혼이었다.

어머니는 안 된다고 극구 반대했어. 하지만 아버지는 그게 네가 원하는 거라면 결혼해라, 그러나 저러나 하필이면 왜 흑인이냐고 말씀하셨지. 어쨌거나 내가 이미 그 사람과 살림을 차렸으니까……. 나는 부모님께 인사를 시키려고 그를 집으로 데려갔어요.

이미 그와 살기 시작했으므로 전명숙에서 결혼은 필연적이었던 듯싶었다.

그와 결혼하는 것 말고는 달리 방법이 없었지요. 그 당시 나는 결혼에 대해선 아무 것도 몰랐어요. 어쨌거나 이미 그와 함께 살고 있었다는 정도였거든. 부모님이 그를 만났고, 그래서 남자를 바꿀 수도 있다는 생각은 지저분한 여자라는, 뭐 그런 생각이 들어서 남자를 바꾼다는 게 너무 낯설었어요.

그렇다면 왜 결혼했냐고 묻자, 그녀는 미소를 지으면서 그가 언제나 자기더러 착한 여자라고 말해 주었기 때문이라고 했다. 그녀를 보면 매혹적인 춤과 댄스곡으로 유명한 대중 가수인 시나 이스턴이 생각난다고 말했다는 것이다.

그들은 1986년에 결혼했다. 두 사람이 처음 만나 지 불과 일 년이 채 되지 않았을 때였고, 전명숙은 스물네 살이었다. 그렇게 하여 그녀는 피터슨 부인이 되었다. 그들은 한국에서 몇 개월을 더 살았는데, 그녀는 미국 생활 준비를 위해 미군위문협회(U. S. O.)에서 주관하는 신부 교실에 다녔다.

1971년 서울에 있는 미군위문협회에서 운영한 국제적인 문화 프로그램이었던 이 신부 교실은 미군과 결혼한 한국 여성을 특별 상대로 교육했다. 교과 과정은 미국 생활에서 필요한 광범위한 정보를 습득하도록 짜여져 있었는데, 그 내용을 보면 대충 이런 것들이었다. 은행계좌 여는 법, 가계부 쓰는 법, 식품점에서 쇼핑하는 법, 미국 음식 요리법뿐만 아니라 미국의 관습, 역사, 지리, 그리고 건강 관리, 교육, 고용, 법적인 권리와 책임 등을 망라했다. 교재의 많은 내용은 강사들과 미군위문협회 직원들이 준비한 한글과 영어로 작성된 발제문으로 구성되었다. 3~5주 코스였던 이 교육 과정은 일 년에 여러 번 있었다. 1970년대에 미군위문협회가 제공하는 이러한 프로그램들은 서울만이 아니라 서울 주변의 다른 기지에서도 열렸다. 1970~1980년대 연간 약 300명의 여성들이 이 프로그램에 등록했다. 그러다가 등록 숫자가 연간 70명 수준으로 떨어졌다. 이 프로그램의 목적은 여성들에게 미국 생활을 준비시키는 것뿐만 아니라, 국제결혼(intercultural)에 대한 현실적인 준비를 시키는 것이기도 했다. 하지만 남성들에게는 국제결혼과 다른 인종끼리의 결혼을 준비할 수 있는 프로그램이 없었다.[22]

혼자 배우는 것보다는 그런 과정에 다니는 것을 남편이 선호했기 때문이라고 설명하면서, 그녀는 신부 교실이 다닐 만한 가치가 있었다고 말했다. "지금 돌이켜 생각해 보면, 그곳에 다녔던 게 정말 좋았어요.""그 사람들은 많은 자료들, 책, 소책자 등을 나눠 주었어요. 어쩌다 그것을 들여다보면 많은 도움이 되었죠."

12월, 피터슨 부인과 남편은 미국에 도착했다. 우선 그들은 남편의 고향인 동부 해안에 있는 교외 지역으로 갔다. 그곳에서 남편은 다음 임지인 캔자스 기지로 갔고, 그녀는 기지 안의 가족 주택으로 옮기기 전까지 시집에서 한 달을 머물렀다. 피터슨 부인은 1986년 미군과 결혼했던 3천 명 이상의 한국 여성들 중 한 명이었다.

1986년, 허미영은 서울의 바로 남쪽에 있는 대학교 2학년이었다. 조사 과정에서 내가 만났던 150명의 군인아내들 가운데 유일하게 대학 교육을 받은 사람이었다. 그녀는 서울의 중산층 출신 집안에서 성장했다. 그녀의 아버지는 은행가였고, 어머니는 전업주부였다. 그녀는 자신을 근심

걱정 없이 친구들과 대학 생활을 즐기면서 보낸 젊은 여성으로 묘사했다. 신입생이었을 때 그녀는 영어를 배우고 싶어서 대학생 영어 클럽에 가입했다. 영어 클럽은 유급 강사를 고용했는데, 주로 근방의 오산 기지에 있는 미군들이었다. 그들은 지역 교회에서 매주 만났다. 허미영이 대학교 4학년이었을 때, 영어 클럽 강사가 그녀에게 같은 기지에 근무하는 친구를 소개시켜 주었다.

> 처음에는 그냥 호기심으로 만났어요. 영어를 쓸 수 있는 기회가 많아질 수도 있었으니까……. 우리는 매주 한 번씩 만나다가 점차 더 자주 만나기 시작했어요. 6개월이 흘러가고 그러다 1년이 지났어요. 이게 바로 그거구나라는 생각이 들기 시작했죠. 그때부터 우리 관계에 관해 좀더 진지하게 생각하기 시작했어요.

나중에 밝혀졌지만 그는 한국 근무가 두 번째였고 아시아인 아내를 찾고 있는 중이었다.

> 처음부터 남편은 아시아 여성과 결혼하길 원했어요. 시아버지는 공군 장교로 은퇴했는데, 전혀 해외에서 근무한 적 없이 미국에 있는 다른 기지에서만 살았음에도 그곳에서 그들은 많은 아시아인들을 접촉했다고 해요. 그래서 시아버지는 아시아인들에게 좋은 인상을 갖고 있었어요. 이제 그는 오산에 주둔하게 되었는데, 그게 그러니까, 질 낮은 사람들이 많았고, 그래서 그는 교육받은 사람을 만나고 싶어 했어요. 그는 우리 클럽에 관한 이야기를 들었고 모임에 나오기 시작했어요. 그렇게 해서 우리는

만났답니다.

왜 그녀의 남편이 아시아 여성과 결혼하기를 원했냐고 물어보자, 그녀는 자기 시어머니가 경험한 일화를 들려주었다.

그녀[시어머니―옮긴이]가 캔자스에 있는 기지 안에서 살고 있을 때였는데, 아시아 여성이 딸과 함께 걸어서 지나가는 모습을 남편이 보았대요. 남편은 어머니를 불러서 그들을 보라고 했대요. 그들은 예쁜 옷을 입고 걸어가고 있었대요. 그래서 시어머니는 바깥을 내다보았대. 남편은 자기 어머니에게 그 아시아인들이 정말로, 정말로 예쁘다고 했대요. 그 당시 시어머니는 '아, 이 아이가 아시아 여성에 관심이 많구나' 했었대요. 하여튼 한국에 올 때마다 마찬가지였어요. 그는 정말 아시아 여성에게 관심이 많았어요.

두 사람은 영어 클럽의 사람들은 물론이고 학교 친구들과 가족 아무도 몰래 사귀었다. 사실 클럽의 규칙은 그런 데이트를 금지했으며, 특히 여학생들이 미국인과 데이트를 하면 눈살을 찌푸렸다. 처음 클럽에 가입했을 때, 그 강사는 오산 기지에 근무하는 군인이었는데, 그녀에게 함께 나가 식사를 하자고 했다. 그녀는 갑작스러운 초대에 당황하고 어떻게 해야 할지 몰라서, 클럽 선배에게 그 강사의 청을 거절한다는 자신의 뜻을 통역해 달라고 부탁했다. 그 선배는 강사에게 그런 행동은 받아들일 수 없다고 말했다. 꽤 오랫동안 영어 클럽에서 일을 했던 그 강사는 즉석에서 해고되었다.

허미영은 이것을 개인의 인권 침해로 간주했다. 누가 누구와 데이트를 하라, 말라하는 식으로 규제하는 것은 선을 넘어선 것이라고 그녀는 말했다. 게다가 한국 학생들은 미국인들 중에서도 군인들을 깔보는 것을 느꼈다고 했다.

> 내 생각에 그건 사람을 이용하는 거잖아요. 그냥 영어 배우기 위해 미국인들을 이용하는 것이죠. 그를 이용하다가 더 이상 필요 없으면 내버리고……. 그런 거 같아요. 그렇다고 그 사람에게 관심이 있었던 것은 아니지만, 학생들의 행동은 정도를 넘어선 것처럼 보였어요. 그로 인해 영 기분이 좋지 않았어요. 따라서 남편과 데이트를 시작하고 난 뒤부터는 우리 두 사람 모두 클럽에 나가지 않았어요. 그때 난 대학교 3학년이었어요.

그녀는 캠퍼스에 반미 정서가 고조되었다는 점을 회상했다. 1980년대 중후반 남한의 대다수 대학 캠퍼스에는 반미 정서가 드높았다. 1980년 광주 민주화 항쟁 때 군인들이 시민들을 학살한 사건이 상세히 알려지고 회자되었다.[23] 육군대장이었던 전두환은 한국의 다섯 번째 대통령이 되었는데, 그는 광주 학살을 통해 권력을 확고하게 장악했으므로 점점 더 인기가 없어졌다. 많은 학생들은 미군이 통수권을 가지고 있으므로, 전두환이 미국의 승인 없이 훈련된 부대를 풀어서 민주화를 요구하는 광주 시민들을 진압할 수는 없었을 것으로 생각했다.[24] 전두환이 로널드 레이건 대통령의 공식적인 첫 국빈이었다는 사실은 이런 믿음을 더욱 확실하게 해주었다. 학생들은 잦은 시위를 했고 진압 경찰들과 충돌했다. 많은 학생들이 죽임을 당했다. 또 다른 많은 학생들은 전두환 체제에 항거하는 뜻으로 자살을 했다. 서울에 있는 학생들이 시위를 할 때마다 그녀가 다니던 캠퍼스에서도 시위가 있었다고 그녀는 회상했다. 하지만 그녀는 '정치'에는 관심이 없었으며 학생 운동가들을 다소 극단주의자로 생각했다.

그 당시에는 그런 자살이 많았어요. 우리 학교에서도 그런 일이 있었어요. 그런 장면을 보았는데, 난 정말 이해할 수가 없더군요. 그 학생은 옥상으로 올라가서 온몸에 석유를 끼얹고 불을 붙인 채 뛰어내렸어요. 저게 정말 조국의 이름으로 해야 할 짓인가라고 생각했어요. 정말 저게 가치 있고 해볼 만한 행동일까라는 의문이 들었죠. 심지어 자기 가족조차 생각하지도 않으면서. 글쎄, 난 모르겠더라고요. 학생 운동가들의 관점에서 보자면 나 같은 사람은 전혀 도움이 되지 않는 인물이죠. 어쨌거나 그게 정말 가치 있는 일인가요? 그런 식으로 옥상에서 뛰어내리는 게. 난 정말 모르겠더라고요……. 물론 학생들이 모여서 자신들의 의견을 표현하기 위해 때로 시위를 할 수는 있어요. 그 점에는 저도 동의해요.

학생들 사이에서 반미 감정은 점점 더 확산되었고 시위는 점점 더 잦아졌다. 심지어 잘 사는 중산층마저 민주화를 요구하면서 군사 독재를 끝장내자는 시위에 가세했다. 결국 전두환이 후임자로 지명한 노태우는 민주화를 약속하면서 1987년 6월에 있었던 그 유명한 선언을 한 후 대통령 선거를 실시했다. 그럼에도 학생들은 계속해서 시위를 했고 노동계의 소요도 심각해졌다.[25] 어쨌거나 노태우는 광주 학살에서 전두환의 파트너였기 때문이었다. 이 시절에 미군은 계속해서 경계 태세였다.

그즈음 남편과 데이트를 할 때였어요. 시위가 있을 것이라는 뉴스가 나오면 서울에서는 시위가 있었어요. 그럴 때마다 공군에서는 즉각 명령이 떨어졌어요. 비상사태 같은, 뭐 그런 거 말이에요. 그러면 기지 바깥으로 외출했던 사람들은 전원 귀대해야만 했어요. 그러고 나면 경고가 먼저 발효되었거든요. 시위가 있을 예정이니 외출하지 말라, 기지 바깥으로 돌아다니지 말라…… 그런 이유로 인해 그와 나는 데이트를 할 때마다 서울로 갔어요. 우리 가족이 서울에 살기도 했고요. 아무튼 그런 일이 있으면 남편이 전화를 걸어서 기지 바깥으로 나갈 수 없다고 하고는 했죠.

허미영은 남편과 데이트를 하면서 사람들에게 철저하게 감췄다. 그들은 언제나 서울로 가서 데이트를 했다. 서울에는 외국인들이 훨씬 흔했기 때문이다. 대체로 그들은 서울에서도 명동과 같이 유행의 첨단이자 잘 살고 세련된 곳으로 갔다. 그들은 학교 주변을 피했다. 우연히라도 친구들을 만날까 봐 두려웠기 때문이다. 그녀는 그럴 만한 사건을 경험한 적이 있었다.

미국인과 데이트 하는 것을 나쁘게 보는 일반적인 경향이 있어요. 막연하지만 하여튼 나쁘게 보는 거예요. 몇 번 그런 경험이 있었죠. 우리의 클럽 미팅이 끝나고 난 저녁 무렵이었어요. 미국인 강사들과 함께 걸어서 정거장, 그러니까 지하철역으로 걸어가는데, 그때 우리 곁을 스쳐지나가던 사람들이, 술이 취했는데 우리에게 욕을 했어요. (뭐라고 했죠?) 그게, 글쎄, 정말로 엄청난 욕이었어요. 이제는 심지어 기억조차 못하겠네요. 특히 여학생들이 미국인과 함께 있으면, 이런 말을 해도 될까요? (그래요, 괜찮아요.) 클럽에서 일하는 사람들을 양갈보[서양창녀]라 불러요, 그렇죠? 그 사람들이 한 욕이 바로 그거였어요. 밤에 그런 일을 당하면 정말 놀라곤 했어요. 어쨌거나 우린 학생이잖아요.

미국인과 데이트하는 것에 대한 나쁜 이미지도, 반미주의도 그녀를 말리지 못했다. 대학을 졸업할 무렵, 그들은 진지하게 결혼을 생각하기 시작했고, 각자의 집안에 알리기로 했다. 처음에 그녀의 집안은 반대를 했다. 그들 집안에서는 아무도 외국인과 결혼한 사람이 없었다. 처음에 가족이 보여 준 반응은 충격과 걱정이었다. 그들의 딸이 낯선 땅에서 어떻게 살 것인가? 이 외국인이 자기 딸을 버리면 어떻게 하나? 가족의 명예에 먹칠을 한다는 근심은 둘째 치고, 이런 우려는 자기 딸이 외국인과 결혼하겠다고 했을 때 부모들에게 나타나는 전형적인 반응이었다. 허미영은 자기 자신도 그런 걱정이 없었던 것은 아니라고 인정했다. 그렇다 해도 그의 가족적인 배경과 그의 인간성 때문에 그를 믿게 되었다고 그녀는 말했다. 그는 보수적인 이탈리아계 미국인 대가족 속에서 성장했으며, 한 집에서 조부모님과 부모님이 함께 살고 있었다. 이것은 그녀가 들었던 미국 가정, 즉 이혼과 갈등과 불안정으로 넘쳐 나는 미국 가정(핵가족)이라기보다는 전통적인 한국 가정처럼 느껴졌다.

그것은 그가 부유한 가정 출신이기 때문이 아니라 따뜻하고 안정된 가정 출신이라는 점이었어요. 그와 이야기를 하다 보면 그가 책임감 있는 사람이라는 것을 느낄 수 있었거든요. 그는 책임감이 대단히 강한 사람이었어요. 그래서 아하, 바로 그런 사람임에 틀림없어, 라고 생각했어요.

128

그처럼 따뜻하고 안정된 가정 출신이며, 그처럼 책임감이 강한 사람이라면 틀림없이 자신을 버리는 일은 없을 것이라고 허미영은 부모를 설득했다. 그녀의 부모님은 결혼을 승낙하기 전에 그녀의 삼촌과 숙모에게 상의를 해봐야겠다고 고집했다. 그들은 미국에서 20년 넘게 살고 있었다. 부모님은 삼촌과 숙모가 이 문제에 좋은 충고를 해줄 수 있을 것으로 믿었다. 왜냐하면 그들은 미국 땅에서 성공했고 잘 교육받은 이민자들로서 미국인들과 친하게 지내고 있기 때문이었다. 그런데 삼촌과 숙모는 이런 저런 이유를 대면서 그 결혼을 반대했다. 중요한 이유 중 하나는, 그가 그냥 외국인이 아니라 군인이었으며 그것도 그냥 지원한 군인이라는 사실 때문이었다. 또한 그들은 미군과 한국 여성이 결혼해서 실패했다는 이야기를 너무 많이 들어 왔다. 여기에 덧붙여 군인의 월급으로 결혼 생활을 하는 것은 경제적으로 힘들다고 했다. 그들은 조카딸이 경제적으로 어렵게 사는 것을 원하지 않거나 혹은 힘들고 고독한 생활을 하는 군인아내의 삶을 사는 또 다른 경우가 되는 것을 원하지 않았던 것이다. 그런 반대에도 불구하고 허미영은 결심을 바꾸지 않았다.

바로 이 사람이라는 확신이 너무 강해서 내가 결혼하고 싶은 사람은 바로 이 사람이라고 우겼어요. 내가 마음을 확실하게 먹자, 부모님은 더 이상 반대하지 않으셨어요.

그녀의 말에 따르면 남편 집안의 반대는 거의 없었다고 했다. 며느리가 백인이라면 더욱 좋겠지만 아들이 흑인 여성을 데려오지 않는 한 공공연하게 반대하지는 않았다.

허미영은 1988년 12월 마지막 대학 시험을 끝내고 그 다음해 2월에 졸업했다. 그해 여름 그녀와 미래의 남편은 군인과 한국인 약혼녀를 위한 3일간의 의무적인 세미나에 참석했다. 그곳에서 그녀는 처음으로 다른 군인아내들을 만났다.

　　열세 쌍이었는데, 열세 쌍 중에서 불과 몇 사람을 제외하고는 정말로 유흥가에서 무용수나 뭐 그런 일에 종사하는 전부 그런 사람들이었어요. 그때가 여름이기는 했지만 그들의 옷차림새는 노출이 너무 심해서 정말, 쳐다보는 순간 누구라도 그들의 사회적 출신 계급을 알아보았을 거예요. 그들과 함께 있자니…… 정말로, 정말로 그때 비로소 내가 특별한 경우라는 걸 깨닫게 된 거죠. 정말로. 전부 그랬으니까, 군인아내라는 게 그다지 좋은 본보기가 아니란 걸 보게 되었죠. 그래서 사람들이 〔군인아내를〕 깔보고 욕을 했던 걸 알게 되었어요. 정말 수치심을 느꼈어요. 그래서 나는 더더욱 조심하게 되었어요.

그녀는 사회적인 낙인을 느끼면서, 그런 얼룩이 묻을까 봐 미래의 남편과 데이트를 할 때 자기 행동을 더욱 단속하게 되었다. 그녀는 몸가짐에 각별히 주의하고 조신하게 행동했다. 다른 사람들이 자신을 헤픈 여자로 취급하지 않도록 노력했다. 결혼 세미나 동안 경험은 그녀에게 오로지 조심과 주의를 더욱 강화하도록 만들어 주었다.

1989년, 스물네 살의 허미영은 길고 복잡한 과정을 거쳐 오렐라나 부인이 되었다. 이 신혼부부는 한국에서 1년 반 동안 살았다. 오렐라나 부인은 군인 부양자 신분증을 발급받았다. 그녀는 미국에 대해서 배우고 영어 실력을 향상시키기 위해 남편의 기지에서 이러저러한 많은 과정을 이수하기 시작했다. 이 과정에는 검정고시(G. E. D.: General Education Development, 미국식 검정고시―옮긴이) 준비, 영어 과정, 요리 강습 등이 포함되어 있었다. 미국 생활에 좀더 쉽게 적응하기 위해 이런 교육에서 학점을 땄다. 1991년 초여름, 도시 출신의 중산층이자 대학 교육을 받은 오렐라나 부인은 미군인 남편과 함께 미국으로 들어왔다. 동부에 있는 중소 도시인 남편의 고향에 들렀다가, 그들은 다음 임지인 플로리다 중심에 있는 기지로 옮겼다.[26]

아메리카를 찾아, 현대성을 찾아

한국인 군인아내들은 다른 한국 이민자들보다 각기 다른 조건 아래서 미국으로 이민을 왔지만, 이들은 미국으로 가는 것이 더 나은 삶을 위한 것이라는 공유된 믿음을 여전히 갖고 있다. 2차 세계대전 이후 몇 십 년 동안 한국인들은 놀랄 정도로 미국을 지상천국으로 보았다.[27]

한국 여성들이 미군과 결혼하기를 선택하여 한국을 떠나 미국행을 할 때, 그들은 자기 스스로 선택할 수 없는 상황에서 종종 그런 결정을 내렸다. 그런 선택―자기 상황을 최대로 활용하거나 심지어는 극복하기 위해―은 비록 한계가 분명하다고 할지라도 행위의 주체성을 보여 주는 것이다. 그것은 여성들이 억압적으로 느꼈던 세력에 대한 저항으로 택한 것이었다. 스스로 자기 삶을 더욱 향상시키려는 그들의 투쟁 속에서, 그리고 가난의 족쇄를 던져 버리기 위해, 그들이 후진적이고 부담스러운 전통으로 보았던 것을 내던짐으로써, 이들 여성은 현대성을 향해 나가고 있었다. 그들에게 미국은 현대성을 표상했다.

한국인들에게 현대성은 식민주의와 외국의 지배와 필연적으로 얽혀 있다. 일본과 미국을 경험함으로써 한국인들은 자신들이 배제되었을 뿐만 아니라 열등하다는 것을 인식하게 되었다. 비록 일본의 식민주의와 미국의 제국주의가 역사적으로 다르기는 하지만, 이 둘은 광범한 특성을 공유하고 있다. 그런 특징 중 하나가 세계를 위계질서에 따라 개념적으로 조직하는 것이다. 그런 위계질서에서 제국주의 세력은 꼭대기에 있고 종속된 나라는 밑바닥에 있다. 다른 이미지를 사용하자면, 제국주의 세력은 자신을 중심에 위치시키고 종속된 사람들을 주변에 위치시킨다. 블라우트(J. Blaut)는 이것을 "식민주의자들의 세계 모델"이라고 부른다. 이런 모델은 식민주의자와 종속된 자들 사이에 심각한 영향을 미치게 된다.[28]

일본 식민주의의 지배, 분단, 1950년대 미군이 주둔하기 전에 경험한 전쟁과 1960년대를 경험했던 여성들의 이야기는 외국의 지배가 그들의 삶에 스며든 층위를 드러내고 있다. 예를 들어 조순이는, 한국을 떠나 그녀의 일본인 선생이 묘사했던 멋진 일본으로 가고 싶었던 갈망에 관해 이야기했다. 일본이 패전한 후 미국이라는 승자가 한국의 남반부를 점령했을 때, 일본에 대한 동경은 미국으로 가려는 선망으로 재빨리 대체되었다. 결국 그녀는 "그들이 모든 것을 통제한다"라는 권력의 핵심을 깨달았고, 그래서 그곳으로 가고자 갈망했다. 이런 깨달음과 선망에 대해서는 프란츠 파농(Frantz Fanon), 에이메 세제르(Aime Cesaire), 그 밖에도 식민화된 정신에 대한 여러 고전들이 주목한 바 있었다.[29] 조순이는 권력의 변동을 알아채고 그에 따라 적응했다. 식민지 시대에 일어를 이해했던 그녀의 경험으로 인해 남한을 미국 언어가 점령할 것이라는 점을 그녀는 쉽게 포착했다. 또한 그녀는 국가적인 위계질서를 예리하게 표현해 주었다. 예를 들어 미국적인 자유의 혜택을 거론하면서, 그녀는 '심지어 일본'도 매우 모던했다고 말했다. 이것은 미국과 한국의 분명한 대조를 보여 주었다. 그녀의 발언은 그녀가 경험했던 세 나라를 현대성이라는 위계질서와 그에 따른 매력의 정도에 따라 위치시켰다. 미국은 첫 번째, 그 다음으로 일본이 뒤따르고 맨 마지막에 따라오는 것이 한국이었다.

박혜영은 자기 집 하숙생과의 불행을 안겨 준 그 대화를 언급하면서 자신들은 일어로 대화를 나눴다고 했다. 그가 "미키코, 미키코"라고 그녀의 일본 이름을 불렀을 때 그녀는 한국어로 대답을 할 수 없었다. 거의 모든 이야기를 주로 한국어로 했음에도 말이다. 그녀는 영어의 "예스"에 해당하는 일어인 "하이"를 사용했다. 여기서 주목해 볼 만한 것은, 그녀가 일어를 발음했다는 것보다는 영어의 예스에 해당하는 것을 일어로 먼저 기억해 냈다는 사실이다. 영어는 그로부터 몇 년 뒤에 배웠던 언어였다. 그녀는 기억 속에서조차 한국어인 "네"를 회상해 내지 못했다. 한국어와 한국 문화보다 막강한 힘을 가진 외국어와 외국 문화와 더불어 살았다는 것이 오래된 기억을 환기시키는 그 짧은 순간에도 드러난다.

그런 세월들이 이 나이 든 여성에게 직접적인 언어적 결과를 미쳤다. 예를 들어 박혜영에게는 유창하게 읽고 쓰면서 자신을 진정으로 표현할 수 있는 언어가 없었다. 외국의 지배는 이 여성으로 하여금 이게 내 언어라고 말할 만한 것을 전혀 남겨 두지 않았다. 몇 가지 언어가 상호 작용하는 것을 마음껏 즐기면서 마음대로 국경을 넘나들도록 해주는 해방적이고, 초국가적(transnational)이며, 다문화적인 경험과는 거리가 멀게도, 다양한 언어와의 접촉은 고통스럽고 힘들고 심지어 모멸적인 것이기도 하다. 그녀는 한때는 모국어처럼 잘 알고 있었던 일어를 거의 대부분 잊어버렸다. 그녀의 한국어 능력은 교육받지 못한 시골 여성 수준이며, 읽고 쓰는 능력은 더듬거리는 수준이다. 그리고 영어는 언제나 힘든 외국어일 따름이다. 이런 까닭으로 그녀는 잘 교육받는 한국인들 혹은 대부분의 미국인들과의 대화를 기피했다. 그녀는 오로지 가족들과 다른 한국인 군인아내들, 또는 미국으로 오는 데 그녀가 도움을 주었던 아시아계 미국인 가족들 하고만 대화를 나눴다. 박혜영은 대단히 눈에 띄는 단체인 한국인 군인아내 협회를 설립하고 이끌었던 적극적이고 자신감 있는 여성임에도, 모멸당할까 봐 두려워 자신의 서클을 군인아내 커뮤니티로 의도적으로 한정시켰다.

이 여성들 중 다수가 완전히 자신을 표현할 수 있는 언어를 가지고 있지 못했다. 이경자가 군인아내 조직에서 다른 사람들과 만나기 시작했을 때, 다른 여성들은 그녀의 한국어 발음을 가지고 약간 놀렸다. 그녀가 미국으로 이민 온 지 삼십 년이 지난 후였다. 그녀는 자신이 하고 싶은 말을 때때로 한국어로 표현할 수가 없다고 나에게 말했다. 그래서 그냥 영어로 말을 하긴 하지만 영어마저 제대로 나와 주지 않는다고 했다. 왜냐하면 그녀는 한국어와 영어, 어느 것도 유창하지 않기 때문이다. 비록 영어를 한국어보다 좀더 자주 사용하지만 영어는 그녀에게 언제나 외국어일 뿐이라고 했다. 때때로 그녀는 자신을 표현할 수 있는 언어가 없다는 것을 알게 되었다.

조순이가 예리하게 느꼈다시피, 영어의 엄청난 영향력은 그녀에 뒤이어 이곳에 온 여성들의 경험에도 그대로 되풀이되어 나타났다. 영어와 경제적인 생존 능력, 영어와 직업적인 성공 사이의 연관 관계는 1945년 미군이 한국 땅에 발을 디딘 그 순간부터 시작되었다.[30] 서툰 영어 몇 마디를 할 수 있었던 젊은 한국 남자들은 통역관으로 괜찮은 생활을 유지할 수 있었다. 그들의 영어 능력은 미국에서 공부할 수 있는 장학금으로 확장될 수도 있었다. '세탁하기' '1달러' '내일'과 같은 구절만 알아도 그런 여성은 군인들의 세탁 거리를 맡으면서 생활을 유지할 수 있었다. 박혜영이 인정했다시피 영어 타자 치는 법을 알면 더 나은 수입으로 살 수 있었다. 영어 사전을 뚫어져라 보고 이를 악물면서 새로운 언어를 배우려고 노력한 사람은 조순이만이 아니었다. 1945년 이후로 너무나 많은 남한 사람들이 경제적 생존과 신분 상승의 수단으로 영어를 배우려고 열심이었다.

1954년 이후 영어가 한국 교육 제도의 주요 요소로 확립됨에 따라 사실상 하룻밤 사이 영어의 지배는 제도화되었다. 정부가 국정교과서를 개발하게 되면서 영어는 주요 교과목에 포함되었다.[31] 영어 과목은 중학교와 고등학교를 통틀어 필수 과목이 되었고, 고등학교에서 한국 여학생들은 한영 타자기를 가지고 타자 치는 법을 배웠다. 1960년대 중반에 이르면, 배주현처럼 영어와 한글을 동시에 칠 수 있는 능력은 당연한 것이었다. 영어는 한국의 교육과 고용 그리고 보수 체계에 정착되었으며, 대기업, 신문사, 방송사, 공무원 그리고 그 밖의 다른 영역에서의 고용과 승진뿐만 아니라 대학 입학시험에서 중요한 비율을 차지하게 되었다. 따라서 1970년대에 문경희는 직장에서 성공하기 위해서는 영어 실력을 향상시켜야 한다고 느꼈다. 사무원인 그녀에게 외국인들과 실질적으로 접촉하는 일은 의무가 아님에도 말이다.

시간이 지날수록 영어를 배우려는 추세는 강화되어만 갔다. 심지어 영어를 배워야 할 필요성이 거의 없는 사람들마저도 영어 능력이 부족한 것처럼 보이면, 시대에 뒤떨어지고 덜 교육받고 덜 세련된 것처럼 느낄 지경이 되었다. 1990년대에 접어들면서 조기 교육이 유행했다. 부모들은 한국어도 아직 제대로 습득하지 못한 아이들에게 영어를 가르치려고 동분서주했다. 국제 경쟁력이라는 이름 아래, 영어는 1997년 초등학교 필수 과목이 되었다. 때로는 한국어를 가르치는 것보다 영어를 가르치는 데 주당 할애된 시간이 더 많았다. 한국의 명문 대학 출신 대학생들은 대학 입시에 두 가지 핵심 과목인 영어와 수학을 고등학교 학생들에게 가르침으로써 상당한 수입을 올릴 수 있었다. 영어 원어민 중에서도 특히 미국인들은 영어 회화를 배우려는 학생들의 과외로 더 많은 돈을 벌었다. 한국을 방문하는 한국계 미국인들은 개인 영어 과외 선생으로서 영어 숙제를 도와주고, 영문 서류를 편집하는 일을 도와줌으로써 친구들과 친척들로부터 환대를 받았다. 영어 교육을 전공으로 하는 학교들이 한국의 도시 지역을 통틀어 번창했다. 대부분의 대학에는 한두 개 이상의 영어 클럽들이 있는데, 이런 클럽에는 영어 회화를 가르치는 미국인들이 있다. 허미영이 참가했던 영어 클럽에서 보다시피, 강사가 미군인 경우가 종종 있다.

영어의 힘과 영어 능력이 부여하는 위상과 보상은 미국의 힘과 직접적으로 연결되어 있다. 노순애는 미국으로 간다면 말 그대로 돈을 갈퀴로 긁어 담을 수 있으며, 모든 사람들이 왕자와 공주처럼 사는 것으로 알고 있었다는 이야기로 말문을 열었다. 그러나 미국만이 수지맞는 돈벌이의 가능성이 있는 유일한 공간은 아니었다. 1945년 낙후된 한국에서 벗어나기 위해 그녀가 취한 첫 번째 단계는 서울로 가는 것이었다. 대도시는 시골 변두리보다 선호되는 곳이었다. 1970년대 무렵 한국에서 도시화와 산업화가 급속히 진행됨에 따라 서울은 돈을 벌려고 가는 곳이 되었다. 따라서 노순애는 더 나은 삶을 찾으려고 시골을 떠나 서울로 향했다. 그리고 이로 인해 너무나도 많은 젊은 여성들이 속아서 매춘으로 빠져 들었다. 시골에서 서울과 같은 도시로 대거 탈출하는 이촌향도 추세는 점점 절망적인 농촌 상황과 도시에서의 돈벌이 가능성으로 인해 가속되었다. 미국이 한국인들에게 밝게 빛나는 땅이었다면, 서울은 농촌 거주자들에게 밝게 빛나는 도시였다. 번영, 근대화, 도시화 사이의 연관은 이처럼 다면적인 관계의 그물망으로 드러난다.

부와 연상되는 것은 자유이다. 그 자유가 당신이 원하는 모든 것을 살 수 있도록 해주는 한에서 말이다. 조순이는 말한다. "오! 돈을 가져. 돈이 있으면 전 세계를 살 수 있지. 그러니까, 모든 걸 살 수 있어! 당신이 원하는 건 뭐든 간에." 1940~1950년대 한국 사회에서 돈은 그처럼 특권적인 위상을 부여받지 않았다. 왜냐하면 소비할 만한 물품이 실제로 그다지 없었기 때문이었다. 미국의 가장 좋은 점이 무엇이냐고 물었을 때, 조순이는 주저 없이 대답했다. "자유!"라고. 그녀가 말하는 자유는 무엇이든 살 수 있는 자유뿐만 아니라 한국 가부장제의 구속으로부터의 자유였다. 그녀의 이야기가 보여 주다시피, 그녀는 자신이 원하는 옷을 남에게 비난받지 않고 마음대로 입을 수 있으며, 또 마음대로 볼 수 있는 개인적인 자유에 대해 말하고 있었다. 그녀는 또한 한국 문화가 여성들에게 가하는 구속을 좋아하지 않았다. 다른 몇 명의 여성들은 만약 한국인이 아니라 미국인과 결혼한다면 시집에 대한 무거운 의무로부터 자유로울 것으로 기대했다. 이경자는, 미국 남자들은 첩을 들여서 본처에게 모멸감을 주지는 않을 것으로 믿었다고 말했다. 한국 남자에 대한 부정적인 경험—어머니를 학대하는 아버지, 강제적이고 압제적인 결혼—으로 인해 한국 남성의 지배에 복종하는 것을 당연히 꺼리게 되면서 다른 곳에서 결혼 파트너를 찾았던 것이다. 미국의 존재로 인해 그들은 미국 남성을 추구할 수 있었다. 미국 남자들은 잘 생기고 매너 좋은 남자들이자 여자들에게 더욱 친절한 남자로 인식되었다. 많은 여성들은 "레이디 퍼스트"라는 말에 깊은 인상을 받았으며, 그래서 미국 남자들은 여자들을 여왕처럼 받들어 모시는 줄로 믿었다고 말했다. 그들은 한국 문화는 성차별주의이며, 미국은 평등한 것으로 말했다. 한 가지 형태의 가부장제를 피해서 또 다른 형태의 수렁에 빠졌다는 사실을 깨닫기까지는 몇 년의 미국 생활이 지나고 난 이후였다. 그럼에도 많은 여자들은 미국이 여성들에게 한층 더 평등한 나라라고 여전히 믿고 있었다.

미국에서 기회가 평등하다는 것은 크기와 직접적인 관련이 있다. 미국은 어마어마하게 방대한 나라인 반면, 한국은 극히 초라한 작은 나라로 인식되었다. 문경희는 모험을 언급했다. 그녀가 미군의 청혼을 받아들인 이유 중 하나는 대학 교육을 받을 수 있을 것이라는 전망 때문이었다. 미국에서 대학 교육을 받을 수 있을 것으로 믿었던 이유가 무엇이냐고 물었을 때, 그녀는 구체적인 이유는 모르겠지만 모든 사람들이 미국은 기회로 가득 찬 곳이라고 믿었기 때문이라고 대답했다. 그녀는 미국을 "활짝 열려 있는" 나라로 지칭했으며, 개인들이 자신의 가능성을 펼치고 또 펼칠 수 있는 곳이라고 말했다. 또 다른 여성들은 미국에서 살고 난 뒤 한국으로 되돌아가서 살 수 없을 것이라고 말했다. 왜냐하면 넓고 활짝 열린 미국 생활을 맛본 뒤, 좁고 엄격한 한국을 이제는 더 이상 견딜 수 없을 것이라고 했다.

부, 자유, 기회. 규모의 방대함은 현대성과 잘 어울리는 것들이다. 많은 여성들의 마음속에 한국은 후진적이고 미국은 현대적이었다. 한국인의 성차별주의와 미국인의 평등에 대한 인식은 이 차이를 뒷받침해 주는 것이었다.

비록 여러 가지 다른 이유이기는 했지만 기지촌의 그늘은 이 모든 여성들에게 널리 잠재되어 있었다. 1940년대 후반 양장을 한 조순이에게 향한 욕설은 40년이 지난 후에 허미영과 그녀의 영어 클럽 친구들이 미국인과 함께 걸어갈 때 날아온 욕설에 고스란히 되풀이되고 있다. 미국인과 결혼을 부모가 반대하지 않는 유일한 경우는 기지촌에서 일한 경험이 있는 경우이다. 미국인과의 결혼은 부분적으로는 기지촌 그 자체가 그림자를 드리운 결과로 추진력을 얻게 된 것이기도 하다. 이런 논리대로라면 '망가진' 여성들이었기 때문에 훌륭한 한국 남자들과는 결혼하는 것이 불가능하다. 그러므로 괜찮은 생활을 하려면 미국으로 가는 것이 당연하다는 결론에 이르게 된다. 그런 과거가 없는 여성의 부모는 미국인과의 결혼을 반대한다. 왜냐하면 그들 집안이 기지촌과의 연관으로 인해 망신살이 뻗치게 되는 것을 원하지 않기 때문이다.

기지촌의 그림자는 태평양을 건너왔다. 한국에서 시간을 보냈던 미국인들이 기지촌의 그림자를 묻혀 왔던 것처럼, 한국 이민자들 또한 이민을 오면서 그 그림자까지도 함께 가져왔기 때문이다. 아시아 여성은 매춘 여성이고 미국인 남성은 그녀들의 고객이라는 상투적 이미지는 미국에서도 널리 알려졌다. 배주현의 시집 식구들이 한국 여성은 헤프다는 이유를 들어서 결혼을 반대한 것에서 이런 점들이 잘 드러나 있다.

기지촌 생활을 직접적으로 경험했던 노순애와 같은 여성들의 엄청난 분노는 한국과 한국 남성들에게 향하고 있다. 기지촌 클럽을 운영한 것은 다름 아닌 한국인이었고, 기둥서방 노릇을 하고 구타하고 강간한 것도 한국 남성들이며, 여성들이 벌어온 돈을 갈취한 것도 한국인들이며, 그들을 가난으로 내몰고도 못 본 척한 것 역시 한국 정부라고 진술하면서, 그녀는 "한국인들이 기지촌을 만들었다"고 분개했다. 이와는 대조적으로, 자신을 강간했던 미군이라기보다는 끔찍한 기지촌 생활에서 자기를 구해 준 미군으로 보았다는 점에서 그녀는 미군을 우호적으로 보았다.

실제로 이용할 만한 통계가 없기는 하지만, 한 일화(逸話)적인 증거에 따르면, 군인아내 결혼의 현재 숫자는 1970년대에서부터 1980년대까지 해마다 평균적으로 4천 명 선에 육박했던 것으로 추정한다.[32] 이들은 미국에서 자신들의 꿈을 찾았을까? 이민 경험으로부터 그들은 어떤 이야기를 엮어 내고 있었을까?

3장

이민자들이 만난 것: 저항에서 생존까지

한국인 군인아내들은 황금으로 도배한 우화 속의 길을 찾지 못했다. 그들 대부분에게 멋진 왕자님은 영원히 멋진 왕자님으로 남아 있지 않았다. 그들이 미국에서 만난 것은 깊은 실망과 자신이 있을 곳은 아니라는 절실한 소외감이었다. 그들은 한국에서의 익히 알았던 곤경을 피해 미국으로 왔지만 이곳에서는 전혀 상상조차 할 수 없었던 새로운 곤경들, 즉 가난, 성차별, 인종 차별, 이혼, 심한 외로움 등과 마주치게 되었다. 유색인 이민 여성으로서, 영어를 모국어가 아닌 사람들로서, 다른 문화와 다른 인종 사이에 결혼한 여성들로서, 경제적으로 하층에 위치한 노동자로서, 그들은 양쪽 사회 모두로부터 그리고 그들에게 가장 가까운 관계에 있는 사람들로부터 받는 다양하고 폭넓은 요구와 분노와 모멸과 지속적으로 대면하게 되었다.

평생을 통해 이런 곤경에 대처하는 그들의 반응은 다양한 모습으로 드러나지만, 순응과 저항의 복합체로 볼 수 있다. 많은 경우 저항은 교묘했으며, 순응하는 척하는 뒤에서 변형된 형태로 나타났다. 그들의 투쟁에는 물리적인 생존뿐만 아니라 정서적·문화적 생존 또한 포함되어 있었다. 그것은 품위와 개인사와 자기 존중감이 훼손 받지 않는 완전한 자아를 위한 투쟁이다.

자기 방어를 위해 미국에서 한국인 군인아내들은 그들의 손에 닿는 유일한 수단을 사용한다. 그들의 저항은 일상에서 부딪히는 개인적인 충돌과 관계라는 작은 무대에서 일어난다. 말하자면 집에서 남편과 자녀, 시집 식구, 직장 상사, 이웃, 자녀들의 선생님, 식료품 가게의 출납원 등과 같은 개인적인 충돌과 관계에서 일어나는 것이다. 그것이 공공연한 적대감으로 드러나는 경우는 거의 없다. 또한 그들이 살고 있는 조건에 대한 분명한 비판으로 나가는 경우도 거의 없다. 인류학자 아이화 옹(Aihwa Ong)이 연구한 바에 따르면, 말레이시아 공장 여성 노동자들은 서구식의 적대의식을 갖고 있다손 치더라도 표시 나게 드러내지 않으며, 자신의 권리를 위해 시위에 참여하거나 노골적으로 요구하는 경우도 거의 없다. 하지만 그러한 대응 방식은 말레이시아 공장 여성 노동자들이 그들이 대면했던 지배에 대해 비판을 하지 않거나 저항하지 않는다는 의미가 아니라고 옹은 주장한다. 오히려 그들은 말레이시아 고유의 문화적 습관을 독창적으로 이용함으로써 자신들이 처한 조건을 개선하고자 하며 불만을 표현한다. 그런 방법 중 하나가 귀신 들리는 것이다.[1] 말레이시아 공장 여성 노동자들과 미국에서 한국인 군인아내들에게는 위장된 저항만이 유일하게 실행 가능한 선택이기도 하기 때문이다.

한국인 군인아내들이 직접적으로 부딪친 많은 문제점들은 그들이 의존하고 있거나 사랑하는 친밀한 가족 구성원과의 관계에서 비롯된 것들이었다. 대체로 이들 여성은 충분한 힘—경제적·문화적·사회적 혹은

144

개인적으로—을 가지고 있지 못하므로, 드러내 놓고 싸움을 하다가는 엄청난 대가를 치르지 않을 수 없었다. 게다가 그들은 남편과 식구들을 적으로 삼거나 가정에서 노동 쟁의하듯 싸울 수는 없는 노릇이다. 많은 여성들은 개인적인 자신의 욕구보다는 인간관계의 조화에 더욱 가치를 두도록 사회화되어 왔다. 따라서 군인아내들은 하부 정치(infrapolitics)의 특징이라고 볼 수 있는 전략을 사용하는데, 제임스 스콧(James C. Scott)은 그런 전략을 "드러내 놓고 감히 말할 수 없는 저자세 저항의 다양한 전략 중 하나"이며 "권력 관계에서 표시 나지 않게 재타협할 목적으로 하는 실천"[2]이라고 설명한다. 군인아내들의 저항은 남편, 시댁 식구, 미국 문화의 권위를 존중하는 것처럼 보이는 특징을 가지고 있다. 그러면서도 물밑에서 그들 자신의 욕망과 의견, 한국 문화와 정체성의 특징을 집요하게 유지하는 방식으로 드러난다. 이런 전략은 그들이 나누는 이야기 가운데 잘 나타난다. 즉 남편과 자녀들을 비판하거나 미국적인 방식을 농담으로 삼을 때, 가장 가까운 사람들의 반대에 대응하는 수천 가지 행동에서 나타난다. 즉 비록 겉으로는 그런 강한 저항감을 감추는 듯하지만, 그렇다고 그들이 결코 변하지 않을 것이라는 전복적인 의견을 말할 때 이런 전략은 잘 드러난다.

군인아내들은 가장 개인적인 차원에서부터 가장 공적인 차원에 이르기까지, 가장 교묘한 것에서부터 가장 노골적인 것에 이르기까지, 모든 면에서 그들 위에 군림하는 우월한 힘들과 마주쳤다. 남성, 미국인, 영어를 말하는 자가 우월한 존재라는 주장에서부터 비롯된 모멸과 비하, 그리고 주변화를 이들은 끊임없이 경험했다. 이번 장에서는 미국인과의 결혼과 미국 이민이 그들 생활의 구석구석에 끼친 영향을 보여 주고자 한다.

한국인 군인아내는 모든 면에서 말 그대로 고군분투해야만 했다.

낯선 땅에 온 이방인

처음 도착했을 때 난 너무 겁이 났어. 너무 무서워 공항에서 가방도 내버린 채 저 너머에 보이는 남편을 향해 뛰어갔어요. 아무 생각 없이 그냥 뛰었지. 그러자 세관원이 날 불렀어요. 가방을 가져오라더군요. 내가 그런 식으로 달아났기 때문에 가방을 가져오라고 했겠죠. 검사할 것이라고는 아무 것도 없었어요. 여기로 오면서 가방에 넣었던 건 옷가지, 십자가, 작은 성모 마리아 상이 고작이야. 그게 전부였거든. 세관원들은 가방을 열어 보고는 그게 전부라는 것, 그저 옷가지와 뭐 그런 것들이 전부란 걸 알고는 오히려 놀랐던 것 같아. 내 생각엔. 그런데도 내가 가방도 내버린 채 달아났으니. 그래서 (웃음) 그들은 가방을 가져오라고 날 불렀던 거지. 그런데 난 너무 겁이 나고 무서워서 어쩔 줄을 모르겠더라고요.

내가 질문을 다 하기도 전에 크리스핀 부인이 한 대답이 그것이었다. 내가 묻고 싶었던 것은 아마도 "이민을 어떻게 오게 되었는지 그 이야기로부터 한번 시작해 볼까요?"였을 것이다. 그녀의 대답은 군인아내들이 미국이란 곳과 처음 만나면서 경험한 여러 가지 측면―미지의 것에 대한 공포, 낯선 이방인의 땅에서 유일하게 접촉할 수 있는 사람은 남편이라는 사실, 혼자라는 것이 익숙하지 않은 상황, 관점의 갑작스런 변동 등―을 압축적으로 담고 있다. 크리스핀 부인의 이민 생활은 1965년 로스앤젤레스 공항에 혼자 도착하는 것으로부터 시작되었다. 온통 낯선 얼굴들이 그녀를 기다리고 있었다. 낯선 나라에 입국하는 전체적인 절차―서류를 제시하고, 이민 자격이 있는 사람인지 알아보려는 질문에 대답하고, 짐 꾸러미를 열어서 검사를 받는 것 등―는 그녀가 국경선을 넘는다는 사실과 그녀가 이방인이라는 사실을 동시에 강조하는 긴장된 경험이었다. 나중에 주목했듯 한국에서 미국인을 보는 것과 미국에서 그들을 보는 것은 전혀 다른 경험이었다. 한국에서 그녀는 그들을 외국인으로 범주화했다. 그런데 그녀가 미국에 도착했을 때, 그녀는 자신에게 그런 딱지가 붙게 되었다는 것을 재빨리 깨달았다. 사실상 그녀는 단지 '외국인'이라기보다는 그보다 못한 존재였다. 미국 정부는 그녀에게 '이방인(alien)'이라는 딱지를 붙였다. 미국인과 미국이 외국이라는 생각을 떨쳐버릴 수 없었음에도 불구하고, 이제 그녀는 자신이 그런 관점을 주장할 수 있는 힘이 전혀 없다는 것을 고통스럽게 깨닫게 되었다. 낯선 나라, 미지의 세계에 도착했다는 상처와 동시에 외국인이라는 호칭이 붙는 것이 그녀가 느낀 공포의 근원이었던 것 같았다. 그녀가 눈길을 줄 수 있는 유일한 사람은 남편이었다. 따라서 세관 저편에서 기다리고 있는 남편을 얼핏 보는 순간 그녀는 자기 물건도 버리고 그에게로 달려갔던 것이다. 고국에서 타고 온 비행기에서 내린 순간 그녀가 보았던 가장 익숙한 얼굴이 남편이었다.

처음에 대면하게 되었던 공포, 향수병, 고독이 지나고 나자 그때부터는 이탈감(dislocation)이 계속해서 들었다. 떠나온 고국이 그리웠다. "너무 외로웠어. 자기가 떠나온 곳이 아무리 가난한 곳이라 하더라도 고향은 그립게 마련이니까"라고 부겔리 부인은 1957년 도착하고 난 첫해를 그렇게 회상했다. 1970년대 이전에 이곳에 왔던 사람들에게, 한국인들이 없다는 현실은 그들이 다르다는 사실과 혼자라는 사실을 예민하게 의식하도록 해줌으로써 향수병을 부추겼다. 부겔리 부인은 이렇게 말한다.

처음에 여기 왔는데 사람들이 날 깔보는 것 같더군. 일종의 차별이었지……. 음, 그야 내가 미국인이 아니까. 차별, 뭐 그런 게 있었지. 그들은 아무 말 하지 않아도 마음속에 그런 게 있어. 게다가 한국인도 많지 않았고. 한국에서 살 때 정말 힘들었는데도 그런 고향이 정말 그리웠어.

그들이 그리워했던 것은 단지 고국이 아니었다. 소속감이었다. 뮬런 부인은 미국인들, 흑인이든 백인이든 간에 그들의 응시는 말 그대로 그녀에게 자신이 외계에서 온 이방인처럼 느끼도록 만들었다.

1950년대로 거슬러 올라가 보면, 그때는 아시아인들을 보는 게 정말로 드물었거든. 뜨문뜨문 보는 게 고작이었어. 오로지 중국 식당과 얼마 되지 않는 중국인들 말고는 아시아인이라고는 볼 수 없었으니까. 그래서 미국인들은 아시아인들을 뚫어지게 쳐다봤어. 마치 우리가 외계에서 온 것처럼 쳐다보는 것 있지. 그게 얼마나 심했는데, 정말 심했지. 뚫어지게 보더라니까. 그 사람들의 시선들 하고는……. 세상에, 정말 믿을 수가 없었어.

소속감을 느끼지 못한 것은 여성들이 살고 있는 바로 그 환경 탓이었다. 이민자로서 생활을 어디서부터 시작했던지 간에 그와는 상관없이 자신들의 차이를 예민하게 인식했으며, 이 차이가 열등감으로 연결된다는

148

사실을 뼈저리게 깨달았다. 다른 군인아내들과 마찬가지로, "미국인이 아니다"라는 것은 말하자면 '백인'이 아니라는 뜻임을 부겔리 부인은 간파했다. 뮬런 부인에게 그런 경험은 더욱 심한 상처를 입혔다. 왜냐하면 타인들의 응시가 자신을 마치 인간이 아닌 것 같은 기분이 들게 만들기 때문이었다. 단지 미국인이 아닌 정도가 아니라 아예 인간이 아닌 것 같은 느낌을 받았던 것이다.[3]

이런 식의 취급은 넓은 의미로 볼 때 인종 차별의 개념에 해당한다. 인종 차별은 불평등한 권력의 모태 안에서 크고 작은 일상적인 행동으로 표현된 배제와 열등함을 암시함으로써 차이를 부각시키는 것이다. 그것은 뚫어지게 쳐다보거나 인종 차별적인 욕설에서처럼 분명히 드러날 수도 있고, 아니면 미국 여성들은 도도하다는 남편의 말과 같은 의견으로 위장될 수도 있다. 어떤 경우는 인종 차별로 분명히 인식되고 거명될 수 있지만, 또 다른 경우는 칭찬과 인정으로 착각할 수도 있다. 군인아내들 중에서 이 문제를 곰곰이 생각해 보았던 사람은 거의 없었으며, 일부는 아예 언급조차 하지 않았다. 그런 현상이 보여 주는 오리엔탈리즘의 얼굴에 관해 충분히 깨닫고 있는 사람은 더더욱 없는 것처럼 보인다. 말하자면 그것이 아시아 문화와 아시아 사람들에 대한 인종화된 상투적 이미지와 연결되어 있다는 것을 인식한 것처럼 보이지 않았다. 그런데도 많은 사람들은 표면 아래 잠재되어 있는 어떤 것으로 그 문제에 관해 말했다. 그런 현상을 공공연하게 인정하면서 직접적으로 싸우는 적은 거의 없었지만 그들은 종종 그 점을 깨닫고 개별적으로 싸웠다.

비록 인종이라는 것이 대단히 유동적이며 역동적인 사회적 구성물임에도 불구하고 그것은 또한 심각하고 광범한 결과를 가져오는 막강한 요소이기도 하다.[4] 인종은 또한 완강한 것이다. 어쨌거나 인종적 범주와 의미는 변할 수 있으므로 사라져야 하는 것이다. 인종을 주로 피부색과 얼굴 모양과 관련하여 규정하면서 미국 사회는 백인을 우월하게 대우하는 특권을 지속시켜 왔다.[5] 한국인 군인아내들은 이방인들 사이에서뿐만 아니라 가장 가까운 가족 구성원들 사이에서도 인종 차별을 겪었다. 음식을 장만하고, 자녀를 양육하고, 집안 살림을 하고, 남편과 말다툼을 하는 일상적인 세상살이에도 인종 문제는 스며들어 있다. 그들의 경험으로 볼 때, 1960~1970년대의 시민권 투쟁으로 법제화된 인종 차별의 많은 것들은 제거될 수 있었지만, 일상적인 경험이라는 미시적인 차원에서 만나게 되는 인종 차별의 제거는 그다지 성공하지 못했다는 점이 드러난다. 1950년대 여성들이 인종 차별의 사례로 꼽았던 사건들을 1990년대 여성들도 여전히 언급하고 있었다. 이와 같은 경험적 증거는 사회학자 마이클 오미(Michael Omi)와 하워드 위넌트(Howard Winant)의 이론이 적절한 것임을 보여 준다. 그들의 이론에 따르면 미국에서 인종차별주의는 끊임없이 모습을 달리할 뿐 사라지지는 않는다.

비록 많은 여성들이 인종차별주의라는 용어를 사용하지 않았지만, 어떤 여성들은 인종 차별이라고 딱히 꼬집어 말하기 힘든 상황에서도 자신의 경험을 분명한 인종 차별이라고 명명했다. 쳐다보는 눈길, 목소리의 어조, 점원들의 늑장 서비스, 그 밖의 다른 경험들로 인해 인종차별주의가 작동하고 있다는 것을 느꼈다. 크리스핀 부인은 1966년 고속도로 휴게실에서 공중화장실을 이용하지 못하도록 미묘하게 거부당했던 경험을 이야기했다.

캔자스시티와 시카고 사이 어디쯤에서 경험한 인종 차별이었어. 주유소에서 [화장실이 어디냐고] 물었는데 식당으로 가라더군. 식당에 가서 물었더니 주유소로 가라는 거야. 그래서 난 주유소에서 식당으로, 식당에서 주유소로 왔다 갔다 했지. 마치 요요처럼 말이야. 두 번을 그러고 나서 깨달았어. 아, 이게 그들이 말하는 인종 차별이구나 하고. 그걸 깨달은 거야. 그 다음부터는 남편에게 화장실이 어디 있는지 물어보라고 했지. 그래서 남편이 가서 물어본 다음 내게 말해 주고는 했어. 그러면 그곳에서 일하는 사람들에게 일일이 물어볼 필요 없이 화장실에 갈 수 있었어. 그럼, 인종 차별은 있었고, 정말 기분 좋지 않았어.

와인버그 부인은 자신이 경험한 인종 차별을 표현하려고 하면서, 그것은 대단히 미묘한 문제이기 때문에 말로 설명하기란 몹시 힘들다는 것을 알게 되었다. 마침내 그녀는 내게 물었다. "당신은 그런 걸 경험한 적 없어요? 당신 자신은?" 내가 물론 있었다고 대답하자, 그녀는 최근 겪은 일을 말해 주었다. 1996년 2월, 인터뷰가 있기 한 주 전 그녀의 남편이 회사의 최대 고객인 어느 큰 기업으로부터 상을 받게 되었다. 와인버그 부인은 수상식 연회장을 이렇게 묘사했다.

사업가에 가까운 사람들이라서 여자들은 하나같이 화려하게들 차려 입었어요. 그런데 나도 잘 모르겠어. 그게…… 아마도 나만 그렇게 생각하는 것인지. 그런 역할을 해야 할 때면, 때로는 그냥 말을 그다지 하지 않아요. 그냥 입을 다물고 있거든. 침묵하면서. 그냥 "안녕하세요"나 하고. 그것으로 끝이죠. 그런 모임에 가는 게 정말 싫거든. (왜요?) 아마 그

건 사람들에게 보이는 내 모습 때문이랄까, 아마도 바로 그 때문에, 그러
니까, 아시아인이라는 것 있잖아요. 내가 그곳에 어울리지 않는 것 같은
느낌 있잖아요.

그녀 자신이 화려한 차림을 한 상류층이었지만 그것이 방안 가득 들어
차 있는 미국인들 사이에서 소속감을 느끼도록 해주지는 못했다. 미국 사
회에서 백인과 다른 인종의 차이는 차별을 의미하는 것이라는 점을 와인
버그 부인은 인식하고 있다. 그것에 대한 그녀의 대응은 가능한 눈에 띄
지 않는 것이다.

그녀가 자신이 겪은 인종차별주의에 단호하고 공개적으로 저항할 수
없는 것은 남편의 지원이 없음도 한 가지 이유일 수 있다. 나 역시 인종
차별을 경험했다는 말을 듣고 나서야 비로소 그녀는 자신이 느낀 것을 묘
사할 수 있다고 생각하기 시작했다. 그녀는 남편이 아내로서의 그녀를 대
단히 자랑스럽게 여기고 있다는 점을 인정하는데, 그것은 아마도 그들의
결혼 생활이 그처럼 오래 지속될 수 있었기 때문일 터이다. 다른 한편으
로, 그녀가 인종 차별을 겪었다고 할 때마다 남편은 그녀가 지나치게 예
민한 반응을 보인 것으로 취급해 버린다고 그녀는 말했다. 남편의 비서가
그녀에게 예의 바르게 대하지 않는다거나 혹은 너무 느닷없고 심지어 무
례하다고 말하면, 남편은 미국인과 한국인 사이의 문화적 차이라는 식으
로 간단히 일축해 버리고는 했다. 미국인들이 무심코 하는 행동과 무례함
사이에는 차이가 있다고 그녀는 덧붙였다. 그래서 남편의 해석을 전적으
로 받아들일 수 없었다고 했다. 무시 받고 있다는 느낌과 소속감이 없다
는 느낌을 언급하면서, 그녀는 그런 느낌에 대한 자신의 결론과 남편의

일축 모두에 확신이 없는 것처럼 보였다. "남편에게 어떤 사람이 이러고 저러고 했다고 말을 할 때마다 남편은 언제나 이렇게 말해요. 그건 당신이 그렇게 생각하기 때문에 그렇게 보이는 거다, 아무도 그런 짓 하지 않는다라고 말하거든요. 근데 난 잘 모르겠어요……."

미국인들 틈에서 느끼는 와인버그 부인의 불편함은 다른 군인아내들에게서도 되풀이된다. 미국 남자의 아시아인 아내라는 그들의 위치는 미국 사회에 진입하고 '어울릴 수' 있도록 해주는 입장권이 아니다. 오히려 그것은 아시아 여성을 보는 오리엔탈리즘의 편견에 그들을 더욱 노출시키는 것처럼 보인다. 크리스핀 부인은 말한다. "그들은 우리를 오리엔탈 혹은 동양 여성, 뭐 그런 식으로 부르죠. 미국인은 우리에게 물어요. 당신이 가진 특별한 기술은 뭐냐, 왜 우리나라 남자들이 당신네들과 결혼하는 거냐라고 묻는다니까요."

크리스핀 부인은 이런 질문에 적대감을 느낀다고 했다. 질문한 사람은 마치 그녀와 다른 군인아내들이 미국 여성으로부터 미국 남자를 '훔쳐간' 것처럼 말하기 때문이다. 아시아 여성들이 특별한 성적인 매력과 온순한 동양적 여성성을 가진 것으로 보는 생각이야말로 전체 오리엔탈리즘의 상투성, 말하자면 아시아 여성을 순종적이고, 에로틱하며, 온순하고, 과도하게 여성적이라고 범주화하는 것과 다르지 않다. 그런 상투성은 흔히 말하는 연꽃(lotus blossom) 이미지에 투영된다. 특히 아시아 여성들은 서구 남성의 관심을 끌려고 열심인 것으로 묘사된다.[6] 미국 대중 매체에서 아시아 전쟁신부들의 이민과 그들에 대한 묘사는 이런 상투적 이미지를 더욱 강화하는 데 일조했다. 여기에 덧붙여, 기지촌 주변의 아시아 여성에 관해 귀향 군인들이 들려준 이야기들은 연꽃 이미지를 드래곤 레이디의 이미지로 바꾸어 놓았다. 아시아 여성들은 이국적이며 손쉬운 성적 파트너일 뿐만 아니라 도덕적으로 타락했으며 미국행 티켓을 위해 군인들의 발목을 잡으려는 꿍꿍이를 가지고 있는 것으로 간주되었다. 이런 상투적 이미지는 미국의 다양한 대중문화에서 찾아볼 수 있다. 〈수지 왕의 세계(The World of Suzy Wong)〉, 〈위험하게 살던 세월들(Year of Living Dangerously)〉, 〈웰컴 투 파라다이스(Welcome to Paradise)〉 등의 영화, 〈매쉬(MASH)〉 같은 텔레비전 드라마, 그리고 브로드웨이 연극인 〈미스 사이공(Miss Saigon)〉 등이 그러한 예이다.[7] 이런 작품에 등장하는 이런저런 아시아 여성들은 바람직하고 남성적인 백인 남성들에게는 여성적이고, 순종적이며, 이국적이고, 성적으로 손에 넣기 쉬운 존재들로 그려진다.

그런 환경 속에서 많은 군인아내들은 재현된 이미지가 주는 엄청난 부담감과 더불어 그런 상투적 이미지와 맞서 싸워야 하는 특별한 책임감을 느끼게 된다. 시카고에서 생활하는 동안 크리스핀 부인은 한겨울에 장을 봐가지고 집으로 걸어왔다. 손가락이 얼어서 떨어져 나갈 것만 같았다. 그녀는 무거운 짐 꾸러미를 한두 개쯤 내버리고 싶은 마음이 굴뚝같았지만 그러질 못했다.

누군가 나를 본다면, 내가 아시아인이기 때문에, 그들은 한 아시아 여자를 봤는데 길거리에다 물건을 내팽개치고 가더라고 말할 것 같았어. 그래서 사람들이 그런 말을 할까 봐 무서워 이를 악물고 집까지 전부 들고 왔어. 문을 닫는 순간 눈물이 쏟아져 나오려고 했어요. 그런 생각이 들었어. 내가 왜 미국까지 와서 손가락이 얼어붙을 정도로 이 고생을 하면서 이렇게 살아야 하나라는 생각……. 그러자 눈물이 날 것 같더라고. 그 시절 난 정말이지 나 자신을 위해 좋은 음식으로 날 잘 대접했어.

"이렇게 살아야 하나"라는 그녀의 말은 인종 차별에 실린 부담과 모든 아시아 여성에 대한 (상투적) 이미지가 주는 부담을 드러내 준다. 자기 나라가 아닌 사회 곳에서 이렇게 산다는 것의 의미는 이민 생활의 육체적인 곤경을 강화시킬 뿐이었다. 그녀가 이곳에서 마주쳤던 그 일로 인해 단순히 울었던 것은 아니었다. 오히려 그녀의 울음은 미국에서 생활하면서 쌓였던 수모와 슬픔과 그 모든 것이 한꺼번에 터져 나온 것이었다. 하지만 그녀는 눈물에 압도당하지 않기로 작정했다. 눈물이 나오려고 할 때마다 그녀는 불평하는 자신을 꾸짖고 약해지려는 자신을 달랬다. 남자처럼 강해져야 한다고 스스로를 타이르면서, 그녀는 좋은 식사로 자신을 잘 대접하고 격식을 갖춰 식탁을 정성껏 차려서 먹었다.

크리스핀 부인과 같은 군인아내들이 힘겹게 싸워야 했던 상투적인 이미지는 기지촌으로 인해 드리워진 그늘 때문이기도 했다. 군인아내들은 자신들이 아시아 여성으로서 뿐만이 아니라 기지촌 여성으로 취급된다고 느꼈다. 아시아 여성과 기지촌 여성이라는 두 가지 이미지는 밀접하게 연관되어 있다. 성적으로 손쉽고 순종적인 아시아 여성이라는 동양적인 이미지는 아시아 창녀의 이미지와 상호 관련되어 있다. 특히 군대에 있었던 미군과 그들의 가족에게는 특히 그런 이미지가 강하게 남아 있었다. 1983년에 이민을 온 모건 부인은, 처음에 그들은 자신을 또 다른 '직업 여성'으로 간주하면서 미국으로 갈 수 있는 티켓으로 미군을 겨냥했던 것으로 보았다가 시간이 지나고 서로 알게 되면서 그녀가 다르다는 것을 깨달았다고 그녀에게 털어놓았다고 전했다. 사람들이 어떤 사람의 상투적인 이미지만 볼 뿐 실제 있는 그대로의 모습을 보지 않는다는 게 슬펐다고 그녀는 말했다. 군 기지에 사는 백인 이웃들은 처음에는 그녀를 불친절하게 대했다. 몇 개월이 지난 뒤 그들은 아시아 여성이 이웃에서 얼쩡거리는 것에 무척 당혹했었다고 말해 주었다. 아시아인 군인아내들에 관해 좋지 않은 이야기들을 너무 많이 들었기 때문이라고 했다. 하지만 그녀가 좋은 아내이고 좋은 엄마라는 것을 알게 되자 좋은 인상을 받았으며, 또한 한국 여성들을 높게 평가하게 되었다는 것이다. 그들은 한국이 어디 있는지 지도를 찾아보았으며, 그런 여성이 이웃이 되어서 기쁘다고 그녀에게 말해 주었다. 모건 부인은 자부심을 느꼈다. 왜냐하면 한국 여성의 긍지를 잊지 말라고 당부하던 시숙의 작별 인사를 기억했으며, 그 당부를 어기면서 살지 않으려 했기 때문이었다. 그녀는 미국인들이 아시아 여성들, 특히 군인과 결혼한 여성들을 멸시한다는 것을 알고 있었다. 따라서 모든 아시아 여성은 아니라할지라도 적어도 한국 여성은 존중받을 만하다는 것을 행동으로 보여 주려고 더더욱 헌신적으로 노력했다고 그녀는 말했다.

어떤 군인아내들은 다른 군인아내들의 행동을 지켜보는 것만으로는 성이 차지 않는다. 1970년대 중반에 도착했던 한 여성은 군인아내의 상투적인 이미지를 그대로 보여 주는 한국 여성들을 참을 수 없었다. 그래서 그녀는 그들을 달래고, 협박하고, 질책하여 단정하게 옷 입는 법, 집을 관리하는 법, 운전하는 법, 영어 교실에 등록하는 법과 일자리 찾는 것을 도와주었다. 설혹 기지촌 출신이라고 하더라도 그 모든 과거는 뒤에 남겨 두고 아내로서 그리고 어머니로서의 새로운 위상에 걸맞은 모습으로 행동해야 한다고 그녀는 말했다. 그녀는 고개를 절레절레 흔들면서 한숨을 쉬었다. 그녀 역시 다른 많은 군인아내들이 했던 말을 되풀이했다.

글쎄, 그들 중 일부는 그냥 아무 것도 몰랐던 거야. 시간을 들여 누군가가 가르치자, 빨리 배우더군요. 군인아내들 가운데서는 가공되지 않은 보석이 많이 있었지. 누군가 조금만 도와주었더라면 정말 달라졌을 여성들이었지요.

"갑자기 나는 귀먹고 벙어리가 되었다"

한국인 군인아내들이 대면했던 것 중에서 가장 심각하고 어려운 문화적 차이가 언어였다. 영어가 지배적인 언어인, 대체로 단일 언어 환경에서 영어를 유창하게 하지 못하는 것은 충분히 의사소통할 수 있는 능력이 없을 뿐만 아니라 자신감을 가질 수 없고 심지어 어린아이들에게도 존중받을 수 없다는 것을 뜻한다. 가장 단순한 일들—전화로 묻고, 관리비(수도, 전기, 가스) 명세서를 읽고, 사용 설명서를 요구하고, 심지어 전화를 받는 것 같은—마저 긴장되고 제대로 하지 못할 가능성이 많다. 언어 장벽으로 인해 이웃이나 시댁 식구들과 친하게 지내기 힘들며, 영어로 말하다 보면 종종 오해받기도 하고 조롱거리가 되기도 한다. 인종적 차이로 인해 열등감을 느끼는 것과 마찬가지로 영어를 유창하게 하지 못함으로써 열등하다는 느낌을 받는다.

문제는 상대방의 언어를 서로 말할 수 없다는 데서 초래된 것이라기보다 일방적으로 영어를 유창하게 말하지 못하기 때문에 초래된 것이라는 것이 일반적인 관점이었다. 이것은 많은 여성들이 무의식적으로 택하는 입장이다. 왜냐하면 아무리 '변칙적'이고 이상한 외국인 '억양'의 영어를 사용한다고 하더라도 영어로 말을 해야 하는 사람들은 이들 여성이며, 그들과 함께 생활하는 압도적인 절대다수의 미국인, 물론 이 가운데는 남편과 자녀들도 포함된 미국인들은 이렇다 할 만한 한국어 실력이 전혀 없기 때문이다. 예를 들어 결혼 생활의 걸림돌이 되는 의사소통 문제를 해결하기 위해 이 여성들에게 영어 수업 과정을 추천하는 사회복지사들마저 남편들에게 필요한 한국어 강좌를 개설하는 것은 언급조차 하지 않는다. 많은 남편들과 다른 가족 구성원들은, 한국어는 배우기 너무 힘들어서 실용적이지 못하다는 이유를 든다. 하지만 외국어로서 영어를 배우는 것이 얼마나 힘든가라는, 잘 알려져 있는 사실은 간단히 간과해 버린다. 달리 표현하자면, 적응의 부담은 거의 전적으로 여성이 짊어진다. 이것은 비단 언어의 문제에서뿐만 아니라 음식 장만, 자녀 키우기, 집안 관리하기 등 일상생활의 거의 모든 경우에 적용되는 사실이다.

내가 만났던 모든 여성들이 영어를 못한다고 한마디씩 하지 않을 수 없도록 만드는 이유에 대해 아마도 그런 부담의 무게가 부분적인 설명이 될 수 있다. 이런 한마디는 단순히 언어에 대한 자신감의 부족을 표현한 것이 아니라 일종의 변명이기도 하다. 부족한 영어 실력이 마치 일종의 결함이거나 심지어 죄인 것처럼 말이다. 하물며 영어를 대단히 잘하는 사람마저 영어를 잘못한다고 한마디 했다. 뮬런 부인과 부겔리 부인 모두 자신들이 말하는 영어가 완벽한 것이 아니라고 했다. 내가 보기에 그들은 이웃이나 다른 미국인 동료들과 대화하는 데 전혀 문제가 없었다. 다른 여성들은 씁쓸하게 웃으면서, 미국인 가족들과 함께 생활한다고 해서 그들의 영어가 향상되는 것은 아니라고 말했다. 왜냐하면 대화가 너무 제한되어 있기 때문이다. 그들이 가정에서 하는 말이라고는 "방청소 해라" "저녁 준비되었다" 등이 고작이라는 것이다. 그들은 여가 시간에 영어 공부를 하지 못하는 것을 '게으른' 탓이라고 표현했다. 비록 이런 자기 비하는, 미국 사회에서 살아가는 데 적절한 영어 실력을 갖추는 것이 현실적으로 필요한 탓 때문이기도 하지만, 영어가 모국어가 아닌 아시아 여성들로서 그들이 경험했던 수모로 인한 것이기도 했다. 인종적인 차이로 인한 부담은 그들이 더욱더 열심히 공부하고 노력하지 않는다면 결코 개선되지 않을 것으로 느끼기 때문인 것처럼 보인다. 적어도 영어를 유창하게 할 수 있었더라면, 특정한 형태의 차별과 모욕의 원인으로부터는 벗어날 수 있었을 것으로 생각하는 것 같았다. 흠잡을 데 없이 영어를 구사하는 자녀 세대들은—이 사람들의 표현대로 하자면 "미국인들과 똑같이" 영어를 구사하는—성공적으로 미국인들과 경쟁할 수 있을 것이며, 따라서 자신들이 할 수 없었던 것을 자식들은 할 수 있을 것이라고 많은 여성들은 말했다.

언어학자 로지나 리피 그린(Rosina Lippe-Green)에 따르면, 미국은 표준 영어의 우월성을 고집하고, 올바른 문법과 발음에 매달리면서 특정한 억양의 영어를 경멸함으로써 인종적인 차별을 은폐하는 데 이바지하고 있다. 또한 주로 제2언어로 아시아계와 라틴계 영어 발화자들의 억양은 알아들을 수 없거나 부정확한 것으로 간주되는 반면 유럽의 억양은 매력적인 것으로 간주된다고 주장한다. 이와 마찬가지로 흑인 영어 혹은 이보닉스(ebonics)는 이해할 수 없고 교육받지 못한 미국 원주민 화자들의 표시라고 간주한다. 오로지 표준 영어 문법과 표준 억양만을 인지 가능한 것으로 고집함으로써 의사소통의 부담을 아시아계·라틴계·아프리카계 미국인들에게 전가시킨다고 그녀는 주장한다. 따라서 미국인들은 의사소통을 하는 데 필수적인 상호 노력에 참여하기를 거부한다. 문제는 이런 영어 발화자들의 발화가 이해 가능한 것인지 아닌지에 있는 것이 아니라 교육받은 백인 중산층이 유지하고 있는 지배적인 미국 이데올로기가 그것을 받아들이느냐 아니냐에 달려 있는 것이라고 리피 그린은 설득력 있게 주장한다. 달리 표현하자면, 그들이 주류 미국인들이 설정한 잣대에 알맞은 미국인인가 아닌가에 달려 있는 것이다.[8]

많은 군인아내들이 리피 그린의 주장을 뼈저리게 이해한다. 여성들은 영어를 향상시키라는 요구를 부당하고 원망스럽다고 표현했다. 그들의 영어가 통하는 한, 그 정도면 충분한 것 아니냐고 일부 여성들은 주장했다. 어느 날 교회 예배가 끝난 뒤 한 여성이 "이 돈을 잔돈으로 바꿔 주세요"라고 말하며, 이것이 정확한 문장이냐고 나에게 물었다. 맞는 문장이라고 대답해 주자, 이번에는 자기 발음이 전혀 이해하지 못할 정도냐고 물었다. 그렇지 않다, 당신 발음은 알아들을 만하다라고 말해 주었다. 그녀는 감탄사를 연발했다. "그럴 줄 알았어. 미국인들이 고의적으로 우리의 발음을 알아들을 수 없다면서 까다롭게 군다는 생각이 들었거든!" 편의점에서 이 말을 했을 때, 백인 점원이 멍한 표정으로 쳐다봐서 똑같은 문장을 여러 번 되풀이해서 말한 끝에 간신히 잔돈을 손에 쥐었다고 그녀는 설명했다. "아무런 이유 없이 우리를 힘들게 만든단 말이야!"라며 그녀는 분개했다. 근처에 있던 다른 여성들도 이구동성이었고, 활발한 논의가 이어졌다. 한 여성은 "그들은 우리의 얼굴을 보는 순간부터 우리 영어가 형편없을 것이라고 그냥 짐작해 버리지. 우리의 억양을 들으면서 그

160

들은 심지어 내가 말하고 있는 것을 이해하려고조차 하지 않거든"이라고 말했다. 그 말에 이어 다른 여성은 "물론 우리에게는 영어가 필요해. 우리가 미국 땅에서 살고 있으니까. 하지만 영어를 못한다고 해서 우리가 열등감을 느껴야 할 이유는 없다고 봐." 정확히 이렇게 말한 것은 아니지만 어쨌거나, 이들 여성은 인종차별주의, 언어, 권력 사이의 관계를 분명히 표현하면서 그들에게 강요된 차이로 인한 부담을 전적으로 자기네들만 짊어지는 것을 거부하고 있었다.

그렇다 해도 내가 인터뷰를 했던 모든 여성들은 하나같이 이민 생활에서 가장 어려웠던 점을 들라면 언제나 영어를 꼽았다. 한 여성은 "미국에 도착하는 바로 그 순간 갑자기 나는 귀먹고 벙어리가 되었어요. 사람들이 하는 말을 하나도 알아들을 수가 없었으니까. 아무도 나를 이해할 수 없었고. 내가 정말 멍청하고 얼마나 무력하게 느껴지던지"라고 말했다. 또 다른 여성은 전화를 건 사람이 미국인이면 어떡하나 하는 두려움 때문에 아직까지도 전화를 받는 게 망설여진다고 했다. 그녀는 그들의 억양 때문에 다소 열등감을 느꼈다. 또한 문법적인 실수, 잘못 사용한 단어나 표현들 등으로 인해 열등감을 느꼈던 헤아릴 수 없이 많은 경우를 열거했다.

부겔리 부인은 남편과 대화를 할 수 있을 정도의 영어만을 알고 있었다. 하지만 1957년 일단 이곳에 도착하자, "그게 글쎄, 완전히 달라졌어"라고 그녀는 말했다. 그녀가 영어를 말할 수 없다는 것을 사람들은 재미있어 했다. 그들은 그녀가 하는 말을 듣고 웃었으며 다른 사람들이 하는 말을 그녀가 알아듣지 못하는 것을 보고 또 웃었다. 데니슨 부인은 1958년에 미국으로 왔는데, 어린아이들마저 아무 것도 아닌 것처럼 그녀의 영어를 교정해 주었다는 것이 그녀에게는 힘든 일이었다.

내가 처음 미국에 왔을 때는 입만 벙긋했다 하면 실수를 했으니까. 그 래서 입을 닫고 살았어. 남편이 나에게 무슨 말을 하길래 내가 그녀[she] 라고 말했더니, 조카와 조카딸들이 그러더군. 아니, 그땐 그녀가 아니라 그[he]라고 하는 거야…… 뭐 그런 식이었으니까. 그래서 실수할까 봐 두려워서 아예 말을 하지 않고 살았어.

영어가 모국어가 아닌 비원어민 발화자는 그처럼 속수무책이어서 심 지어 어린아이들마저 아무런 꾸지람을 듣지 않고서 그녀를 교정하고 가 르치려 들 수 있다. 전통적으로 어른이 갖고 있었던 권위는 체면이 서지 않을 정도로 뒤집히게 된다. 아이들이 어른들의 영어를 교정하는 것은 미 국과 다른 영어권 나라에 이민 온 가족에서 흔히 볼 수 있는 현상이지만, 자녀들이 교정을 해주는 것과 시집 식구들이 교정을 해주는 것 사이에는 뚜렷한 차이가 있는 것처럼 보였다.

브레넌 부인은 자녀들이 그녀의 영어를 교정해 줄 때는 더욱더 열심히 노력했다. 왜냐하면 어머니를 교육시키려는 아이들의 노력을 고맙게 느 꼈기 때문이다. 게다가 아이들은 공공장소에서나 남들이 보는 앞에서 지 적하지 않고 자신들끼리 있을 때에만 틀린 점들을 일러 주었다. 하지만 가족 외부의 사람들이 그녀의 영어에 대해 혼자 있을 때든 공공장소에서 든 간에 참견할 권리는 없을 뿐만 아니라 정정할 권리는 더더욱 없다고 말했다. 이렇게 금을 그음으로써 그녀는 자신의 품위를 주장했고, 부족한 영어 때문에 생기는 열등한 위치를 받아들이지 않으려고 했다.

언어의 차이는 단지 조롱이나 수모를 주는 것 이상이다. 언어적인 차 이로 인해 여성들은 적절한 서비스, 이를테면 의료 혜택, 교육, 일자리,

그 밖에 다른 필요한 서비스 등을 받지 못하게 된다. 브레넌 부인은 이민 초기 뉴욕에서 남편과 어린 딸아이와 함께 살 때의 이야기를 들려주었다. 아직 아기였는데 딸아이가 이질을 앓게 되었다. 그래서 아이를 병원으로 데려갔다. 다른 아이들도 같은 병으로 아프다는 것을 알고, 브레넌 부인은 자기 아이에게 무엇이 잘못되었는지 알았다. 그녀는 약을 원했다. 하지만 영어가 짧아서 의사에게 설명을 할 수 없었다. 아이를 데리고 간 병원마다 의사는 아이에게 아무 이상이 없다면서 집으로 돌려보냈다. 하지만 집에 오면 아이는 통증이 더 심해져서 배를 움켜쥐고 울었고, 아이의 변은 그야말로 점액질 자체였다. 브레넌 부인은 미칠 것만 같았고 의사에게 격분했다. 그래서 아이가 최근에 본 변을 가지고 다시 의사를 찾아갔다. 그것을 의사에게 보여 주면서 그녀 자신이 아이가 집에서 보인 행동을 흉내 냈다. 아이를 가리키면서 그녀는 허리를 구부리고 자기 배를 움켜잡고 고통으로 뒤틀리는 시늉을 했다. 다시 한 번 아이의 배를 손으로 눌러보고서 의사는 고개를 갸우뚱거리면서 아무런 이상이 없다고 했다.

나는 너무 절망스러워서 그냥 고래고래 소리를 질렀지. 무턱대고 소리를 질렀는데 그게 무슨 도움이 되었겠어. 지금도 그다지 영어를 제대로 하지 못하는데, 그 당시에 내 영어가 어땠을지 상상이 되잖아요? 그냥 소리 질렀어. "이 작은 위가 오케이라고?" 그게 내가 내지른 말이었어. "이 작은 위가 오케이라고?" "이 작은 위가 오케이라고?"…… 나는 계속해서 의사에게 같은 말을 했어. 의사가 아무 이상 없다고 한다 해서 아이가 안 아픈 것은 아니었으니까. 그냥 계속 말을 했지. 의사는 내 말을 한마디도 못 알아들었을 거야. 어쨌거나 나는 지금처럼 이렇게 아이를 안고서는 배에 무슨 이상이 있다고 계속 말을 했어. 그러자 의사는 간호사에게 시켜 베이비 아스피린을 주었어. 그게 뭔지 내가 어떻게 알았겠어? 그게 뭔지도 몰랐으니까. 하여튼 그들은 아스피린 반쪽을 아이에게 먹이라더군. 그게 의사가 아이에게 준 최초의 약이었어. 내가 아이를 그처럼 여러 번 끌고 갔는데도 약을 주지 않았어. 그게 처음이었다니까. 구하면 찾게 되더군. 그래서 그걸 칼로 반으로 쪼개고 스푼으로 갈아서 물에 타서 아이에게 먹였지. 어떻게 된지 알아? 글쎄 그걸 먹고 아이가 좋아졌어.

미국 가족, 한국 아내

대다수 다른 이민자들에게 적어도 자기 집은 문화적 안식처가 될 수 있다. 하지만 군인아내들은 심지어 그런 사치마저 누리지 못했다. 집안마저도 그들 가족에게는 다문화 사이의 충돌, 투쟁, 타협의 지역이었다. 미국 사회에서 여성이 외국인으로 호명되는 순간 동화의 압력을 받는다. 그들은 자기 가족 안에서도 문화적인 외부자가 된다. 이것은 가족 구성원에 할당된 정체성에 반영된다. 남편과 혼혈 자녀들, 그리고 가족 그 자체는 미국인으로 규정된다면, 반면 아내는 아무리 문화 변용을 하더라도 한국인으로 규정된다. 심지어 한국인으로 규정됨에도 한국적인 것[9]을 억제하고 차이를 삭제하도록 노력해야 한다. 이런 형태의 억제와 삭제가 없었다면, 가족 구성의 핵심인 아내이자 어머니인 그들은 한국인으로 규정되는 반면 가족 그 자체는 미국인으로 규정되는 것 사이에서 초래되는 모순은 유지될 수 없었을 것이다. 그런 식으로 규정되고, 억제되고, 삭제됨으로써 많은 군인아내들은 문화적으로, 때로는 심리적으로 가족 안에서도 고립되었다.

시집 식구와 남편은 이들 여성에게 미국화되어야 한다고 왕왕 압력을 넣었다. 1975년 오클라호마에서 무작위적으로 실시한 군인아내에 관한 보고서에 따르면, 시집 식구들의 십중팔구는 이들을 '완전한 미국인'으로 개조하려고 노력했다. 군인아내들은 한국 사람들과 어울리지 말라는 소리를 들으며, 자신들의 (한국인으로서의) 문화적 과거를 "체념하라"는 소리를 들었다.[10] 그런 경우는 극히 드물지만 남편이 아내 편을 들어주지 않는 한, 여성들은 한국인으로서의 정체성을 표현하려면 홀로 외롭게 싸워야 한다. 전반적으로 남편들은 자신이 규정한 미국인 가정을 만들어 나갈 것을 기대한다. 대부분의 경우 남편이 규정한 미국인 가정에는 한국 문화와 여성의 정체성에 관해서는 거의 인정하지 않는다는 말과 다르지 않다. 많은 남편들은 한국적인 것에 눈살을 찌푸리면서 한국 아내들이 자녀들을 '완전한 미국인' 아이로 키우고, '완전한 미국인' 생활 방식을 고수하도록 고집한다. 남편들은 이들 여성이 한국인들과 사귀거나 아이들에게 한국어를 가르치는 것, 혹은 한복을 입히거나 한국의 명절과 한국 음식을 만들고 한국 음식을 먹는 것 등을 금지했다.

아이들을 '완전한 미국인'으로 키우라는 요구는 근본적으로 미국에 충성하며, 다른 문화와 다른 정체성과는 실질적으로 연결되지 못하게 막음으로써 미국인의 사회적 재생산에 참여하라는 지시이다. 특히 아시아계 이민자들에게는 모국의 문화와 관련된 모든 표시를 지워 없애라는 기대가 매우 강하다. 왜냐하면 아시아인들은 '동화될 수 없는 이방인'[11]이라는 집요한 믿음이 따라다니기 때문이다. 미국은 아시아인들을 수상쩍고 충성하지 않는 이방인이라는 관점으로 보면서 미합중국에 충성하지 않는 것을 그들 모국에 대한 친화력으로 해석하는 오랜 역사적 경향이 있다.[12] 한국인 군인아내의 경우처럼 두 인종 사이, 두 문화 사이의 결혼이라는 맥락에서, 이들 여성과 자녀들이 한국적인 정체성을 표현하는 것을 미국 문화에 대한 거부로 간주하고 때로는 미국인 남편이자 아버지에 대한 거부로 받아들인다. 상당수 여성들은 자신과 아이들이 한국적인 것이 더 좋다는 것을 표현하게 되면 남편들은 그것을 자신에 빗댄 사적인 감정으로 받아들인다는 점을 알아차리게 되었다. 또한 많은 남편들은 자녀들이 한국인으로서가 아니라 자기들처럼 미국인으로서 성장하기를 특히 갈망한다는 것을 알게 된 것이다.

한국인 군인아내들이 미국인으로 행동하라고 압력을 받는 두 가지 주요한 매개체는 언어와 음식이다. 영어는 내가 만났던 여성들의 가정에서 지배적인 언어였다. 심지어 남편의 한국어 실력이 상당하고 아내가 거의 영어를 말할 수 없는 경우마저도 그랬다. 이와 마찬가지로 미국 음식은 대부분의 가정에서 지배적이었으며, 한국 음식은 최소한의 흔적으로 남아 있었다. 영미식 음식의 우세는 단지 남편의 편의를 위해서뿐만 아니라 미국에서 살고 있으므로 그러는 것이 '현실적이고' '이치에 맞다'고 보기 때문이었다. 또한 그것은 남편들이 자신의 권위를 내세우고 '미국인' 가족의 주인임을 주장하는 한 방식이기도 하다. 말하자면 그것은 결혼을 통해 가족 내부로 들어온 인종적 · 문화적 타자를 봉쇄하는 한 방법이었다.

브레넌 부인의 남편은 한국말을 상당히 잘했고 그녀는 영어를 거의 할 수 없었지만 의사소통에 전혀 문제가 없었다. 하지만 일단 미국에 도착한 이후로 그는 한국말을 쓰지 않았다.

166

처음에 그는 한국말을 했어. 의사소통할 방법이 달리 없었으니까. 나중에 그는 전혀 그러지 않으려 하더군. 〔우리가 미국에 처음 도착하여〕 그의 가족과 함께 살게 되면서 그는 한국어로 말하고는 했어요. 영어로 의사소통을 할 수가 없었으니까. 하지만 우리가 일단 기지 영내에 도착하고 난 뒤부터 그는 한국말을 멈춰 버렸어요. 내가 원하는 걸 이해할 수가 없어 애를 먹을 때만 한두 마디 할 뿐이었어. 그래서 왜 더 이상 한국말로 하지 않느냐고 따져 물었어. 그는 자기가 한국말을 계속 쓰면 내가 절대 영어를 배우지 않을 거라고 말했어. 그게 그가 한국어로 말하는 걸 멈춘 이유였어. 그래서 내가 영어를 배우기 시작했고.

그녀가 영어를 배우는 동안 그는 한국어를 잊어버렸다. 그들은 미국에 도착한 한 달 뒤부터는 거의 영어로만 대화를 했다. 두 아이들은 영어로 말할 수 있지만 한국어는 몇 마디밖에 하지 못한다. 2개 국어를 병용하는 대신 그들은 거의 전적으로 단일 언어 가족이 되었다. 내가 만났던 모든 가족들이 그런 경우에 해당한다. 사실상 브레넌 부인의 남편은 내가 만났던 사람들 중에서 특이한 경우였다. 한국어를 할 수 있는 남편들은 전혀 없었기 때문이다. 뿐만 아니라 그들은 몇 마디 어구들, "안녕하세요", "감사합니다" 따위를 제외하고는 더 이상 한국어를 배울 필요성을 느끼지 못했다. 영어를 배워야 한다는 부담감과 기대는 언제나 아내들의 몫이었다.

남편들은 자녀들의 모국어가 영어가 되어야 한다는 점에서는 완강한 듯싶었다. 내가 만났던 여성들 중에서 자녀들에게 한국어 구사 능력이 어느 정도 있는 경우는 두 여성 모두 이혼을 하고 아이들을 혼자 키웠기 때문이다. 게다가 자녀들이 한국에서 몇 년을 보낸 경우이기도 했다. 상당수 여성들은 남편들이 자녀들에게 한국말을 하지 말라고 했는데, 왜냐하면 자녀들이 영어를 배우는 데 방해가 된다고 말했다는 것이다. 1991년에 도착했던 오렐라나 부인은 남편이 아직 유치원생인 아들의 제1언어가 영어이기를 원한다고 말했다. 그들이 한국에서 사는 것이 아니라 미국에서 살고 있으므로, 그녀는 남편 생각에 일리가 있다고 수긍했다. 그가 좋아하는 한국 음식 이름 같은 몇 마디 한국어를 제외하면 그녀는 아들과 영어로 말한다. 자녀들과 영어로 말하는 것이 습관이 되어서 대단히 제한된 영어로나마 다른 사람들과 한국말로 이야기를 하는 도중에도 그들은 자녀들에게는 영어로 즉각 바꿔 말을 건네는 데 익숙했다. 우리가 인터뷰를 하는 동안에 페리먼 부인은 아직 아장아장 걸어 다니는 아이에게 영어로 말을 하느라 이야기의 흐름이 여러 번 끊겼다. 1980년대에 미국에 온 한 여성은 교회가 후원하는 한국 어린이들을 위한 주일학교에 자녀들을 보냈다. 그곳에서 아이들은 한국어와 한국 노래와 놀이를 배웠다. 그러자 남편은 딸아이들이 무슨 노래를 부르고 있는지 모르겠다고 불평을 했고, 그녀는 아이들을 더 이상 그곳에 보내지 않았다. 1960년대 후반에 온 또 다른 여성은 그들의 결혼 초에 있었던 사건을 이야기했다. 그녀가 갓 태어난 딸아이에게 한국어로 자장가를 불러 주고 있는데 남편이 갑자기 소리를 버럭 질렀다. "한국말은 안 돼! 걔는 미국인이야!" 그 순간 자기 아이가 미국인이라는 사실을 깨달았다고 그녀는 말했다.

이런 어머니들처럼 대다수 여성들은 자기 자녀들과 자기 가족을 미국인으로 받아들이는 것 같았다. 예를 들어 아이들은 대체로 미국식 이름을 가지고 있었다. 자녀들에게 한국 이름을 붙여 주었던 가정은 오로지 두 곳뿐이었다. 그중 한 가족에서는 맏딸에게 미국식 이름 다음에 따라오는 중간 이름을 한국어로 붙여 주었지만, 그들이 실제로 한국 이름을 부르는 것을 나는 전혀 듣지 못했다. 그나마 남동생에게는 미국 이름만을 지어 주었다. 나머지 한 가족에서 맏이는 한국 이름이었는데, 다른 아이들은 미국 이름을 붙여 주었다. 이유를 물어보았을 때 어머니는, 아이들이 절반은 한국인이기는 하지만 그들을 그냥 미국인으로 규정하면서 아버지가 미국인이므로 아이들도 미국인으로 성장해야 한다는 점을 지적했다. 이혼 후 혼자 딸을 키웠던 킹스턴 부인에게는 성인이 된 딸이 있었는데, 부인의 반응은 전형적이었다. "딸애는 절반은 한국인지만 그래도 미국인이야." 가족과 자녀들에 대한 태도에서 찾아볼 수 있는 한국 가부장제와 미국 가부장제의 중첩—결혼해서 고향의 가족을 떠나 남편의 가족으로 편입된 그 여성에게 남편은 가장이며, 자녀들은 아버지의 성을 따라야 하고, 가족은 남편의 존재로 인해 규정된다고 보는 것—으로 인해 어쩔 수 없이 이런 순응적인 태도를 보이는 것으로 어느 정도 설명될 수 있다. 남편의 성을 따르고 자녀들에게 남편 성을 물려주는 서구의 관행은 이런 가족 개념을 강화하고 아이들을 미국인으로 받아들이게 만든다. 아이들에게만 가족의 성을 물려주고 아내는 자신의 성을 가지고 있는 한국의 관행과 비교해 볼 때, 서구의 관행 역시 여성을 미국식 가족으로 통합시키는 것을 강조하는 셈이다. 왜냐하면 그녀는 남편의 미국식 이름을 위해 자신의 한국 성을 포기해야 하기 때문이다.

어쩔 수 없는 암묵적인 동의는 대가를 치르게 된다. 영어를 자유롭게 구사할 수 있는 여성은 거의 없고, 가족의 공용어로 오직 영어만을 사용하는 것은 남편과 자녀들과 충분히 대화할 수 없다는 것을 의미한다. 대다수 여성들은 결혼 생활에서 가장 큰 난관은 언어를 포함한 문화적인 차이에서 온다고 말했다. 남편과 의사소통하는 데 전혀 어려움이 없는 여성들마저도 자신들의 가장 깊은 속내를 만족스럽게 드러낼 수 없다고 말한다. 아무리 영어를 잘해도 모국어 같지 않다는 것이다. 화가 나거나 감정이 북받치면 영어로 말하기는 더 힘들어지면서 한국어가 쏟아져 나온다고 했다. 갈등이 있을 때도 포기하거나 참고 넘어가는 것은 영어로 말싸움을 할 수 있는 언어 능력이 없기 때문이라는 것이 그 이유였다. 피터슨 부인은 일곱 살짜리 아들을 키우는 데 가장 큰 어려움으로 언어를 꼽았다. 아들과 효과적으로 의사소통을 할 수 없으므로 아이를 훈육하는 데 애를 먹는다. 그녀는 아이가 자신을 존중하지 않는다고 느끼는데, 왜냐하면 미국 사회에서 자기 어머니가 제대로 살 수 있는 능력이 없다는 것을 알아차리기 시작했기 때문이라는 것이다. 그녀는 문법에 맞게 완벽한 문장을 조합할 수 없으므로 아이의 숙제를 도와줄 수도 없다. 다른 여성들은 남편과 아이들이 서로 영어로 이야기하는 것을 볼 때면 자신들이 무시당하고 있다는 느낌이 든다고 했다. "그들이 서로 너무 빠르게 이야기를 하기 때문에 그들이 말하는 것을 제대로 이해할 수가 없어요"라고 한 여성이 말했다.

많은 여성들은 자녀 양육에 관한 자신들의 견해가 멸시당하는 것을 알고 있다. 자기 입장을 말하려고 할 때마다 남편과 아이들 모두로부터 "여기는 한국이 아니라 미국이거든요"라는 말을 듣는다. 미국이라는 장소가 갖는 권위는 어머니의 권위를 부인하는 데 사용된다. 이런 말들은 여성의 이탈된 위치(displacement)와 고립을 제대로 조명하지 못하도록 억제한다.

다른 많은 여성들과 마찬가지로 페리먼 부인은 십대인 딸아이가 '말대꾸' 하는 것에 아직까지도 익숙해질 수 없다고 했다. 어머니를 존중하지

않는다고 하면 딸아이는 냉큼 "엄마, 여긴 미국이라니까요"라고 대꾸한
다. 그녀는 자기 자녀들이 자신에게 대하는 것처럼 부모님에게 감히 대들
생각을 해본 적이 없었다. 다른 여성들은 자녀들에게 대학에 들어가기 전
까지는 데이트를 하지 말라고 하거나 혹은 시니어 컷 데이(senior cut
day, 고등학교 상급생이 되면 학교를 빼먹고 캠핑을 하거나 하는 날로 주로 금요
일이다—옮긴이), 즉 고등학교 상급생들이 의도적으로 학교를 빼먹는 날
에 참여하지 말라거나 하면, 남편과 아이들은 그런 활동은 미국에서는 누
구나 하는 것이라는 대답을 했다고 한다. 와인버그 부인은 십대인 자녀들
에 관한 이야기를 했다.

> 애들은 자기네들이 생각하는 것을 말하고, 나는 내가 생각하는 것을
> 말해요. 그게 말다툼의 시작이지. (그럼 남편은 뭐라고 해요?) 남편은 나
> 에게 그냥 조용하라는 식이지요. 때로 고함이 오가면 남편은 아이들에게
> 어머니 말씀을 들으라고 하기도 해요. (그럼 아이들이 아버지의 말에는
> 순종하나요?) 그래요, 순종하긴 하죠. 근데 잘 모르겠어. 애들이 따를 마
> 음이 있으면 따르고, 그러고 싶지 않으면 따르지 않으니까.

인터뷰를 하다가 나중에 그녀는 말을 이었다.

> 난 아이들을 한국적인 방식으로 키우고 싶어요. 그럴 때마다 남편은
> 그럴 수 없다고 해요. "여기는 미국이다"라고 그는 말해요. 아이들에게
> 계속 그런 식으로 하지 말라고 하죠. 그래서…… 대부분의 경우 내가 포
> 기해 버려. 내가 계속 우기면, 그게 글쎄, 결국에 가서는 가족 불화가 되

니까. 그래서 이제 난 약간 현명해졌다고 봐요. 그런 방식으로 생각하자, 아이들을 이해하는 게 좀 쉬워지더라고. 남편이 말한 대로 여긴 미국이니까. 남편도 그런 방식으로 성장했고, 그가 보기에, 음, 그가 생각하기에 내가 틀렸다고 보겠죠. 내가 포기한 적이 참 많았어.

어머니 사랑

외국 문화의 일원으로 자녀들을 키우고 언어적인 장벽으로 인해 자녀들과 충분히 의사소통을 할 수 없었기 때문에, 일부 여성들은 자녀들이 때로는 정말 자기 아이들이 맞는지 의구심이 들 때가 있다고 말했다. "물론 아이들을 사랑해요. 그러나 애들이 나랑 워낙 달라서 서로 이해하기가 어려워. 때로는 내가 정말 이 애들을 낳았을까라는 생각이 든다니까." 하지만 내가 인터뷰를 했던 모든 어머니들은 자녀들에게 강한 애착을 표현했으며, 어머니로서의 책임감과 위상을 강조했다. 그들은 자신들이 원하는 방식대로 아이들을 키울 수 없었을지 모르고, 그들이 기대했던 만큼 어머니로서의 권위를 발휘하지 못했을지도 모르지만, 어머니로서의 책임을 이행했다는 것에 자부심을 느꼈다.

예를 들어 페리먼 부인은 허리가 휘도록 고달픈 농사일도 딸아이 때문에 견딜 수 있었다고 말했다. 그녀는 어머니로서의 사랑이 역경을 극복할 수 있는 힘이 될 수 있다고 말했다. 모성은 심지어 결혼과 이혼의 동기가 될 수 있다. 모건 부인은 첫 결혼에서 가능한 이혼을 피해 보려고 했던 까닭은 장남에게 양쪽 부모 모두가 필요하다는 생각 때문이었다고 했다. 그녀는 재혼하기를 주저했지만, 결국 마음을 굳힌 이유는 둘째 아들마저 아버지 없는 아이로 만들고 싶지 않았기 때문이었다. 본(Vaughn) 부인은 두 번째 남편과 이혼했는데, 두 번째 남편이 한국 남편과 사이에서 낳은 전실 딸을 학대했기 때문이었다. 그녀는 아들에게 아버지가 필요하다고 느꼈을 때, 비록 그녀로서는 재혼할 욕망이 없었음에도 남편을 찾을 때가 되었다고 느꼈다는 것이다. 그녀의 세 번째 남편은 아들의 아버지가 될 남자를 찾아달라는 간절한 기도에 대한 응답이라고 했다. 어머니와 자녀들의 관계를 강조함으로써 여성들은 강력한 모성에 관한 한국적인 입장을 표현하면서 어머니로서의 자신들의 위상을 긍정했다. 따라서 비록 아이들을 한국적인 어머니의 권위를 가지고 양육할 수는 없었다 하더라도, 또 아이들의 삶에서 아버지의 존재가 절실히 필요하다고 느꼈음에도 불구하고, 그들은 자기를 희생하는 어머니의 사랑과 어머니로서의 책임감을 강조함으로써 스스로를 한국적인 어머니로 규정했다.

상당수 여성들은 학교에서 자녀들이 부당하게 처벌을 받았을 때 자녀들을 두둔해 준 이야기를 들려주었다. 이런 사건들은 어김없이 인종적인 욕설과 모욕과 관련된 것이었다. 인종 차별의 다른 사례에서와 마찬가지로, 그런 모욕과 욕설은 일정한 시기에 국한되었던 것은 아니다. 예를 들어 와인버그 부인의 아들은 중학생이었을 때 다른 학생을 때렸다는 이유로 한 번 정학을 당했다. 하지만 그 상대방 학생은 정학을 당하지 않았다. 그녀는 아들이 다른 학생을 때린 이유를 알아냈다. 왜냐하면 그 학생이 "동양 유태인" 따위의 인종 차별적인 욕설을 했기 때문이다.[13] 그녀는 즉각 교장을 찾아가서 학교가 물리적인 폭력만 처벌하고 언어적인 폭력에 관해서는 너그럽게 용서해 주는 것이냐고 따져 물었다. 아들의 정학을 철회하든지 아니면 다른 학생도 똑같이 정학 처분을 하라고 했다. 그 결과 다른 학생도 똑같이 정확을 당했다. 본 부인은 수시로 학교에 불려 다녔다. 아들이 학교 운동장에서 싸웠기 때문이다. 아들에게 왜 그렇게 많이 싸우느냐고 묻자, 아들은 다른 학생들이 자신을 '칭크'(중국인이나 아시아계를 비하해서 하는 말로 인종 차별적인 욕설—옮긴이)라거나 또 다른 인종 차별적인 말로 놀린다고 했다. 그 다음 번에 학교가 호출을 했을 때, 그녀는 교장에게 먼저 다른 학생들이 그런 무자비하고 무식한 발언을 하지 않도록 방지해야 하다고 말했다. 그런 다음 그녀는 학교 운동장에서 싸우는 짓을 그만두라고 아들을 훈계했다. 그녀는 두 번 다시 학교에 불려가지 않았다.

이렇게 어머니들이 자녀를 두둔하는 것은 인종 차별에 대한 저항의 행위일 뿐만 아니라 물리적인 폭력은 처벌하면서 인종차별주의와 언어적 폭력은 규제하지 않고 허용하는 사회적인 제도와 권위에 대해 저항하는 행위이다. 언어가 폭력이 될 수 있다는 와인버그 부인의 주장은 학자들이 '공격적인 발언', 즉 숨어서 습격하고, 테러를 가하며, 상처 주고, 모욕을 주며, 위신을 떨어뜨리는 무기로 사용하는 단어들이라고 1990년대부터 부르기 시작했던 비판적인 인종 이론의 한 표현이다. 마츠다(Mari Matsuda)와 크렌쇼(Kimberle Williamas Crenshaw)는 그와 같은 발언은 인종 차별을 포함하는 것이며, 반드시 헌법 수정 조항 1조에 의해 보호받는 것은 아니라고 주장했다. 어머니들이 인종 차별적인 발언이 아이들에게 가하는 해악을 강조하는 것과 마찬가지로, 법학자들은 희생자에게 가해지는 상처를 강조하고 인종차별주의 발언으로부터 초래된 희생자의 권리 침해를 강조한다.[14] 언어적으로 표현된 인종차별주의에 대항하기 위해 자녀들을 옹호해 줌으로써, 이들 여성은 자녀들에게 저항

174

과 자기 존중감을 가르쳤다. 와인버그 부인은 아들이 정학을 당한 그날 집으로 돌아와서는 화가 나고 풀이 죽었지만, 그녀가 교장을 만나고 난 뒤부터는 자부심과 자신감을 가지게 되었다고 말했다.

상당수 여성들은 자녀들이 어머니가 한국인이라는 사실을 수치스러워 하는 것 같다고 보고했지만, 그보다 훨씬 더 많은 사람들이 자녀들로부터 그런 당혹감을 맛보지는 않았다고 말했다. 결혼 이후 전업주부이자 어머니로서만 생활했던 와인버그 부인은 자녀들의 요구에 따라 학교 현장학습 보호자로 자원 활동을 했으며 학급 어머니로 봉사하기도 했다. 브레넌 부인은 자녀들 중에서도 딸아이는 어머니가 한국인이므로 자신들이 절반은 한국인이라고 언제나 주장한다고 말했다. 다른 아이들이 그들을 "칭크"라고 부르면 인종 차별적인 욕설로 받은 모욕 때문에 화를 내는 것뿐만 아니라 그들을 중국인으로 착각한다는 사실에 화를 냈다. "엄마, 쟤네들 정말 멍청해. 내가 한국인이라는 것조차 구별을 못 하잖아. 난 칭크가 아닌데. 난 한국인이야"라고 말했다.

삭제에 거부하기

앞서 소개한 이야기들은 규정, 억제, 삭제하려는 노력이 완전히 성공하지 못한 것임을 보여 준다. 학교 학생들이 놀리는 것은 특정한 민족성을 주장할 기회를 제공했다고 할지라도 인종적 차이를 인정하지 않을 수 없게 만든다. 밥과 김치에 대한 아이들의 취향, 화가 났을 때 튀어나오는 한국말, 한국에 있는 가족들에게 돈을 보내겠다고 고집하는 등과 같은 이 모든 일들은 아내와 어머니로서의 한국적인 것이 완전히 삭제되지 않았다는 점을 상기시키며, 가족의 정체성이 어느 정도 이 점을 고려해야 한다는 점을 보여 준다.

게다가 군인아내들은 한국인으로서 자신의 정체성을 삭제하고 자기 가족을 미국인으로 규정하려는 노력을 그저 수동적으로 받아들이지는 않는다. 브레넌 부인은 남편과 그녀가 처음 미국에 도착하고 난 뒤 결혼 생활 초기에 경험한 일을 회상했다. 남편과 말다툼을 하다가 그녀가 딸아이를 데리고 한국으로 돌아가겠다고 하자, 남편은 딸아이의 성은 자신의 성씨이므로 그녀가 딸을 데리고 한국으로 돌아갈 자격이 없다고 주장했다. "그래서 내 기세가 꺾였을까?" 브레넌 부인은 말을 이었다. "절대로, 그럴 리 없지. 난 머리꼭지가 돌아서 집안에 있는 모든 걸 부쉈지. 그러자 남편이 용서해 달라고 빌더군." 딸이 아버지의 성을 따른다는 남편의 주장은 어머니로서 브레넌 부인의 역할과 권위를 삭제하려는 시도로 볼 수 있다. 그런 시도는 누구의 자손인지를 추적함으로써 아버지에게 권리를 부여하는 가부장적인 사고의 한 표현이다. 딸에 대한 자신의 권리를 부정하려는 시도에 직면하자, 브레넌 부인은 격한 감정을 드러냈고, 설사 많은 것은 아니더라도 결국에 가서는 딸에 대한 자신의 권리만큼은 남편이 양보하도록 만들었다. 브레넌 부인은 "딸에게 아버지의 성을 물려주었다는 게 그처럼 중요해? 걔가 결혼하면 또 다른 성을 따르게 될 텐데"[15]라고 성토했다. 하지만 "딸애는 내 살과 뼈로부터 태어났어. 내 피가 그 아이의 피 속에도 흐르고 있잖아. 이름은 바꿀 수 있지만 그건 변할 수 없어." 어머니와 딸 사이는 뼛속까지 육체적으로 연결되어 있다는 점을 환기시킴으로써 그것이 이름보다 더욱 영구적인 것임을 주장했다. 브레넌 부인은 아버지로서의 가부장적인 특권과 한국적인 정체성보다 미국적인 정체성을 우월한 것으로 주장하려는 특권의식에 저항했다.

페리먼 부인은 처음 임신했을 때 생긴 일을 이야기해 주었다. 남편은 김치를 더 이상 먹지 말라고 했다. 발효시킨 배추로 만든 김치는 너무 매워서 아이에게 좋지 않을 것으로 믿었다. 페리먼 부인은 놀라서 기가 막혔다. 수백 년 동안 한국 사람들은 김치를 먹었지만 김치가 아이들에게 나쁜 영향을 미친다는 소리는 금시초문이다. 그녀는 자신이 먹고 싶은 음식을 못 먹느니 차라리 이혼하겠다고 했다. 최후통첩에 부딪히자 남편은 항복했다. 브레넌 부인은 발효된 콩으로 만든 된장국을 끓였던 이야기를 해주었다. 그녀는 콩을 발효시켜 청국장을 직접 만들었고 그것을 가지고 우거지 국을 끓였다. 냄새가 정말 강했다. 일을 끝내고 집으로 돌아온 남편은 문을 열자마자 코를 쥐며 말했다. "아니, 여보, 여보." 브레넌 부인은 벌컥 화를 냈다. "그래, 내가 이런 종류의 음식을 먹는다는 걸 몰랐단 말이야? 몰랐어?" 페리먼 부인과 브레넌 부인, 이들 두 사람은 내가 인터뷰를 했던 사람들 가운데 집에서 어떤 한국 음식이든지 해먹을 수 있는 극소수에 속했다.

대부분의 경우 저항은 그렇게 노골적인 것은 아니었다. 많은 여성들은 한국과의 연관을 감춰 두고 혼자 있을 때 즐긴다. 혼자 있을 때 한국 음식을 먹거나 한국 텔레비전 프로그램을 녹화한 비디오를 보거나, 한국 책을 읽고 한국 친구들과 만난다. 그들은 남편을 위해 미국식으로 집안을 꾸려가지만 혼자 있을 때면 한국적인 것들을 불러낸다. 예를 들어 와인버그 부인은 미국의 중산층 교외 주택에 있는 여느 집처럼 미국 중산층 계급의 위상에 걸맞은 물질적인 풍요로 집안을 완벽하게 유지하고 있다. 하지만 혼자 있을 때면 그녀는 종종 한국 음식을 먹고 다른 한국 여성들과 전화로 수다를 떨고 한국 비디오를 보았다. 또 다른 여성은 이렇게 말했다.

> 남편이 집에 있을 때면 우리 집은 전형적인 미국식 집이야. 모든 것이 미국적이지. 그러나 남편만 집에 없으면 축소판 한국이 되죠. 주로 혼자서 한국 비디오를 보거나, 때로는 한국 친구들과 함께 비디오를 보기도 한답니다.[16]

그녀는 한국적인 것의 억제를 받아들이면서도 동시에 삭제를 거부한다. 남편을 위해 미국적인 가정을 유지하면서도 남편이 없을 때는 집안을 '한국적인' 것으로 꾸린다.

나의 왕자님? 혹은 나의 연꽃

심지어 남편들은 아내들이 미국식 가정과 가족을 꾸려가도록 기대하면서도 아내에게는 '전통적인' 아시아 여성을 원하는 것처럼 보인다. 아시아 여성은 온순하고 순종적이며 자기희생적이고 겸손하다는 상투적인 이미지를 믿고서 많은 남편들은 아내에게 그런 종류의 태도를 고대한다. 여성들의 입장에서는 그들 나름대로 미국 남자들은 성차별주의자가 아니며 아내를 여왕처럼 받들어 모시고 살 것이며 따라서 결혼 생활에서 어느 정도 평등을 기대했다. 각자 타자에 관한 전형적인 기대치에 근거하고 있는 것처럼 보였다. 50명의 한국인 여성과 미군 커플에 관한 조사에 따르면, 아시아 여성과 미국 남자에 관한 전형적인 이미지에 근거한 기대치의 갈등이 결혼 갈등의 주요한 원천이었던 것으로 드러났다.[17] 여자들은 백마 탄 왕자를 찾고 있었으며, 반면 남자들은 연꽃을 찾고 있었다. 하지만 그 결과 양쪽 모두 흔히 실망했다.

페리먼 부인의 남편은 아내가 마치 하녀처럼 언제나 자기 시중을 들어줄 것으로 고대했다고 한다. 그녀가 일하러 다니는 것도 원하지 않았다. 하지만 남편은 자주 실업 상태였고, 늘어나는 가족을 부양해야 했기에 남편의 반대는 아무런 힘을 발휘하지 못했다. 사정이 그런데도 여전히 집안일은 그녀의 책임이었다. 그녀는 일을 하러 다녔고, 남편은 하루 종일 집안에서 빈둥거렸다. 하지만 남편은 설거지를 하거나 빨래 개는 일조차 신경 쓰지 않았다. 남자들이란 미국인이든 한국인이든 하나같이 똑같다고 그녀는 통탄했다. 그것은 내가 인터뷰했던 군인아내들이 이구동성으로 한 말이었다.

많은 여성들에게 남편이 처음에 매력적으로 보였던 이유 중 하나가 자기 아버지와 같은 한국 남자들처럼 성차별적이고 지배적이지 않을 것이라고 믿었던 탓도 있었다. 미국 남자들의 기사도적인 태도에 깊은 인상을 받았다는 여성들도 있었다. 데이트를 할 때 여성을 배려하여 문을 열어주고, 의자를 빼주고, 그 밖에도 '레이디 퍼스트'처럼 행동했다. 그들이 미국인과 결혼한 것은 한국 사회의 현실적이며 감지된(perceived) 성차별에 저항하는 것이 될 수 있다.

모건 부인은 어린 시절 미국인 남자친구를 만나면서 미국인과의 결혼에 열린 마음을 갖게 되었다고 말해 주었다. 1970년대 후반 서울에 있는 미군 기지에 있는 볼링장에 놀러갔을 때, 그녀는 남자친구의 행동에 깊은 감명을 받았다.

그는 내 친구들에게 너무 잘해 줬어요. 한국 남자들에게는 그런 태도를 찾아볼 수가 없었으니까. (웃음) 물론 우리 모두는 미국 남자가 한국 남자들보다 낫다고 믿었지요. 우린 정말 그렇게 믿었어. 하지만 어떤 나라 출신이든지 간에 사람마다 다르게 마련인데…… 어쨌거나 남자는 남자고, 여자는 여자예요. 남자는 남자대로 마찬가지, 여자는 여자대로 마찬가지. 사람마다 다른 것인데 우린 그걸 몰랐던 거야. 살다 보니 그걸 알게 되더군요. 그 당시는 아무리 누가 말해 줬더라도, 철이 없어 알아듣지도 못했을 테지만.

한국 남자와 한국 사회의 성차별주의로부터 달아날 수 있으리라 믿었지만, 많은 여성들은 일단 결혼을 하고 나자 또 다른 형태의 성차별주의와 마주치게 되었다. 성차별주의에다 동양인에 대한 인종차별주의까지 덧붙여졌다. 기사도적인 태도는 더 이상 눈에 띄지 않았다. 남편은 아내에게 자신이 규정하고 자신이 이해한 방식의 전통적인 아시아인 아내 역할을 이행하기를 기대했다. 몇 명의 여성들은 자기 남편들이 한국 여성으로서 그들이 남편에게 헌신하고 모든 가정의 의무를 다하는 것이야말로 극히 자연스러운 것으로 생각하는 것 같았다고 말했다. 피터슨 부인은 "아내가 매일 아침 남편 구두를 닦는 건 한국 문화의 일부라고 남편은 생각했어요. 남편은 나의 노고를 한번도 인정한 적이 없었죠"라고 토로했다. 한 여성은 남편에게 자신의 노력을 너무나 당연하게 여긴다고 말했다. 그러자 남편은, 한국 여성으로서 가족을 위해 열심히 일하는 것은 마땅히 해야 할 올바른 일을 한 것뿐이며, 당연히 해야 할 일을 했는데 칭찬을 왜 하느냐고 말했다. 여성들은 상근직을 유지하면서도 모든 가사를 책

180

임지고 아이를 키워야 했다. 게다가 많은 여성들은 남편들이 화가 나면 아내를 깔보는 방식으로 한국과 한국인, 그리고 한국 문화에 모욕을 가한다는 점을 알게 되었다.

상반된 기대로 인한 충돌이 너무 심각해서 이혼으로 치닫는 경우도 왕왕 있었다. 모건 부인은 존중받고 사랑받는 관계를 기대하고 첫 남편과 결혼했다. 연애할 때 그는 배려심 있고 친절하고 세심했다. 하지만 결혼 생활을 할수록 그는 점점 변해 갔다.

> 그는 대단히 보수적인 사람이었어요. 한국인이나 마찬가지로 그는 여자가 살림을 꾸려야 하고 남자는 부엌 근처도 얼씬거리지 말아야 한다고 생각했다니까, 글쎄. 여성이 모든 것을 다 해야 한다는 게 그의 스타일이었거든요. 그런데 난 미국인들은 자상하고 정말로 아내들에게 잘해 준다고 생각했던 거죠. [처음에는 그 역시 그랬다.] 바로 그 점 때문에 그에게 끌렸던 것이고. 그런데 그게 그 사람의 진정한 본성이 아니었던 거예요. 본성을 속이고 가장하자니 그게 남편에게는 너무 힘들었겠죠.

모건 부인은 몇 년 동안 남편이 변할 것이라고 기대했고 아니면 맞춰서 살아보려고 노력하다가 결국 이혼했다. 그녀는 전업주부였으므로 남편이 집안일을 하지 않는다는 것이 그다지 문제가 되진 않았다. 그보다는 그가 너무 군림하려 들고 그녀를 대등한 존재로 존중해 주지 않는 것이 더 큰 문제였다고 그녀는 말했다.

내가 인터뷰했던 여성들에게 이혼과 재혼은 흔한 일이었다. 미국으로 왔을 때 결혼했던 남편과 대부분 이혼을 했으며, 상당수는 다른 미국인 남자와 재혼했다. 이혼 사유는 배우자 학대에서부터 남편의 바람에 이르기까지 다양했다. 이혼 후 많은 여성들은 낯설고 익숙하지 않는 나라에서 홀로 자녀들을 키워야 했다. 그런 경우 재혼은 종종 생존 전략이기도 했으며, 미국 남자만을 적절한 결혼 대상으로 보았다.

가사 일은 결혼 생활에서 두드러진 부분이었다. 나와 나눈 인터뷰 대화에서 가장 많은 부분을 차지했던 것이 가사였다. 아내로서의 역할은 남편에게 서비스하는 것을 상징하는 것처럼 보였다. 크리스핀 부인은 날마다 남편의 군복을 전통적인 방식으로 풀을 먹였다. 풀은 그녀가 손수 쑤어서 냉장고에 보관했다. 피터슨 부인은 일하지 않는 것에 죄의식을 느꼈다고 말했다. 왜냐하면 미국인들은 부부 모두 일을 한다고 들었기 때문이었다. 그래서 그녀는 집에서 할 수 있는 한 열심히 일했다. 남편이 부족한 것이 없을 정도로, 남편이 집안에서는 손가락 하나 까닥하지 않아도 될 정도로 일했다. 그녀는 아침마다 남편 구두를 닦았다. 아들이 태어나고 난 뒤 남편에게 거들어 달라고 했더니 그녀의 말은 전혀 먹히지 않았다. 피터슨 부인은 "남편은 말이지, 모든 한국 여성들은 언제나 가사 일을 혼자서 하며 남편을 보살펴야 한다고 생각했어. 남편은 원래 그런 것이라고 생각했고, 전혀 바꾸려고 하지 않았다니까"라고 말했다. 그녀는 또한 남편 친구들이 텔레비전 스포츠 중계를 함께 보려고 오거나 집으로 놀러오면 그들에게 음식과 마실 것을 대접했다. 그럴 때 남편 친구들이 했던 말을 즐겁게 기억했다. 남편 친구들은, 미국 여자들은 남자를 대접할 줄 모르는데 남편 대접을 제대로 할 줄 아는 한국인 아내를 맞이했으니 남편더러 정말 행운이라고 말했다.

많은 남편들은 아시아 여성을 선호한다고 터놓고 말했다. 오렐라나 부인은 남편을 처음 만났을 때, 그는 아시아인 아내를 찾고 있으며 아시아 여성들이 훨씬 더 매력적이라고 언제나 생각했다고 말했다. 남편이 청혼했을 때 브레넌 부인은 왜 한국 여자와 결혼하려 하느냐고 물었다. 그는 미국 여자들이 도도하고 오만해서 남편을 존중할 줄 모른다고 대답했다고 한다. 그들이 결혼했을 때, 처음에 남편은 그녀가 바깥일을 하는 것을 좋아하지 않았다. 여자가 일을 하면 콧대가 높아진다고 하면서.

대다수 군인아내들은 미국 남자들이 '도도하고 자유분방한 서구 여자' 들로부터 벗어나려는 현상에 관해 전부는 아니라 하더라도 막연하게는 인식하고 있었다. 다양한 우편 주문 서비스를 이용하여 '온순하고 순종적인 아시아 여성이라는 안식처' [18]를 찾고 싶어 했기 때문이다. 어떤 여성들은 남편이 아시아 여성을 선호하는 것에 자부심을 느끼고 있었다. 왜냐하면 그들은 한국인과 미국인 모두로부터 종종 받게 되는 수모와 경멸을 보상해 주고 아시아 여성의 가치를 인정받은 것으로 여기기 때문이다.

일하는 여성

미국에 도착하고 난 뒤 그녀들의 지배적인 반응은 실망이었다. 한국에서 보았던 현란하고 매력적인 미국은 전혀 황금으로 변하지 않았다. 풍요로운 나라에서 군인아내들은 흔히 가난을 겪었다. 남편들의 고향 동네는 대부분 시골이었으며 1950년대 미국의 시골은 수돗물, 수세식 변소, 전기도 부족했다. 그 당시 미국 농촌은 한국 농촌과 다르지 않았으며 때로는 도시화된 서울보다 더 열악했다.

1950년대 후반 첫 남편과 함께 켄터키로 갔을 때 부겔리 부인은 가난한 농촌 지역 한가운데 군 기지가 있다는 것을 알게 되었다. 기지 안에 주택을 확보할 수가 없어서 그들은 한국의 낙후한 주거지에 버금갈 만한 작은 살림집을 전전하며 살았다. 남편이 벌어 오는 적은 사병 월급으로 어쨌거나 생활을 꾸려가야 했다. 집이라고 해보았자 방 한 칸짜리 판잣집에 불과했다. 온수도 안 나오고 전기도 들어오지 않았으며, 재래식 변소통은 부겔리 부인이 날마다 비워야 했다.

1980년대의 서울보다 훨씬 더 낙후된 것처럼 보였고, 남편의 봉급으로 근근이 연명하면서 지저분한 이동 주택에서 살아야 하는 미국 생활에 대한 실망을 토로하면서, 모건 부인은 이런 이야기를 했다. "처음 미국에 왔을 때 얼마나 실망했던지. 미국의 실상을 몰랐던 거야. 내가 미국의 실상을 알 방법이 어디 있었나. 정말 몰랐어. 텔레비전에서 보았던 미국, 우리가 드라마에서 보았던 미국, 그게 전부였으니까."

하지만 그들은 실망하고 있을 시간이 없었다. 어찌 되었든 적응해야 했기 때문이었다. 영어 실력을 향상시키고, 운전하는 법을 배우고, 일자리를 찾기도 했다. 하지만 일자리를 구할 만한 기술도 없고 최소한의 생존 영어밖에 모르는 이민자인 그들에게 주어질 수 있는 일자리는 극히 제한적이었다. 많은 학자들이 미국 노동 시장이 인종, 젠더, 계급의 노선을 따라서 분할되어 있는 방식을 이론화했다.[19] 지역에 따라서, 시기에 따라서 다르게 분할된다고 할지라도, 인종과 젠더는 특정한 집단의 노동자들을 경제의 최하층으로 밀어 넣는데 지속적으로 사용되었다. 예를 들어 이블린 나카노 글렌(Evelyn Nakano Glenn)이 보여 주었다시피, 이민자든 원주민이든 간에 일본 여성들은 20세기의 대부분 동안 거의 가사 노동에 배치되었다. 이와 유사하게 한국인 군인아내들은 승진을 할 수 있는 가망이 거의 없는 비숙련 혹은 반숙련 노동에 한정되어 있었다. 흔히 그들은 비공식적인 노동 시장에서 임시직이거나 계절적인 노동에 제한되어 있었다. 이들 여성이 어느 시기에 미국으로 왔던지 간에 시기에 상관없이 이 점은 사실이다.

내가 만났던 군인아내들은 주로 직물, 농업, 전자, 과자, 장난감, 그리고 그 밖에 여러 제조 분야에서 비숙련 혹은 반숙련 노동을 하고 있었다. 그들은 노조를 조직한 경험이 없었기에 일시해고의 1순위가 되었다. 일부 여성들은 계절노동, 즉 블루베리나 버섯을 따거나 관광철이 되면 비치하우스나 콘도미니엄을 청소하는 일에 종사했다. 또 어떤 여성들은 직물 산업에서 날품팔이를 하거나 한 벌 당 푼돈을 받고서 집안에서 재봉틀을 돌렸다. 그리고 병원이나 호텔에서 허드렛일을 하거나, 식당에서 접시 닦기, 드라이클리닝 공장에서 세탁일 등 최소한의 임금 노동을 하는 여성들도 있었다. 서비스 분야에서 이런 일들은 한인 경제(korean economy)에 주로 한정되어 있었으며, 대개는 한국 손님들을 상대하는 식당이나 식품점 등에서 웨이트리스나 점원으로 일했다. 몇 명의 여성은 바에서 호스티스로 일하면서 한국 교민이나 미군들을 상대하는 일을 하고 있었다. 또 몇 명은 미국에 있는 군사 기지 근처에서 그런 사업체를 소유하고 있어서, 도대체 기지촌은 어디서 시작해서 어디에서 끝나는가라는 의문이 들게 만들었다. 자기 소유의 사업체를 가진 몇 명 되지 않은 사람들은 주로 선물 가게, 미용실, 세탁소, 그 밖의 다른 작은 가게를 운영하고 있었다. 그들은 작은 자영업체를 꾸리며 스스로를 착취했는데, 그것은 임금 노동의 착취라는 막다른 골목에서 벗어난 경우였다. 나와 이야기를 나눴던 대다수 여성들은 다양한 일터에서 일했으며, 그중에는 두세 가지 일자리를 병행하는 경우도 있었는데, 그들은 거의 모두 일시해고를 경험했다.

1954년 뮬런 부인은 과자 공장에서 일했다. 남자들이 과자를 만들었다고 그녀는 말했다. 그녀는 거대한 통을 휘젓던 남자들을 기억했다. 여자들은 과자를 싸서 상자에 넣어 포장했다. 그 공장은 초콜릿을 비롯하여 거의 모든 종류의 과자를 만들었다. 어떤 과자는 과자껍질로 싸고, 어떤 것들은 그냥 상자에 담아서 포장했다. 그곳에서 일한 지 2년 반이 지나고 난 뒤 공장은 문을 닫았다. 그녀가 묘사한 공장은 산업화를 비판했던 찰리 채플린의 영화 〈모던 타임즈(Modern Times)〉에 나오는 장면과 흡사했다. "정말 믿을 수가 없었어. 태어나고 나서 그렇게 일했던 적은 없었거든. 마치 노예 같았으니까"라고 그녀는 고개를 저었다. 그녀는 컨베이어 벨트 앞의 자기 위치에서 과자가 지나가기를 기다리며 서 있었다.

빨리 움직여야 해……. 최대한 많은 과자를 포장해야 했어. 빨리, 빨리, 빨리, 빨리 해야 했어. 하나를 놓쳐 버리면 모든 사람들에게 방해가 되니까. 그럼 정말 곤란해지거든. 그렇게 되니까 소리를 버럭 지르게 돼. 정신없이 일을 해야 해. 그래요. 정말 정신없이 열심히 일해야 했지, 열심히. 일을 늦출 수가 없었어. 그게 글쎄, 안 그러면 일자리가 없어지니까. 모든 걸 신속하게 처리해야 했어. 모든 걸 그저 빠르게, 빠르게 미친 듯이. 처음 그 일을 했을 땐 아침에 일어나기가 너무 피곤했어. 컨베이어 벨트 앞에 서 있어봐. 하루에 여덟 시간씩 말이야. 휴식이라곤 고작 15분 휴식 그리고 10분 휴식이었어. 15분, 10분…… 하루에 두 번이었다니까. 아침에 일어나면 너무 피곤해서 손도 퉁퉁 붓고 얼굴도 부었어.

공장이 문을 닫고 나자, 그녀는 일자리를 찾으러 말 그대로 눈이 돌아 갈 정도로 돌아다녔다. 그녀는 치기공소에 일자리를 구했지만 과자 공장 이나 마찬가지로 최저 임금을 받았다. 다만 차이라면 이번 일자리에서는 기술을 배울 수 있었다. 그녀는 치기공사가 되어 의치를 전문으로 하게 되 었다. 그녀가 그 일을 정말로 알기까지 꼬박 십 년이 걸렸다. 왜냐하면 새 로운 기술이 자꾸 도입되어 계속 신기술들을 배워야 했기 때문이다. 게다 가 "사례마다 다르고 모든 사람들의 입이 제각기 달랐다"고 그녀는 말했 다. 그녀는 그곳에서 26년간 일하다가 그만두었다. 가족이 운영하는 치기 공소가 회사에 팔렸기 때문이었다. 회사의 상사 중 한 사람이 자신의 치기 공소를 열고 뮬런 부인에게 그곳에서 일하지 않겠냐고 제의를 했다. 뮬런 부인은 그 제안을 받아들였고, 1994년 은퇴하기까지 12년을 일했다.

내가 만났던 여성들 중에서 뮬런 부인은 가장 안정적인 직업 이력을 가진 사람이었다. 그녀는 또한 기술을 습득한 몇 명 되지 않는 사람 중 한 명이었다. 그녀 자신도 그 점을 잘 알고 있었다. 그녀는 자신이 치기공소 에서 일하게 되어서 재수가 좋았다고 말했다.

부겔리 부인도 안정된 일자리를 구했다. 1950년대 말에 백인 가정의 가정부로 일하거나 베이비시터를 함으로써 비공식적인 경제 활동을 시 작했다. 당시 그녀는 주당 8달러를 받았는데, 일자리는 그녀의 시어머니 가 구해 준 것이었다. 얼마 지나지 않아 그녀는 더 많은 벌이가 필요해졌 다. 그 백인 가정의 남편은 자신이 일하고 있는 구두 공장에 그녀를 취직 시켜 주었다. 그녀는 주당 70달러를 받고 70시간 일했다. 그녀는 이 공장 저 공장을 옮겨 다녔다. 가스 스토브 공장에서 전자 장비 공장, 그리고 소 비 물품 공장 등을 전전했다. 때로는 더 나은 임금을 주는 곳을 찾아 일자리를 떠나기도 했지만 대체로는 일시해고를 당했다. 1960년대 말경 그녀는 아기그네를 만드는 곳에서 일자리를 구했다. 그곳에서 그녀는 은퇴할 때까지 거의 20년 동안 일했다. 때때로 그녀는 집세와 전기세와 같은 것을 낼 수 없을 정도가 되기도 했지만—이혼하고 재혼하기 전까지는 특히 그랬지만—부겔리 부인은 복지 수당이나 타인에게 "손을 내밀지 않았다"는 것에 대단한 자부심을 갖고 있었다.

대부분의 군인아내들은 안정적이고 안전한 일자리를 찾을 수가 없었다. 저임금 일자리에서 또 다른 저임금 일자리로 이동하기 일쑤였다. 1958년에 미국으로 온 데니슨 부인은 이혼 후 혼자 자녀들을 키우며 그런 일자리를 수십 년 동안 전전했다. 봉제 공장에서 식당으로, 병원의 의료 기구 청소에서 사무실 건물의 마루 청소에 이르기까지 할 수 있는 모든 일을 했다. 그녀는 일하면서 아이를 키우던, 그야말로 등골이 휘던 시절을 잘 기억하고 있었다.

브레넌 부인은 1975년 미국에 온 이후로 그때그때 임시적인 일들을 했다. 그녀는 기지 안에 있는 세탁소에서 3년 동안 일했으며, 몇 개월 동안은 기지 안 식당에서 일했다. 나중에는 전자 회사에서 전자사전의 품질을 체크하는 일을 했다. 교통사고가 난 이후로 그녀는 컵 하나 들어올릴 수가 없어서 장애인 수당을 받게 되었다. 장애인 수당만으로는 생활비를 충당하기가 어림없어서 그녀는 계속 일을 해야만 했다. 이번에는 비공식적인 경제 영역의 돈벌이였다. 그녀는 다른 군인아내들의 베이비시터를 했다. 때로는 교회에서 다른 여성들과 함께 블루베리를 따러 가거나 비치 콘도미니엄을 청소하는 계절적인 일을 하기도 했다.

많은 여성들, 특히 이혼하고 혼자 자녀를 돌본 여성들은 다양한 일을 했다. 1970년대에 본 부인은 이혼 후 자신과 자녀들을 먹여 살리기 위해 한 꺼번에 세 가지 일을 하기도 했다. 1990년대에 또 다른 여성은 낮에는 라텍스 공장에서 일하고 저녁과 주말에는 드라이클리닝 가게에서 일했다.

사실상 거의 예외 없이 이 여성들에게 일자리는 생계 수단으로서의 의미가 절대적이었다. 즉 주로 자녀들을 위한 건강보험과 같은 핵심적인 혜택을 받기 위한 것이지 경력을 쌓기 위해서 혹은 자아실현이나 시간을 보내기 위한 것이 아니었다. 시간을 보내기 위해 일자리를 구했다고 말했던 몇 명의 여성들은 장교나 사업가 등과 결혼해서 중산층의 지위를 누리는 여성들이었다. 하지만 그들이라고 해서 계급적인 위상에 맞는 일자리를 구할 수는 없었다. 왜냐하면 중산층이라는 그들의 계급적인 위상은 남편과의 관계로 인한 것이었기 때문이다. 노동 시장에서 그들은 다른 군인아내들과 마찬가지로 직업 기술도 없고 영어 실력이 부족한 아시아계 이민자들일 뿐이었다. 따라서 그들 역시 공장에서 일했다. 전반적으로 이들 여성은 자기 일에서 자극이나 기쁨을 기대하지는 않았지만 존중받기를 원했으며, 가사를 돌보고 가족에게 책임을 다할 수 있는 그런 융통성 있는 일자리를 원했다. 그들은 일자리를 생계 수단으로 간주함으로써―가족을 부양하기 위한―임금을 고려해야 할 뿐만 아니라 자기들의 요구에 가장 적합한 일자리를 찾으면서 근무 시간과 노동 조건을 고려하지 않을 수 없었다.

여성과 일에 관해 연구한 많은 학자들이 말했다시피, 여성들은 일을 하면서도 가족에 대한 책임을 고려해야만 했다.[20] 자녀가 딸린 여성들은 아이가 클 때까지 가능한 집에서 머물다가 아이들이 학교에 입학하고 난 뒤에 노동 시장으로 들어갔다. 이혼한 여성들은 다른 여성들(아이들의 친할머니, 나이가 든 딸아이나 이웃에 사는 군인아내들)에게 아이들을 맡기고 시간을 융통성 있게 쓸 수 있는 일자리를 찾았다. 한 여성의 딸은 할머니와 함께 살면서 주로 주말에 엄마를 만났다. 본 부인은 장녀에게 의존했다. 딸아이가 남동생을 돌봐 줄 정도로 나이가 들었으므로, 그녀는 일을 하면서 학교에 다닐 수 있었다. 이와 마찬가지로 페리먼 부인은 십대인 두 딸들에게 유치원생인 여동생을 돌보도록 하고, 자신은 낮에는 일을 하고 저녁에는 야간학교를 다녔다.

할머니처럼 어머니를 대신해 줄 수 있는 사람이 없는 여성들은 의류 산업처럼 재택근무를 할 수 있는 일자리의 이점을 활용하여 집에서 일을 하고 자녀들을 보살폈다. 그런 일은 최저 임금보다 더 많은 돈을 필요로 하는 이들 여성에게 부업으로 보탬이 되었다. 한 여성은 집에서 하는 일이 공장에서 하는 것보다 좋다고 했다. 왜냐하면 시간을 융통성 있게 쓸 수 있기 때문이었다. 그녀는 아이들이 잠자리에 든 밤이나 아이들이 학교에 가고 난 뒤에 일을 했다. 재택근무는 또한 계절적인 일이나 임시직 일자리를 할 수 있게 해주었다. 하지만 이것이 의미하는 바는 이들이 거의 언제나 쉴 새 없이 일해야 한다는 것이다. 곧 옷을 만드는 재봉틀을 돌리지 않을 동안 그녀는 집안일을 하고 아이들을 돌보거나 아니면 다른 임시직 일을 하는 것이다.

여성들은 또한 일터에서 존중받기를 원했다. 공장에서 일하는 것이 힘든 이유 중 하나는 인간으로 대우받기보다는 기계 부속품이나 컨베이어 벨트의 부품처럼 취급당하는 것이라고 많은 여성들은 말한다. 기계의 속도를 따라가려면 그들은 미친 듯이 보조를 맞춰야 한다는 것이다. 정해진 휴식 시간 말고는 화장실에 갈 여유도 없이 지루하고 단순한 반복 노동을 했다.

혜택도 없고 불안정하며 저임금인데도 불구하고 계절적인 일자리의 이점은 훨씬 인간적인 환경에서 친구들과 어울려서 함께 일한다는 점이다. 예를 들어 1990년대 해마다 봄과 여름에 블루베리 따는 일을 했던 여성들은 비록 허리가 휘어질 정도로 고달픈 노동이었지만 마치 그 일을 소풍처럼 생각했다. 블루베리를 따는 일은 몇 시간 동안 허리를 구부린 채로 있어야 한다. 그래서 여성들은 등허리에 생기는 통증과 발과 다리가 퉁퉁 붓는 등의 증상을 호소했다. 블루베리 철이 되면 매주 일요일마다 그들은 블루베리의 상태를 의논하고 어느 농장에서 일꾼을 필요로 하는지를 물색했다. 대체로 한 여성이 비공식적인 정보 연락병으로 기능하면서 최근에 블루베리를 땄던 다른 여성들에게 소식을 물어 날랐다. 그러면 누가 언제 가는 것이 좋을지를 가늠한 다음 그들은 알맞게 팀을 꾸려 함께 같은 농장에 가서 일을 했다. 돌아오는 길에 그들은 누가 얼마나 벌었는지 비교해 보기도 했다. 시간당이 아니라 따는 분량에 따라서 품삯을 받았기 때문에 각자의 속도에 맞추어 일했다. 이를테면 브레넌 부인은 건강이 좋지 못해서 천천히 땄으며, 건강하고 젊은 여성들보다 훨씬 적은 품삯을 받았다.

일부 여성들은 일터에서 받는 부당한 대우에 적극적으로 저항했다. 1970년대 브레넌 부인은 영내 기지 세탁소에서 일을 했는데 그때 십장과 싸웠던 일을 기억했다. 그는 심심하면 그녀에게 모욕적인 말을 했다. 참고 참다 더 이상 견딜 수 없었던 그녀는 십장에게 달려들었으며 감독관에게 불평을 했다. 그러자 감독관은 그 자리에서 십장을 호되게 꾸짖었다고 했다. 언어적인 학대는 멈췄지만 십장은 다른 방식으로 그녀를 괴롭힐 방법을 찾았다. 예를 들어 십장은 그녀에게 무슨 일이 필요하며 무엇을 해야 할지 더 이상 말해 주지 않았다. 그날 무슨 일을 해야 할지 그녀 스스로 추측해야만 했다. 날마다 해야 할 일을 십장으로부터 할당받고 지시받는 그런 환경에서 이것은 도무지 버틸 재간이 없는 것이었다. 얼마 못 가 그녀는 일자리를 그만둘 수밖에 없었다.

그들이 찾을 수 있는 일이라고는 비숙련 노동이거나 반숙련 노동이기는 했지만, 그래도 여성들은 가장 비천한 일자리로 밀려나는 것에 저항하면서 일에서 만족을 추구하고 능력을 인정받고자 했다. 1960년대 말경 시간당 1달러 25센트를 받고 로켓 부분을 만드는 일을 했던 크리스핀 부인은 가장 지루하고 가장 단순한 일이 자신에게 할당된다는 것을 알게 되었다. 그녀는 가장 흥미롭고 정확성과 기술을 요구하는 섬세하고 복잡한 일련의 과정을 거쳐야 하는 핵심 부분을 조립하는 일을 할 수 있는지 물어보았다. 그 일을 하면 컨베이어 벨트나 기계에 매달려서 일하지 않아도 되었다. 그녀는 점심시간 동안 부품 세 개를 조립했다. 그 다음 주에 그녀는 그 일을 다시 할 수 있느냐고 물었는데, 그녀가 세 개 전부를 망쳤다는 말을 듣고 깜짝 놀랐다. 그녀는 부품에서 자기 이름의 머리글자를 새길 수 있는지 물어보았다. 그녀는 자신이 조립한 부품에서 조심스럽게 글씨를 적어 넣었다. 결국 파손된 부품은 다른 노동자가 한 것으로 밝혀졌다. 그녀가 조립했던 세 개는 완벽했다. 그녀는 그 분야에서 전임을 맡는 달인이 되었고, 자기 나름의 영역으로 원하는 공간 어디서든지 자유롭게 일하게 되었다. 2년 후 그녀는 통근하기가 너무 힘들어서 그만두었는데, 몇 년 후 같은 일자리로 돌아왔을 때 모든 노동자들과 감독관들이 기립하여 그녀를 환영했다.

여성들은 노동 시장의 어려움과 협상하고 서로에게 다른 일자리를 찾

192

는 데 도움을 주면서 연대감을 표시했다. 예를 들어 교회에서 매년 블루베리를 따거나 비치 콘도미니엄 청소를 하는 계절적인 일을 하러 나가는 경우, 그것은 서로에게 일자리 정보를 제공해 주었다. 교회에서 온 여성들뿐만 아니라 그 지역에 사는 다른 군인아내들도 서로가 기억하는 한 오래전부터 함께 소풍을 나갔다. 그런 식의 나들이는 1980년대 초까지 거슬러 올라가는 것으로 그들은 기억했지만 아무도 확실히 알고 있는 사람은 없었다. 누가 그 일을 할 것인지를 결정할 때 그들은 절박한 필요에 따라 대단히 공정하게 판단했음을 보여 주었다. 정기적인 수입이 있는 남편을 둔 여성들 또는 다른 사람들만큼 절박하게 과외의 돈을 필요로 하지 않는 여성들에게는 한철 일(블루베리 따기, 비치 콘도미니엄 청소 등)을 하러 가자는 제안을 하지 않은 반면, 혼자서 먹고 사느라 힘든 여성들에게는 함께 소풍 삼아 가자고 부추겼다. 여성들은 자신이 일하는 공장과 일터에서 나온 다른 일자리 정보를 서로에게 제공했다. 예를 들어 지역 병원은 교회에서 여성들을 정기적으로 고용했다. 여러 사람이 이전에 일했고 지금도 여러 명이 잡역부, 접시 닦기, 그 외에도 비숙련 또는 반숙련 노동을 하고 있었다. 전기 공장과 라텍스 공장은 많은 여성들에게 일자리의 원천이 되었다. 많은 여성들은 한국인 군인아내들의 손에 일단 일자리가 떨어지면, 그 일자리가 없어질 때까지는 군인아내들끼리 그것을 물려받는다는 농담을 했다.

때로는 멀리 떨어져 있는 사람들 사이에서도 서로 도움을 주었다. 1996년 일요일 예배가 끝난 후 일군의 여성들이 함께 모여서 가능한 일자리를 모색하고 있었다. 그들은 의복 공장에 관해 논의하고 있었는데, 그 일을 하게 되면 아이들을 집 바깥으로 나돌리지 않고서도 돈을 벌 수 있을 것으로 보았다. 한 여성에게는 또 다른 군인아내 친구가 있었는데, 그녀는 노스웨스트에서 봉제를 하면서 살고 있었다. 마무리되지 않은 일을 그 친구에게 우편으로 보내면 바느질을 해서 다시 우편으로 보내기로 의견을 모았다. 친구가 그녀에게 일을 보내면 어떠냐고 물었고, 그 친구는 그 제안을 곰곰이 생각했다. 그녀는 과거 봉제 공장에서 일한 경험이 있었으므로 그 일을 충분히 해낼 수 있을 것으로 보았다. 그런데 문제는 적절한 재봉틀이 없다는 것이었다. 심지어 중고도 구할 수가 없었다. 그때 한 여성이 방법을 찾았다. 다른 여성에게 재봉틀을 빌리면 어떠냐고 했다. 그렇게 하여 한국인 군인아내라는 공통된 상황 아래 서로 다른 지역에 있는 여성들이 서로 뭉쳐 그 일자리를 구할 수 있었다.

배움의 기쁨

경제의 최하층에 놓여져 있는 자신들을 발견했음에도 불구하고 많은 여성들은 자신의 삶을 향상시키려고 노력했다. 그중 일부는 기술을 배우고 돈을 한푼 두푼 긁어모아 작은 사업체를 시작했다. 다른 사람들은 더 나은 일자리를 찾을 수 있는 방법으로 공부를 하기를 희망하면서 교육을 받았다. 이렇게 하여 여성들은 그들이 처음 미국 땅에 발을 디디면서 함께 가져온 꿈이었지만 가혹한 현실에 밀려 밀쳐두었던 꿈을 추구했다. 많은 난관 앞에서도 자기 목표를 향해 나갈 수 있었던 것을 축복으로 해석하면서 봉착한 난관에 대한 방패로서 긍정적인 태도를 채택했다. 한 여성은 말했다.

역경에 대해 불평할 수도 있었어요. 또 미국 생활이 얼마나 끔찍했는지 불평할 수도 있었고. 그런다고 해서 뭘 할 수 있겠는가. 달라질 것은 아무 것도 없어요. 하지만 긍정적으로 생각한다면 열심히 일할 수 있는 용기라도 내 스스로에게 줄 수 있잖아. 그게 내 생활을 향상시킬 수 있는 방법이거든. 좋은 것만 생각하기로 했어요. 그걸 바탕으로 쌓아 나갈 수 있으니까.

페리먼 부인은 1978년 미국에 도착했을 때 이루 말할 수 없을 정도로 실망했다. 그녀는 한국에서 가난 때문에 포기했던 대학 공부를 미국에서는 할 수 있을 것으로 희망했다. 하지만 미국에서 그녀가 떠안은 것은 가난뿐만 아니라 가족을 부양해야 하는 부담이었다. 가끔씩 일을 하는 남편의 수입으로는 아이를 데리고 이동 주택에서 사는 것도 버거운 일이었다. 그녀가 일하는 것 말고는 달리 대안이 없었다. 하지만 남편은 그녀가 일하는 것에 반대하면서 아내로서 집안에 있기를 바랐다. 거의 굶주릴 지경에 이르자 결국 그녀는 중국 배추와 순무를 재배하는 대규모 농장에 일자리를 잡았다. 그녀는 이글거리는 땡볕 아래 하루 종일 밭에서 일을 하고 나서도 남편의 저녁을 지어 먹이고 아기를 돌보기 위해 허겁지겁 집으로 돌아오고는 했다. 말 그대로 허리가 휘어지는 일이었다. 웅크리거나 앉은 걸음으로 고랑을 따라 나가면서 철마다 요구되는 일들, 즉 잡초를 뽑거나 배추를 솎아 내는 등의 일을 하면서 하루를 보냈다. 날마다 집에 돌아와서 샤워를 하면 밭에서 묻혀 온 먼지가 시커멓게 때로는 붉은 갈색으로 그녀의 몸에서 흘러내려 간혹 하수구가 막힐 지경이었다. 아이에 대한 사랑과 어머니로서의 책임감이 그녀를 지탱시켜 준 힘이었다. "난 웃으면서 말했지. 그래, 돈 주고도 못 배우는 공부를 배우고 있다고. 난 '콘티넨털 농장'에서 일하는 것이 아니라, '콘티넨털 농과대학'에 다니고 있는 거야라고 하면서."

그녀는 15년 남짓 갖은 직업을 전전하며 남편과 아이들을 부양했다. 1990년대 초반 그녀는 세 번째 아이를 가졌는데, 난산을 한 후 다섯 달 동안 일을 못 나가기도 했다. 그녀는 미국 검정고시(G. E. D.) 자격을 취득할 기회를 얻었다. 고등학교 학력자격증을 손에 쥐고 그녀는 야간 학교에 다니기 시작했다. 우리가 인터뷰를 할 무렵 그녀는 공장에서 정규직으로 일하면서 간호사가 되기 위해 야간 대학에 다니고 있었다. 그녀의 꿈은 자녀들이 다 자라고 나면 의료 선교사가 되는 것이다. 그녀는 부푼 기대를 안고 이야기했다.

병원에서 일한다면 내가 만나게 될 사람들도 달라질 테지. 아마도 더 많이 교육받은 사람들과 만나게 될 테지요. 그럼 좀더 많은 걸 배우게 될 테고. 스트레스 또한 만만치 않겠지만. 그만큼 공부를 많이 해야 할 테니까. 그래도 보상이 있을 거라 봐요. 응급실이나 아니면 내가 배운 기술을 정말로 사용할 수 있는 그런 곳에서 일하고 싶어요. 뼈가 부러지거나 상처를 입은 사람들 등 갖가지 사례들을 보게 되겠죠. 그게 내가 경험을 쌓는 방법이니까. 그럼 내 꿈은, 아이들이 크려면 아직 까마득히 멀었지만, 아이들이 다 자라고 나면, 아이들은 대학에도 가고 뭐든 다 하겠지…… 아무튼 그렇게 되면 나도 어딘가로 가고 싶어요. 다른 나라에 가서 의료 선교사로 일하고 싶어요. 내 남은 인생을 좋은 일을 하면서 보내고 싶어요. 보람 있는 일을 하면서. 그게 내 꿈이거든.

페리먼 부인은 남편의 기죽이는 소리를 무릅쓰고 공부를 계속했다. 남편은 그녀가 학교에 가는 것을 방해하지는 않았지만, 밤늦게까지 공부한답시고 전기세나 낭비한다며 불평하고는 했다. 전일제(상근직) 직장을 다니고, 집에 와서는 세 아이를 돌봐야 하다 보니 밤늦은 시간이 아니면 공부할 시간이 없었다. 그녀는 남편의 핀잔을 무시하면서 공부했다. 공부는 그녀에게 새로운 자신감을 불어넣어 주었다고 했다. 화학과 생물학 과목에 나오는 어려운 용어들과 씨름하면서 그녀는 시험을 망치게 될까 봐 걱정했다. 그녀가 어떻게 원어민들과 경쟁할 수 있었을까? 하지만 그녀는 좋은 점수를 받았다. 원어민들 역시 과학적인 전문 용어와 씨름하고 그것을 기계적으로 암기한다는 사실을 알게 되었다. 그녀는 자기 능력에 자신감을 얻었다. 다만 그녀에게 정말로 필요한 것은 공부할 수 있는 충분한 시간이었다.

미국에 도착했을 때 속수무책이던 본 부인은 다른 여성들의 도움으로 운전을 배우고 일자리를 찾았다. 두 가지 일을 하며 아이 둘을 키우면서도 그녀는 미용 학교에 다녔다. 한국에서 한때 미용실을 운영했던 그녀에게 그것은 익숙한 일이었다. 새로운 자격증을 가지고 일자리를 찾았다.

> 그들 모두 나에게 단골손님이 있는지 묻더군요. 꾸준히 찾아오는 손님이 있잖아요. 방금 자격증을 딴 사람에게 어떻게 단골손님이 있겠어요? 내가 찾아갔던 모든 곳에서 단골을 요구하더군요. 마침내 한 곳에서 일자리를 얻었죠.

본 부인은 얼마 되지 않아 단골손님을 확보했고, 자기 동네에서 미용실을 열었다. 이제는 더 이상 미용실을 하지 않는데도 원래 단골들이 계속해서 찾아오고 있다. 인터뷰 당시 그녀는 군인아내와 그 가족을 위한 교회를 시작하는 데 골몰하고 있었다. 제멋대로 뻗어나간 반(半)농가 같은 그녀의 집 지하실에서 한국인 목사와 미국인 목사가 합동으로 거행하는 2개 국어 병용 예배를 보고 있었다.

미용 학교는 본 부인이 다녔던 최초의 학교였을 따름이었다. 1980년대 초반에 이민자들을 위한 영어 강좌가 개설되었을 때, 그녀는 지방 대학에서 영작문과 회화 등 여러 과목을 수강했다. 많은 노력 끝에 그녀는 검정고시 시험을 통과했다. 일하러 다니며 가족도 부양하느라 그녀는 시간을 쪼개 공부하면서 때로는 한 과목을, 또는 두 과목을 수강했다. 그녀는 하루 종일 일하고 집에 돌아와서 아이들에게 저녁으로 햄버거를 먹인 후 저녁 수업을 들으러 허겁지겁 차를 몰고 갔던 시절을 회상했다. 그 무렵 그녀는 혼자서 두 아이를 키우고 있었다. 딸아이가 저녁을 차리고 어린 동생을 보살필 정도로 자랐기에 그녀는 공부를 할 수 있었다. 인터뷰 당시 그녀는 여전히 강의를 들으러 다녔는데, 이번에는 대학검정고시 자격증을 목표로 공부하고 있었다. 일 년에 한두 과목을 수강해서 공부를 다 마치려면 얼마나 시간이 걸릴지 모르겠다면서 그녀는 웃었다. 하지만 그녀는 공부하는 것이 좋다고 했다. "난 아무도 부럽지 않아요. 공부한 사람들 빼고는요. 공부할 기회를 가진 사람들이 정말 부러워요"라고 그녀가 말했다.

본 부인은 공부를 하면서 때로는 두렵고 때로는 신이 나기도 한다고 했다. 두려운 이유는 행여 수업을 따라갈 수 없을까 봐, 혹은 공부하기에 너무 늦지 않았나 싶어서라고 했다. 공부하면서 신이 나는 이유는 배우는 것이 즐겁기 때문이다. 심지어 지금 나이에도 계속 교육받을 수 있는 기회가 있다는 것이 그녀는 좋다고 말했다. 공부를 하면서 가장 즐거운 것이 뭐냐는 질문에 그녀는 대답했다.

좀더 많은 영어 단어를 배울 수가 있어. 말을 이해하게 되는 거야. 새롭고 익숙하지 않은 어휘, 학기가 시작할 땐 몰랐던 단어를 알게 돼. 그래서 수업 중에 읽다가 발견한 단어를 사전에서 찾아봐요. 그 다음 학기가 되면 그 단어를 더 이상 사전에서 찾아보지 않아도 돼. 그 단어를 아니까. 그게 너무 신나. 아, 내가 이만큼 나아졌군 하는 기분. 이만큼의 지식을 얻게 되었으니까.

본 부인은 지방 대학에서 심리학, 역사학 등의 과목을 수강하고 있는데, 그녀가 가장 좋아하는 과목은 미국사이다.

난 역사가 좋아. 미국사가. 한국에서 난 역사를 배워 본 적이 없었거든. 일본인들이 온 후 우린 일본을 배웠지, 일본 역사를 공부했어. 해방이 된 후에는 모든 게 엉망이 되었지. 그래서 역사를 배우는 게 흥미 있어. 그만큼 재미도 있고.

"난 한국인이라고 말할 때 자부심을 느껴"

미국에 왔을 때 처음 느낀 실망에도 불구하고 대다수 여성들은 한국보다 미국을 좋아했다. 그와 같은 고백은 다른 이야기를 하던 도중에 느닷

없이 튀어나왔거나 혹은 대화가 잠시 중단되었을 때 갑작스럽게 나온 것이었다. 그들은 자신의 성취를 강조했다. 가족을 부양하고 기술을 배우고 열심히 노력하여 자립했으며 역경과 난관을 극복했다. 미국을 선호하는 까닭으로 그들은 주로 개인적인 자유와 기회를 꼽았다. 페리먼 부인은 이렇게 말했다.

> 미국에서 여성들은 자기 나름의 삶을 살 수 있어. 자기 꿈을 성취하기 위해 노력하면서 살 수 있으니까. 뭔가를 원하면 아무리 나이가 많아도 할 수 있거든. 계속해서 자신을 향상시킬 수 있으니까. 계속해서 배울 수 있고. 배움에는 끝이 없는 법이니까.

미국 생활을 더 좋아한다고 공언한다고 해서 그것이 미국인으로 자신을 동일시하는 것도 아니고, 미국이 한국보다 우월하다고 믿는 것도 아니었다. 혹은 그들이 미국인과 결혼한 것이 잘한 일이라고 믿는 것도 아니었다. 오히려 자신들이 살아왔던 삶에 대한 자기 인정으로 해석하는 것이 나을 것이다. 결국, 한국에 있었더라면 자신들의 삶이 더 나았을 것이라 한다면, 미국에서의 자기 삶을 실패로 규정하는 것과 다르지 않기 때문이었다. 내가 만났던 어느 누구도 미국에서의 자기 삶을 실패로 판단할 마음 자세는 아니었다. 페리먼 부인과 같이, 자신을 기다리고 있는 것이 무엇이었던지 알았더라면 절대로 미국인과 결혼하지 않았을 것이라고 치를 떨면서 젊은 한국 여성들에게 한국 남자와 결혼하라고 언제나 말하는 사람들조차, 자기 삶을 만족스럽게 바라보았다. 어려운 시절을 보냈던 사람들도 그런 난관을 극복하고 나면 밝은 미래가 올 것으로 계속해서 믿고 있었다. 그들이 직면했거나 직면하고 있는 난관과 곤경이 무엇이었던지 간에 그들은 자기 삶을 최대한 활용하고 있다고 고집했다.

따라서 미국 생활이 그래도 낫다는 그들의 결론은 반드시 미국에 대한 판단이 아니라 오히려 자신들의 삶과 그런 상황에서 만들어 냈던 성취감에 대한 판단이라고 보아야 할 것이다. 그런 견지에서 페리먼 부인의 공언, 즉 미국에서 여자들은 정말로 원하는 것이면 성취할 수 있다는 말은 미국에서 그녀 자신이 무엇인가를 할 수 있었다는 것으로 해석하는 편이 나을 것이다. 사실상 많은 여성들은 미국을 신랄하게 비판했는데, 물질주의와 개인주의 그리고 게으름과 위선까지 비판했다. 공통된 비판은 미국인들이 평범한 삶에 만족하면서 자신을 개발하려는 데 관심이 없다는 것이었다. 예를 들어 페리먼 부인은 왜 그렇게 많은 미국인들이 특히 주로 노동자 계층인 그녀의 이웃들이 많은 시간을 빈둥거리면서 아무 일도 하지 않고 그냥 놀기만 하는지 이해할 수 없다고 했다. 그녀가 보기에 미국인들은 도피하거나 개인적인 쾌락에 너무 탐닉하는 것처럼 보였다. 손닿을 수 있는 가능성이 그처럼 많은데도 미국인들은 오로지 장애물만을 보거나 혹은 너무 게을러서 기회를 이용할 수가 없다는 사실이 그녀에게는 대단히 당혹스러웠다. 이런 비판과 더불어 여성들은 그들을 흔히 경멸했던 바로 그 미국인들보다 자신들이 우월하다고 생각하면서, 열심히 일해서 얻은 자신들의 가치를 긍정하고 교육을 갈망하며 자기 삶을 개선할 수 있는 야심을 키웠다. 더 나아가 이들 여성들의 긍정적인 태도 자체가 저항의 한 형태이다. 왜냐하면 그들은 절망에 저항하고 패배를 거부하며, 자신들의 삶은 의미 있고 미래는 희망으로 가득 찬 것으로 보기 때문이다.

자신들이 살아온 삶을 인정함과 더불어 그들은 한국과 한국적인 정체성에 깊은 애착을 보였다. 풀라스키 부인은 미국 생활에 굉장한 애착을 가졌음에도 영주권자로서의 자신의 위치가 오히려 좋으며 시민권자가 되고 싶은 생각은 없다고 말했다. 그녀는 시민권 획득을 고려해 보기도 했다. 그럴 경우 한국 남자와의 이전 결혼에서 낳았던 딸을 데려오는 것이 훨씬 쉬울 수 있다. 그럼에도 그녀는 시민권을 포기하기로 마음먹었다. 왜냐하면 한국이 아니라 미국에 충성하고 싶은 생각이 전혀 없었기 때문이었다.

> 난 그냥 한국인이니까. 아직도 한국인이라는 데 자부심을 가지고 있으니까. 난 한국을 사랑해요. 한국인이 왜 굳이 미국 시민이 되어야 합니까? 그런 반발심이 생겨 포기를 했어요. 내가 원했더라면 이미 시민권자가 되었을 수도 있었지만. 그러나 난 여전히 한국이 최고라고 생각해요. 안 그래요? 한번 생각해 봐요. 내가 왜 미국 시민이 되어야 합니까? 그렇지 않아요?

이것 역시 저항으로 읽을 수 있다. 그녀는 한국인의 정체성을 고집하면서 동시에 미국을 자신의 집으로 주장한다. 이것은 미국에서 사는 대가로 한국을 포기하기를 거부하는 방식이다. 그녀에게 시민권은 자기 자신의 목적을 위해 이용할 수 있는 합법적인 것 이상을 의미한다. 그것은 특별한 헌신과 소속감의 표시이다. 이민자로서 타향살이를 하고 있는 현재의 위치에서, 그녀는 미국에서 계속 살기로 선택하면서도 한국이라는 고국과, 한국인의 정체성에 대한 구체적이고 상징적인 매듭으로서 시민권에 의미를 부여한다.

내가 법적인 시민권을 구체적인 매듭이라고 부르는 이유는, 그것이 사람들의 삶을 질서정연하게 조직할 수 있는 방법에 구체적이고 물질적인 효과를 미치는 것이기 때문이다. 말하자면 어디서 살 것이며, 어떤 민족 국가와 동일시할 것이며, 그들이 쥐고 있는 신분 증명 서류 등을 조직하는 것과 관련이 있다. 예를 들어 풀라스키 부인은 한국 여권을 소지하고 있는 것이 위안을 준다고 말했을 때 그것은 시민권을 인위적인 것이자 심리적인 단절로 해석한 것이었다. 미국 여권을 소지한다면 고국에 입국하면서 외국인으로 식별될 터인데, 그렇다면 대단히 이상할 것이라고 그녀는 말했다. 이와 동시에 그녀에게 법적인 시민권은 상징적인 것이다. 왜냐하면 그것은 주로 하나의 배경적인 부착물로서, 일상생활에 미치는 영향은 거의 없기 때문이다. 또한―반드시 민족 국가에 국한되는 것은 아니라 할지라도―민족 국가(남한)에 의해 규정되는 특정한 민족적 공동체(한국인)에 속한다는 소속감의 배지로 주로 기능한다.

타협과 저항은 많은 여성들이 자신의 정체성에 관해 토로하는 가운데서 찾아볼 수 있다. 뮬런 부인은 한국인이라는 것은 태어날 때부터 부여받은 것이며, 무엇을 생각하고 어떻게 살던지 간에 바꿀 수 없는 어떤 것이라는 점에 관해 많은 말을 했다. 심지어 그녀의 생활 방식이 한국인으로 간주할 만한 것이 그다지 많지 않을지라도, 자신은 여전히 한국인이라고 말했다. 왜냐하면 한국인이라는 것은 자신의 피 속에 있는 것이기 때문이라고 했다. "그러니까, '나는 한국인이다'라고 말하는 게 부끄럽지 않아. 난 한국인이라고 말하는 게 자랑스럽거든." 그러면서도 그녀는 한국으로 돌아가서 살고 싶은 생각은 없다고 했다. 왜냐하면 [미국이] 고향처럼 느껴지니까. 내가 여기서 태어난 것 같으니까. 그게 글쎄 그러니까, 내가 여기서 그처럼 오래 살고 있으니까"라고 말했다. 그녀는 이민자의 후손들이 자신들은 미국인이며 한국인이 아니라고 주장하는 것을 이해하기 힘들다고 하면서도 이렇게 말했다. "글쎄, 여기서 살면 다 미국인이니까. 그러니까, 아마 애들이 말하는 게 그런 의미겠지." 그녀는 한국인이다. 왜냐하면 한국인으로 태어났으니까. 하지만 그녀는 미국인이다, 왜냐하면 그녀는 미국에서 살고 있으니까. 그녀는 정체성을 논의하면서 법적인 시민권을 결코 언급하지 않았다. 그녀에게 시민권은 의미 있는 것이 아니다. 그녀에게 의미 있는 것은 핏줄, 문화, 거주의 매듭이다. 그리고 매듭이란, 언급하지 않은 시민권과 같이 무의미한 법적인 것과는 상반되는 구체적이고 물질적인 것으로 구성되는 매듭들이다. 이런 매듭이 한국과 미국 모두의 구성원으로 그들을 묶어 주는 것이다. 이런 주장과 더불어 그녀는 하나보다 더 많은 상상의 공동체에 속하는 것으로 자신을 정체화한다. 그녀는 한국 사회와 미국 사회 모두의 배타적인 요구, 즉 하나의 민족 국가에 충성하기 위해 어떤 한 나라를 다른 한 나라보다 우선적으로 선택하라는 요구를 거부한다. 구성원 자격과 정체성이라는 복잡한 영역에 관한 그녀의 협상은 그 범위를 넓혀 주고 적어도 수사적으로 한국인과 미국인이라는 정의와 누가 그런 정체성을 주장할 수 있는가라는 문제를 확장시킨다.

다른 군인아내들은 자신들을 여기도 저기도 속할 수 없는 망각의 지대에 빠져 있는 방랑자라고 묘사한다. "우린 완전히 미국 문화에 동화된 것도 아니면서 한국 문화와의 접촉의 끈은 점점 잃어버리고 있어요." 1978년에 도착했던 페리먼 부인은 통탄했다. "한마디로 우리는 이방인이자 방랑자이며, 그야말로 나그네로 살아요. 떠돌고 있는 사람들처럼." 페리먼 부인에게 언어는 방랑자의 위상의 한 표시이다. 그녀는 자신의 영어가 유창한 것과는 거리가 멀지만 한국어 역시 녹슬고 있다고 토로했다. "어중간하게도 나는 진짜 미국인도 아니고 그렇다고 더 이상 한국인처럼 유창하게 말할 수도 없어요"라고 그녀는 말했다. "우린 그 중간 어디쯤에서 떠돌고 있는 것 같아." 하지만 여기서도 협상과 저항을 동시에 볼 수 있다. 페리먼 부인은 방랑자로서의 자신의 위상과 망각의 늪에 빠져 있는 것 같은 느낌을 구태여 숨기지 않는다. 심지어 애착의 상실과 희박성을 표현해 주는 중간자적인 위상이라고 부른 것에 초점을 맞추는 페리먼 부인과 같은 사람들마저 한 나라를 선택하기 위해 한국 아니면 미국이라는 양자택일을 거부하면서 다층적인 상상의 공동체의 구성원임을 주장하고 있다.[21]

저항하면서 생존하기, 성취하면서 생존하기

비록 미국 생활이 '황금 방석에 앉는 것'[22]은 아니었다 하더라도, 혹은 미국 남편이 그들이 꿈꾸었던 멋진 왕자님은 아니었다 할지라도, 군인아내들은 생존 이상의 것을 성취했다. 그들은 자신들의 삶 위에 군림하는 권력과 통제의 수단을 비틀어 내려는 꾸준하고 조용한 저항에 가담했다. 그들의 저항과 성취가 언제나 두드러지게 눈에 띄는 것은 아니라 할지라도, 그들은 품위를 유지하고 미국인들과 만남을 통해 자아를 유지할 수 있었다.

4장

요리는 미국식으로, 먹기는 한국식으로

미합중국에서 다른 문화, 인종, 민족의 사람들이 서로 만나게 될 때, 처음부터 음식은 차이와 정체성의 기표가 된다.[1] 음식은 민족성이 서로 충돌하고 멸시받고 긍정되는 영역이다. 그것은 미국화와 그 지역 고유의 문화적 방식 사이에 초래되는 투쟁의 공간이며, 때때로 양자택일을 요구받는 공간이지만, 경험상으로는 양쪽 문화 모두로부터 구성되는 것이기도 하다.[2]

음식과 관련된 군인아내들의 경험은 문화 간 그리고 인종 간 결혼을 하여 이민 온 여성들이 겪는 광범한 경험을 반영한다. 군인아내들은 미국 음식을 요리하고 먹는 법을 배우면서, 남편과 시집 식구들 그리고 자녀들—지배적인 미국 문화의 무게를 등에 짊어진—이 그들에게 요구했던 동화의 과정을 실행하게 되었다. 집안에서조차 한국 음식을 주변화하고 비난하는 것은 가족 안에서 그들이 처한 문화적 고립을 의미한다. '입에 맞는' 한국 음식을 미국 식사로 통합하는 것은 그들 자신이 미국 가족으로 통합되고, 그들이 가진 한국 문화와 정체성이 문화적인 액세서리로 소비되는 것을 의미한다. 그것은 문화비평가 벨 혹스(bell hooks)가 '소비 카니발주의'라고 부른 과정에 해당한다. 동시에, 한국 음식을 요리하고 먹으려 하는 악착스러움과 한국적인 정체성을 유지하겠다는 고집은 미국이 의도한 미국화라는 진행 중인 프로젝트의 한계를 증언하는 것이다.

미국 음식에 관한 연구서인 『우리가 먹는 것이 곧 우리다(We Are What We Eat)』에서 역사가 도너 가바시아(Donna Gabaccia)는 각 소수 민족의 음식들이 주류 미국 문화에 통합된 것을 가리키면서, 그녀가 다민족성으로 부른 다양한 배경을 가진 민족들이 먹는 다양한 음식이 배경으로 가득 찬 평화롭고 조화로운 미국에 대한 이미지를 그려 냈다. 그녀가 제시한 그림에서 미국 태생의 미국인과 이민자들 사이의 갈등, 즉 '음식 투쟁'으로 표현된―특히 20세기 초반에 진행되었던―갈등은 과거지사이다. 더 이상 미국인들은 다른 음식에 코를 막고 이민자들의 음식 습관을 미국화하려고 애쓰지 않는다. 오히려 미국인들은 새로운 이민자들이 도입한 새로운 음식들을 열광적으로 받아들인다. 융합된 민족 음식을 먹는 것이야말로 미국인들이 해야 할 일이 되었다. 문화적·민족적인 범주를 가로지르는 결혼은 다민족 국민과 음식이 산출되는 한 방식이라고 가바시아는 제의한다.

하지만 군인아내의 경험은 '음식 투쟁'이 아직 끝난 것이 아니라는 점을 보여 준다. 음식 투쟁은 조용하게 진행되고 있다. 과거에 비해 덜 요란스럽게 수행되고 있을 따름이다. 군인아내들이 들려준 이야기에 따르면, 인종·문화 간 결혼으로 생긴 가족 안에서 어떤 음식을 요리하고 먹을 것인가의 선택은 권력 관계의 토대를 둘러싸고 일어나는 것임이 드러난다.

"먹을 게 없어"

이야기의 초반부는 한국 음식을 말 그대로 구할 수도 찾아볼 수도 없기 때문에 시작된 박탈의 이야기이다. 2차 세계대전 이후인 1950~1960년대, 그러니까 미국이 전대미문의 경제적 부를 잔뜩 누리고 있는 소문난 풍요의 땅으로 알려진 시절에 미국으로 이민 온 한국인 군인아내들은 "여기에 오니 먹을 게 없었다"는 이야기를 나에게 들려주었다. 한국 음식의 맛과 냄새에 익숙했던 이들에게 미국 음식은 전혀 먹을 수 있는 음식이 아니었다. 절대다수의 한국 이민자들과 마찬가지로―사실상 다른 나라에서 온 대다수 이민자들도 이점은 마찬가지인데―그들은 고향의 음식을 갈망했다. 후기에 이민 온 여성들은 앞선 이민자들처럼 그렇게 음식의 궁핍을 경험하지 않았다. 몰려드는 한국 이민 인구를 상대로 하는 음식점과 가게에서 비교적 손쉽게 한국 음식을 구할 수 있었다. 또한 많은 사람들은 한국에 있을 때 미국 음식을 이미 경험했다. 맥도날드와 케이에프시(KFC)와 더불어 햄버거, 피자 등은 1980년대 초반부터 도시에 거주하는 사람들에게는 잘 알려지기 시작했다. 그럼에도 이들 여성들은 한국 음식이 그립다고 했는데, 한국적인 것이 미국 전역 어디에서나 발견할 수 있는 것은 아니었기 때문이다.

온통 넘쳐나는 미국 음식 속에서 한국 음식의 부재야말로 미국화의 막강한 힘 그 자체를 보여 주는 것이다. 이민자들은 손에 넣을 수 있는 음식을 먹거나 아니면 굶을 수밖에 없는 상황에 직면했기 때문이다. 이들 여성은 미국 음식을 먹었다. 미국 음식을 소비한다고 해서 그들이 반드시 미국화되었다는 표시는 아니다. 미국 음식을 먹긴 했지만 그렇다고 미국 음식을 좋아한 것은 아니었다. 그들은 한국 음식을 그리워했을 뿐만 아니라 한국 음식을 찾아다녔다. 또한 한국 음식과 비슷하게 만들 수 있는 방법을 강구하면서 어쩔 수 없이 먹었던 미국 음식에서는 찾을 수 없는 정서적인 충정을 한국 음식에 바쳤다.

한국 음식에 대한 그리움은, 그들이 뒤로 하고 떠났던 고국에 대한 사무치는 그리움의 표현이었다. 그들이 군인아내이거나 아니거나 간에 대다수 한국 이민자들에게 한국 음식은 고국과 정체성의 의미를 갖는 중요한 상징인 것처럼 보인다. 사회학자 민병갑은 한국계 미국인에 관한 연구에서, 음식과 언어는 문화적 정체성이 유지되고 표현되는 매개체라는 점에 주목한다. 또한 북미에서 자란 한국인 2세대 젊은이에 관한 연구에서, 한국의 가장 기본적인 음식인 김치는 한국 문화의 두 가지 측면 중 하나인 것으로 밝혀졌다. 김치는 그들이 자신들의 삶에서 보존하고 싶은 것이었다.[3] 음식, 그중에서도 특히 김치와 같은 음식을 고국과 정체성으로 동일시하는 현상은 남한에 사는 한국인들에게서도 찾아볼 수 있다. 지독한 냄새와 맵고 강한 맛 때문에 문화적 당혹감의 초점이 되었던 김치는 1988년 서울올림픽에서 민족 음식으로 선언되었다. 1990년대 한 신문은 초등학교 학생들이 김치를 좋아하지 않는다는 점을 보여 줌으로써 한국인들이 점차 서구화되고 있다는 비판과 공적인 야유를 불러일으켰다.[4]

1950~1960년대에 도착한 군인아내들에게 가장 큰 충격은 음식이었다. 당시는 한국과 다른 아시아 국가들의 이민이 법적으로 아직 규제되었던 시기이므로 한국 커뮤니티는 얼마 되지 않았을 뿐만 아니라 주로 하와

이와 캘리포니아에 한정되어 있었다. 그들은 음식을 먹을 때마다 자신들이 고국을 떠나왔다는 생각이 들곤 했다. 한국 음식의 부재는 향수병과 고독감을 강화시키는 것일 뿐만 아니라 신체적인 문제를 일으키기도 했다. 미국 음식이 너무 입맛에 맞지 않아서 먹는 것이 힘들었고, 영원한 동반자를 잃은 듯한 정신적 허기에 항상 시달려야 했다.

1951년에 군인이었던 신랑과 함께 여객선을 타고 온 한 여성은 미국에서 보낸 첫해에 가장 힘들었던 것이 한국 음식에 대한 갈망이었다고 말했다. 다른 많은 한국인들처럼 그녀에게 미국 음식은 너무 기름지고 느끼하며 덤덤했다. 많은 미국 음식에 사용되는 버터의 냄새와 맛은 끔찍했다. "그 당시 나는 향수병에 걸렸지. 가장 견디기 힘든 게 음식이었어. 먹는 게, 그래 그 시절엔 그게 정말 힘들었지"라고 뮬런 부인은 회상했다.

한국 음식에 대한 갈망이 너무 강한 나머지 꿈조차 음식에 관한 꿈을 꾸었다.

> 음식, 한국 음식은, 정말, 정말…… 한국 음식만 생각했어. 글쎄, 꿈조차 음식에 관한 꿈을 꾸었다니까. 꿈속에서도 한국 음식이 없거나 아니면 한국 음식을 먹고 있거나, 또는 한국 음식이 나타나거나, 뭐 그랬어요. 그게 내가 꾼 꿈의 내용이었다니까. 처음 여기에 왔을 때 내가 주로 먹고 살았던 건 밥이었어. 그 다음엔 미국식 피클이었고. 그러다가 스파게티, 그걸 주로 먹고 살았어. 끔찍했지, 난 한국 음식이 너무, 너무 먹고 싶었어. 정말 끔찍했어. 세상에, 너무, 너무 힘들었어.

맵고 짜고 얼얼한 한국 음식 맛을 줄 수 있는 음식을 찾다가 뮬런 부인은 피클과 스파게티에 그럭저럭 만족했다.[5] 하지만 역시 그것만으로는 충분할 수가 없었다. 이야기를 하다 나중에 밝혀졌지만, 미국에 도착한 첫해에 뮬런 부인은 체중이 엄청 줄었다. 이런 현상은 그녀 세대의 군인 아내들에게서 공통적으로 나타났다. 한국 음식이 없다는 것은 상당수 사람들에게 거의 굶는 것이나 다름없었다. 1965년에 도착했던 크리스핀 부인은 "알다시피 그 시절엔 정말로 좋은 미국 음식이 풍성했거든. 그런데도 여기로 온 첫해 난 배를 곯았어"라고 말했다. 미국 음식이 아무리 좋고 풍성하다고 하더라도 군인아내들은 한국 음식이 없어서 배를 곯았다는 점을 그녀는 강조했다. 크리스핀 부인은 말을 이었다.

한국에서 처음 여기로 왔을 때, 135파운드[60킬로그램]였어. 약간 뚱뚱했지. 그런데 점점 살이 빠지는 거야. 마침내 90파운드[40.5킬로그램]까지 내려갔어. 4년 뒤 한국으로 돌아갔을 때, 95파운드[43킬로그램]였어. 한번은 아팠는데, 몸무게가 80파운드[36킬로그램]까지 내려갔다니까. [그 무렵 그녀는 한국으로 돌아갔다.] 그 후 100파운드[45킬로그램], 110파운드[49.5킬로그램]까지 올라가더군. 그 이후로 쭉 그 상태를 유지한 게 몇 십 년 되었지.

체중이 그렇게 떨어진 이유를 설명하면서 그녀는 "여기 처음 왔을 때 햄버거 하나를 다 먹을 수가 없었거든" 하고 말했다. "속은 언제나 느끼하고 기름진 것 같아서 오매불망 김치 생각뿐이었지." 신체적으로 체중을 유지할 만큼 미국 음식을 먹을 수가 없었고 그렇다고 한국 음식을 찾을 수도 없었던지라, 크리스핀 부인은 미국에 왔던 첫해에 서서히 배를 곯았다. 결국 그녀의 체중은 원래 체중의 3분의 1로 떨어졌다. 키 165센티미터에 몸무게 60킬로그램은 과체중이 아닐 뿐더러, 40.5킬로그램은 거의 거식증 수준이었다. 그때 이후로 그녀의 체중은 49.5킬로그램이었다. 키에 비하면 정상보다 적은 체중이었다. 크리스핀 부인은 자신의 몸무게가 적게 나가는 까닭은 미국에 온 첫해부터 유지한 식습관 탓이라고 했다. 음식을 적게 먹으면서 지내는 법을 배우다 보니 식욕이 줄어들었다고 설명했다.

한국 음식에 대한 갈망은 향수병과 그들 주변에 한국인을 볼 수 없음으로 인한 외로움을 동반했다. 뮬런 부인과 크리스핀 부인 모두 한국 음식과 한국 사람에 관한 그리움을 이구동성으로 말했다. 뮬런 부인은 "그 당시 난 향수병이 심했어. 가장 힘들었던 것이 음식이었고, 먹는 거였어. 휴, 그 시절에 그게 너무 힘들었어"라고 말했다. 음식에 관한 이야기는 사람에 관한 이야기로 끝을 맺었다. 그녀가 말했다시피 미국에는 친구 한 사람 없었고 아는 다른 한국인도 한 명 없었다. "정말, 그랬어. 사방천지 아무도 없었으니까. 정말로."

크리스핀 부인에게도 한국을 그리워하는 것과 한국 음식을 그리워하는 것은 서로 얽혀 있었다.

> 그 무렵에 난 언제나 한국을 생각했어. 한국에서는 이것이 맛있었고, 저것이 맛있었는데 하면서. 온갖 맛난 것들을 생각하는 거지. 우리[그녀와 다른 한국인들]는 앉았다 하면 음식 이야기로 시작해서 음식 이야기로 끝을 냈으니까. 한국에서는 배가 맛있고, 사과도 맛있고, 그래 맞아, 밀전병도 맛있어라는 식이었거든. 만날 때마다 우리는 온통 이런 얘기들

만 하다가 집으로 돌아가곤 했지. 이야기하는 내내 입맛을 짝짝 다시면서. 우린 사람이 그리웠어. 너무도 외로웠으니까. 그 무렵에는 먹는 게 어찌나 충격적이었던지. 미국 음식은 우리 입맛하고 너무 거리가 멀었거든.

한국 음식을 먹을 수 있는 기회는 다른 한국인들과 만남의 기회가 되었으며, 이것은 음식과 친구 관계를 잘 보여 주는 것이었다. 뮬런 부인은 미국에 와서 처음 만났던 최초의 한국인 여성을 통해 그런 기회를 얻었다. 그들은 한국 음식 재료를 구하기 위해 자동차로 네 시간이나 가야 하는 뉴욕에 시장을 보러 가고는 했고, 함께 한국 음식을 만들어서 먹기도 했다.

크리스핀 부인 역시 그녀가 미국에서 만났던 최초의 한국 여성과 함께 한국 음식을 먹었다. 그 당시, 근처에는 한국 식료품 가게가 없다는 사실을 알고 난 뒤 그녀는 그 친구와 함께 미국 슈퍼마켓으로 갔다. 그곳에서 친구는 냉동식품 케이스를 샅샅이 뒤져 한국의 동태 혹은 대구와 비슷한 냉동 생선을 찾아냈다. 비슷한 것이 있으면 무엇이든지 사서 그것을 한국의 생선찌개로 만들었다. "그렇게 해서 만든 게 만약 동태찌개랑 비슷하면, 그 친구가 나에게 전화를 해서 먹으러 오라고 했어. 그 친구는 삼십 분이나 떨어진 거리에 살았는데도 허겁지겁 달려가서 그걸 먹고는 했다니까"라고 크리스핀 부인은 회고했다.

한국 음식에 대한 갈망이 그처럼 강렬해서 그릴에 생선을 구워서 먹고는 했다고 크리스핀 부인은 말했다. 뼈까지 핥으면서 한국의 구운 생선 맛을 찾아내려고 했다. 한국 음식이 부족한 데에는 한국 음식을 만드는 법을 모른다는 복합적인 문제가 있었다. 내가 인터뷰했던 다른 많은 군인 아내들과 흡사하게 뮬런 부인과 크리스핀 부인은 한국 음식 만드는 법을

216

한국에서 전혀 배우지 않았다.[6] 한국 음식을 장만하는 데 필요한 재료들, 간장, 두부, 한국 야채 등은 도시에 있는 차이나타운의 식료품 가게에서 구할 수 있었지만, 많은 여성들은 고향의 맛을 흉내 낼 수가 없었다.

사정이 이러했기에 한국 음식은 너무나 귀중했으며, 마치 그것을 금은 보화인 양 소중하게 여겼다. 크리스핀 부인은 장아찌 단지를 한국에서부터 가져온 한 여성의 이야기를 들려주었다. 그 여성은 커다란 사발에 가득 담은 밥을 고추장아찌 하나로 다 먹어치웠다. "밥 한 숟가락을 가득 퍼 넣은 다음 고추장아찌를 잡은 손가락을 쪽쪽 빨아먹으면서 그 밥 한 그릇을 고추장아찌 한 개로 전부 다 먹더라고. 그렇지 않으면 고추장아찌가 금방 동이 날 것이기 때문이라더군." 크리스핀 부인은 야채와 고기의 위상이 뒤집혀서 고기가 미국적인 것이라면 야채는 한국적인 것이었다고 말했다.

그 당시 이만큼(그녀는 손으로 크기를 표시했다) 큰 스테이크 조각이 남았다면 그것을 곧장 쓰레기통에 넣어 버렸지. 하지만 김치 한 조각이라도 그건 던져 버릴 수가 없었어요. 김치가 남으면 언제나 그걸 보관했거든. 스테이크가 남으면 그냥 내버렸지. 두 번 다시 쳐다보기도 싫었으니까. 그래서 주저 없이 내버렸어. (웃음) 한국 야채가 남으면 그게 아무리 얼마 안 되는 양이라도 언제나 잘 보관해 두었어요.

한국 음식에서 두 가지 핵심적인 양념인 고추장과 된장은 초기 시절 어디서도 구하기 힘들었다. 간장과 달리 고추장과 된장은 차이나타운 가게에 가도 손에 넣을 수가 없었다. 그런 양념들은 전통적인 중국 요리의 일부가 아니었기 때문이다. 하지만 이들 여성은 창의력이 뛰어나서 자신들의 발명품을 서로에게 전수했다. 크리스핀 부인은 모조 고추장 만드는 법을 배운 것에 관해 들려주었다.

> 내가 켄터키에서부터 알고 지내던 한 언니[7]가 있었어. 그 언니는 빵 덩어리의 가장자리를 바싹 말렸어. 말린 것들이 충분한 양이 되면 그것에다 간장을 부었어. (웃음) 빵이 충분히 젖으면 으깬 붉은 고추를 뿌려서 함께 휘저었어. 세상에, 그걸 고추장이라면서 먹었다니까! 심지어 그나마도 만드는 법을 알아야 먹을 수 있었으니까, 나 같은 사람은 다른 사람의 인심에 의존하는 수밖에 없었지. 우리는 "그걸 어떻게 만들었어요?"라고 묻고는 했지. 그러고서는 조금 얻어먹었다니까.

물론 그 맛은 진짜와 같지 않았다. 그것은 찌개를 끓이는 데 양념으로 쓸 수는 없었으며 오로지 밥반찬으로나 먹을 수 있었다. 크리스핀 부인이 한번은 새로 도착한 사람에게 모조 고추장을 건네 준 적이 있었다. 그 군인아내는 서양 고추의 냄새를 맡을 수도 없었고, 한국 양념 맛도 아니고 해서 그것을 또 다른 군인아내에게 주어 버렸다. 크리스핀 부인은 한국 음식에 굶주렸던 그 군인아내가 나중에 그 모조 고추장을 돌려달라고 했다는 말을 웃으면서 전했다. 하지만 고추장을 얻은 군인아내는 그것을 돌려주지 않았다. 그래서 고추장을 준 군인아내는 자신의 행동을 엄청 후회했다고 한다. 그 무렵으로 거슬러 올라가면 진짜가 너무 귀한 터라 심지어 모조품마저도 소중했다고 크리스핀 부인은 말했다. 물론 진짜 맛과는 달랐겠지만, 그래도 미국 음식으로 대체한 것보다는 나았다. 혹은 유럽에 있는 미군 기지일 경우 유럽 음식으로 대체하는 것보다는 그래도 가짜 한국 음식이 나았다.

여성들은 다른 음식들도 창의적으로 만들어 냈다. 예를 들면 그들은 통이나 병에 든 이탈리아 식품에서 안초비(멸치)를 찾아내서 그것을 김치를 담그는 데 넣는 멸치젓 대신 이용했다. 그들은 또한 아시아 음식 재료를 찾으려고 차이나타운에 있는 가게에 가고는 했다. 국을 끓이려고 캔에 든 녹두나물을 사용하기도 했다. 일본 사업가들과 그들의 가족에게 음식을 조달해 주는 일본 식료품 가게에서 일본 국수다발과 여러 통의 통조림 김치를 사고는 했다. 때때로 그녀는 마늘과 붉은 고추를 많이 넣은 맑은 쇠고기 국을 끓이기도 했다.

나중에 미국으로 온 사람들은 한국 음식을 찾기가 훨씬 수월해졌다. 1970년대 중반 무렵 많은 미국 도시에는 상당히 많은 한국인 이민자들이 있었고, 따라서 한국 식료품 가게와 식당이 들어섰다. 1980년대 후반과 1990년대에 이민을 온 사람들은 특히 미국 음식과 더 친숙해졌다. 이 시기 동안 한국의 도시에는 미국 스타일의 패스트푸드를 파는 식당들이 엄청나게 늘어났다. 아마도 이런 사실이, 왜 그들이 한국 음식 없이 햄버거만 먹고도 며칠 또는 그 이상을 버틸 수 있는가에 대한 부분적인 설명이 될 수 있다. 대체로 나중에 이민 온 사람들일수록 음식이 주요한 문화적 충격이 될 수 있는 가능성은 줄어들었다. 그렇다 해도 그들 역시 고향이 그립거나 외로울 때면 음식에 관한 이야기를 했다. 한국 음식보다 미국 음식에 둘러싸여 있다는—집에서뿐만 아니라 더 큰 도시에서는 바깥에서도—단순한 사실만으로도 향수병의 일부가 되는 것처럼 보였다. 한국 음식이 미국에서 아무리 흔하게 되었다 하더라도 어디나 널려 있는 미국 음식과는 비교조차 되지 않는다고 한 여성이 말했다. 한국에서는 한국 음식을 도처에서 만나게 될 뿐만 아니라 종류도 무한하다는 점을 그녀는 지적했다. 심지어 다문화주의적인 1990년대의 미국에서도 어디서 한국 음식을 찾을 것인지 정확히 알고 있어야 하며, 한국 식당에서 먹을 수 있는 한식은 우울하리만큼 표준화되고 덤덤한 맛이다.

미국에서 한국 음식을 먹는 것이 가능하다 할지라도 그것은 똑같은 한국 음식처럼 보이지 않았다. 내가 인터뷰를 했던 많은 군인아내들에 따르면, 미국에서 맛보는 한국 음식은 한국에서 먹는 것처럼 맛있지 않았다고 단언했다. 크리스펀 부인이 한국과 한국 음식에 관해 묘사한 것에서 드러나다시피, "그 무렵에 난 언제나 한국을 생각했어. 한국에서는 이것이 맛있었고, 저것이 맛있었는데 하면서. …… 한국에서는 배가 맛있고, 사과도 맛있고, 그래 맞아, 밀전병도 맛있어"라는 식이었다. 그녀가 오매불망 생각했던 것은 한국 음식이 아니라 한국 그 자체였다. 그들이 그리워했던 것은 한국에서의 음식이었다. 지리적 위치는 중요한 것이었다.

이와 같은 맥락에서, 미국에서 맛보는 한국 음식은 한국에서 먹는 한국 음식만큼 맛있는 것이 아니라는 군인아내들의 진술을 이해해야 한다. 여기서 문제는 이탈된 위치(displacement)이다. 고향으로부터 이탈된 곳에서 먹는 음식은 분명히 무엇인가 결핍되어 있다. 한국 음식에 대한 이들 여성의 갈망은 귀향에 대한 그리움과 연결되어 있다. 곧 낯선 땅에서 이방인으로 사는 타향살이 이전의 시간대로 되돌아가는 것과 관련되어 있다.[8] 한국 음식을 얼마나 그리워했는지를 말하면서 많은 여성들은 동시에 얼마나 집으로 돌아가고 싶었는지도 이야기했다. 간단히 말해 미국에서 먹는 한국 음식은 한국에서 먹는 것과 똑같을 수가 없다. 미국에서 한국 음식의 존재와 부재는 미국이 고향이 아니라는 것, 적어도 그때까지는 고향이 아니었다는 것을 강조하는 데 큰 몫을 차지했다.

미국식으로 먹기

20세기 전반의 50년을 통틀어, 이민을 온 타민족 여성들은 미국 여성들이 가르치려고 했던 것들, 즉 미국 음식을 요리하는 법과 먹는 법을 배움으로써 이민 가족을 미국화하려는 시도에 복속되었다. 미국화 프로젝트는 절실한 것이었다. 왜냐하면 외국에서 온 이방인들이 적절하게 미국화되지 않으면 미국을 '외국인들이 삼킬 것'이라는 두려움이 있었기 때문이다. 그 당시 미국은 하나의 통합된 국가적 문화라기보다는 지역적인 문화가 혼합된 덩어리에 더욱 가까운 나라였다. 그렇다 보니 밀려오는 외국 문화의 영향력에 취약했고, 따라서 미국화를 절박한 프로젝트로 추진했다. 미국은 이방인들이 미국을 '이방화하기(foreignized)' 전에 이민자들을 서둘러 미국화시켜야만 했다.

그것은 제로섬 프로젝트였다. 이민자들이 미국화되려면 이전의 정체성을 완전히 털어 내야 한다는 당시 팽배했던 분위기와 더불어, 미국화는 단지 식단에 미국 음식을 첨가하는 정도로는 충분치 않았다. 이민자는 고국에서 익숙하게 먹었던 음식들을 제거하거나 실질적으로 바꿔야 했다. 그것은 좋은 건강 생활, 경제적으로 집안 꾸리기와 같은 진보와 과학의 깃발 아래 근본적인 민족성과 토착문화주의(nativism)를 은폐하려는 시도와 다르지 않았다. 아시아와 남유럽 여성들은 적절한 영양분을 위해 가족들에게 좀더 많은 우유를 먹이도록 권장되었다. 이탈리아 여성들은 고기, 치즈, 콩, 마카로니를 함께 섞어서 요리하지 말아야 한다는 소리를 들었다. 왜냐하면 여러 가지를 뒤섞어 놓으면 소화가 잘 되지 않는다는 것이 그 이유였다. 멕시코 여성들은 음식 맛을 자극적이지 않도록 토마토와 후추를 적게 사용함으로써 신장에 부담을 덜고 소화에 도움이 되도록 해야 한다는 취지의 말을 들었다. 그러므로 저녁 식탁에서 토르티야(밀가루나 옥수수 가루를 이용해서 빈대떡처럼 만든 음식으로 속에 야채나 고기를 넣고 싸서 먹는 멕시코 전통 음식―옮긴이)의 디핑을 그릇 하나로 함께 찍어먹는 것은 비위생적이라는 훈계를 들었다. 그래서 모든 사람들은 으깬 감자나 구운 콩과 같이 평범하고 검소하며 밋밋한 음식을 먹도록 장려되었다.[9]

이민 온 여성들에게 미국 여성들은 이런 훈계를 하는 것과 더불어, 가정(家政)학자, 영양사, 다른 전문가들이 음식에 관한 여러 가지 강력하고 상호 관련된 생각들을 제시한 것으로 보인다. 그중 하나는 여성의 영역으로 음식 장만을 젠더에 따라 개념화하는 것이고, 또 다른 하나는 음식에 문화적 자질을 부여하는 것이다. 말하자면 무엇을 먹는가 그리고 어떻게 먹는가는 집단 정체성의 표지가 된다는 것이다.[10] 어떤 사람이 무엇을 먹는가는 후진적이고 무식한 이민자인지, 혹은 교육받는 현대적인 미국인지를 식별하는 분명한 표지가 된다.

이민자 가족 구성원 중에서 무엇보다 여성을 교육시킴으로써 그녀의 가족 전체를 교육시키고 따라서 미국화시킬 수 있다는 믿음은 젠더에 따른 가정에 기초한 것이다. 말하자면 그런 믿음은 여성이야말로 문화의 담지자이자 미국화를 위한 중재 세력이라는 가정에 바탕한 것이었다. 1940~1950년대 떼 지어 몰려오는 이민 무리에 대한 공포로 인해 음식을 통해 미국화하려는 기획은 실패로 끝남으로써 후퇴했고, 대중 매체와 대량 상업화를 통해 널리 퍼진 '민족 문화'와 결부되어 다양하고 이질적인 여러 지역들이 늘어나기 시작했지만, 그런데도 음식, 젠더, 미국화 이면에 깔려 있는 전제는 여전히 강력한 영향력을 발휘하면서 남아 있었다.

따라서 한국인 군인아내들은 한국 음식이 없다는 것보다는 공공연하게 미국화하려는 압력에 더욱 굴복하지 않을 수 없었다. 그런 압력은 사회복지사나 가정학자 같은 다른 제도화된 대변인들로부터 오는 것이 아니었다. 그들의 압력이라면 집안에서는 무시해도 무관하지만 주로 남편, 자녀, 시어머니들로부터 오는 압력이 문제였다. 이들의 압력은 완전히 무시하면 힘들어지고 때로는 위험해질 수도 있었다. 왜냐하면 친밀한 가족 구성원이기 때문이었다. 이런 문제는 시대와 상관없이 이들 여성의 이야기에서 놀라울 정도로 일관되게 찾아볼 수 있다. 1990년대에 이민 온 여성 또한 1950년대에 이민 온 여성과 마찬가지로 주로 음식에 대한 요구, 말하자면 오로지 미국 음식만을 장만하라는 요구에 부딪히게 되었다. 한가지 달라진 점이 있다면, 몇 십 년 후에 도착한 여성들의 남편과 시집 식구들은 한국 음식 몇 가지를 가족의 음식 메뉴에 포함시키는 것에 좀더 관대한 태도를 취하는 것처럼 보였다는 점이다. 이것은 각 민족 음식에 대한 관심이 전반적으로 높아졌기 때문이지 한국 여성들에게 한국적인 정체성을 허용하려 했기 때문인 것 같지는 않다.[11]

한국 여성과 결혼했으면서도 대부분의 남편들은 관습, 음식, 언어와 같은 모든 문화적 장애를 완벽히 넘어서고자 씨름하는 한국 아내에게 관심이 없는 것처럼 보인다. 3장에서 논의했지만, 그들은 남편의 권위를 존중하고 순종하는 전통적인 가치를 가진 여성을 찾고 있었으며 아시아 여성들은 그런 여성상에 부합할 것이라고 믿었다. 그들은 영어로 말하면서

로스트비프(쇠고기 구이)와 포테이토를 접대하고 미소 짓는 아내를 원했다. 간단히 말해 그들은 이미 지나간 시대의 전통적인 아내상과 완전히 미국적인 가정주부를 원했으며, 한국 여성들—그들이 보기에 순종적이고 온순한—이 그런 역할을 충족시켜 줄 것으로 보았다.[12]

따라서 미국화의 표면적인 목표는 외국 여성들이 미국인의 현모양처의 역할을 적절하게 수행할 수 있을 것인지를 확실히 하려는 것이었다. 하지만 적절하게 미국화되지 않은 외국인 아내들은 남편과 자녀들을 '외국화'시킬 것이라는 두려움이 그러한 목표의 근저에 놓여 있었다. 한국인 군인아내들에 관한 한 연구서에 따르면, 이들 대부분이 시집 식구들과 갈등을 경험했으며, 갈등이 생긴 이유는 시집 식구들이 그들에게 한국 문화를 '체념'하라는 압력을 넣었기 때문인 것으로 드러났다.[13] 전반적으로 시집 식구들은 미국과 한국, 두 문화의 가족에 관심이 있었던 것이 아니다. 한마디로 그들은 미국인 손자를 원했다.

새 아내와 새 며느리에게 남편을 섬기는 방법과 새로운 환경에 적응하도록 가르치는 언어에 표현된, 인종적이고 문화적인 미국화의 역학은 결혼이라는 젠더 역학 아래 효과적으로 감춰져 버렸다. 이처럼 상호 교차하고 중첩된 권력 관계의 토대에서—주류 미국 문화와 '외국'의 소수자 문화, 신제국주의적인 미합중국과 신식민지인 한국, 주요한 부양자와 피부양자, 남편과 아내 사이의 권력 관계에서—한국 여성은 거의 언제나 불리한 처지에 놓였다. 젠더 역할을 수용함으로써 이들 여성은 순종하는 방향으로 나가게 되고, 남편과 시집 식구들은 자신들이 원하는 미국화의 표현을 공공연하게 요구하게 되었다. 하지만 나와 인터뷰를 한 대다수 여성들이 그렇듯이, 이런 압력에 양보하면서도 그들은 완전한 미국화에 반드

224

시, 그리고 기꺼이 복종한 것만은 아니었다. 오히려 그들의 복종은 복잡한 형태를 띤 협상의 일부였다. 앞서 논의한 과정에서 드러났다시피 그들은 때로는 저항하고 때로는 승낙하는 방법을 번갈아 사용했다.

기혼 여성으로서 이들은 남편을 위해 요리를 해야 한다는 것을 당연한 의무로 받아들이고 있었다. 이때 요리란, 남편이 좋아하는 요리를 하는 것을 의미했다. 남편이 좋아하는 요리가 자신들에게는 낯설고 맛이 없는 그런 음식이라고 할지라도 말이다. 한 여성의 지적처럼 미국 요리를 배우는 것은 한국인 군인아내들이 겪는 보편적인 경험이라 할 수 있었으며, 다른 한국 이민 동포들과는 구별되는 중요한 경험이었다. 대다수 한국 이민자들은 한국 음식이 아닌 음식 요리법을 배우는 데 관심이 없었으며, 차라리 미국 이민자라는 상황에서 한국 음식을 어떻게 재창조할 것인가에 더욱 관심이 있었다.[14] 하지만 군인아내들에게는 미국 음식을 요리하는 법을 배우는 것이야말로 좋은 미국인 아내가 되는 방법을 배우는 주요한 과제 가운데 하나였다.

음식과 식사 시간에 관한 매우 많은 연구에 따르면, 가족을 먹이는 책임은 여성에게 있으며 그런 책임의 일부로 남편이 좋아하는 식사를 준비하는 것이 포함된다. 이와 동일한 역할이 한국인 군인아내의 가족 안에서도 작동하고 있는 것처럼 보이지만, 이것은 의미심장한 문화적 곡해이다. 기존 연구는 남편과 아내가 같은 문화적 배경을 가진 가족에 초점을 맞췄다. 그러므로 음식 선호도는 문화적인 경계선을 따라 구분되거나 혹은 민족적·인종적 차이를 드러내는 표지로 기능하지 않았다. 하지만 한국인 군인아내의 가족들에게는 그렇지 않은 경우가 많았다. 이들의 가정에서는 음식 선호도가 문화적·인종적·민족적인 경계선을 따라 대체로 구분되었다. 대부분의 미국인 남편들은 미국 음식을 좋아했으며 심지어는 한국 음식을 극도로 싫어하는 경우도 있었다. 따라서 아내들이 아무리 훌륭한 한식 요리 솜씨를 가지고 있다 하더라도 사실상 쓸모가 없었다. 남편의 선호에 따라 가족 식사가 미국식으로 마련되었으며 한국 음식은 식탁에서 사라졌다. 아내들은 남편과 함께 미국 음식을 먹거나 아니면 한국 음식을 혼자 앉아 따로 먹었다. 그들의 혼혈 자녀들 역시 미국 음식을 선호하는 경향이 있다. 피터슨 부인은 자기 아들이 밥을 좋아하지 않는다고 했다. 일곱 살 난 이 아들은 자신은 미국 소년이므로 따라서 빵을 먹어야 한다면서 자신의 자아의식에 낯선 것으로 간주되는 음식은 먹으려 들지 않는다고 했다. 미국 문화가 지배적이고 미국인 남편이 절대권을 가진 다문화·다인종 가족 안에서 한국 음식이 식탁에 차려질 여지는 거의 없었다. 음식은 차이의 표지이며 모든 식사가 잠재적으로 떠올리게 하는 불평등한 권력 관계를 동반하게 된다.

사회학자 마조리 디볼트(Marjorie DeVault)는 가족을 먹이는 것은 말 그대로 가족을 생산하는 것이라는 점에 주목했다. 가족의 단합이 표현되고 강화되는 것은 다름 아닌 식사이며, 가족 개별 구성원들이 가족 전체의 일부임을 느끼는 것이 식사이기도 하다. 그러므로 가족을 먹이는 여성의 일은 단지 육체에 영양분을 공급해 주는 것 이상이며, 그것은 특정한 사회적 단위인 가족을 유지하는 것이다. 하지만 이런 가족은 또한 문화적 공간이기도 하다. 따라서 이런 이론을 확대하면, 매 끼니를 통해 강화되고 표현되고 생산되는 가족은 특정한 문화적 특징을 가지고 있다. 가족을 먹여 줌으로써 아내와 어머니는 자기 가족의 특정한 문화의 파수꾼이 된다. 이것은 이민 온 소수자 여성으로서는 특히 중요한 역할인데, 왜냐하면 그들은 가족의 민족적 정체성의 수호자일 뿐만 아니라 고국의 문화를 유지하는 자이자 전달자이기 때문이다.[15] '고국'의 음식을 요리하고 대접하는 것은 이런 중요한 역할을 형성한다. 정체성을 강화하고 표현하는 데 음식의 역할이 중요하다는 점은 소수 인종 집단에게 뿐만 아니라 주류 백인 유럽계 미국인에게도 마찬가지로 유효한 사실이다.[16] 그들이 주류 백인 유럽계 미국인이든, 혹은 소수 인종 미국인이든지 간에, 모든 가족 식사와 더불어 날마다 표현되는 것은 말하자면 다름 아닌 남편의 문화라는 점이다. 따라서 다른 이민 여성들과는 달리, 군인아내들은 자기 자신들의 가족 문화의 전달자가 아니라 남편이라는 외국 문화의 전달자가 된다. 이처럼 낯선 문화의 전달이 의미하는 것, 즉 두 인종, 두 문화가 결합할 때, 날마다 하는 모든 식사에서 통합성의 표현과 가족의 생산과 문화의 전달은 군인아내가 지니고 있는 한국적인 정체성과 문화가 대체로 억제된 것임을 이미 알 수 있다.

내가 인터뷰했던 대다수 군인아내들은 이런 억제가 가족과 결혼 생활을 위해 필요하다고 생각하는 것처럼 보였다. 자기 가족을 미국인 가족으로 정의하는 것을 부분적으로 인정하면서, 그들은 미국 음식을 장만하는 법을 배운 과정에 관해 들려주었다. 많은 여성들은 대부분의 미국 음식을 싫어했지만, 미국 요리를 배우는 것이야말로 미국 생활에 적응하는 데 핵심적인 과제로 여겼다. 이 점은 미국 음식을 먹는 데 아무런 문제가 없는, 나중에 도착했던 군인아내들의 경우에도 마찬가지였다. 내가 인터뷰한 여성들 중에서 어느 누구도 미국인 남편과 결혼하기 전에 미국 음식을 요리했던 경험이 없었다. 그들 모두 남편의 입맛에 맞게 요리하는 법을 배우느라 많은 시간과 노력을 들였다고 이구동성으로 말했다. 한국 음식을 요리할 수 없었던 사람들이나 혹은 스스로 평가하기에 한국 음식 솜씨는 엉망인 사람들은 가족을 위해 미국 음식을 요리하는 데 너무 많은 시간을 할애했기 때문에 한국 음식 요리법을 제대로 배울 기회가 없었다는 점을 유감스럽게 여겼다. 이들이 미국 음식 요리법을 배우는 것은 한국 음식 솜씨의 습득을 차단한 결과였기 때문이었다. 따라서 문화, 자아, 음식의 주요한 표현은 국제결혼의 결과와 그에 따른 남편 나라로의 이민으로 인해 극적으로 변화되었다.

그와 더불어 내가 인터뷰한 모든 여성들은 미국 음식을 요리할 수 있는 능력을 자랑스럽게 표현했다. 골딘 부인은 자신이 미국인들보다 미국 음식을 더 잘할 수 있다고 말했다. 많은 부인들은 남편이 자신들의 음식 솜씨를 칭찬한다고 말했다. 남편의 기대를 충족시키고, 새로운 요리법을 습득한 것에 대한 그들의 자부심은 쉽사리 무시해 버릴 수 있는 것이 아니다. 이것은 가족을 유지해 나가는 데 필요한 일상적인 식사 의례에 참여함으로써 뒤따르게 되는 한국인으로서 자기 정체성의 부인에 대한 부분적인 저항으로—애매한 저항이기는 하지만 그래도—이해할 수 있다. 그들은 자신의 한국적 정체성을 억제할 수도 있었겠지만 다른 한편으로는 적극적으로 미국 남편을 중심으로 한 새로운 생활을 구축하고 있었다. 미국 음식 요리법을 배우고 어머니와 아내의 역할을 이행함으로써 그들은 한국 여성의 전통적인 이상에 따라 살고 있었다. 그런 전통적인 여성상은 가족을 위해 자기 자신을 희생하는 것이다.[17] 따라서 미국 음식 요리법을 배우고 민족적 자아를 부인하는 것은 한국적인 여성상의 아이러니컬한 긍정으로 볼 수 있다. 말하자면 훌륭한 미국인 아내이자 훌륭한 한국 여성 두 가지 모두를 통합하려는 노력으로 볼 수 있을 것이다.

남편이 요리 선생의 역할을 한 경우도 있었다. 1972년에 건너온 골딘 부인은 한때 요리사였던 남편에게 요리를 배웠다고 했다. 결혼 후 2년 동안 두 사람은 오키나와에 있는 미군 기지에서 살았는데, 골딘 부인은 주로 요리하는 법과 집안 살림살이를 배우면서 보냈다.

골딘 부인은 서울에 있는 수녀원에서 운영하는 고아원에서 자란 탓에 요리에 관해서는 아는 것이 거의 없었다. 그녀는 남편을 음식에 관해 매우 까다롭고 주문이 많아 벅찬 사람으로 묘사했다. 그는 먹다가 남겨 놓은 음식을 절대로 먹지 않았으며, 한 주에 같은 음식을 두 번 먹는 적이 없었다. 결과적으로 그녀는 정말 다양한 음식 종류를 배우게 되었다. 불과 몇 년 가지 않아 결혼 생활은 끝이 났지만 그녀는 웬만한 미국인들보다도 미국 음식을 아직도 잘 할 수 있다고 웃으면서 말했다. 하지만 한국 음식은 전혀 할 수 없다고 했다.

어떤 여성들은 시어머니로부터, 또 어떤 여성들은 요리책과 텔레비전 요리 프로그램으로부터 또는 다른 군인아내들로부터 미국 음식 요리법을 배웠다고 했다. 미합중국과 전 세계에 있는 미군 기지는 한국인 군인 아내들에게는 집이다. 나와 이야기를 나눈 사람들 중 몇 명은 영내에 거주하면서 요리에 관해 많은 것을 배웠다고 했다. 영내에 살면 다른 군인 아내들과 쉽게 어울릴 수 있기 때문이었다. 일단 군인아내들 중 어떤 사람이 음식 솜씨가 좋다고 알려지면 다른 사람들이 그녀에게 자문을 구했다. 군인아내들은 요리법을 서로 교환했으며, 남편들로부터 좋은 반응을 얻고는 했다.

1986년에 미국에 도착한 피터슨 부인은 대다수 군인아내들과 마찬가지로 다양한 출처로부터 미국 음식 요리법을 배웠다. 그녀는 한국 여성

잡지에 미국 음식 요리법이 실릴 때마다 그것을 오려서 보관하고는 했다. 남편의 제안에 따라 그녀는 미국으로 떠나기 전에 미군위문협회의 신부 교실에 다녔다. 신부 교실에서 미국 슈퍼마켓에 관한 것, 통조림 식품과 냉동식품, 일주일 분량 식사를 위한 쇼핑과 메뉴를 작성하는 법뿐만 아니라 약간의 요리법도 배웠다. 미국에 도착한 처음 몇 개월 동안은 시댁 식구들과 함께 생활했는데, 그때 그녀는 시어머니로부터 남편이 좋아하는 음식 만드는 법을 배웠다.

그녀는 익숙하지 않은 도구를 가지고 익숙하지 않은 음식을 만들려다가 때로는 어처구니없는 실수를 하기도 했다. 골딘 부인은 남편이 가르쳐준 대로 양배추를 삶으려다가 양배추 대신 양상추를 삶은 적도 있었다. 두 가지 채소 모두에 익숙하지 않았던—둥근 양배추와 양상추는 전통적인 한국 음식의 일부가 아니었다—그녀는 그것들을 혼동했다. "풀이 팍 죽은 양상추 잎사귀가 물에 둥둥 떠 있는 것을 보고서 남편과 나는 우스워서 죽는 줄 알았다니까." 그 기억을 떠올리면서 그녀는 또다시 웃었다.

미국 음식 만드는 법을 어떻게 배웠냐는 질문에 크리스핀 부인은 다음과 같은 이야기를 들려주었다.

미국 음식 만드는 법이라……. 글쎄, 미국 음식 만드는 법을 어떻게 배웠다고 말해야 할까나? 흠, 미국 음식이라. 한번은 로스트비프를 만들 작정을 했지. 배가 되게 고팠는데, 그 당시 난 2인분이 얼마나 되는지 짐작을 할 수가 없었어. 그래서 이만큼 커다란 덩어리를 샀어. (그녀는 손으로 크기를 표시했다.) 그것을 오븐에 넣고서는 온도는 최고로 높였어. 온도를 높이면 요리가 빨리 될 것이라는 어림짐작에 말이야. 온도를 높이고는 기다리고 있었지. 근데 뭔가 타는 냄새가 나는 거야. 바깥에서 들어온 냄새인가보다 하고 바깥으로 나가 보았지. 근데 그건 바깥에서 나는 냄새가 아니었어. 주변을 전부 둘러보았지만 그렇다고 우리 집 안에서 타는 건 아무 것도 없더라니까. 그런데 오븐을 열자 고기가 타고 있었어. 고기를 끄집어내고 탄 부분을 잘라 냈어. 달리 무슨 수가 있었어야지. 고기의 남은 부분을 도려내서 프라이팬에다 볶고 깡통에 든 콩을 데웠어. 그렇게 해서 먹었다니까.

미국에 오기 전까지 한번도 본 적이 없었으므로 오븐으로 로스트비프를 요리하는 데 익숙하지 않았던 크리스핀 부인은 결국에는 고기를 태우고 말았다. 나중에 그녀는 요리책을 보고 이런 종류의 고기를 어떻게 준비해야 하는지 알게 되었다. 즉, "고기는 당근 등과 함께 알맞은 온도로 맞춰 오븐에 넣어야 한다"는 것을 알게 된 것이다. 그녀는 또한 달걀 스크램블, 포테이토, 베이컨, 상추, 토마토 샌드위치, 돈가스, 샐러드, 으깬 감자 등 주류 미국인 음식 만드는 법을 백인 유럽계 미국인 남편으로부터 배웠다.

미국 생활에 어떻게 적응했냐는 나의 질문에 대한 뮬런 부인의 대답은 거의 요리를 배우는 것에 국한되어 있었다.

사람들을 지켜보았어. 난 언제나 배우고 싶었으니까. 뭐든 배우고 싶었어. 알다시피, 난, 여전히 배울 수 있어요. 다른 종류의 쿠키들…… 그걸 어떻게 만드는지, 내가 정말로 관심을 가진 것들을 어떻게 만드는지 알고 싶어. 배우고 또 배우고 싶어. 난 배우는 게 좋아. 내가 배울 수 있는 건 뭐든. 그래서 사람들이 요리하는 걸 유심히 지켜봐. 그들이 어떻게 하나 하고 지켜보는 거지. 그게 내가 배우는 방법이야. 지켜보다가 물어봐. 난 아직도 물어보는 걸. 새로운 음식이 있으면, 이건 어떻게 만드냐고 물어보지. 그걸 만드는 데 뭘 넣는지, 뭐 그런 것들을 물어봐. 텔레비전 요리 프로그램을 보기도 해. 언제나 열심히 본다니까. 근데 요리책은 말이야…… 요리책에는 너무 많은 조리 기구들을 사용해. 난 그냥 단순한 게 좋아. 난 그렇게 많은 조리 기구들을 사용하는 걸 좋아하지 않아.

물런 부인에게 요리를 배우는 것은 즐거운 도전이었으며, 계속해서 그녀가 추구했던 것이었다. 그녀는 자신의 요리 실력을 자랑했다. 자신이 준비한 음식을 남편이 정말 즐긴다고 했다. 다른 많은 군인아내들처럼 그녀 또한 미국 음식은 한국 음식에 비해 준비하기가 쉽다고 말했다. 그들은 통조림, 냉동식품, 포장된 식품들은 내용물을 데우는 데 걸리는 시간을 줄여 준다고 했다. 일단 표준화된 미국 음식이라고 부르는 것들의 기본적인 형태를 이해하면, 여러 명의 여성들이 묘사했다시피, 샐러드를 맨 처음 내놓고, 그 다음에 고기, 감자, 야채를 함께 차리고 나면 그 나머지는 쉽다는 것이었다. 만약의 경우에 대비하여 특히 점심시간에는 그냥 샌드위치를 내놓거나 통조림 몇 개만 따 놓으면 그만이었다. 군인아내들의 부엌에는 미국 중산층 가정에서 흔히 볼 수 있는 식료품 재료들—A-1 스테이크 소스, 하인즈 케첩, 오스카 메이어 볼로냐소시지, 크라프트 치즈, 퀘이커 인스턴트 오트밀 등—로 가득 차 있었다. 이런 식품 재료들은 남편의 인종적인 배경과는 무관한 것이었다. 미국이 민족적인 요리법은 가지고 있지 않을지는 모르지만, 새로운 신참자들도 쉽게 식별할 수 있는 민족적인 식생활 습관을 가지고 있다는 사실은 이들 여성들의 말과 부엌에서 입증할 수 있었다. 많은 학자들이 관찰했다시피, 이런 식생활 습관은 상업화와 밀접한 관련이 있으며, 슈퍼마켓에서부터 동네 길모퉁이에 있는 식료품점에 이르기까지 어디서나 발견할 수 있고 익히 알려져 있는 상표들이었다.[18]

많은 여성들은 샐러드, 베이컨, 상추, 토마토 샌드위치, 스테이크에다가 또한 남편들의 특별한 문화적 배경을 반영한 요리들을 배웠다. 유대계 미국인 남편과 함께 1969년에 미국으로 온 와인버그 부인은 블린츠(blintz, 얇은 팬케이크에다 치즈, 잼을 넣어 만드는 유대 요리―옮긴이), 라트카(potato latkes, 유대 요리의 하나로 일종의 감자전. 생감자를 갈아서 만든 독특한 팬케이크―옮긴이), 치킨 수프 등의 유대 음식 요리법을 배웠다. 자부심과 자화자찬을 의식한 듯 와인버그 부인은 웃으면서 자신을 상당한 요리사라고 말했다. 웬만한 미국인들보다도 미국 요리를 더 잘 한다고 말했던 골딘 부인은 아프리카계 미국인 남편을 위한 소울 푸드(soul food, 흑인들의 전통 음식. 소울 푸드가 생겨난 곳은 흑인 노예들이 많았던 루이지애나의 뉴올리언스이다. 먹을 것이 없었던 흑인 노예들은 주인집 손님들이 먹다 남은 치킨을 주워서 튀겨 먹었다. 그냥 먹을 수 없어서 깨끗이 딱은 다음 강한 향료를 넣어 맵게 조리했다. 밭에서 갓 따온 양배추를 곁들여 먹게 된 것에서 유래한 요리이다―옮긴이) 요리하는 법을 배웠다. 1959년에 도착했던 부겔리 부인은 이탈리아인 남편과 두 아들을 위해 온갖 종류의 이탈리아 케이크와 쿠키를 포함한 많은 이탈리아 음식 요리법을 배웠다. 그녀는 나에게 가장 최근에 만든 과자 한 봉지를 주면서 평상시의 자기 솜씨에 못 미치는 것이라는 변명을 했다. 하지만 내가 보기에 그 과자는 전문가 솜씨였다. 종종 이들 여성은 그들이 배운 요리들이 각 민족 특유의 음식으로 간주된다는 사실을 인식하지 못했다. 한 여성은 독립기념일인 7월 4일 저녁으로 바비큐 돼지 갈비, 삶은 야채와 함께 넣은 햄, 옥수수, 빵, 비스킷, 감자 샐러드, 스파이스 케이크를 준비했다. 그녀가 배운 것이 아프리카계 미국인들의 요리라는 것을 알기까지 몇 년이 걸렸다고 했다. "난 미국에서 만드는 음식은 전부 미국 요리인 줄 알았어요. 그런데 나중에야 알았죠. 백인과 결혼한 여자들은 삶은 야채와 곁들인 햄 요리하는 법을 전혀 배운 적이 없더라니까."

민족적인 음식이 존재하는데도 불구하고 표준화된 혹은 주류 미국 음식은 어디서나 지배적인 것처럼 보였다. 7월 4일의 저녁을 준비했던 그 여성은 특별히 예리한 지적을 했다. "백인 남성의 [한국인] 아내들이 만들 수 있는 음식은 거의 다 만들 수 있지만, 그들은 내가 만든 음식을 만들 수 없어요." 집에서 미국 음식을 자주 먹느냐 아니면 유대 음식을 자주 먹느냐는 질문에, 와인버그 부인은 유대 음식은 유월절 같은 특정한 날에 가끔 먹고 대부분의 식사는 "그냥 미국식"으로 먹는다고 대답했다. 이것은 백인 미국인들에 대한 민족적인(ethnic) 정체성에 관한 연구 조사가 보여 주는 바와 일치한다. 즉 이탈리아계 미국인, 아일랜드계 미국인 등과 같은 민족성은 음식이 분명 한 부분을 차지하고 있는 문화 소비의 영역에서는 흔히 선택의 문제인 것처럼 표현된다는 연구와 일치하는 것처럼 보인다. 사회학자 리처드 알바(Richard Alba)의 백인 미국인 연구가 보여 준 결과에 따르면, 자신의 고유한 민족 배경(이탈리아, 폴란드, 아일랜드, 독일 등)을 가진 음식을 먹는 것은 민족적 특성과 관련한 가장 흔한 활동—응답자의 47퍼센트에 달한다—임에도, 응답자의 절대다수가 그런 민족 음식을 먹는 횟수가 한 달에 한 번 이하라고 말했다.[19] 음식은 백인 미국인들 사이에서 민족적 특성을 표현하는 주요한 수단으로 보이지만, 사실 음식은 이민자들이 자기 조상들보다는 오히려 주류 미국인들과의 동일시를 표현하는 가장 흔한 선택처럼 보였다.

김치와 미트볼

앞서 말했듯이, 군인아내들의 가족 또한 주로 표준화된 미국 음식을 먹는다. 한국 음식은 주변화되어 있거나 아니면 낙인찍힌 음식인 반면 남편의 미국 음식―남편의 민족 음식―은 가족 안에서 지배적이다. 군인 아내들이 남편의 입맛에 맞는 음식을 요리하는 법을 배우려고 무척이나 노력하는 것과는 달리, 남편들은 한국 음식을 요리하기커녕 한국 음식 자체를 좋아하려고 노력하는 경우조차 거의 찾아보기 어려웠다. 한국 음식은 가족 식사의 한 부분을 차지하지 못한다. 남편이 한국 음식을 너무 싫어해서 한국 음식은 거의 금기시된 가정도 있었다. 사실상 내가 만났던 가족들 중에서 남편의 음식을 비난하거나 금지하는 가족은 전혀 없었다. 내가 인터뷰한 여성들 중에서 그런 경우는 전혀 만나지도 듣지도 못했다. 남편과 아이들이 한국 음식을 먹는다고 말한 여성들 역시 언급하는 음식 아이템은 거의 같았다. 한국식 불고기, 야채가 들어간 잡채, 쇠고기, 쇠고기 경단 등인데 이런 음식들은 비한국인들도 흔히 즐기는 음식이라는 말을 꼭 덧붙였다. 김치, 된장, 미역국처럼 뚜렷한 한국적인 맛을 가진 음식은 남편, 자녀들, 시집 식구들에게 거의 받아들여지지 않았다. 한국 음식을 먹는다고 해서 한국의 다른 문화적 관습을 받아들이는 것은 아니라는 점 역시 덧붙여야겠다. 한국 공휴일을 경축하거나 아이들에게 한국의 관

습을 가르치려고 들지 않았던 바로 그런 남편들이 몇 가지 한국 음식만큼
은 선택적으로 먹었다. 한국인 군인아내들의 가족에서 이런 한국 음식들
은 분명히 미국적인 것으로 남아 있는 식단의 일부로 포함되어 있다.

사회학자 메리 더글러스(Mary Douglas)는 자기 가족의 식사 습관과
선호도에 기초하여 식사가 특정한 구성에 따른다는 점을 예리하게 관찰
했다.[20] 더글러스의 연구가 영국의 식사를 분석한 것이기는 하지만, 그녀
의 전반적인 관찰은 한국과 미국의 식사에도 적용할 수 있다. 두 문화 모
두 적절한 식사에 관한 매우 분명한 생각을 가지고 있기 때문이다. 한국
의 식사는 밥그릇을 중심으로 몇 가지 반찬으로 구성된다.[21] 순서를 따르
는 코스가 없으며 모든 음식을 한꺼번에 차린다. 반찬으로는 대체로 국이
나 찌개, 그리고 항상 김치가 나온다. 오직 밥과 국만 개인별로 담고, 다
른 반찬들은 한 그릇에 담아 식탁 한가운데 내놓는다. 식사하는 사람들은
각자의 수저를 이용하여 반찬을 한 입씩 가져다 먹는다. 다양한 종류의
김치를 포함하여 여러 가지 밑반찬은 미리 만들어 놓았다가 며칠, 몇 달
에 걸쳐 천천히 먹는다. 어떤 반찬들은 실제로 미리 준비해 놓는다. 왜냐
하면 적절한 맛을 내는 데 걸리는 시간이 며칠 혹은 몇 주일씩 필요하기
때문이다. 그러므로 같은 반찬을 끼니때마다 먹는 것은 흔한 일이다.

반면 미국 식사의 구성은 1a+2b라는 더글러스의 공식에 더 가깝다.
말하자면 주 요리에 두 가지 보조 요리가 뒤따르는 것이다.[22] 가족이 다
함께 저녁 만찬을 할 때 일반적으로 메인 코스(1a)와 첫 번째 코스와 디
저트(2b)가 있다. 수프와 샐러드는 대개 첫 번째 코스에서 나온다. 메인
코스는 대체로 고기나 생선(1a)과 한 접시에 담아 함께 나오는 두 가지
부식(2b)으로 구성된다. 라이스가 나온다면, 그것은 한국식 밥과 같은 것

236

이 아닐뿐더러 식사에서 중심이 아니라 반찬처럼 부식으로 나온다. 모든 음식은 각자 몫으로 나오며, 식사하는 사람들은 한 그릇이나 한 접시에 담긴 음식에 각자의 수저를 같이 담그지 않는다. 연달아 같은 것을 두 번 먹으면 그것은 대체로 남은 음식을 먹는 것으로 간주된다. 중산층 미국인 식사에서 매우 흔한 디저트에 해당하는 것이 한국 식사에서는 찾아볼 수 없다. 극히 최근에 들어와 중산층 한국인들은 식사 후 과일을 접대하기 시작했다. 하지만 과일은 디저트라기보다 오히려 식후의 간식거리에 해당한다. 과일은 식사가 완전히 끝나고 난 뒤 주로 먹기 때문이다.

다음 두 가지 사례는 한국 음식이 미국 식사에 통합되어가는 방식을 보여 준다.

첫 번째 사례. 아내는 아들의 옷을 갈아입히면서 남편더러 어디에 무엇이 있으니까 혼자서 챙겨 먹으라고 했다. 남편은 자신이 먹고 싶은 샐러드가 어디에 있는지 찾아보다가 귀찮았던지 포기한다. 그는 한국식 불고기와 쌀밥, 버터로 볶은 여러 가지 냉동 야채, 비스킷을 콜라 한 잔과 함께 먹었다. 그는 이런 음식들을 먹으면서 포크와 나이프를 사용했다. 그것은 그의 아내가 몇 명의 군인아내들과 나에게 한국 음식—밥과 된장국, 불고기, 한국 나물무침, 보리차 등—을 각각의 접시에 담아 내놓고 난 뒤였다. 우리는 숟가락과 젓가락을 써서 공통으로 차려 놓은 반찬 그릇에서 반찬을 한입씩 가져다 먹었다.

또 다른 사례. 본 부인과 그녀의 남편, 본 부인의 군인아내 친구들 몇 명과 나는 함께 식사를 했다. 본 부인이 미트볼과 함께 국수를 삶아 줄까 물어보자 남편은 밥과 함께 그냥 먹겠다고 대답했다. 그녀는 접시에 토마토소스를 뿌린 미트볼 한 접시와 밥 한 그릇, 미역국 등 다양한 한국 반찬들을 남편에게 내놓았다. 우리는 수저를 사용하여 같은 반찬을 함께 먹었다. 그녀의 남편은 포크를 사용하여 자기 접시에 담긴 음식만을 먹었다.

이것은 앞서 말한 미국 식사의 구성에 한국 음식이 놀랄 만큼 순응한 것이다. 내가 군인아내들과 먹었던 식사는 내용물뿐만 아니라 식사 방식 또한 한국적이었던 반면, 한국적인 내용물이라고 할지라도 남편의 식사 방식은 분명 미국적이었다. 앞선 사례에서 한국식 불고기는 미국의 주 요리 코스에 나오는 고기에 해당한다. 그때 따라 나오는 밥은 두 가지 부식 가운데 하나에 해당한다. 다른 경우에도 밥은 또다시 부식이 된다. 한국 음식이 나온다고 해서 그 식사를 한국적인 것으로 만들어 주는 것은 아니다. 오히려 한국 음식이 미국 식사 방식에 통합되어 있었다.

한국 음식은 또한 다른 미국 음식 습관으로 통합되었다. 오렐라나 부인은 1991년에 도착했는데, 남편과 유치원생인 아들과 시집 식구들이 김을 잘 먹는 것을 보고 놀랐다고 했다. 김은 한국 식사에서 흔히 볼 수 있는 반찬이다. 한국인들은 주로 밥 한 숟가락에다 김 한 장을 싸서 먹는다. 그런데 그녀는 시집 식구들이 밥도 좋아하긴 하지만 김밥은 싫어한다는 걸 알았다. 김밥은 양념하지 않는 김에다 밥과 갖은 야채를 넣어서 막대기처럼 둥글게 만 다음 둥글고 얇게 썰어서 먹는 것이다. 그녀가 보기에 놀랍게도, 그들은 텔레비전을 보거나 이야기를 하면서 양념한 김을 스낵처럼 간식거리로 먹었다. 바삭바삭하고 짠 사각형 모양의 김을 반찬으로 먹거나 밥에 곁들여 먹는 것이 아니라 포테이토칩 같은 스낵으로 먹는 것이다. 다시 한번 한국 음식은 미국 가족에게 그들 나름의 방식으로 받아들여진 것임을 알 수 있었다. 음식과 식사에 대한 기본적인 인식은 변하지 않은 것처럼 보인다.

그렇다고 그들 가족이 그 음식들을 한국적인 것으로 보지 않았다는 말은 아니다. 분명 한국 음식으로 받아들인다. 그들은 한국 김을 먹는 것이지 미국 포테이토칩을 먹는다고 생각하지는 않는다. 또한 한국의 불고기와 밥인 것이지 미국의 스테이크와 감자가 아님을 그들은 알고 있다. 하지만 이런 한국 음식은 더욱 큰 미국식 음식의 구성과 습관에 통합됨으로써 미국 음식을 '한국화'하기보다는 '한국 음식'이라는 딱지가 붙어 있는 음식마저도 '미국화'되었다. 이것은 다양한 민족 음식―피자, 콘칩, 타코(토르티야에 여러 가지 재료를 넣어서 먹는 멕시코 전통 요리―옮긴이), 핫도그, 베이글(도넛형의 딱딱한 빵―옮긴이) 등―이 미국 역사에 들어오는 미국화 과정의 한 단계이다.[23] 새로운 음식은 미국 문화를 변형시킨 것이 아니라 풍요롭게 만드는 데 이바지했다. 다민족 음식을 먹는다고 해서 미국인들이 반드시 다민족적으로 되는 것은 아니다.

한국 음식에 대한 관심은, 1960년대에 시작되어 1980년대에 급부상했던 민족 음식에 대한 전반적인 관심과 연관이 있는 것처럼 보인다. 예를 들어 오렐라나 부인의 시어머니는 다른 문화로부터 온 음식에 관심이 있으며, 1991년 새 며느리를 맞이하기 위해 한국 요리책을 샀다고 한다. 또한 1989년에 도착했던 어떤 여성의 시누이는 가족 중에 한국인이 있으면 생활이 더욱 재미있을 것이라고 말했다. 시누이의 의견에 따르자면 그것은 다른 문화와 가까워지는 계기가 될 것이기 때문이다. 친절한 관심은 적대적인 것보다는 낫지만, 이것이 반드시 한국 여성이 지닌 한국 문화와 시집 식구들의 미국 문화가 대등한 위치가 되도록 허용하는 것은 아니다. 남편과 시집 식구들은 한국 문화를 배울 것인지 말 것인지 혹은 한국 음식을 먹을 것인지 말 것인지를 선택할 수 있다. 말하자면 그들은 그들의 삶을 더 흥미롭게 만들 것인가를 선택하는 입장이다. 하지만 여성들의 입장에서는 미국 문화와 관련하여 그런 선택의 자유를 누릴 수가 없다. 여성들이 미국 문화를 습득하는 데 그러한 사정을 고려하지 않은 채 다만 삶의 기쁨과 풍요를 위한 소비 항목으로 미국 문화를 변형시킬 수 있는 자유가 없다. 군인아내들의 남편, 자녀, 시집 식구는 한국 음식을 선별적으로 골라 소비하는데, 그렇다고 하여 이와 같은 문화적 소비가 반드시 두 가지 문화성이나 다문화성의 증거가 되지는 못한다. 아내이자 어머니의 문화인 한국 문화를 평가 절하하고 낙인찍는 군인아내들의 가정에서, 미국 생활에 '양념'을 첨가하고 다양성을 위해 한국 문화를 조금 차용하는 것은 얄팍한 제스처일 수도 있다.

내가 관찰했던 대부분의 가정에서 한국 음식은 몇 가지 항목으로 존재하지만 남편과 자녀들은 대체로 미국 음식을 먹었다. 예를 들어 오렐라나 부인과 본 부인은 남편을 위해 미국 음식을 주로 요리한다고 말했다. 오렐라나 부인은 비한국인들이 대체로 싫어하는 된장으로 만든 된장찌개도 남편이 간혹 먹기는 하지만, 그래도 남편은 미국 음식을 선호한다고 했다. 한 식구로서 함께 먹기를 원하기 때문에 그녀 또한 미국 음식을 먹는다. 한국 음식을 먹고 싶을 때면 그녀는 남편이 출근한 뒤에 아침을 한국식으로 먹는다고 했다.

내가 만났던 군인아내들 가운데서 이처럼 남편과는 미국 음식을 먹고, 한국 음식은 혼자서 먹는 사람들이 꽤 많았다. 특히 1970년대 이전에 도착했던 여성들은 한국 음식을 가뭄에 콩 나듯 가끔 마주치는 것에 점차 익숙해지면서 살았기 때문에 결국에는 가족들과 함께 미국 음식을 먹는 것으로 귀결되었다. 한국 음식 조리법조차 이민 오기 전에 배우지도 못했던 사람들이 단지 자기 한 사람을 위해 한국 음식을 매일 만든다는 것은 몹시 번거로운 일이었다. 오렐라나 부인처럼 그들 역시 가족 식사가 가족을 함께 모아준다는 점에서 긍정적으로 보았다. 따라서 한국 음식에 집착하게 되면 그 대가로 가족의 결속에 금이 갈 수도 있다고 생각했다. 가족의 관리자이자 가족의 생산자라는 젠더 역할을 충실히 이행하기 위해 그들은 한국 음식을 희생한 대가로 미국 음식을 택했다. 간단히 말해 그것은 한쪽의 문화적 정체성의 표현을 억제하도록 요구한 것이다.

한국 음식을 날마다 고집한 사람들은 음식을 두 벌로 장만해야 했다. 각자 다른 음식을 혼자 먹게 되었다. 가족의 통일성을 긍정하고 상징하는 것이 함께 식사를 하는 것이라면—비록 그것이 아내와 어머니의 문화와 민족성의 억제를 함축하는 것이라 할지라도—각자 개별적으로 하는 식사는 가족 안에서 문화적 불화가 있다는 것을 상징했다. 미국 음식 요리법을 어떻게 배웠는지를 이야기하면서 자기 남편은 한국 음식을 좋아했던 터라 결혼 생활에서 음식과 관련된 문제는 전혀 없었다고 피터슨 부인은 말했다. 그런데, 말을 하던 도중 그녀는 자기 말을 정정하면서 그녀와 남편 사이에 있었던 음식 차이에 관해 길게 말했다.

음식 때문에 문제가 있었지, 음, 문제가 있었어. 데니스의 아빠는 미국 음식을 먹고 난 한국 음식을 먹으니까. 난 미국 음식이 너무 싫어. 정 어쩔 수 없다면 먹겠지만, 그렇지 않다면 한국 음식을 먹거든요. 난 미국 음식을 먹지 않아요. 한국에 있었을 때 남편은 달리 선택의 여지가 없었으니까 먹지 않을 도리가 없었지만, 미국으로 오고 난 뒤부터 그는 한국 음식에 손도 대지 않았어요. 한국에서 난 한국 음식을 해줬거든요. 미국 음식이 많지도 않았고 그걸 살 곳도 없었으니까요. 마지못해 그는 한국 음식을 먹었던 거지. 그런데 우리가 이곳[미국]으로 오고 난 뒤에는 절대로 한국 음식을 안 먹어요. 한 숟가락도. 그는 오로지 미국 음식만 먹어요. 어쩌다 한국 음식이 떠오르긴 하나 봐요. 불고기, 국수 같은 걸로. 우리가 함께 살았을 때 내가 가끔 만들어 주면 먹었으니까. 지금은 하지 않아요. 우린 별거 중이거든요. 때로 그가 이런저런 것을 어떻게 하냐고 물어요. 한국 식당에 가면 그런 음식이 있냐고 묻기도 하고. 어쩌다 그런 게 먹고 싶나 봐. 예전에 먹어봤으니까. 하지만 다른 한국 음식은 먹지 않아요. 밥을 주면 그걸 식사라고 생각하지 않아요. 간식 같은가 봐. 밥을 먹으면 금세 배가 고프대요. 그래서 밥을 좋아하지 않아요. 밥을 먹으면 먹었는데도 여전히 배가 고프대요. 고기와 밥을 차리면 그는 "오우! 이걸 어떻게 다 먹을 수 있어?"라고 해요. 그러고는 다 못 먹으니까 빵으로 달라고 해요. 그럼 빵을 줘야 해요. 밥을 먹으면 허기가 진다고 해요. 데니스의 아빠와 함께 살면서도 그다지 애정이 생기지 않았어. 부부란 함께 밥을 먹어야 하는데. 우린 함께 식사한 적이 별로 없었거든. 이유인즉 나는 한국 음식을 먹어야 했고, 데니스 아빠는 서양 음식을 먹어야 했으니까. 그래서 난 두 번 일을 해야 했어요. 우선 데니스 아빠의 저녁을 지어서 내놓으면 그는 혼자 앉아서 먹어요. 그럼 부엌으로 들어가서 나는 한국 음식을 만들어서 혼자 먹어요. 그래서 우린 함께 밥을 먹은 적이 많지 않아요.

서로의 음식을 받아들일 수가 없어서 이 부부는 각자 먹는 것으로 끝을 보았다. 피터슨 부인은 두 사람이 별거하게 된 이유 중 하나로 이 점을 꼽았다. 각자 식사를 하면 날마다 반복되는 일을 통해 쌓이게 마련인 부

242

부 사이의 애정이 없어지게 된다고 말했다. 그녀는 한국 음식에 매달린 자신을 스스로 꾸짖으면서 "남편과 함께 식사를 했더라면 사태가 달라졌을 수도 있지 않았을까요?"라고 말했다. 남편 역시 미국 음식만을 고집했기 때문에 두 사람의 별거에는 남편에게도 책임이 있는데, 그녀는 결코 그렇게 생각하지 않았다.

그녀는 한국 요리를 하는 것과 한국 음식이 집안에 있다는 것을 남편이 개의치 않았다고 말했다. 어쩌다가 그녀가 된장찌개나 김치찌개를 했을 때를 제외하고 그는 한국 음식 냄새를 거의 불평하지 않았다. 집에서 한국 음식을 하는 여성들에게서 흔히 듣는 후렴구가 바로 이런 것들이었다. 즉 남편들이 한국 음식을 먹지는 않더라도 적어도 요리했을 때 냄새가 난다고 불평하지는 않았다는 것이다. 그때 전해 오는 느낌은 그들은 그래도 그마나 다행이라는 것이었다.

단지 군인아내들뿐만 아니라 많은 한국 이민자들은 비한국인들, 특히 서구인들이 한국 음식은 냄새가 심하다는 불평을 대단히 예민하게 의식한다. 많은 사람들, 아마도 절대다수는 이런 감수성을 수용하여 자신들의 식습관을 바꾼다. 시카고로 이민 온 한 여성은, 한국 교민 자녀들의 2개 국어 병용 교사를 했던 자기 경험에 관해 적은 책에서 한 장을 할애하여 이 주제를 논하고 있다.[24] 그 장의 제목은 「마늘 냄새」였는데, 점심시간에는 아무리 한국 음식이 먹고 싶더라도 참았다는 말로 그 장을 시작한다. 점심시간에 한국 식당에서 점심을 먹고 왔는데, 식사 후 양치를 했는데도 동료 교사들이 그녀에게서 마늘 냄새가 난다고 했다. 그 말을 듣고 난 뒤부터 점심으로 한국 음식을 먹지 않기로 한 것이다. 몇 가지 다른 사건들을 논의한 후 그녀는 미국 선생들은 한국 학생들이 아침으로 무엇을 먹는지 의아해 하면서 종종 마늘 냄새가 난다고 불평하는 소리를 들었다고 적고 있다. 부모의 입장에서 약간 민감하게 반응한다면 그런 불평을 막을 수 있을 것이라고 그녀는 주장했다. 그런 다음 그녀는 자녀들에게 주의시키는 것 외에는 달리 방법이 없다고 말한다. 간단히 말해 그녀는 미국인들의 불평을 받아들여 비록 한국 음식을 포기하는 한이 있더라도 마늘 냄새를 제거할 수 있는 모든 노력을 다해야 하는 수밖에 없다는 결론을 내린다.

그렇다고 한국인 이민 여성들로서는 미국인들의 민감성에 대해 그녀가 보이는 반응처럼 한국 음식을 전적으로 포기할 필요는 없다. 그녀가 주목하듯, 한국인 남편과 함께 집에서 식사하는 사람들은 언제나 한국 음식을 차린다. 여기에 덧붙여 그녀는—비록 한국 문화가 미국 문화에 종속되어 있는 맥락 속에서 형성된 반응이기는 하지만—미국인들의 의견과 불평에 자발적으로 순응하는 반응을 보인다.

하지만 대다수 군인아내들은 자발적으로 반응할 정도의 사치를 누리지 못한다. 심지어 집마저 미국인들의 불평으로부터 벗어날 수 있는 안식처가 되지 못한다. 미국인 남편들이 한국 음식과 음식 냄새를 싫어한다면 군인아내들은 집에서도 한국 음식을 먹을 수가 없기 때문이다.

남편의 부모와 함께 사는 한국 여성은 대체로 운신의 폭이 더욱 좁아진다. 피터슨 부인은 남편의 새로운 주둔지에서 합류하기 전에 남편의 가족과 함께 몇 개월 사는 동안 한국 음식을 접할 기회가 없었다고 했다. 크리스핀 부인은 시부모와 같이 살면서 그야말로 밥과 간장으로 살았다고 했다. 시부모님이 냄새를 싫어할까 봐 감히 다른 음식을 꺼내 놓을 수 없었다는 것이다. 어떤 여성들은 집안에 한국 음식을 두고 먹는 것에 대한 남편의 신랄한 불평을 견뎌 내야 했다. 1960년대 중반에 도착했던 한 여성은 남편과 음식 때문에 숨바꼭질한 이야기를 들려주었다. 그녀가 한국 음식을 숨겨 놓으면 남편이 냄새를 맡고 찾아내서 내다 버렸다. 때로 남편은 화를 내기도 했지만, 대체로 그는 고개를 절레절레 흔들면서 그녀가 그 짓을 언제 포기할까 의심쩍어 하는 태도를 보였다.

집안에 한국 음식을 둘 수 없었던 사람들은 한국 음식이 나오는 한국인들의 행사에 참석했던 이야기를 전해 주었다. 단지 한국 음식을 먹을 수 있기 때문만이 아니라 그곳에 가면 한국인들의 얼굴을 볼 수 있기 때문이었다. 혹은 다른 군인아내들에게 전화를 걸어서 한국식 점심을 먹으러 오라고 하면 그 집으로 달려갔다. 한 여성은 한인 교회에 가는 큰 즐거움 중 하나가 바로 음식 때문이라고 했다. 매월 정기적으로 만나는 군인아내 조직과 같은 군인아내들의 모임은 어김없이 한국 음식을 차린다. 모금 파티에서도—한국인과 미국인이 서로 섞여 있는 곳에서도—한국 음식이 대체로 큰 자리를 차지한다. 그런 조직에 참여하는 것에 관해 나에게 말해 주었던 모든 군인아내들은 한국 음식을 먹을 수 있는 기회라는 점이 모임의 중요한 매력이라고 했다. 사회학자 김실동이 인터뷰했던 군인아내들은 한국 음식이 없는 집에서의 생활을 다음과 같이 묘사했다.

남편은 냄새나는 김치를 냉장고에 보관하는 것을 싫어했죠. 알다시피 한국인들 식탁에는 김치가 있어야 하잖아요? 그런데도 남편은 내 김치를 전부 내다 버렸어요. 그러면 주로 HJ(아마 친구의 이니셜인 것 같음—옮긴이)에게 전화를 걸어서 점심때 그 집으로 가요. 내가 전화를 하면 그녀가 날 데리러 와요. 그녀 집에서 돼지처럼 온갖 한국 음식들을 먹어요. 그녀는 내가 안쓰러웠겠지만 그렇다고 뭘 어떻게 하겠어요? 가끔씩 그렇게 한국 음식을 만들어서 먹여 주는 것 말고는요……. 난 한국 음식이 나오는 모든 한국인 파티에 참석해요.[25]

어떤 여성들은 남편의 묵인 아래 집안에 한국 음식을 둘 수는 있었다. 예를 들어 와인버그 부인은 한국 음식을 위한 냉장고를 따로 마련했다. 특히 김치 냄새로 인해 남편이 불평을 하기 때문에 그녀는 한국 음식을 따로 보관했다. 바로 그 이유 때문에 그녀는 남편과 함께 결코 한국 음식을 먹지 않았으며 집안에서 한국 음식을 만드는 적이 적의 없었다. 그 대신 친구들이 간혹 국이나 찌개와 같은 반찬들을 가지고 왔다. 한국에서 친정어머니가 그녀를 만나러 왔을 때는, 남편이 느끼기에 냄새가 그다지 강하거나 자극적이지 않은 그런 한국 음식들만 요리하는 것이 허용되었다. 나와 인터뷰를 하는 동안 와인버그 부인은 새로 짓는 집이 완성될 때까지 기다리면서 시내에 있는 집에서 거주하고 있었다. 우리는 다른 군인 아내인 그녀의 친구가 가져다주었던 배춧국과 친정어머니가 만들어 놓고 간 반찬과 같은 한국 음식을 함께 먹었다. 와인버그 부인의 친정어머니는 한국으로 되돌아간 지 얼마 되지 않았다. 와인버그 부인은 식탁을 치우면서 한국 음식을 밀폐 용기에 넣어 비닐봉지로 겹겹이 싸서 냉장고 깊숙이 넣었다. 코를 킁킁거리더니 웃으면서 그녀는 말했다. 그래 봤자 아무 소용이 없다, 어찌해도 남편은 냄새를 알아차릴 것이라고 했다.

미국 음식 생활에 충분히 익숙해진 후에도 군인아내들은 한국 음식의 맛을 잊지 못했다. 한국 음식에 대한 그리움은 예전처럼 그렇게 절실하지는 않다 하더라도 어쨌거나 남아 있었다. 한국 음식을 좀처럼 먹지 않는다는 뮬런 부인은 칠면조 요리, 해산물 요리, 어쩌다가 가뭄에 콩 나듯이 스

246

테이크를 좋아하지만 주로 야채와 밥, 국수를 주식으로 한다고 말했다. 하지만 그녀와 남편은 외식을 하러 나갈 때 언제나 해산물 요리를 주문했다.

난, 난 좋아해. 그리고 나는 해산물 요리를 만들 수 있어. 집에서도 할 수 있다니까. 식당에서 먹는 것과는 다른 그런 걸 좋아해. 식당에서 나오는 건 맛이 같지 않아. 물론, 한국식으로 만들 수 있다면, 훨씬 더 맛있을 텐데. 음, 집에서, 당신 부모님은 한국식으로 드시는지 어떤지 모르겠지만, 부모님들이 한국 음식을 먹는다면, 알다시피 한국 음식은 맵고 짜잖아. 양념이 많이 들어가서, 그렇지? 그래서 그게 더 맛있다니까. 한국식으로 하면 생선이 훨씬 더 맛있으니까. 그런데 미국식은 너무 밋밋해.

그녀가 규칙적으로 먹고 있는 미국 음식에 관해 말을 하면서도, 심지어 한국 음식을 좀처럼 먹는 적이 없다고 말하면서도, 뮬런 부인은 한국 음식이 더 맛이 있으며 미국 음식은 너무 밋밋하다고 말했다. 그녀의 식습관은 너무나 미국화되어서 한국 음식이 그녀의 생활에서 그다지 자리를 차지할 공간은 거의 없었다. 그런데도 음식에 대한 그녀의 의견은 자신이 성장했던 한국의 맛을 여전히 되풀이하고 있었다. 어린 시절의 입맛에 대한 정서적인 충정은 한국 여성으로서 그녀의 정체성을 긍정하는 것으로 볼 수 있다.

음식은 그냥 음식이 아니다

자신들의 한국 문화와 정체성을 억제하는 요리와 음식을 내놓으면서 가족을 유지하고 살아가기는 하지만, 비록 그들이 자신들의 문화가 주변화되어 있다는 사실을 지속적으로 의식하면서 살고 있으면서도, 군인아내들은 한국 여성으로서의 정체성을 분명 보존하고 있다. 군인아내들은 억제와 주변화를 둘러싸고 그것을 통해 협상하면서도 한국적인 자아를 표현할 방법을 찾고 그들이 갈망하는 음식을 먹을 수 있는 방법을 모색하고 있다. 한국 음식을 거의 먹지 않는다고 하는 뮬런 부인마저, 미국 음식과 비교하여 한국 음식이 더욱 맛있다고 하면서 한국 음식을 선호했다. 그들은 가족의 영토 안에서 미국 음식에게 자리를 양보하는 것이 당연한 것처럼 말하면서도 한국 음식에 대한 개별적인 공간을 조금이나마 독자적으로 보존하고 있다. 한국 음식을 먹는 것은 한국적인 정체성을 표현하는 한 방식이며 민족적 공동체에 참여하는 것이자 친족, 고향, 한인 교민들과 연결되는 한 방식이다. 이들은 익숙한 것이 주는 것에 대한 위안, 자아의 긍정, 생활의 자양분에 대한 강력한 필요를 피력했다. 한국 음식을 먹고 그것에 충정을 보존하는 것은 이런 요구에 대처하는 것이며, 육체와 영혼의 통일성을 유지시키는 것처럼 보인다.

인터뷰가 끝난 뒤 우리는 한국적인 특징을 가진 새콤달콤한 오렌지를 먹는 동안, 피터슨 부인은 커다란 미국 오렌지보다 왜 한국 귤이 훨씬 더 맛이 좋은지 모르겠다고 큰소리로 말했다. "미국 음식을 먹을 때 공복감을 느껴. 오직 한국 음식을 먹어야 만족이 되거든"하고 그녀가 말했다. "심지어 과일마저도 한국 과일 맛이 훨씬 낫지. 시부모와 함께 살면서 난 한국 음식을 먹을 수가 없어서 미치는 줄 알았다니까. 그래서 난 음식이 그냥 음식이 아니구나라는 생각을 하게 됐지. 안 그래요?"

한국인 군인아내들과 여성 단체를 위한 쉼터인 뉴욕 무지개 센터에 있는 여성들은 음식은 단지 음식이 아니라 그 이상이라는 것을 잘 알고 있다. 그들은 음식의 치유력을 경험했다. 무지개 센터로 오는 많은 여성들은 수년 동안의 학대를 경험한 뒤에 그곳으로 오게 된다. 그렇기에 어떤 여성들은 정서적·정신적 문제들을 가지고 있다. 센터 여성들은 새로운 여성이 오기로 되어 있다는 소식을 접하면, 한국 음식 향기로 센터가 넘쳐 나게 되리라는 것을 확신한다. 신참자는 매 끼니마다 한국 음식을 대접받는다. 된장찌개와 김치찌개, 그리고 김치와 많은 양의 쌀밥이 차려진다. 센터에서 사람들이 쓰는 지배적인 언어는 한국어이며, 분위기는 친숙하다. 부엌에는 한국 음식과 한국 음식을 만들고 담을 수 있는 부엌 세간들로 가득 차 있다. 애써서 만들어 놓은 한국적인 분위기에서, 여성들은 서서히 정신을 되찾게 된다고 센터 설립자이자 소장인 여금현 목사는 말했다. 군인아내들과 20년 가까이 생활하면서 그들을 힘들게 만들었던 정신적·정서적 문제들은 한국 음식과 한국인 동료들의 부재와 관련되어 있음을 알게 되었다고 여금현 목사는 말했다. 여성들에게 한국 음식과 한국인들로 둘러싸여 있는 분위기를 만들어 주는 것이 학대받은 군인아내들의 정신과 몸을 소생시키는 프로그램에서 핵심이라고 그녀는 말했다.[26]

우리의 공식적인 구술사 세션이 끝난 뒤 저녁을 준비하는 동안, 크리스핀 부인은 미역국을 끓이는 다른 방법에 관해 이야기했다. 그날 저녁 메뉴에 미역국이 들어 있었다. 나의 어머니는 어떻게 미역국을 끓이느냐고 물어보면서, 그녀는 먼저 미역을 넣고 마른 멸치를 참기름에 볶은 다음 뜨거운 물을 두르고 국이 다 될 때까지 뭉근하게 끓인다고 말했다. 나의 이모는 마른 멸치 대신 소고기를 주로 사용한다고 내가 대답했다. 또한 채식주의자인 나의 어머니는 다양한 해초들을 첨가하여 맑은 국물을 낸다고 말해 주었다. 한국의 바닷가 지역 출신 여성들은 대합조개나 다른 조개들을 넣어서 끓인다고 했다. 크리스펀 부인은 어린 시절을 보냈던 지역을 회상하면서 한숨을 내쉬고서 말을 이었다. "이런 이야기를 하는 건 그냥 재미삼아 하는 게 아니야. 그렇게 생각하지 않아?" 미국에서 하도 오래 살다 보니 이곳이 고향처럼 느껴질 정도가 되었다고 말하면서도 그녀는 지금처럼 한국 여성들과 함께 한국 음식을 먹는 것은, 심지어 나처럼 낯선 사람이나마 한국인과 함께 한다는 것은 이루 말할 수 없는 회포에 잠기게 한다고 했다. 그런 감정을 적절하게 표현할 말을 고르다가, 그녀는 이렇게 말했다. "그건 마치 정말로 오랜 세월 갈증을 느끼고 느끼다가 마시는 물과 같은 것이거든."

5장

방탕한 딸들,
효성스런 딸들

탕자의 이야기는 언제나 그녀의 눈에 눈물 어리게 한다. "그게 우리다." 그녀는 맥도날드에서 커피를 마시면서 나에게 그렇게 말했다. "미군과 결혼하여 가족을 등지고 떠난 게 우리거든. 우리는 방탕한 딸들이야……." 공식적인 인터뷰를 하기 위해 마주 앉은 적은 없었지만 여러 번 만나는 동안 그녀는 자신의 생활사를 조금씩 들려주었다. 언제나 맥도날드에서 크림과 설탕을 잔뜩 넣은 커피를 앞에 두고서 말이다. 30년 미국 생활 끝에 배운 교훈은 군인아내들은 방탕한 딸들이지만 성경에 나오는 방탕한 아들과는 달리 효성스런 딸이 되어 고국으로 되돌아가려고 했을 때 거부당했다고 그녀는 거듭 말했다. 가족들과 친척들 모두 그들을 수치스럽다고 문전박대했다. 이것이 군인아내들의 한(恨)이라고, 부당한 대우와 비극으로 인해 결코 억누를 수 없는 슬픔의 한이라고 했다.

또 다른 군인아내인 크리스펀 부인은 군인아내들을 '고아'라고 불렀다. 이들은 수치스러운 결혼을 했으므로 일가친척으로부터 단절되어 고립무원이다. 이들은 가문의 수치였던 것이다. 하지만 진짜 고아들과는 달리 군인아내들은 살아 있는 사람들로부터도 거절당한다. 그래서 이들의 고통과 한은 훨씬 더 심한 것이다.

고아라는 은유이든, 환영받지 못하는 탕녀라는 은유이든 간에 군인아내들은 가족이라는 것이 고통스럽고 정서적인 문제라는 점을 받아들이는 경향이 있다. 많은 여성들이 비슷한 감정을 토로했다. 그것이야말로 국제결혼을 한 여성들의 한이라고 했다.

한국인들은 한에 관해 엄청 많은 말들을 한다. 한이라는 이 특유한 감정은 외국인과 결혼한 군인아내들뿐만 아니라 다른 한국인 여성들에게 특별한 것이다.[1] 결혼한 여성으로서 그들은 더 이상 떳떳한 친정 식구가 되지 못한다. 가부장제의 관습에 따르면 여성의 가족 정체성은 태어난 가족으로부터 남편의 가족으로 옮겨 가야 하는 출가외인이기 때문이다. 외국인과 결혼한 여성은 기지촌의 그림자가 드리워져 있을 뿐만 아니라 한국인과 결혼하지 않았으므로 남편을 따라 외국인으로 간주된다. 국제결혼을 한 대다수 여성들은 결과적으로 남편의 나라인 미국으로 주로 이민을 가게 됨으로써, 민족과 가족의 울타리를 떠났다는 인식을 강화시키는데 가세한다. 한국인 군인아내들은 외국인과 결혼하고 이민을 갔기 때문에 실제로 더 이상 한국인으로 간주되지 않는다. 그런 연유로 인해 많은 군인아내들은 자기 가족뿐만 아니라 다른 한국인들로부터 경멸과 추방의 대상이자 배신자로 취급된다.

하지만 많은 군인아내들은 자신들을 여전히 한국인으로 정체화한다. 딸이자 누이로서 그들은 자신들이 태어난 가족의 일원이라고 스스로 생각한다. 그들이 가족이라는 은유를 사용하는 이유는 자신들이 한민족의 일원임을 주장하기 위해서이다. 비공식적인 대화를 하는 도중에 한 여성은 "난 한국인으로 태어났어요. 결혼이 그 사실을 어떻게 바꿀 수 있어요?"라고 말했다. 한국적 정체성에 대한 이와 같은 주장은 한국적 정체성의 의미와 한민족 가운데서 누구는 한국인이라고 주장할 수 있으며, 한민족이란 과연 누구인가라는 질문의 의미를 열어두는 것이자 그것에 도전하는 것으로 볼 수 있다.

단절과 재결합

일부 군인아내들은 자기 가족들과 긍정적인 유대를 유지할 수 있었지만 대부분의 경우는 가족과의 관계가 심각하게 훼손되었다. 결혼으로 인해 일부 여성들은 분노하고 질겁한 부모들, 그중에서도 특히 아버지로부터 의절을 당하기조차 했다. 라모스 부인과 그녀의 여동생은 두 사람 모두 미군과 결혼하여 1980년대 미국으로 왔다. 두 사람은 가족으로부터 의절을 당했다. 세월이 흘러 이들이 어머니가 되었을 때 비로소 가족과의 관계가 회복되었지만, 그 관계는 부자연스러웠다고 라모스 부인은 말했다. 그녀의 가족들은 그녀와 여동생을 추방자로 보았을 뿐만 아니라 가문의 수치로 여겼다. 다른 군인아내들은 수년 동안 가족과 관계를 유지하면서 돈을 보내고 가족의 이민을 후원했으며, 그들 곁으로 와서 정착하도록 도와주었다. 일부 여성들은 친척들과도 밀접한 관계를 맺고 있었지만 나머지 여성들은 그들의 용도가 다하고 나면 찬밥 신세가 되거나 심지어는 노골적으로 멀리하는 기피의 대상이 되기도 했다.

가족과의 관계는 개인에 따라 다양했지만, 더 폭넓은 한인 교민 사회와는 절대다수가 관계의 어려움을 겪는 경향이 있다. 사실상 내가 인터뷰했던 군인아내들 모두가 하나같이 다른 한인들과의 관계에서 좋지 못한 경험을 한 것으로 이야기했다. 그것은 군인아내들에 대한 상투적인 이미지와 편견 때문이었다. 물론 그중 일부는 다른 한인들과 가까운 관계를 맺고 있는 경우도 있었지만, 거의 대부분의 여성들은 한인 사회로부터 거리감을 느끼고 심지어 경계하기까지 한다고 말했다.

1950~1960년대에 왔던 여성들은 자신들이 고독한 아시아인은 아니라고 할지라도 미국인들의 대양에 떠 있는 고독한 한국인이라고 느꼈다. 한국에 있는 가족으로부터 오는 편지가 몇 년 동안 다른 한국인들과 접촉할 수 있는 유일한 창구였다. 이런 유대가 끊어지면, 이들은 종종 엄청난 고독을 경험했다. 1958년 미국으로 왔던 데니슨 부인은, 그녀가 켄터키에서 동부로 이사를 하고 난 뒤에 가족과의 편지 교환이 두절되었다고 말했다. 그녀가 보낸 편지는 수취인불명으로 되돌아왔다. 너무나 고독했지만 자녀 여럿을 혼자 키우느라 외롭다는 생각에 오래 잠길 시간도 없을 정도로 눈코 뜰 새 없이 바빴다. 20년이 지나 그녀는 낯선 목소리로부터 걸려온 전화를 받았는데, 한국에 있는 여동생이 건 전화였다. 그녀의 가족은 미군을 통해 그녀의 자취를 알아냈다고 한다.

그녀는 부모님을 가장 염려했다. 왜냐하면 그녀가 결혼하여 미국으로 떠날 때 부모님은 너무 기가 막혀 했기 때문이다. 1958년 서울에서 어머니와 형제자매들은 남편이 보내 준 차를 타고 공항으로 가기 위해 자동차에 오르는 그녀에게 손을 흔들며 작별 인사를 했다. 그때 그녀의 아버지는 눈물로 목이 매여 집안에서 나오지 않았다. 그것이 그녀가 본 부모님의 마지막 모습이었다. 세월이 흐르면서 그녀는 가족들의 소식에 목말라

했다. 또한 부모님들은 이미 돌아가시지 않았을까라는 생각이 들기도 했다. 눈을 감을 때마다 어머니가 긴 소복치마에 스웨터를 걸치고 그녀 앞에 나타났다. 그녀는 이것이 어머니의 혼령이 자신의 죽음을 전하는 신호라고 보았다. 다시 한번 여동생과 연락을 하게 되었을 때에도 그들은 부모님의 안부를 서로 묻지 않았다. 그녀는 그 말을 꺼내기가 두려웠다. 그 대신 동생들의 결혼사진을 보내 달라고 했다.

> 결혼사진을 보면 알 수 있잖아. 내 바로 아래 동생의 결혼사진에 어머니는 있는데 아버지는 없어. 그래서 아버지가 이미 세상을 떠났다는 것을 알았지. 내 아래로 세 번째 여동생 결혼사진에는 부모님 모두 안 계시더군. 그래서 동생들에게 전화를 해서 아버님과 어머님이 돌아가셨는지 물었어……. 동생들은 내게 차마 그 사실을 알리지 못했다고 했어. 내가 너무 상심할까 봐 그랬다더군. 두 분 다 오래 사시지 못했어. 아버지는 1964년에 세상을 떴고, 어머니는 1969년에 세상을 떠났으니까. 내가 고향을 등진 지 22년 만에 한국으로 갔을 때가 마침 추석이어서 부모님 산소에 갔지. 그런데 무덤이 하나 밖에 없어서 동생들한테 물어보니 두 분을 합장했다고 하더군.[2]

한국을 여행하는 동안 그녀는 동생들로부터 부모님이 돌아가실 때 그녀의 이름을 불렀다는 이이야기를 전해 들었다고 했다.

> 오빠한테 용돈을 받을 때마다 어머니는 그 돈을 아껴 두었다고 해. 돈이 꽤 모이면 어머니는 점쟁이를 찾아가고는 했다는군. 점쟁이한테 딸이

살았는지 죽었는지를 물었대. 어머니가 점쟁이를 찾아간 이유가 그거였으니까. 가는 곳마다 점쟁이들은 하나같이 내가 살아 있다고 했대. 어머니가 돌아가시면서, 암으로 돌아가셨는데, 돌아가시면서 글쎄……. 내가 어렸을 때 어머니는 굉장히 엄했어. 그래서 매도 많이 맞았지. 모질게도 때렸어. 그런데 어머니가 돌아가시면서 내 이름을 불렀대. 말이 거의 나오지 않아서 바람소리처럼 들렸대. 내 이름을 부르면서 돌아가셨다는군. 우리 아버지 역시 돌아가실 때 내 이름을 불렀다는구먼.

데니슨 부인은 한숨을 내쉬었다. 긴 침묵이 흘렀다. 순간 나는 면담자의 충동으로 입이 근질근질한 질문, 즉 부모에게 그처럼 고통을 안겨서 자신을 나쁜 딸이라고 느끼는지 묻고 싶었다. 하지만 고통이 깊게 새겨진 그녀의 얼굴을 보는 순간 나는 입을 다물었고, 우리는 다른 주제로 넘어갔다.

데니슨 부인의 경험은 그녀 세대의 다른 군인아내들과의 통상적인 경험과는 다른 것이었다. 왜냐하면 그녀는 미국에 온 후 한국을 방문했기 때문이다. 그들 중 대다수는 한국을 방문한 적이 없었다. 부겔리 부인과 뮬런 부인 등은 한국에 찾을 가족이 아무도 없었다. 또 어떤 여성들은 그들의 결혼으로 완전히 가족과 의절했기 때문에 가지 않았다. 그 밖에 경제적인 형편이 되지 않아서, 또는—여객선으로 왔던 길고 길었던 항해를 기억하면서—한국이 방문하기에는 너무나 먼 곳에 있다고 생각했기 때문에 가지 않았다.

일부 군인아내들은 옛날 친구들과 계속 관계를 유지하는 것이 어렵다는 것을 알게 되었다. 친구들이 가족과 가깝게 남아 있음에도 그랬다. 와

258

인버그 부인은 미국인 남편과 결혼하여 1969년에 미국으로 왔다. 그녀는 어린 시절의 절친한 친구들과 관계를 끊었다. 왜 그랬냐고 묻자, 그녀는 "내가 미국 남자랑 결혼을 했으니까요. 그래서 그랬던 것 같아. 글쎄, 나도 잘 모르겠어요, 왜 그랬는지. (웃음) 한국에선 이미지가 좋지 않으니까. 알다시피"라고 대답했다.

와인버그 부인은 사람들이 자신을 달리 취급할까 봐 걱정을 했다. 친구의 남편들이 자신을 받아들이지 않으면서, 친구들에게 자기와 사귀는 것을 금지할 것이라고 생각했다. 군인아내라는 그녀의 새로운 위상으로 인해 거부당할 것이 걱정되었다. 2~3년에 한 번씩 한국에 있는 가족을 방문하면서도, 그녀는 친구들에게는 절대 연락하지 않았다. 그녀가 결혼하고 7~8년쯤 지나서 한국에 가 있을 동안, 옛 친구의 이모가 그녀에게 전화를 했다. 그녀는 와인버그 부인을 나무라면서 한국을 그렇게 그림자처럼 들락거리면서도 친구들에게 연락 한번 하지 않고 의리 없이 구느냐고 했다. 며칠 후 와인버그 부인은 어린 시절 친구로부터 전화를 받았고 함께 만나자는 초대를 받았다. 친구들과의 재회는 감정이 북받치고 눈물 나는 일이었다.

친구들을 보는 게 너무 좋았어요. 정말로. 그건 정말이었어요……. 감정이 북받쳤어. 우린 모두 너무 너무 감정이 북받쳐서 울었어. 그렇게 요란 법석을 떨었어. 우린 정말 가깝게 지내던 사이였거든요. 그러다가 친구들이 날보고 나빴다고 했어. 그건 나 혼자 생각이었을 뿐이라고 했어요. 한국을 그처럼 자주 오가면서 어떻게 친구 아무한테도 연락을 하지 않을 수 있냐면서. 심지어 오늘날까지도 그들은 내 어머니에게 전화를 하곤 해요.

그 후로 와인버그 부인은 가까운 친구들과 연락을 하면서 지낸다고 했다. 함께 자란 친구들보다 가까운 친구는 있을 수 없다고 그녀는 단호하게 말했다.

모건 부인 또한 친구들과 관계를 끊었다. 하지만 그녀는 자신이 혼종결혼(outmarriage)을 했다는 단지 그 이유만으로 친구들로부터 거부당할 것이라는 두려움 이상의 감정을 가지고 있었다.

내가 미국에 와서 여기 실상을 경험했을 때, 난 너무, 너무 실망했어. 내가 결혼했다는 걸 안 친구들은 불과 서너 명이었어요. 내가 미국에서 살고 있다는 걸 친구들에게 말해 줄 어느 누구와도 연락하지 않았지.

1983년 도착했을 때 모건 부인은 자신이 결혼을 잘 했기에 미국의 꿈을 성취하면서 살 수 있을 것으로 기대했다. 하지만 일반 사병의 월급으로 간신히 먹고 살아야 한다는 사실을 깨닫고 나자 그녀는 실망했고, 자존심 때문에 어린 시절 친구들과 연락하지 않게 되었다.

두 사람 모두 또래 집단들과 다른 길, 또한 그들 나름의 특별한 길을 선택했다는 것을 대단히 의식했으며, 그로 인해 거부당할까 봐 두려워했다. 하지만 개인적인 상황으로 마주친 현실뿐만 아니라 계급과 물질적 풍요에 대한 인식은 한국에 있는 친구들과 관계 맺는 방식에 중요한 영향을 미쳤다. 모건 부인은 다른 한국인들과 심지어 어린 시절의 친구 앞에서 자신의 선택을 인정받으려면 무엇보다 잘 살아야 한다는 것을 강하게 느꼈다. 반면 와인버그 부인의 계급적 위상—중산층 전업주부로서 결혼 후 집 바깥에서 일을 한 적이 없으며, 장교였던 남편은 나중에 사업가로 성공했다—은 잘 손질한 머리카락, 우아한 화장, 값비싼 옷과 보석, 집 앞 차도에 세워 놓은 사치스러운 자동차를 통해 잘 드러나 있다. 그녀는 남편과 결혼하는 순간부터 이런 생활을 누렸던 것처럼 보인다. 남편은 명문가 출신이었으며, 미국에서 그들이 처음 살았던 집은 남편 고향집 근처의 잘 사는 주택가에 들어선 새로 지은 호화 아파트였다. 경제적으로 풍족하지 않았더라면, 그녀는 1970년대에 한국을 2~3년마다 한 번씩 드나들 수 없었을 것이다. 따라서 어린 시절의 친구와 재회했을 때 그녀의 안정적인 결혼 생활뿐만 아니라 풍족한 삶은 외국인과의 결혼을 부정적으로 보는 시각을 상쇄할 수 있을 정도로 긍정적이었다. 그녀의 결혼 생활이 안정되지 못했거나 가난했더라면 친구들과의 만남을 피했을 수도 있었을 것이다. 그녀의 안정된 결혼 생활과 상류층이라는 신분은 그녀가 존중받을 수 있도록 해주었으며, 국제결혼이 실수가 아니었다는 것을 친구들에게 보여 줄 수 있도록 해주었다. 실제로 와인버그 부인의 친구들은 미국의 꿈을 분명히 성취한 것처럼 보이는 그녀를 부러워했을 수도 있다. 특히 '미국병'이 남한 전체를 통해 번져 나가고 있던 1970~1980년대는 더욱 더 부러움의 대상일 수 있었을 것이다.

젠더와 혼종 결혼(intermarriage)

군인아내들에게 계급, 결혼의 안정성, 남편의 인종은 미국에서의 한인들과 관계에서 중요한 요소를 차지한다. 계급과 결혼 생활의 안정의 중요성은 전통적인 관심사에 따라 다양하지만, 인종의 중요성은 미국인의 인종적 위계질서의 영향과 밀접한 관련이 있다. 한국인들은 이런 인종적 위계질서를 처음에는 미군을 통해 접촉하게 되었다. 한국전쟁 동안 인종적으로 군부대는 여전히 분리되어 있었다. 그리고 이후에는 텔레비전 쇼와 영화 등에서 묘사된 문화적 이미지를 통해 그런 위계질서를 배우게 되었다. 미국 사회에서 최하층을 구성하면서 차별당하고 지나치게 가난한 흑인들의 위상은 쉽게 눈에 띄었다. 미국행을 원하는 한국인들은 신분 상승을 꿈꾸고 있었으며, 백인처럼 사는 것을 원했지 흑인처럼 살고 싶어 하지 않았다. 신분 상승의 욕망으로 가열되었지만, 노예 제도, 정복, 착취 등 미국의 유산에 관해서는 무지한 한국인들은 미국 사회에서 그들이 발견했던 인종적 위계질서라는 인종적 편견을 흉내 냈다.[3]

따라서 아프리카계 미국인이거나 라틴계 미국인을 남편으로 둔 한국 여성들은 다른 한국인들로부터 대단히 심한 차별을 받거나 노골적으로 추방당하기도 했다. 흑인이나 라틴계와 결혼한 여성들은 외국인 '쓰레기'와 결혼했다고 보는 것이 일반적이며, 따라서 그런 여성들은 한국 사회의 '쓰레기' 출신임이 틀림없을 것이라고 본다. 흑인과 라틴계와 결혼한 여성은 백인과 결혼한 여성에 비해 과거 기지촌 여성으로 취급당하는 경우가 한결 많다. 연구 조사를 통해 알게 되었지만, 상당수 한국 이민자들은 나에게 자신만만하게 말했다. 그들은 백인의 아내들은 일부 단정한 여성들도 있지만 흑인의 아내들은 전부 기지촌 출신이라는 것을 알게 될 것이라고 했다.

계급 편견과 여성들에게 성공 여부의 개념은 군인아내 사이를 구획하는 것으로 작동한다. 부유하며 안정된 가족과 전문 직업을 가진 남성을 남편으로 둔 군인아내들은 이혼을 했거나 저소득이거나 또는 남편이 노동자 계급인 여성들에 비해 덜 노골적으로 소외당하는 것처럼 보인다. 여성의 성공에 대한 한국적인 판단 기준을 충족시켜 주는 삶—안정된 가족, 잘 교육받은 자녀들, 안정된 직장과 경력을 가진 남편—은 외국인을 결혼 상대로 삼은 것을 상쇄시켜 주며, 군인아내라도 "흠, 적어도 그녀는 현모양처가 되는 법은 알고 있으니까"라고 마지못해 인색하게 존중해 준다. 이런 판단 기준을 뛰어넘는 삶—평균적인 한국인보다 훨씬 잘 살고, 남편이 대단히 존경받는 전문적인 경력을 가진 경우—은 외국인을 남편으로 삼은 선택을 인정받는 데 도움이 될 수 있다.

하지만 그것도 어느 정도까지일 뿐이다. 군인아내들과 그들에게 목회활동을 하는 목사들 모두가 나에게 같은 말을 해주었다. 즉, 사회적인 위상이 있는 군인아내의 경우 그들의 면전에서는 점잖게 대우해 주지만 등 뒤에서는 그런 사회적 위상이 없는 군인아내나 마찬가지로 모욕과 경멸과 연민의 대상이 된다고 말이다. 군인아내들은 그들이 성취한 것이 무엇이든지 간에 한국 교민 사회에서 어느 정도 외부자이다. 또한 그들의 차이로 인해 비정상적이고 수상쩍고 심지어 오염된 여성으로 간주된다. 기지촌으로 추정되는 과거가 기지촌 근처에도 가지 않았던 여성들마저 괴롭히게 되는 것이다.

한국인들은 군인아내들을 외국인과 밀접한 관계에 있는 사람들로 연상함으로써 오염되고 얼룩이 묻은 자들이라고 생각하는 것처럼 보인다. 성관계에 관한 한국어 어휘들, 즉 '몸을 섞는다'라거나 아이의 출산을 '혼혈'이라고 명명하는 것은 이런 행위들의 직접성과 육체성을 함축하는 것이다. 비한국인들과 몸을 섞고 피를 섞는 행위가 적어도 여성에 의해서 이뤄지면 그것은 더러운 것으로 간주된다. 외국인과 결혼한 남성은 이런 편견에 예속되지 않는다.[4] 부분적으로 이것은 성적인 이중 잣대로 인한 것이다. 성관계를 가질 때 여성들은 침범당하고, 소유당하고, 당하는 것으로 간주되는 반면, 똑같은 행위이지만 남성은 정복하고, 가지고, 소유하는 것으로 묘사된다. 이것은 성관계를 묘사하는 한국어 어휘들에도 새겨져 있다. 이를테면 남성은 여성을 '따먹는다', '가진다', '차지한다' 따위의 말들이 그러하다. 반면 여성은 남성에게 '몸을 준다', 남자를 '받아들인다'고 묘사한다. 파트너가 누구든지 상관없이 성관계를 가진 여성은 몸의 순결성을 침범당한 것이 된다. 여기서 유일한 예외는 결혼하는 것이며, 마치 이런 침범은 아내로서 마땅히 받아들여야 하는 것처럼 보인다. 하지만 성관계를 가진 남성은 자신의 건강한 남성적 활력을 보여 준 것으로 간주된다.[5] 외국인으로 성관계가 확장되었을 때, 여성은 이중적으로 오염된 존재가 된다. 왜냐하면 그녀의 몸에 대한 침범이 같은 한국 남성에 의해 저질러진 것이 아니기 때문이다. 이 경우에는 심지어 결혼마저도 오염된 여성을 정화시켜 주지 못한다.

결혼에 관한 가부장적인 개념 정의가 한 요소로 작동하는 것이다. 인류학자 지민 바오(Jiemin Bao)의 태국의 중국인 이민자 연구에 따르면 중국 남자와 결혼한 태국 여성은 중국인으로 간주되지만, 태국 남자와 결혼한 중국 여성은 태국인이 된 것으로 간주된다. 이런 해석은 생활 방식에도 적용된다. 그래서 태국 여성은 종종 중국인 시집 식구들과 살면서 중국 관습을 배우며, 아이들 또한 중국인으로 키우게 된다. 한편 중국 여성들은 태국 관습을 배우고 자녀들을 태국인으로 양육한다. 두 경우 모두 남자는 자신의 민족적 정체성을 유지하는 반면, 여자는 남편의 민족과 정체성에 따라서 자신의 것을 변경시킨다.[6]

이와 유사하게, 결혼한 여성은 남편의 가족에 속한다는, 결혼에 관한 한국의 지배적인 해석은 혼종 결혼(intermarriage)으로까지 확대 해석된다. 따라서 저명한 한국 남성—이승만과 같은 역사적 인물을 포함하여—은 외국 여성과 결혼하더라도 그들의 결혼은 전혀 비판받지 않으며, 열등성, 오염, 더러움과 같은 위협에 거의 노출되지 않는다.[7] 그 대신 여성들은 한국인이 되는 법을 배울 것으로 종종 가정되어 왔다. 이승만의 경우 그는 남한의 초대 대통령이므로 한국 남자와 결혼한 그의 아내는 한국인이 되어야 한다는 개념을 공개적으로 받아들였다. 그녀는 전통 의상인 한복을 입고 한국 문화를 배우는 것을 중시했다. 이와 유사하게 한국 남자와 결혼한 한 미국 여성은 『나는 한국인과 결혼했다(I Married an Korean)』라는 책에서 1950년대 초반의 자기 삶을 한국 사회로 편입하기 위해 자기 나라와 일가친척 그리고 친구들을 저버린 것으로 기술하고 있다. 말하자면 한국의 현모양처가 되는 법을 배우기 위해서 말이다.[8]

반면 비한국인과 결혼한 여성은 '국제결혼한 여성'으로 전부 범주화되었다. 남성의 경우에는 이에 해당하는 용어가 존재하지 않는다. 여성은 자기 남편의 외국성(foreignness)을 취하도록 간주된다. 그들의 자녀들도 외국인으로 간주된다. 심지어 아이들이 한국에서 성장하고 한국어와 한국 문화에 완전히 능통하더라도 이 점은 마찬가지이다. 예를 들어 1960∼1970년대에 한국에서 대중 가수로 잘 알려진 몇 명은 한국인 어머니와 미군 사이에서 태어났다. 비록 그들이 한국 노래를 부르고 한국 이름을 가지고 있긴 했지만, 그들의 인기는 외국적인 것으로 연상되는 이국적인 외모로 인한 것이었다. 달리 표현하자면 한국인들에게는 '한국적인' 것처럼 보이는 '외국인'들을 보는 것 자체가 스릴이었다. 혼혈 한국인들에 대한 매혹은 1990년대에 다시 표면화되었다. 그들은 대중 가수의 백업 댄서로,

텔레비전 드라마의 단역으로 출연하면서 모습을 드러냈다. '외국인' 자녀의 어머니들로서, 국제결혼한 한국 여성들의 외국성은 강화된다.

게다가 '국제결혼한 여성'이라는 용어는 기지촌의 그림자에 너무나 흠뻑 젖어 있어서 과거의 매춘 여성이 미군과 결혼한 것이라는 무수한 상투적인 이미지를 즉각적으로 불러일으키게 된다. 따라서 미군이 아니라 미국인 변호사, 국제적인 사업가, 아이비리그 대학교수, 영향력 있는 정치가, 그 밖에 성공하고 부유한 전문 직종의 남성과 결혼한 여성들마저 열등한 것으로 취급받으면서 도덕적으로 수상쩍은 인물로 낙인찍히게 된다. 여기에 덧붙여 미군과 결혼한 여성들, 혹은 옆집에 사는 백인 미국인 남자와 결혼한 한국계 미국인 여성, 혹은 해외에서 공부를 하던 중 동료 대학원생과 결혼한 한국 여성, 혹은 직장 동료와 결혼한 전문직 한국 여성을 구별하여 부르는 용어가 한국어에는 따로 없다. 이처럼 다양한 여성들의 특수한 경험과 상황은 단지 하나로 범주화되는데, 여성들의 남편이 한국인이 아니라는 근거로 뭉뚱그려지기 때문이다. 크리스핀 부인은 나에게 다음과 같이 말했다.

> 걔[당신의 딸]가 한국에서 결혼하든 아니면 미국에서 결혼하든, 또는 당신 딸이 의사이든 그건 전혀 상관하지 않아요. 외국인과 결혼한 여성은 국제결혼한 여성이 돼 버려. 그냥 한마디로 국제결혼한 여성에 묶이니까. 심지어 여기서도 딸이 미국인과 결혼하면 부모들은 청첩장을 안 보내고 결혼식을 그냥 조용히 치르기도 해요.

국제결혼이라는 낙인은 한국 여성은 한민족, 특히 한국 남성에 속한다는 개념과 밀접한 관련이 있다. 그러므로 한국 여성은 남성과 달리 한민족을 상징하는 것으로 간주된다. 한민족이라는 남성적인 관점에서 볼 때, 외국 남성이 자기네 여성들을 데려가는 것은 한국의 주권과 한국 남성의 남성성이 무시당하는 것이 된다. 여성이 한국을 상징하는 것으로 볼 때, 외국 남성에 의한 한국 여성의 '침탈'은 한민족 전체의 침탈을 상징한다. 한국 이민자들에게 자기 딸이 외국 남성과 결혼한다는 것은 한국적인 정체성의 상실을 상징하며, 따라서 미국화에 종속되는 것을 의미한다. 많은 한국인들은 그 점을 부정적인 시각으로 본다.

국제결혼한 여성에 대한 낙인으로 인해 군인아내들과 다른 한인들 사이의 상호 작용은 같은 교회에 다니는 것 이상으로 확대되는 경우가 드물다. 대다수가 군인아내들인 국제결혼을 한 여성들은 예배를 볼 때에도 서로 떨어져 앉는다. 미국에 있는 한국 교회의 많은 목사들은 군인아내들과 다른 회중들과의 관계가 표면적으로는 예의를 차리긴 하지만 서로 거리를 유지하는 관계라고 나에게 말해 주었다. 어떤 목사는 이렇게 말했다. "한국 교민들은 이 여성들을 깔보지요. 그래서 그들과 어울리고 싶어 하지 않아요. 이들은 더럽혀진 여성이라는 생각들이 있어요. 말하자면 오염된 여성이라는 게지요. 그들은 외국인과 결혼했으니까요."

최초의 연결 고리

그런 취급을 받아 왔지만 군인아내들은 한국 교민 사회의 형성에 핵심이었다. 미국 이민법의 가족 재결합 조항에 따라 한국에 있는 가족들을 미국으로 초청함으로써 1965년 이후 건너온 한국 이민자들의 40~50퍼센트는 군인아내들이 미국으로 데려온 사람들로 추산한다.[9] 1988년 월간 『말』은 서울에 있는 미국대사관의 보고서를 이용하여 군인아내 한 명에 뒤이어 15명의 일가친척들이 미국으로 건너갔다는 것이 평균적인 통계라고 보도했다.[10] 군인아내들은 종종 무수한 대가족 구성원들을 포함하여 이민에서 첫 번째 연결 고리를 형성했다.

미국 시민의 아내였기 때문에 군인아내들은 한국과 아시아 대부분의 국가에서 이민이 법적으로 봉쇄되었던 시절에도 (한국) 이민이 가능하도록 할 수 있었다. 따라서 그들은 반(反)아시아 이민 규제가 50년 동안 엄격하게 실시되었다가 풀린 이후인 1945~1965년에 이르기까지 최대의 한국 성인 이민 집단을 형성했다.[11] 사회복지학자 다니엘 리(Daniel B. Lee)는, 예를 들어 1962~1968년에 미국 시민의 아내로서 이민을 왔던 한국 여성들은 39.4퍼센트를 차지했는데, 이 수치는 한국에서 미국으로 왔던 모든 이민 중에서 단일 집단으로서는 최대 규모였음에 주목한다. 리는 1950~1989년에 약 9만 명의 한국 여성들이 미군의 아내로서 미국으로 이민 온 것으로 추산한다.[12] 그들은 남편을 따라 미국 방방곡곡으로 흩어졌다. 농촌인 캔자스에서부터 도시인 필라델피아로 남편을 따라갔는데, 때로 그들은 그곳에서 유일한 아시아인은 아니라할지라도 유일한 한국인이었다. 미국 농촌에 모습을 드러낸 한국인 이민의 존재는 군인아내와 그들의 가족인 경우가 많았다. 대부분의 경우 미군 기지가 근방에 있게 마련인데, 예를 들어 콜로라도가 그러하다. 최근에 이르기까지 한인 사회는 남편을 따라 콜린스 요새로 따라왔던 군인아내들로 구성되어 있었다. 근처에 있는 덴버에는 한국 이민 사회가 작기는 하지만 그래도 점차 커지고 있다. 이들이 미국 사회의 이민으로 가족을 초대했을 때 친척들—대체로 부모와 형제자매들—은 근처에 자리를 잡았다. 여성들은 친척들이 미국 사회에서 적응할 수 있도록 도와주었다. 직장을 알아봐 주고, 미국의 관료 체계를 통과하도록 도와주고, 자녀들을 학교에 입학시켜 주고, 살 곳을 마련해 주었다. 종종 이들 여성은 다른 이민자들에게도 이런 도움을 주었다.

내가 만나고 인터뷰했던 군인아내들 대부분은 그들이 사는 지역에 처음으로 와서 정착했던 사람들인 경우가 많았다. 내가 만났던 많은 여성들은 1950년대에 일찌감치 남편과 함께 왔으며, 가장 가까이에 있는 도시에서 자동차로 대략 한 시간 거리에 있는 근처의 한두 개 미군 기지와 그들 모두 어떤 방식으로든지 연결되어 있었다. 도시에 자리 잡고 있는 한인 이민 사회는 1970년 후반에 이르기까지 형성되지 않았다.[13] 어디에서든지 한국 이민 사회의 형성에 군인아내들이 핵심적인 역할을 했다는 일화가 그 점을 입증한다. 내가 만났던 거의 모든 군인아내들은 적어도 친척 한두 명의 보증인이 되었으며, 대부분의 친척들은 그들 주변에 정착했다.

예를 들어 본 부인은 1960년에 이민을 와서 10년이 지나 친척들의 이민을 돕는 보증인 노릇을 하기 시작했다. 처음에는 두 명의 조카와 질녀의 보증인이 되어 그들이 미국에서 학교를 다닐 수 있도록 했다. 다음해 그녀는 자기 어머니와 언니의 보증인이 되었다. 나중에 결혼을 하기 위해 한국으로 돌아간 장질녀는 남편을 미국으로 데려왔다. 장질녀의 남편은 네 명의 형제들이 이민 오는 데 보증을 했으며, 그들 모두 한국으로 가서 결혼을 한 뒤 배우자들을 미국으로 데려오는 보증인이 되었다. 이들 배우자들은 또다시 자기 형제자매가 이민 오는 데 보증인이 되었으며, 그 다음 차례로 이들이 또다시 자기 배우자들이 이민 오는 데 보증인이 되었다. 본 부인의 조카 역시 한국으로 돌아가서 결혼을 하고 아내를 데리고 미국으로 왔다. 이런 식으로 하여 1970~1980년대 본 부인은 적어도 스물다섯 명의 한국인들이 미국으로 이민 오는 데 최초의 핵심적인 연결고리 역할을 했다. 그리고 그들 모두가 거의 다 주변 지역에 자리를 잡았다. 20년이 지난 지금 그들은 작은 사업체를 경영하면서 한국인 교민 교회를 다니고 상인 조합과 같이 다양한 한인 사회단체에 참여하고 있다. 그들의 자녀들은 1.5세대의 일부가 되었으며 2세대들은 미국 학교에서 점점 더 많이 눈에 띄게 되었다. 미국인 직장에서, 그리고 한미 커뮤니티 안에서도 활동이 두드러지고 있다.[14]

다른 사례들도 얼마든지 있다. 크리스펀 부인은 어머니, 형제자매들, 가족의 보증인이었다. 그들 대부분 근처에 정착했으며 나중에 다른 도시로 이사했다. 조카와 질녀들은 같은 도시에서 성장하여 지역의 아이비리그 대학을 졸업했다. 데니슨 부인은 오빠와 그 가족들을 보증했다. 그녀는 한인 사회와 접촉이 없었으므로 오빠에게 적절한 일자리를 구해 줄 수가 없었는데, 그녀의 오빠는 장조카가 일자리를 구해 준 곳인 캘리포니아로 이사했다. 브레넌 부인은 거의 모든 형제자매와 그들의 가족을 보증했다. 그들 모두 근처에 정착했다. 그중 몇 명은 다른 곳으로 옮겼지만 대다수는 그 지역에 남아 있다. 골딘 부인은 세 명의 형제자매를 보증했으며 그들 모두 근방에서 산다. 이런 식으로 보증을 하여 이민을 왔던 절대다수는 패스트푸드 레스토랑, 동네 식료품 가게, 세탁소, 선물 가게, 가발과 미용 용품점, 과일과 야채 가게, 조제 식품 판매점, 옷 가게, 신발 가게와 같은 가족 사업을 운영하고 있다. 창업 자본을 긁어모아 시작하는 한국계 미국인들의 소규모 사업 방식에 관해서는 학자들에 의해서 잘 기록되어 있다. 신용조합을 유통시키고, 다른 한국인 소유 사업체에서 열심히 일하면서 돈을 저축하고, 가족이나 친구로부터 돈을 빌리는 방식 등이다.[15]

군인아내들은 이런 이민자들을 보증했을 뿐만 아니라 그들이 새로운 환경에서 발판을 마련하는 데 핵심적인 역할을 담당했다. 예컨대 군인아내들은 교량 역할을 했다. 번역 서비스를 해주거나 노동허가증을 획득하는 데 편리하도록 미국 행정 관청에 관한 정보를 제공했으며, 시민권, 사업자격증, 운전면허증 등을 따는 데도 도움을 주었다. 아파트를 구하거나 살 곳을 구하는 문제부터 교회, 식료품 가게, 지역 사회 조직 등 그 지역의 한국인 시설에 관해 알려 주었다. 또한 일자리나 사업 기회를 알선해 주거나 때로는 자기 사업체를 오픈하는 데 필요한 돈을 마련해 주기도 했다. 그들은 친척들이 이민을 올 수 있도록 보증해 주기 오래 전부터 도움을 주었는데, 그들의 도움은 직계 가족을 훨씬 넘어서서 전반적인 한인 이민 사회에까지 확대되었다.

골딘 부인은 1972년 미국에 도착하고 나서 1년 반 뒤에 학대하는 남편에게서 도망을 쳐서 이혼했다. 돌봐야 할 아이가 딸려 있지만 일자리를 잡는 데 필요한 기술은 거의 없어서 결국 그녀는 시집 식구들에게 되돌아갔다. 시집 식구들과 다른 미국인들의 도움을 얻어 그녀는 살 곳과 공장 일자리를 구했다. 그녀는 미국인들은 자기를 도와주었지만 단 한 명의 한국인도 그녀들 도와준 사람은 없었다는 사실에 상처 입고 슬퍼하면서 그때를 회상했다. 그렇지만 골딘 부인은 커져 가는 한국 이민 사회와 접촉을 하려고 애썼고, 도움을 필요로 하는 사람들에게 스스로 손을 내밀었다. 목사들은 영어로 말하는 미국 관리들과 대면할 필요가 있는 교회 신도들에게 통역이 필요하거나 그 밖에도 무수히 많은 일들이 생길 때면 그녀에게 도움을 청했다. 그녀는 또한 한국인 여성들이 공장에서 일자리를 구하도록 도와주고 그들을 훈련시키기도 했다. 공장의 같은 부서에서 일했던 한국 여성들 가운데 그녀가 일을 가르쳐 준 사람이 스무 명이 넘은 때도 있었다고 그녀는 회상했다. 그러나 그들은 그녀를 자신들의 서클에서 배제시켰다.

무슨 일이 생기거나 사건이 있을 때면 그들은 자기네들끼리 이야기를 하고는 했어. 내가 흑인과 결혼했기 때문에 그들은 날 검둥이 양키 갈보라고 불렀어. 나하고는 아무 상관없는 것처럼 굴다가 누군가에게 통역이 필요할 때면 날 찾아오고는 했지. 난 일을 하면서도 그들을 위해 통역을 해주곤 했어. 그 당시 난 아파트를 구하느라 정말 힘들었어. [아이까지 딸린 비혼모인데다 아시아계 여성이며, 절반은 흑인이고 절반은 아시아인인 아이가 딸린 여성에게는 아무도 집을 임대해 주려고 하지 않았다.] 그런데 미국인들은 날 도와줬어. 그들은 통조림 음식과 낡은 옷가지들을 가져다주고는 했지만 단 한 명의 한국인도 날 도와주지 않았어. 그들은 나를 그냥 먼 산 쳐다보듯 대했어.

골딘 부인은 미국에 와서 처음 일 년 동안 힘들어하는 여러 가족들을 도와주었다. 하지만 그녀의 도움이 필요 없어지면 그들은 그녀로부터 등을 돌렸다. 특히 한 가족이 그녀의 기억에 뚜렷이 각인된 것 같았다. 그녀는 그 가족의 아내가 공장에서 일을 하기 시작할 때 만났다. 이 가족 다섯 명은 미국에 도착한 지 몇 개월 지나지 않아 파렴치한 목사에게 속아서 평생 저축한 돈을 완전히 날린 채 근근이 살아가고 있었다. 남편과 아내 모두 안정적인 직장 경력을 버리고 미국으로 온 사람들이었다. 미국 생활이 훨씬 나을 것이라고 확신했기 때문이었다. 짧은 영어 실력 탓에 엄격한 자격증 시험을 통과하지 못한 남편은 의사 개업을 할 수 없었으며, 아내의 대학교수 임명장은 미국에서는 아무 쓸모가 없었다. 수지맞는 사업을 해보겠다는 그들의 꿈은 저축한 돈만 몽땅 날리고 산산조각이 나고 말았다. 미국인들을 통해 골딘 부인은 그들의 세 아이들에게 신발과 옷가지 등을 제공해 주고, 아파트에서 사용할 중고 가구들과 그 밖에 필요한 생필품을 구해 주었다. 그녀는 그 가족의 아이들과 친해져서 아이들은 그녀를 아줌마라고 불렀다. 그 집 아내가 공장에서 일시해고를 당했을 때에도 골딘 부인은 일하는 자기 시간을 쪼개서 그들이 야채 행상을 시작하도록 도와주었다. 사업은 잘 되었고, 그 가족의 형편은 풀렸다. 그러던 어느 날, 그들은 다른 고장으로 이사를 가면서 그녀에게 말 한마디도 없이 소식을 끊었다고 했다. "애들 엄마는 나 같은 사람을 알고 있다는 게 너무 창피했던 거야"라고 그녀가 말했다.

골딘 부인은 자신이 한인 사회에서 추방당하는 이유를 분명히 알고 있었으며, 다른 한국인에게 이용당하고 있다는 것도 잘 알고 있었다. "한국인들은 날 좋아하지 않아. 내가 흑인하고 결혼했으니까"라고 한탄하며 그녀는 말을 이었다. "그네들은 통역이 필요하면 날 찾아와. 하지만 저녁 식사 한 끼도 날 초대하지 않았어. 나와 이야기하는 것도 피했으니까."

때로 그들은 골딘 부인의 도움이 만족스럽지 못하면 되려 그녀에게 욕설을 퍼부었다고 했다.

난 그 여자를 20년 동안 알고 지내면서 많은 도움을 줬어. 그런데 내가 준 도움이 자기네들 뜻에 맞지 않을 때면 그녀는 그게 내 잘못이라고 결정해 버려. 그러고는 바로 내 얼굴에 대고 검둥이 양키 갈보 잡년이라고 욕을 퍼부어. 그녀는 날 그렇게 불러. 검둥이 양키 갈보 잡년이라고. 그러니 내 뒤에서는 오죽할까, 상상하고도 남지.

사람들이 그렇게 못되게 구는데도 왜 그들을 계속해서 돕느냐고 내가 물었을 때 그녀는 이렇게 대답했다.

왜냐면 너무 외로워서, 외로우니까. 그리고 수녀원의 고아원에서 자라면서 희생하고 타인을 도우라고 배웠으니까. 언제나 착한 일을 하라고 배웠거든. 난 너무 외로워. 다른 한국인들과 말하고 싶어. 그래서 그들을 돕는 거지. 그러고는 언제나 상처받고……. 항상 상처받았어.

다섯 형제의 장녀였던 골딘 부인은 부모와 형제자매를 결코 잊지 않았다. 자신은 고아원에서 잘 먹고 지낼 동안 동생들은 배를 곯고 자랐다는 사실에 언제나 죄책감을 느꼈다. 그녀는 가족들에게 정기적으로 돈을 부쳤다. 그녀 자신도 제대로 잘 살고 있는 형편도 아니면서. 가족들이 목돈이 필요하다고 해서 그녀는 두 번이나 영주권을 원하는 한국 남자와 계약 결혼을 해서 돈을 모아 보내주었다. 나중에 그녀는 여러 가지 사업을 경영하여 돈을 잘 벌게 되자 한국을 방문하여 땅을 사서 남동생 앞으로 명의를 해두었다. 왜냐하면 미국 시민인 그녀가 한국 땅을 구입할 수는 없기 때문이었다. 그녀는 형제들이 아파트를 장만하도록 도와주고 공장 사업을 하도록 도와주었다. 형제자매 중 세 명이 그녀의 보증으로 미국으로 이민을 왔다. 그녀는 형제들에게 자신이 하던 신문보급소를 넘겨주었다. 그 사업은 꾸준한 벌이가 되었다. 또한 그녀는 형제들이 살 집을 구하는 데도 도움을 주었다. 그녀 형제들은 그녀의 이층집 위층에서 한동안 함께 살기도 했다. 하지만 형제들마저 그녀에게 못되게 굴었다.

한국에 남아 있는 남동생은 그녀가 사준 땅이 자기 것이라고 주장하면서 누나로부터 전혀 도움을 받지 않았던 것처럼 행동했다. 그녀는 한국으로 돌아가 여생을 그곳에서 보내려 했다. 또한 미국에 있는 형제들은 그녀가 자신들을 이용했다고 비난했다. 왜냐하면 그녀가 신문보급소를 그들에게 주었기 때문이라고 골딘 부인은 말했다. 형제들도 그녀의 도움이 필요할 때만 연락을 했다. 골딘 부인은 최근의 사건을 들려주면서 배신감으로 인연을 포기할까 하는 생각까지 했다는 이야기를 해주었다.

폭풍우가 몰아쳤어. 집 근처 나무가 쓰러지는 바람에 전기가 나갔지. 그래서 형제들과 손아래 동생에게 전화를 했어. 식당에서 얼마 전에 보았던 그 동생이야. 그 동생이 전화를 받았어. 그래서 동생에게 엄청난 폭풍우가 몰려왔고 무슨 일이 일었는지 말해 줬어요. 그러고는 얼음물을 좀 가져다 달랬어. 집에는 아무 것도 없었으니까. 적어도 얼음이라도 있으면 했으니까. 동생은 몸이 좋지 않다더군. 그럼 남동생의 아내인 올케에게 부탁해 달라고 했지. 동생은 그러마고 했어. 나는 기다리고 또 기다렸어. 그런데 아무도 나타나지 않았어. 심지어 누구 하나 내가 어떻게 지내는지 전화 한 통 하지 않았어. 죽었는지 살았는지 안부 전화 한통도 없었어. 아무도 내가 부탁했던 얼음물을 가져다주지도 않았고. 동생들은 나와 멀리 떨어진 곳에서 살지도 않아. 그런데도 아무도 들러보지 않았어. 단 한 명도 말이야. 그때 많은 생각을 하게 되었지. 심지어 형제들마저 믿을 게 못된다는 걸. 그들을 필요로 하지 않아, 어떤 것도 필요하지 않아 하면서 ……. 그게 내가 깨달았던 거지.

하지만 일 년 뒤 그녀는 여전히 형제들과 연락을 하면서 지내고 있었고, 여전히 미국의 관료 제도를 통과해 사업을 하려는 동생들을 도와주고 있었다. 조카들을 학교에 데려다 주고, 교사들과 만나고 그 밖의 다른 이민 생활에 필요한 것들을 관리하고 있었다. "아직도 내 도움을 필요로 해. 싫으나 좋으나 그들은 내 형제들이니까"라고 그녀가 말했다.

크리스핀 부인은 1970년대 초반에 도착했던 형제들이 도움이 필요할 때만 그녀에게 연락한다는 사실을 마침내 깨달았다. 조카와 질녀들이 아프면 그녀는 그들을 데리고 병원으로 갔다. 여름이면 그들을 수영 강습에 데리고 가고, 야외놀이나 소풍에도 데리고 갔다. 그녀는 조카들을 한꺼번에 자기 집에 둘씩 데리고 있으면서 1~2주 동안 여름 캠프와 비슷한 것을 제공해 주었다. 그녀는 형제들이 일하느라고 바빠서 그리고 미국 생활에 익숙하지 못해서 조카들에게 해줄 수 없었던 재미를 제공해 주려고 노력했다. 이제 질녀와 조카들은 다 자랐고 가족은 정착을 했다. 그러자 아무도 그녀를 더 이상 필요로 하지 않았다. 단지 어쩌다 어머니와 연락하는 것 말고는 가족들과의 연락이 끊어졌다.

군인아내들 삶의 조건을 보면 고아와 흡사해, 고아랑. 이제 난 포기했어, 그냥 포기했지. 내 가족들을 생각할 때면 그냥 슬퍼져. 그래서 나 자신을 고아라고, 가족이 없는 고아라고 생각해 버려. 그게 내가 살아야 하

276

는 법이니까……. 나에게 얻을 게 있다 싶으면 연락을 해오고, 아닐 경우에 전혀 연락이 없지. 가족이 남보다 더 못하다니까. 남들은 "요즘 어떻게 지내요?"라고 어쩌다 전화를 주기도 하지. 교회에 행사가 있으면 나에게 전화를 걸어서 오라고도 하고. 하지만 형제들은 절대로 그러지 않아. 형제들이 "오늘은 추석인데 혼자 있지 말고 이리로 와요?"라고 전화를 할 것 같아? 아니야, 절대 그러지 않아. "오늘은 추수감사절인데, 칠면조 요리 먹으러 올래요?" 그렇게 물을 것 같아? 아니, 형제들은 그러지 않아. 예전엔 내가 추수감사절이나 크리스마스 때 형제들을 초대하고는 했어. 지금은 나 혼자야. 혼자 있으면 무슨 요리를 하게 되겠어? 대가족인 사람들이 휴일 디너를 마련해서 나처럼 혼자인 사람들을 초대해. 그런데 그들은 나에게 전화하지 않아. 나도 이제는 전화해서 왜 나를 안 불러 주냐고 따지고 싶지도 않고. 왜 편지를 하지 않냐, 왜 크리스마스카드 한 장 보내지 않느냐고 더 이상 말하고 싶지도 않아. 아니, 아무런 소용없어. 그들을 더 이상 성가시게 하고 싶지 않아.

막내 여동생과는 20년 동안 아무런 연락이 없었다고 크리스핀 부인은 말했다.

나라면 혼자 사는 언니가 있으면 적어도 카드 한 장은 보냈을 거야. 그런데 글쎄 동생이 그러는데 내가 왜 걔를 성가시게 굴어? 이제는 자기 가정이 있는데. 아마도 바쁘겠지. 언젠가 깨달을 거야. 그게 내가 원했던 전부라고……. 그걸 깨달을 거야. 그때는 이미 너무 늦겠지만.

크리스펀 부인은 군인아내와 그 가족들 사이의 관계가 힘든 것을 문화변용의 탓으로 보았다. 종종 오해가 생기는 까닭은 형제자매들이 자기 언니의 미국화된 생활 방식을 이해하지 못하기 때문이라는 것이다. 하지만 무엇보다 근본적인 문제는 국제결혼한 언니를 수치스러워한다는 점을 강조했다.

내가 만났던 대다수 여성들은 안정된 결혼 생활을 하든 이혼을 했든 가족과 힘든 관계를 유지하고 있었으며 추방의 사례를 언급했다. 하지만 가족과 좋은 관계를 유지한 여성들도 있었다. 예외 없이 그런 여성들은 자기 나름의 안정된 가족을 가지고 있었다. 언제나 그런 것은 아니지만 남편들은 한국 문화와 생활 방식에 열려 있었다. 여러 경우에 그들의 어머니들은 딸과 미국인 사위와 함께 영구적으로 살거나 연중 몇 개월을 함께 살았다. 일부 군인아내들은 나이 든 부모를 돌보는 책임을 함께 나누고 있으며, 주로 생활비와 의료비 등을 보냈다.

가족 관계의 차원에서 여성에 대한 젠더화된 개념인 출가외인이라는 개념이 친정 식구들과 밀접한 관계를 유지하는 데 지장을 주지는 않았다. 자식된 도리를 함으로써 군인아내들은 누이이자 딸이며 한국인으로서의 자신의 정체성을 강조했다. 장녀인 여성들은 가장 강한 책임감을 느끼는 것처럼 보인다. 왜냐하면 한국 사회에서 장녀는 다른 자식들에 비해 거의 부모와 같은 위치에 있기 때문이다. 예를 들어, 형제자매들이 그녀의 노력을 인정하지 않는데도 골딘 부인은 장녀의 책임감을 강조했다. 브레넌 부인 또한 장녀로서 자신의 위치를 강조하고 가족을 최우선으로 꼽는 것을 자랑스럽게 말했다. 그녀는 한국에서 어린 나이에 농촌을 떠나 서울에 일자리를 찾으러 떠났다. 번 돈 대부분을 고향에 있는 가족에게 보냈다.

278

미국에서는 결혼한 여성으로 살아가면서 그녀는 계속해서 고향으로 송금했다. 가족을 위한 그녀의 노력은 형제자매들로부터 지속적으로 대접받는 위치를 차지하게 해주었다. 그녀는 최근에 있었던 사건을 들려주었다. 한국에서 살고 있는 그녀의 남동생은 오십대 중반인데, 장기적인 방문을 하도록 어머니를 초대하지 않은 것에 대해 그녀는 남동생을 호되게 꾸짖었다. 몇 주 후 이제는 장성한 자식들과 함께 미국에서 살고 있는 어머니의 비행기 티켓이 부쳐왔다. 브레넌 부인은 장녀로서 자신은 "아직도 집안의 여왕"이라고 자랑했다. 왜냐하면 아버지가 형제자매 중에서 장녀인 자신을 으뜸으로 지지해 주었고, 그녀 또한 가족을 위해 최선을 다했기 때문이라고 했다. "내 먹을 것은 안 먹더라도 동생들에게는 뭔가를 보냈다"고 그녀는 말했다.

미국에서 지낸 첫해 동안 그녀는 다른 집 아이들을 돌봐 주고 번 돈을 은행에 저금했다. 그녀의 저축액은 10달러, 15달러 혹은 20달러가 고작이었지만 규칙적으로 저축을 했다. 구좌의 돈이 1,300달러가 되었을 때 그녀의 남편은 놀랐다. 브레넌 부인처럼 남편 역시 가난하고 식구는 많은 농촌 출신이었다. 그는 그처럼 큰 돈을 본 적이 없었다. 브레넌 부인은 그 돈을 몽땅 한국에 있는 친정에 보낼 것이라고 했다. 그 돈은 그들의 저축액의 전부였다. 남편은 동의를 했고, 그녀는 그 돈을 친정 식구들이 트랙터를 산다는 약정 아래 한국으로 송금했다. 그녀는 이런 식으로 여력이 닿는 한 가족에게 돈을 부쳤는데, 단지 가족을 돕는 것이 아니라 나라를 돕는다는 믿음이 있었다. 열심히 번 돈을 한국으로 보내면서 그녀는 가족뿐 아니라 나라에도 충정을 표현하고 있었다. 그러므로 한국인으로서 또한 딸과 누이로서 정체성을 긍정하게 되었다. 브레넌 부인은 말했다.

난 교육도 못 받았고 무식꾼으로 살았어요. 하여튼 많은 돈을 벌 수도 없고 한국에 엄청난 도움을 주기도 어려운 형편이야. 그래도 난 적은 돈이나마 한국으로 보내야겠다고 작정했지. 심지어 이 무식한 머리에서도 이런 계산이 나오더군. 내가 한국으로 100달러를 부치면 그 돈이 어디로 가겠어? 한국으로 가는 거지. 안 그래요? 한국에서 이 100달러를 이용한다면, 많은 물건을 만들 것이고, 그 물건들을 외국에 내다 팔아서 좀더 많은 돈을 벌어들이는 거지. 그게 내 계산이었지. 단 돈 한 푼이라도 그걸 한국으로 보내자, 그게 내가 결심한 것이었어. 때로는 호주머니를 몽땅 털어서 전부 보내기도 했어요. 비록 많은 돈은 아니었지만 내가 할 수 있는 범위에서 최선을 다했어. 그래서 돈을 보내면서도 즐거웠어. 정말 즐거운 거야. 왜냐면 그게 내 가족을 돕는 것뿐만이 아니라 내 나라를 돕는 것이라는 생각에 말이지.

브레넌 부인은 초등학교 6학년 이상을 다녀 본 적이 없었지만 개인적인 경제 행위와 국가적인 경제 성장 사이의 복잡한 연결 고리가 어떻게 만들어지고 있는지를 충분히 이해하고 있었다. 그녀는 외화의 중요성을 이해했을 뿐만 아니라 돈이 돈을 만든다는 것을 알고 있었다. 말하자면 자본의 필요성을 이해했다. 이런 이해가 있었기에 가족과 고국 모두를 위해 도움이 될 것이라고 믿었고, 행동으로 옮긴 것이다.

마침내 브레넌 부인은 가족이 이민을 올 수 있도록 보증했다. 처음에는 어머니를, 그 다음에는 동생들을 데려왔다. 남편의 협조로 그녀는 지금도 가족을 돕고 있다. 인터뷰 당시 그녀의 남편은 그녀 남동생의 패스트푸드 식당에서 일하기 위해 남부로 갔다. 이 남동생의 아내는 오랜 병으로 시달리다 최근에 죽었다. 남동생은 그 사업을 하려면 일손이 필요했다. 브레넌 부인은 친정 가족과 밀접한 관계를 유지하면서 그들을 돕는데 남편으로부터 이런 형태의 지원을 얻어 냈다.

아웃사이더

가족과 친구의 관계가 좋든 나쁘든 상관없이 다른 한인들과의 관계에서는 긴장이 있다. 실제로 나와 인터뷰를 했던 모든 군인아내들은 그들과 다른 한인들 사이에 분리의 벽이 있는 것처럼 거리감이 있다고 말했다. 자신들이 겪은 부정적인 경험에 관해 감정이 북받쳐서 길게 이야기를 했다. 많은 여성들은 생활 방식의 차이가 그들을 분리시킨다고 말했다. 군인아내들은 가족생활에 관해서 이야기할 수 없다고 느낀다. 왜냐하면 다른 한인들은 미국 남편과 함께 사는 것이 어떤 것인지 이해할 수 없을 것이라 생각한 때문이었다. 여기에 덧붙여 가족에 관해 무슨 이야기든지 하게 되면 그것이 군인아내에 대한 기존의 상투적 이미지를 강화하는 증거가 될지도 모른다고 했다. 다른 한인들이 보이는 호기심과 대면할 때면 자신들이 변태처럼 느껴진다고 말했다. 군인아내들이 다가가면 다른 한인들은 마치 비밀스런 이야기를 하던 중인 것처럼 대화를 멈춘다고 했다. 한 여성은 자신이 때로는 미국인을 위한 스파이인 것처럼 취급받는 느낌이 든다고 했다. 또한 군인아내들은 미국 문화에 관해 한국인들이 늘어놓는 불평을 듣노라면 불편한 마음이 든다고 했다. 미국 생활의 어려움과 인종차별주의에 관한 불평을 듣노라면 그것이 미국인과 결혼한 자신들의 뒤통수를 겨냥하여 비판하는 것처럼 들리기 때문이라는 것이다. 한국인들이 친절하게 대할 때에도 그것이 표피적이라는 점에 거의 의견이 일치했다. 다른 한인들은 교회나 그와 유사한 공공장소에서는 군인아내들과 어울리지만, 결혼식과 같은 가족 행사나 우정을 돈독히 할 수도 있는 사회적인 행사나 사적인 공간에 초대하는 적은 결코 없었다.

언어 또한 문제였다. 예를 들어 대다수 군인아내들은 미국인과 비한국인을 멸시하는 어휘들을 사용하지 않는 반면, 많은 다른 한인들은 그렇게 한다. 군인아내 몇 명은 그런 말들로 미국인들을 지칭하는 것을 듣는 것이 불편하다고 했다. 그런 상황에서 좀더 점잖은 어휘를 사용하면 대화의 흐름이 미묘하게 균열되는 것을 느낀다. 그것 자체가 관점과 의견의 차이를 표시하는 것으로 여겨지기 때문이다. 일부 군인아내들, 그중에서도 특히 어릴수록 다른 한국인들이 그들과 이야기할 때 예의를 차리지 않고 함부로 대하면서, 친구도 아니고 친척도 아닌 어른들이 무례하게 군다는 것을 알게 되었다. 대부분의 경우 아무리 그들이 나이가 한참 어리다고 할지라도 기혼 여성에게 말을 건네면서 특히 남성들이 그처럼 허물없이 대하는 것은 심각하게 예의에 어긋나는 것이다. 남녀를 막론하고 한국인들이 젊은 군인아내들에게 그런 식으로 말을 낮추는 것은 다른 한국인들 사이에서 군인아내의 낮은 사회적 위상을 나타내는 것이며, 대단히 무례한 것이다.

몇 십 년 전에 이민을 왔던 군인아내들 중 상당수는 한국어를 많이 잊어버렸다. 자신의 한국어가 교육받은 세련된 언어가 아니라는 자의식을 가지고 있으므로, 그들은 한인들과 긴 대화를 가급적 피한다. 부겔리 부인은 지역 군인아내 조직의 미팅에 참석하면 다른 여성들이 그녀의 어눌한 한국말을 듣고 점잖게 놀린다고 말했다. 한국인과의 접촉이 거의 없는 채로 미국에서 근 40년을 살다 보니 그녀는 모국어를 많이 잊어버렸다고 했다. 이런 미팅에서 만난 군인아내들이 한국 교회에 다니라고 설득했지만 부겔리 부인은 다른 한인들과는 가볍게 인사나 하고 지내는 정도로 교제를 제한하는 것이 편하다는 것을 알게 되었다. 군인아내들은 그녀의 상황을 이해하지만 다른 한인들은 그렇지 못하다고 했다.

일부 한인들이 자기 가족 중에 군인아내가 있다는 것을 감추려고 애쓰는 것 역시 군인아내와 다른 한인들 사이를 어렵게 만든다. 일부 군인아내들이 말했듯이 이런 이민자들과는 함께 지내기가 더욱 힘들 때가 많다. 본 부인은 이렇게 말했다.

여동생이 미국인과 결혼했다면 그런 사람은 좀더 친절한 편이지만 다른 사람들은 수치라고 생각해. 그래서 그들은 학생 신분으로 왔다거나 혹은 대학을 졸업했다고 말해. 대부분 다 그렇게 말한다니까. 자기네들이 대학을 졸업했으며 그런 출신이라고 말하는 거야. 설사 에이비씨도 몰라도 다 대학 졸업자들이래. 한국 생활이 좋았는데, 쓸데없이 여기로 왔다고 그래. 그럼 난 그들에게 말하지. 돌아가라고. 여긴 왜 있어, 너네 나라로 돌아가라고 그래. 내가 한 말이 그거야. 돌아가라고. 우린 미국인과 결혼했고 그래서 여기서 산다. 이게 우리나라이고 그래서 우리는 여기서 산다, 그런데 당신은 한국이 더 좋다면, 돌아가라. 왜 남의 나라를 비난하느냐? 그냥 돌아가. 난 그들에게 그렇게 말해.

다른 한인들을 신랄하게 반박하면서 본 부인은 다른 한인들과 어울리는 것을 좋아하지 않는다고 했다. 언어도 그중 한 가지 이유이다. 일본 식민지 교육을 받은 데다가 미국에서 오랜 세월을 지내다 보니, 교육받은 한국어를 습득할 기회를 놓쳤다.

> 미국에 온 지 너무 오래 되었고 더군다나 난 한국말을 잘 못해. 그래서 남자들, 음, 공부께나 했다는 사람들과는 어울리지 않아. 그냥 "안녕하세요?" 인사나 하는 정도지. 그런 다음에는 여자들과 함께 시간을 보내. 그게 다야.

골딘 부인과 크리스핀 부인은 다른 한국인들과 함께 지내려고 노력한 것을 길게 이야기했다. 그녀는 아픈 사람을 방문하거나 교회 바자회 등 활동을 하면서 도움의 손길이 필요한 사람들에게는 도움을 주려고 노력했다. 그녀는 교회를 통해서 많은 활동을 했다. 누군가 도움을 요청할 때면 언제나 시간을 내서 도왔다고 회상했다. 20년 넘게 그렇게 해왔지만, 그녀의 봉사가 한국 이민 사회에서 존중받고 안정적인 위치를 제공해 주지 않았다는 점을 깨달았다고 했다. 우리가 만났던 1990년대 중반 무렵, 그녀는 교회 활동을 많이 줄였다. 사람들이 그녀가 군인아내라는 이유로 제대로 대접해 주지 않는 경우를 너무 많이 당했기 때문이었다. 그녀는 최근에 겪은 일을 이야기해 주었다.

> 나를 포함한 다섯 명이 차를 타고 어디론가 가고 있었어. 그중 한 명이 큰소리로 말했어. "아, 국제결혼한 여자들, 큰 문제야, 문제." 그들이 그녀를 괴롭히지 않는 한 왜 그게 문제가 될까? 난 정말 기분이 나빴어. 그래서 그 차에서 나오지 않았지. 그 사람은 내가 왜 그러는지 이유조차 모르

더군. 다른 한 사람이 눈치를 채고 그날 저녁에 전화를 걸어왔어. 너무 기분 나빠 하지 말라면서. 그래서 난 물론 기분 나쁘다, 나 역시 국제결혼을 한 여성인데 그런 말을 들으면 기분 나쁘지 않겠냐고 했지. 그러자 그녀가 자기 딸도 미국인과 결혼했다, 자기에게도 미국인 사위가 있다더군. 그렇지만 그 말에 그다지 기분 나쁘지 않았다고 말하더라니까. 그래서 그건 당신이 아니라 당신 딸이기 때문이다라고 대답해 주었어. 당신 자신이 미국인과 결혼했는데 그런 소릴 들었다면 아마 다른 느낌일 거라고도 말했어. 그러자 그녀는 그 말을 한 사람도 그런 뜻으로 한 것은 아닐 것이라고 했어. 그냥 실언을 한 것이다, 그녀의 딸 또한 미국인과 결혼했다고 하더군.

크리스펀 부인은 외국인과 결혼한 여자들에 대해 한국인들은 왜 그처럼 강한 편견을 가지고 있는지 이해되지 않는다고 했다. 특히 자기 딸들도 학교나 직장에서 만난 미국인과 결혼했으면서도 말이다.

많은 군인아내들은 아이를 데리고 한국인 식료품 가게에 가는 것을 좋아하지 않는다는 말을 했다. 다른 고객들의 따가운 시선 때문이다. 그들은 차라리 혼자 다니며 사람들 만나기를 피한다. 하지만 소머 부인은 자기 삶을 영위하는 데 다른 사람들의 편견이 영향을 미치는 대로 그냥 당하고 살지는 않겠다고 했다. 그녀는 한국인 식품점과 식당에 갈 때 초등학교에 다니는 두 딸을 데리고 간다. 한동안 그녀는 토요일마다 딸아이들을 한국어 학교에 데리고 다녔다. 한번은 한 친구가 그녀에게 외국인과 결혼했다는 이유로 상심하지 말라는 말을 했다. 그래서 그녀는 "상심하다니? 내가 왜 상심해야 하는데? 저 사람들이 날 보살펴 주는 게 아니야. 저들이 날 먹여 주는 것도 아니고. 저들이 날더러 어떻게 살라고 가르쳐 주는 것도 아니야. 내 인생은 내가 사는 거야. 그러니까 난 저들을 신경 쓰지 않아"라고 말했다고 한다.

하지만 이런 반응은 부분적으로는 허세처럼 보인다. 왜냐하면 잇따른 그녀의 말은 다른 한국인들의 반응이 그녀에게 영향을 미친다는 것을 보여 주고 있기 때문이다.

아이들을 데리고 외출하면, 때로 사람들이 뚫어지게 쳐다봐요. 그러니까, 아이들의 생김새가 다르니까. 그럼 내가 선수를 쳐. "얘들 튀기예요. 반은 한국인, 반은 미국인이죠"[16]라고 말해 버리거든요. 그러면 대체로 이런 반응을 보여. "아! 아니나 다를까……." 내가 선수를 치면 아무 말 없이 자리를 떠나요. 그걸 감추고 숨긴다고 해봐야 소용없으니까. 전혀 효과가 없거든요. 하지만 개중에 어떤 한국인들은 뚫어지게 보고 또 봐요.

소머 부인은 군인아내들을 호기심으로 쳐다보거나 변태처럼 취급하는 한국인들을 비판했다. 그들은 군인아내와 자신들 사이에 거리를 둔다. 그녀는 자신이 외국인과 결혼한 사실을 알았을 때 한국인들이 보이는 반응에 관해서 이야기했다.

우리의 결혼사진을 보면서, 그들은, "아, 남편이 군인이네요"라고 말하면서 목소리 어조가 벌써 바뀌는걸요. 목소리 어조가 바뀐다니까요. 그러니까 너도 그렇고 그런 여자구나라고 생각하는 것처럼요. 목소리 어조가 완전히 달라지면서 말하는 내용도 변해요. 내 친구의 남편은 그 모든 것이 당신 머릿속으로 생각한 것이라고 말하지만, 난 아이처럼 그렇게 멍청하지 않다. 나도 사람이고 서른을 넘었다. 그게 내 머릿속 생각만은 아니다. 그것이 내가 친구 남편에게 해준 말이었어요. 그들은 내 딸아이들을 보면서 예쁘다고 해요. 그런데 약간 다르게 생긴 것을 보면서 긴가민가 혼란스러워하죠. 그러다가 남편 사진을 보는 순간, 그들은 "아, 미국인이네. 아, 군인이잖아"라고 말해요. 그들의 말끝이 엿가락처럼 잔뜩 늘어지죠. 그 말꼬리에는 이 모든 것을 이해했다는 어조가 묻어나요. 그들은 남편이 잘 생겼다고 말하면서 시부모님은 무엇을 하는지 묻죠. 남편의 부모는 대학교수라고 말하면 "그래요? 정말 좋은 남편을 얻었네요" 그러면서 나를 위 아래로 한번 훑어봐요. 내가 자의식이 너무 강해서 이 모든 것을 상상한 게 아니거든요. 그들이 나를 쳐다보는 방식과 말하는 방식에 너무나 뚜렷이 나타난다니까요. "정말 좋은 남편을 얻었네요." 그러면 그냥 이렇게 대답해요. "정말 그래요." 한국인들은 그렇게 행동하는 것을 멈춰야 해요. 정말로 멈춰야 한다고요.

브레넌 부인은 군인아내들을 대하는 한국인들의 태도를 신랄하게 비판했다. 지역에 있는 비디오 가게 주인으로부터 군인아내들을 소재로 한 한국 텔레비전 다큐멘터리에 관한 이야기를 들었는데, 몹시 좋지 않았다는 말을 듣고서, 브레넌 부인은 즉각적으로 군인아내들에 관한 부정적인 이미지를 제시한 것임을 알아차렸다. 군인아내들만을 짚어 낸 것에 화를 내면서 그녀는 가게 주인에게 물었다. 그러면 한국 남편과 사는 한국인 이민 여성의 생활은 군인아내들에 비해 훨씬 더 낫냐고 물었다.

나만큼 자유로워? 그녀는 아니라고 했지. 그럼, 나만큼 행복해? 그녀는 아무 말 못했어. 말이 없어. 왜? 국제결혼한 여성들을 왜, 왜 그렇게 생각해? 왜? 솔직히 말해, 난 외국인과 결혼했지만 어떤 한국인 시어머니로부터도 받지 못할 정도의 사랑을 우리 시어머니로부터 받았어. 난 해드린 게 별로 없는데도 시어머니는 오늘날까지 날 어떤 한국 시어머니 이상으로 더 사랑해 주셔. 한국 시어머니치고 며느리한테 설거지도 시키지 않는 시어머니 있어? 설거지는 당연히 며느리 차지지. 20년 넘게 함께 산 남편은 내 목소리만 들어도 내가 화가 났는지 어떤지 알아. 그러면 나를 더 이상 건드리지 않으려고 조심하지. 내가 폭발하지 않도록 말이야. 어떤 한국 남편들이 그렇게 조심해? 자기 아내가 화가 나서 폭발할까 봐 조심하는 한국 남편이 있어? 그걸 두려워하면서 마누라가 화를 내지 않도록 조심하냐고? 얼마나 많은 한국 남편들이 그렇게 행동해? 몇 퍼센트나? 그런데 왜 국제결혼한 여자들을 깔보는 거야? 왜 우리를 이처럼 다르게 대접하고 비교하는 거야?

브레넌 부인은 말을 계속 이었다.

내가 정말 원한 것은 이거야. 외국인과 결혼한다면 외국인 남편과 더불어 사는 거고, 한국인과 결혼한다면 한국 남편과 함께 사는 거야. 그런데도 외국인과 결혼했다는 것을 왜 그처럼 강조하지? 외국인과 결혼한 여자는 김치를 안 먹는 줄 알아? 동포랑 결혼해야만 김치를 먹어? 아니잖아. 우리 모두 한국인이야. 동족이고 우리 모두 같은 민족이야. 외국인과 결혼한 여성들, 우리 모두 다 같은 한국인이란 말이야. 우리를 깔보지 말라 그래.

브레넌 부인은 그 기자가 그녀와 인터뷰를 하면서 다큐멘터리 작업을 한다는 말은 전혀 하지 않았으며 주변에 미국 남편으로부터 살해당한 것은 아닐까라고 추정되는 한국인 여성에 관해서 그냥 이야기해 달라고 했다는 것이다. 그녀는 프로듀서와 기자를 비판했다. 그녀는 그들을 인텔리들이라고 불렀다. 그들은 최악의 경우에 초점을 맞춰 다큐멘터리를 만들면서 이들 여성을 인간으로 다루기보다는 대상으로 취급했다는 것에 분개했다. 또한 그런 비극이 사람들의 삶을 얼마나 선정적으로 만드는지 관해 비판 했다.

난 사람들, 저런 인텔리들이 누워서 침 뱉는 어리석은 짓을 그만두었으면 해요.[17] 저런 인텔리들의 입에서 저런 말들이 자꾸 나오잖아. 나는 저들이 누워서 제 얼굴에 침 뱉는 어리석은 짓을 진정 그만두면 좋겠어. 내가 그 기자를 다시 만난다면, 분명히 해줄 말이 있어. [다큐멘터리에 등장한] 그 사람들 또한 인간이라는 사실을 말해 주고 싶어. 그들도 당신 못지않은 사람이다, 왜 그들을 당신보다 못난 사람 취급하는가? 마치 그들이 인간쓰레기인 것처럼, 왜 저처럼 내다 버리는가? 그들도 인간이다, 그들도 인간이야, 그들도 인간으로서 품위를 가지고 있다고 말이야.

브레넌 부인의 분노를 불러일으켰던 그 다큐멘터리는 한국에서 인기 있는 방송 프로그램인 〈피디 수첩〉에서 2부작으로 만든 특별 기획으로 군인아내들의 50년 역사를 추적한 것이다.[18] 이 프로그램은 스스로 한국 방송 사상 최초로 미군과 결혼했던 한국 여성의 경험을 보여 주는 것이라고 광고하면서, 그들 삶의 '명암'을 함께 조명하겠다고 약속했다. '버림받은 아메리칸 드림'이라는 제목으로 방영된 1부는, 학대받고 이혼당하거나, 약에 중독되어 살고 있거나 학대하는 남편과 살면서 정신적·정서적 문제를 가지고 있는 군인아내들, 그리고 미심쩍은 상황에서 죽거나 실종한 군인아내들에게 초점을 맞췄다. 두 명의 남자 기자들은 1시간짜리 방송 내내 섬뜩하고 선정적이며 비극적인 측면을 가차 없이 강조했다. 이들 여성은 미국의 꿈을 좇다가 결국 버림받고 망가진 불쌍한 희생자로 재현되었다. 영상은 여성들을 대상화시키고, 시청자들에게 그들의 몸에 새겨진 그로테스크한 현상으로 제시되는 것들, 마치 그들의 망가진 꿈과 파괴된 위상의 증거처럼 제시된 것을 보도록 유도하고 있다. 한 군인아내와 인터뷰 동안 카메라는 그녀의 부러지고 없어진 치아를 극적으로 클로즈업시켜 보여 준다. 남편에게 지속적으로 구타를 당해 훼손된 치아를 보여 주면서 기자는 그 비참한 광경을 지켜보는 것이 너무나 힘들었다는 말을 한다.

다른 장면에서 카메라는 한 여성의 팔과 다리에 난 불로 지진 상처와 주사바늘 자국을 길게 클로즈업 숏으로 잡으면서, 기자는 시청자들에게 그 여성이 약물 중독이며 남편에게 버림받은 매춘 여성이라고 말한다. 두 명의 기자들은 그런 운명이 너무 끔찍하다는 말을 덧붙였다. 방송은 반복적으로 그 여성들을 희생자로 만들고 인간 이하의 상태로 추락했다고 강조함으로써 시청자들에게 파괴된 모습을 보도록 유도한다. 그들은 이 여성들이 다같은 인간이며, 이들에게 좀더 충분히 말할 수 있도록 해주고 미묘한 차이가 느껴지는 이야기를 제시할 수 있는 기회를 생략해 버린다. 한국인 여성 목사가 운영하고 있는 군인아내들의 공동체이자 쉼터인 뉴욕의 무지개 센터에서 있었던 군인아내들과의 인터뷰는 그들의 결혼 생활이 굉장히 힘들 뿐 아니라 남편에 의해 희생되어 가는 방식에만 오로지 초점을 맞추고 있다. 학대하는 남편에게서 벗어나려는 저항, 스스로를 치유하려는 집요한 노력, 새로운 삶을 꾸리려는 용기, 동료 군인아내들을 돕기 위해 집단적인 힘을 발휘하려는 노력 등은 제대로 표현되는 것은 차치하고라도 아예 언급조차 되지 않았다.

2부는 '텍사스 킬린의 한국 여인들'이라는 제목이었는데, 군인아내들의 지리적인 커뮤니티에 초점을 맞췄다. 킬린과 뉴저지를 포함하여 여러 지역에서 살고 있는 군인아내들의 가족생활에 초점을 맞추었다. 2부에서 보여 준 영상 또한 암울하기는 마찬가지였다. 기자는 남편과 시집 식구들로부터 학대당하는 여성들을 인터뷰했다. 여성들은 자녀들과의 관계에서도 문제가 많았으며, 친정 부모와 형제자매들은 그들을 부정했다. 또는 그렇지 않을 경우 가정생활에 어려움을 겪고 있었다. 기자들은 그들이 이 다큐멘터리를 제작하기 전까지 이들 군인아내들에게 정말로 무슨 일이 일어났는지 아무도 모른다고 주장한다. 하지만 이 다큐멘터리는 군인아내들의 삶이 비극적이고 타락했다는, 그런 식으로 만연된 상투적 이미지를 강화하는 데 이바지한다.

이 다큐멘터리는 또한 군인아내들이 한편으로는 지나치게 한국적이라고 말하면서도 다른 한편으로 자녀들은 너무 미국화되도록 방치했다는 식으로 비난하는 이중적인 잣대를 보여 준다. 학대받는 여성들은, 여성들에게 고통을 참고 견디며 남편을 존경하라는 한국적 전통의 가르침에 너무 매달리는 것처럼 보인다는 점에 주목하면서, 기자는 이런 행동이 그들이 남편으로부터 받는 학대를 악화시킬 가능성이 있는 것처럼 추측한다. 로마에 가면 로마의 법을 따르라는 오랜 속담을 들먹이면서, 기자는 여성들이 한국적인 방식을 고집하는 대신 좀더 미국적이 되어야 한다고 덧붙인다. 학대하는 남편을 다루는 미국적인 방식은 어떤 것이며, 어떻게 그런 학대로부터 벗어날 수 있는가에 대한 논의는 없다. 만약 여성들이 다른 방식으로 행동했더라면 학대를 피할 수도 있지 않았을까라는 막연한 추측을 제시함으로써 기자는 드러내 놓고 학대의 책임을 학대당한 자들, 곧 여성들에게 돌려 버렸다.

또 다른 측면에서 기자들은 대다수 군인아내들의 자녀들이 완전히 미국화되었다는 점을 유감스럽게 언급하면서, 어머니들이 이 문제에 더 많은 주의를 기울여야 한다고 말한다. 그들은 그런 좋은 귀감으로서 킬린에 있는 교회가 운영하는 자녀들을 위한 한국어 교실을 보여 주면서, 자녀들에게 한국어를 가르치는 군인아내들을 예로 든다. 그녀의 가족을 모범적인 군인아내 가족으로 제시하면서 여성들이 노력했기에 이런 성공이 가능했다는 식으로 말한다. 또한 이와 같은 전반적인 노력이 군인아내의 성공과 실패를 가르는 경계선이 된다. 이 프로그램은 군인아내들 중 압도적인 절대다수가 비참한 실패자라고 보여 주면서도 이들 여성들에게 성공과 실패의 책임을 떠넘기고 있다.

이 다큐멘터리는 또한 미군과 결혼했던 여성들이 더 나은 생활을 갈망하고 미국의 꿈을 희망했다는 점을 번번이 암시한다. 그로 인해 미군과 결혼한 여성들은 멍청한 망상에 빠진 반면, 한국에 남아 있는 사람들은 훨씬 현명하다는 인상을 준다. 남한 전체가 50년 이상 미국의 꿈에 사로잡혀 있었다는 사실에 관해서는 일체 언급하지 않으면서 말이다. 기자는 미국으로 온 한국 이민자들이 군인아내들을 배척한다는 유감스러운 분위기를 전달하면서 한국 교민들에게 당부한다. 운이 없는 군인아내들에게 인정을 베풀어 도움의 손길을 주라고. 게다가 한국에 사는 한국인들도 이들을 배척했다는 점을 언급하지 않음으로써 기자들은 한국에 사는 한국인들과는 달리 한국 교민들이 낯선 땅에서 살고 있는 동포의 운명에 전혀 관심이 없다는 인상을 준다. 이것은 남한에서 (재미 교포로 불리는) 한국 교민들이 탐욕스럽고 손에 쥔 것은 놓지 않으며 인간 목숨보다도 돈을 더 중요시한다고 보는 의견과 공명한다. 두순자 사건(1992년 한국 교민이었던 두순자는 자기 가게에서 오렌지 주스를 훔친 십대 흑인[아프리카계 미국인] 여학생을 총을 쏘아 죽였다. 이 사건이 발생하자 미국 언론은 한국 교민들이 돈만 아는 것처럼 대서특필했다—옮긴이)을 다룬 한국 대중 매체에 의해 이런 이미지들이 강화되었다.[19] 그 결과 군인아내를 비롯한 한국 교민들은 한국에 사는 한국인과 다를 뿐만 아니라 열등한 존재인 양 위치시키게 된다.

군인아내들은 미국에서 발행되는 한국 신문에서도 제대로 재현되지 않는다. 신문 기사들은 군인아내들의 고통과 곤경을 강조하면서 그것을 미국인과의 결혼 탓으로 돌리거나 혹은 군인아내들을 도움을 필요로 하는 불행한 사람들로 묘사한다. 이와는 대조적으로 한국 교민들은 잠재적 시혜자이자 규범적인 사람들로 위치시킨다. 예를 들어 필라델피아에서 발행되는 『동아일보』의 일련의 기사는 말기 증상의 환자인 한 군인아내와 그녀의 남편이 한국에 있는 가족을 찾는다고 보도했다. 그녀의 병 때문에 이 부부는 궁핍한 상태이며 타인의 도움에 의존해야 했다. 신문은 독자들에게 모금을 하고, 이 부부에 관한 근황을 정기적으로 실었다. 그들이 한국으로 가서 가족을 찾아서 만나고, 다시 되돌아와서 살아가고 있는 모습을 계속해서 보도했다.[20] 또 다른 기사는 말기 증상에 이르러 입원한 한 여성을 특집으로 다뤘다. 이 기사는 한국 텔레비전 다큐멘터리와 거의 동일한 방식으로, 환자복을 입은 군인아내의 몸을 동정심이라는 가

면 아래 시청자와 독자들에게 그로테스크하게 전시했다.[21]

군인아내들과 그들의 비참한 삶에 관한 상투적 이미지는 너무나 팽배해 있을 뿐 아니라 너무 강해서 궁핍한 한국 여성에 관한 기사는 뭐든지 군인 아내에 관한 이야기로 가정되어 버린다. 홈리스 한국 여성에 관한 『동아일보』의 기사가 그 대표적인 사례이다.[22] 그녀의 상황은 한국인 가게 주인과 필라델피아 교민협회—그들은 코카인을 사기 위해 거리에서 몸을 파는 행위를 끔찍하게 여겼다—에 의해 알려졌다. 기자는 그 여성과 직접 이야기해 보지도 않고 그 정보를 준 남성 가게 주인의 말에 전적으로 의존했다. 그 여성의 상황에 대한 궁극적인 책임은 전적으로 그녀에게 달려 있다고 말을 하면서 그는 "자기와 같은 동포"가 외국 남성들에 의해 창녀 취급을 받는 것이 싫다고 말했다. 여기서 우리는 다시 한번 한국 남성들이 그들의 자존심을 한국 여성의 운명과 행동과 연결시키는 것을 분명히 확인할 수 있다. 기사는 도움을 호소하는 것으로 마무리되었다. 비록 이 기사는 그 여성이 군인아내라고 말하지는 않았지만, 지역 한인 사회는 그녀가 미국인 남편으로부터 버림받았다는 것을 당연시하고 있었다. 그들은 그것 말고 다른 시나리오를 도무지 상상할 수 없었기 때문이다.

군인아내들은 존중할 만한 생활을 했다든지 혹은 명예를 획득했다든지 하여 그들의 이야기가 고전적인 각본에 잘 어울리면 한인 동포들로부터 한국인으로 대접받을 수 있다. 예를 들어 『코리아 타임즈』의 애틀랜타 판은 조지아 대학의 미식축구 선수에 관한 이야기를 실었다. 그는 대학 미식축구계에서 떠오르는 스타였는데, 그의 어머니는 한국인이었다.[23] "한국인의 아들이다"라는 표제를 한 이 기사는 아들을 위해 눈물겹고 고독한 삶을 견뎌 낸 어머니의 삶을 다루었다. 그렇게 하여 그녀는 자녀들의 장래를 위해 고생을 견디며 오랜 세월 고통받아 온 어머니라는 전통적인 한국적 어머니 상에 부합했다. 이렇듯 고전적인 스토리 라인에 따르면서 그 기사는, 그녀의 고생이 보답을 받았는데, 왜냐하면 성공적으로 키운 아들이 한국의 전통적인 효성을 발휘하여 어머니의 노후를 끝까지 보살피겠다고 맹세하는 것으로 결론을 내렸다. 군인아내의 혼혈 아들은 일반적으로 미국인으로 간주됨에도 불구하고 묘하게도 그녀의 아들은 효성이라는 덕목으로 인해 한국인으로 주장된 것이다.

많은 군인아내들은 다른 한인들이 자신들을 때로는 미국인으로, 때로는 한국인으로 취급하는 경향이 있다는 점을 특히 언급했다. 한인들은 자기네 이해관계에 따라서 군인아내들을 때로는 한국인으로, 때로는 미국인으로 대했다. 크리스핀 부인은 한국 이민국에서 겪었던 사건을 이야기해 주었다. 그녀가 한국에 있을 때 남편은 베트남에 있었다. 친구를 데리고 이민국으로 가고서야, 자신이 장기간 이 나라에 체류하기를 원한다면 6개월 이내에 외국인으로 등록해야 한다는 사실을 알게 되었다. 그녀는 자신이 이미 8개월을 머물러 있었지만, 그런 등록 규정이 있는지 알지 못했다고 이민국 직원에게 말했다. 그러자 이민국 직원은 비자를 압류했다.

그들은 나에게 남의 나라에 입국하면서 법을 어겼다고 말했어요. 이것은 심각한 위반이고, 외국인은 법을 어기면서 돌아다닐 수 없다고도 했어. 그러면서 그들은 나를 외국인처럼 취급했어. 그런데 또 한편으로는 말이야, 당신은 한국인이면서 어떻게 자기 나라 법도 알지 못하고 그렇게 멍청하게 행동할 수 있느냐고 따지더라고. 그래서 정말 골칫거리라고 했다니까.

다른 군인아내들 또한 크리스펀 부인이 느낀 것에 공감했다. 다른 한국인들과 연결시키면서 이런 변덕스런 태도들이 관계를 힘들게 만든다고 그들은 불평했다. 한 군인아내는 이렇게 말했다 "필요할 때만 동포인 한국 교민으로 취급하고, 필요가 없어지고 볼일이 없을 때면 한국 교민들은 우리를 외국인 취급한다니까." 한국 교민들이 군인아내들을 어떤 상황에서는 한국인으로, 또 어떤 상황에서는 미국인으로 자리매김하는 것은 이동하는 권력의 위치에 대처하는 것이라기보다 권력을 휘두르는 것이다. 군인아내들을 그렇게 규정함으로써 군인아내들을 언제나 불리한 위치에 처하도록 만든다. 다른 한인들은 자신들보다 열등하다고 생각되는 사람들 위에서 군림하면서 권력을 휘두르려고 한다. 이와 유사하게, 군인아내와 연결되는 것이 모멸이라는 생각이 들 때면 군인아내들과 거리를 유지하고, 군인아내들과의 연결로 이득을 얻을 것 같으면 그들을 동포라고 주장한다. 이처럼 한국인들은 정체성을 자신들에게 유리하게 조종한다.

하지만 정체성을 아무리 유연하게 늘려도 한계가 있는 법이다. 한국인들이 군인아내들을 한국 사회 영역의 외부자로서, 또는 외국인으로서 취급한다고 하더라도, 한국인들은 그들을 기본적으로는 어쨌거나 한국과 연결되어 있으며 공개적으로 거론하지 싶지 않는 집안의 비밀로 부쳐둔다. 내가 연구하는 주제를 알게 된 절대다수의 한국인들은 내가 자기네들에게 상처라도 준 것처럼 잔뜩 인상을 찌푸렸다. '비밀로 묻어 둔 것을 뒤적거려서 뭐 좋은 게 있냐. 우리가 자랑스러워할 만한 것을 연구하면 왜 안 되냐'라고 반문하는 것처럼 보였다. 일부 한국인들, 특히 2세대 한국계 미국인들은 군인아내들에 관한 그들의 경험을 이야기했다. 그들 대부

296

분은 "아, 교회에서 언제나 함께 앉아 있거나 아니면 누구와도 말을 하지 않으면서 홀로 앉아 있는 여성들에 관해 연구하는구나"라는 것이 그들의 주된 반응이었다. 대학생인 한 한국계 미국인 여성은 자기 이모 중 한 명이 미군과 결혼했다고 회상했다. 그 이모가 자기네들이 미국으로 이민 올 수 있도록 보증했을 뿐만 아니라 대가족의 대부분이 그녀를 통해 이민을 왔다고 했다. 하지만 그 이모는 가족 모임에 초대받은 적이 거의 없었다. 게다가 집안의 어른들은 아이들에게 친척 중에 군인아내가 있다는 것을 비밀에 부쳐두라고 입단속을 했다고 그녀는 말했다. 인종차별주의가 이런 배척의 동력에 한몫을 한 것은 분명하지만, 이것은 한국 이민자들이 미국인이 되는 방식이며, 그것은 또한 기지촌 여성을 도려냄으로써 미합중국과 대등한 파트너로서 한국이 주권 국가가 될 수 있는 방법과 너무나 흡사한 방식이다. 동시에 이것은 한국 이민자들에게 미국에서 살다 보면 희박해질까 우려되는 한국성을 긍정하도록 해준다.

문화비평가 리사 로(Lisa Lowe)는 아시아 이민자들은 자기 자신의 역사를 부정하지 않을 수 없다고 주장한다. 미국인이 되기 위해 자신의 과거사인 전쟁, 제국주의 아래서의 억압, 신제국주의 세력, 인종 차별 등을 지워야 한다. 1965년 이후에야 아시아 이민자들은 미국적인 민족적 정체성에 역행했는데, 바로 그런 역사 때문이었다. 미국인이 된다는 것은 그런 과거사를 부정하는 것이며, 미국의 제국주의를 부인하는 미국의 국가적 서사(narrative)를 채택해야 한다.[24] 한국 이민자들에게 미국의 점령으로 복속되었던 과거사를 부정하는 것은 심지어 미국 땅에 발을 들여놓기 전부터 시작되었다. 1장에서 논의한 기지촌 여성의 배척은 자기 부정과 다르지 않다. 이런 자기 부정은 군인아내들의 배척으로 지속된다. 군인아내들을 도려냄으로써 한국 이민자들은 동시에 종속의 역사를 부인하며 따라서 미국의 국가적인 서사를 채택한다. 그리고 어떤 면에서 그 자신이 군인아내와 비슷하다는 사실을 부정함으로써 자신의 한국성을 긍정하게 된다.

한국의 (이민자들) 이미지에서 군인아내는 상실한 영혼, 즉 미국인과 미국을 선호하여 조국의 문화와 민족을 등진 사람으로 형상화된다. 군인아내는 어느 정도 진정한 한국인이 아닌 것으로 간주되며, 한국인과 비한국인을 가르는 경계선을 건너간 것으로 간주된다. 또한 그들 사이에 태어난 아이들은 완전한 피가 아니므로 오히려 타자성을 부각시키는 데 일조하게 된다. 군인아내는 미국 남편으로부터 버림받고 배신당한 불쌍한 가정 학대의 희생자로 형상화되며, 또한 '매춘'으로 되돌아가거나 성적으로 쉬운 정복 대상이 되는 사람으로 간주된다. 희생자로서 그녀의 위상—주로 미국 남자의 수중에서 희생되는—은 한국 여성들에게 경계선을 넘어 비한국인 영토를 가로지르게 되면 이처럼 비참한 불행밖에 없다는 경고가 된다. 성적으로 손쉬운 정복 대상이라는 군인아내의 이미지는 다른 한국 여성들과 이들을 분리시키는 반면, 다른 한국 여성들은 정숙한 여성으로 위치시킨다. 필라델피아 지역의 한국 교민 사회에서 떠돌아다니는 가장 흔한 소문은 한 무리의 군인아내들이 일주일에 한 번 혹은 한 달에 한 번씩 모여 한국 남자를 '사냥하러' 다닌다는 것이다. 한국 남성들은 군인아내들이 사귈 사람에 '굶주려서' 이런 식으로 남자들을 낚으러 다닌다는 것을 믿고 싶어 하는 눈치였다. 많은 남자들은 나에게 이런 소문이 마치 사실인 양 들려주었다. 한국 여성들은 군인아내들이 윤리적으로 미심쩍은 존재들이어서 자신들의 안정된 결혼 생활에 위협이 될지 모른다고 생각함으로써 이런 소문을 믿는 경향이 있다. 일부 여성들은 이런 소문이 입증된 사실인 것처럼 나에게 되풀이하여 들려주었다. 그들은 단정한 한국 여성이 군인아내들과 어울려 지내는 것은 좋은 생각이 아니라고 말했다. 한 중년 부인은 나에게 "그 여자들 말이지, 당신에게 접근해서 당신 남편을 훔쳐갈 거야. 그들은 천하고 더러운 여자들이거든"이라고 말했다.

군인아내들에 관한 이런 특징 짓기는 조잡한 상투적인 이미지일 뿐이다. 또한 그것은 한국에 있는 한국인들과 관련하여 한국 이민자인 자신들의 이미지로부터 주의를 분산시키는 데 한몫을 한다. 한국 이민자들은 군인아내들과 마찬가지로 태평양을 건너 외국 땅에서 살려고 경계선을 가로지른 사람들이기 때문이다. 그들은 낯선 땅의 시민으로 자기 아이들을 키울 것이며, 낯선 땅에서 죽을 것이다. 한국에 남아 있는 한국인들에게 재미 교포는 이중적인 존재이다. 그들은 미국이라는 유토피아에 접근하는 데 성공했다는 점에서 선망의 대상임과 동시에 고국을 저버린 사람들이다. 한국의 대중 매체에서 한국계 미국인들에 대한 초상화는 한국의 텔레비전 드라마인 〈LA 아리랑〉과 〈1.5〉에서 이중적으로 묘사된다. 여기에 덧붙여, 한국인과 흑인들 사이의 갈등과 1992년 로스앤젤레스 시민 소요 사태를 바라보면서 한국 대중 매체들은 이민 간 한국인들을 천박하고 탐욕스러우며 미국의 꿈을 좇느라고 갖은 고생과 고통을 경험한 결과 오로지 돈만 아는 존재가 되었다고 묘사했다. (대중 매체가 보여 주는) 전반적인 이미지는 낯선 땅에서의 실패와 불확실한 미래에 관한 것이었다.

자신의 정체성이 불안정할 수도 있는 한국 이민자들은 자기 자신의 이민사에 대해 양면적인 태도를 지닌다. 미국으로 온 것이 제대로 내린 판단이었는지에 대한 불확실한 상태에서, 군인아내들을 배척하는 것이야 말로 한국인으로서의 정체성을 긍정하는 것임과 동시에 미국의 꿈을 주장할 수 있게 해주는 하나의 방식이다. 달리 표현하면, 한국 이민자들은 자신을 성공 스토리의 주인공으로, 미국에서 안정적이고 만족한 삶을 이룬 사람이자, 그들이 실패자로 규정하는 군인아내들과는 달리 자신들은 한국성(koreanness)을 유지한다고 생각한다. 이에 반해 군인아내들은 미국의 꿈을 성취하지도 못했고 한국성을 유지하지도 못한 사람들로 형상화된다.

군인아내에 대한 배척은 너무 가혹해서 심지어 한국 교회까지 확산되고 있다. 교회에서도 군인아내들은 동포 교인들로부터 배척당한다. 앞에서 2세대 한국계 미국인이 언급했듯이 예배 시간에 홀로 앉아 있는 군인아내들을 보는 것은 흔한 풍경이다. 교인들은 한두 명의 군인아내들, 특히 중산층 또는 상류층이거나 잘 교육받는 것처럼 보이는 사람들만 교회 안의 여성 그룹과 같은 교회 조직의 구성원으로 받아들인다. 하지만 전반적으로 다른 한국인들은 군인아내들이 교회 활동에 참여하는 것을 허용하지 않는다. 여금현 목사는 교회에서 있었던 사건을 들려주었다. 군인아내들이 함께 모여 교회 생활에 참여하기를 원했다. 많은 논의를 거친 후, 여성들은 매년 하는 추수감사절 만찬에 필요한 음식을 장만하겠다고 결정했다. 하지만 이들의 의지는 한국 남자와 결혼한 한국 여성으로 구성된 교회 여성 집단에 의해 거절당했다. 그들은 군인아내들이 더럽고 불결하며 비위생적이어서 음식을 장만하는 데 알맞지 않다고 믿었다. 소위 말하는 '국제결혼한 여성'에게 보내는 메시지는 분명했다. '당신네들은 우리들 중 하나가 아니다. 우리는 당신네들의 존재를 참아줄 수는 있지만, 우리가 당신네들을 무시할 수 있는 한에서만 참아줄 수 있을 뿐이다."

자기규정

그런 배척을 군인아내들이 항상 수동적으로 받아들이는 것만은 아니다. 노골적인 거절을 당하자, 여 목사의 교회에서 군인아내들은 자신들이 할당받은 그늘 속으로 조용히 되돌아가지 않았다. 그들은 앞장서서 음식을 준비했다. 더럽고 불결하다는 상투적인 이미지에 대한 직접적인 대응으로 그들은 깨끗한 앞치마와 주방장 모자를 쓰고 갖은 고명을 곁들인 추수감사절 칠면조 요리—한국인 여성들은 한국 음식을 준비하기로 했으므로 군인아내들은 색다른 것을 장만하기로 했다—를 접대했다. 군인아내들이 준비한 음식은 아이들에게 대단히 인기가 있어서 전부 동이 났지만, 다른 한국인 여성들이 준비한 음식들은 남았다.

이들을 비롯한 다른 군인아내들이 미국인들과 결혼했다고 해서 한국적인 정체성의 껍질을 완전히 벗어 버리는 것은 아니었다. 가끔씩 군인아내들은 자신을 미국인으로 위치시키기도 하지만—본 부인이 한국인들이 미국 생활에 관해 불평을 하면, 그러면 너네 나라인 한국으로 돌아가라고 말할 때처럼—대체로 그들은 자신을 한국인으로 규정한다. 그렇게함으로써 군인아내들은 자신들이 국제결혼을 한 탓에 더 이상 진정한 한국인이 아니라는 개념을 받아들이지 않는다. 다른 한국인들에게 흔히 볼 수 있는 것으로, 그들은 스스로를 더욱 더 한국인으로, 한국을 전혀 떠난 적이 없었던 한국인들보다 더욱 애국적인 사람들로 스스로를 규정한다. 브레넌 부인은 "애국자가 되려면 외국으로 나가 봐야 해"라고 말했다. 물건 사는 습관을 이야기하면서 그녀는 말을 이었다.

내가 왜 일본 물건을 사야 하지? 나는 그들이 한국 제품을 하나라도 더 팔 수 있도록 돕고 싶어. 그래서 가능하다면 한국에서 만든 것을 사고 싶어. 왜냐고? 난 한국인이니까. 내 나라를 돕고 싶은 거지. 내 나라를 도와야 마땅하고. 남들에게 날 위해 그렇게 해달라고 말할 수 없잖아. 안 그래요?

크리스펀 부인은 군인아내들이 다른 한국인들보다 더욱 한국적인 사람들이라고 말한다. 군인아내들은 그들의 생활 방식에서 더욱 전통적인 한국적 특성을 드러내고 있기 때문이라고 한다.

한국 가족이 살고 있는 생활 방식과 군인아내들이 살고 있는 생활 방식을 보면, 군인아내들이 훨씬 검소해. 자녀들을 위해 두 배로 일하고, 남편을 위해, 또 친척들을 위해 두 배로 일해. 이 모든 사람들에게 얼마나 충실한데. 하지만 한국인 가족을 보면 오로지 자기 가족[핵가족]만을 위하거든. "우린 다른 사람 일에 끼어들 필요 없어"라는 게 그들이 사는 방식이니까. 이 모든 것에도 불구하고 결코 제대로 대우받지 못하는 사람들이 언제나 군인아내들이지. 그래서 난 항상 이렇게 말해. 모든 면에서 정말로 좋은 아내가 군인아내들이지만 그 점을 전혀 인정받지 못하는 사람들이기도 하다고 말이야.

훌륭한 한국인 여성으로서 동포 한국인들로부터 인정받으려는 것은 군인아내들의 공통된 욕망이다. 이것은 또한 이견을 가진 사람들과 대면하면서 주장하는 공통된 자기규정이기도 하다. 이것은 송전기(Chon S. Edward)의 자서전, 『나도 한국의 딸』[25]이라는 제목에 잘 포착되어 있다. '한국의 딸'은 한국 여성의 이상을 표시하는 것이며, 그녀 역시 한국의 딸이라는 주장— '나는'이 아니라 '나도'라는 표현에서 드러나다시피—은 다른 사람들은 동의하지 않을 수도 있다는 사실을 인정함과 동시에 그런 반대에 대한 저항을 함축적으로 드러낸 것이다. 어느 군인아내는 그 점을 간결하게 표현했다.

그들은 날 함부로 대해. 그래서 난 그들을 피하지. 나와 같은 여성들과 어울리는 게 훨씬 더 편해. 그들이 뭐라고 말하든 그게 나 자체를 변화시킬 수 없잖아. 난 좋은 사람이고, 좋은 한국인이니까. 그리고 좋은 아내, 좋은 엄마가 되려고 열심히 노력해. 그들은 나를 욕하고 함부로 대하지만 그건 자기 얼굴에 침 뱉는 꼴이야.

자기 정체성을 주장하면서 군인아내들은 자아에 대한 젠더화된 의식을 지속적으로 드러낸다. 한국인으로서 자신의 자아의식을 드러내는 중요한 공간을 차지하고 있는 딸로서, 여동생으로서, 언니로서, 아내로서, 그리고 어머니로서 자신을 표현한다. 사실상 이 두 가지는 쉽게 분리될 수 있는 것이 아니다. 좋은 딸, 누이, 아내, 어머니가 되는 것은 한국인으로서의 의식과 밀접하게 연결되어 있기 때문이다. 이런 자기주장과 더불어 그들은 한국인과 미국인 커뮤니티 모두로부터 부여된 타락한 여성이라는 젠더화된 정체성과 국제결혼한 여성으로서의 정체성 모두에 저항한다.

6장

누이들은 스스로 한다: 커뮤니티 세우기

1957년 부겔리 부인이 처음으로 미국에 도착했을 때 그녀의 시아버지는 미국인과 결혼한 또 다른 한국 여성에 관한 이야기가 실린 지역 신문 기사를 오려 놓았다. 그는 자기 며느리를 신문에 난 그 여성과 만날 수 있도록 주선해 주었다. 부겔리 부인은 한국 여성을 만날 생각에 너무 기뻐서 감정을 거의 주체할 수 없었다고 그때를 회상했다. '낯선 얼굴의 바다 속에서 혼자' 표류하다가 또 다른 한국인을 만난다는 기쁨을 이루 다 표현하는 것은 불가능하다고 그녀가 말했다. 하지만 두 사람은 가족과 일로 인해 바쁘다 보니 자주 만날 수가 없었고, 마침내 두 사람 사이에 소식은 완전히 끊어졌다. 부겔리 부인은 지역 군인 아내 조직이 1990년에 결성되기 전까지는 다른 한국인들과 거의 접촉 없이 살았다.

1965년 크리스펀 부인은 미국에 온 지 한 달쯤 지났을 무렵 참석했던 오픈 하우스에서 만났던 한 미국인이 그녀의 전화번호를 물어보았다고 했다. 그는 근방에 살고 있는 또 다른 한국인 군인아내를 알고 있었고, 그래서 서로 연락이 닿을 수 있도록 해주겠다고 약속했다. 어느 날 크리스핀 부인의 전화벨이 울렸다. 그녀가 수화기를 들었을 때 "여보세요"라고 한 여자가 한국어로 말했다. 몇 개월 전에 도착했던 크리스핀 부인이 미국 땅에서 처음으로 들었던 한국말이었다. 두 사람은 친구가 되어 같은 공장에서 일하고 함께 한국 음식을 먹었다. 남편을 따라 대양을 건너고 다른 주로 이사를 하면서도 두 사람은 관계를 유지했다. 이 새로운 친구는 크리스핀 부인보다 8년 먼저인 1957년 여객선을 타고 미국으로 왔는데, 1970년대 중반에 남편의 간통을 알고 자살하기 전까지 두 사람은 친구로 남아 있었다. 군인아내들은 스스로 조직을 만들 필요성을 느끼고 있었으며, 크리스핀 부인은 1979년 군인아내 조직의 창립 구성원이 되었다.

이것은 같은 한국인을 발견하기 힘들었던 이민 초기 시절에 군인아내들끼리 서로 연락이 닿게 되었던 바로 두 가지 사례이다. 부겔리 부인처럼 많은 여성들은 생활을 꾸려 나가야 하고 가족을 보살피다 보니 서로 사귈 시간이 거의 없었다. 군인아내들은 크리스핀 부인처럼 가기들의 조직을 창립하고 싶어 할 정도로 지속적인 우정을 쌓아 나갔다. 자신이 처한 상황이 어떠했던 간에, 내가 인터뷰한 모든 군인아내들은 한국인들을 만나려고 노력한 이야기를 들려주었다. 한국 사람이면 일반적으로 누구든지 만나고 싶었지만 그중에서도 자기와 같은 군인아내들을 만나고 싶어 했다고 대다수 군인아내들이 말했다. 여성들은 다른 한국인들, 특히 부유한 가정 출신으로 유학을 왔던 학생들은 군인아내들을 교육받지 못한 하층 계급이라고 추정하고서는 거리를 유지했다고 기억했다. 같은 군인아내들끼리만이 절친한 우정으로 발전할 수 있었다.

1950~1960년대 이민 초기 시절 동안 미국에 사는 한국인들은 거의

없었고 있다 하더라도 멀리 떨어져 살았다. 그래서 동정심 많은 남편과 시집 식구들이 군인아내들끼리 연락을 취할 수 있도록 도와주기도 했다. 부겔리 부인의 경우에서 보듯, 지역 사람에 관한 지역 신문 기사를 통해 한국인 아내들을 만나기도 했다. 시집 식구들의 눈에 띄거나 혹은 처음 알게 된 한국인이 또다시 연결시켜 주는 식으로 하여 서로 연락이 닿았다. 때로는 같은 교회 사람이나 직장 동료의 입소문을 통해 다른 군인아내들에 관한 정보를 시집 식구들에게 제공해 주거나 소개할 수 있는 방법을 알려 주었다. 하지만 시집 식구나 남편이 다른 군인아내들과 만나는 것에 인상을 찡그리면서 서로 만나지 못하게 했다는 군인아내들도 있었다. 그런 여성인 경우에는 한국인과 연락이 닿기까지 많은 세월이 걸렸다. 또 어떤 여성들은 공장이나 일터에서 다른 군인아내들을 우연히 만났다고 회고했다.

종종 여성들은 공적인 공간에서 마주쳤던 다른 한국인들을 우연히 만날 수 있는 방법을 고안해 냈다. 아시아 사람이 눈에 들어오는 즉시, 특히 아시아 여성의 경우, 크리스핀 부인의 남편은 그녀에게 "여보"라는 한국말로 소리치고는 했다. 만약 그 사람이 쳐다보거나 주위를 기울이면, 그녀가 한국인임을 알아차렸다고 크리스핀 부인은 말했다. 한국 요리에 쓰는 재료와 그 밖에 유사한 식품들을 사기 위해 크리스핀 부인이 이용했던 중국 식료품 가게에서, 한국인이다 싶은 여성이 눈에 띄기도 했다. 그러면 그녀는 무심코 그런 것처럼 식료품 카트에 부딪히면서 한국말로 "미안합니다"라고 한다. 만약 상대방이 돌아보면 그녀 역시 한국인인 것이고, 그렇게 하여 대화가 시작되고는 했다.

라모스 부인 또한 같은 방법을 사용했다. 그녀는 첫 이민자들에 비해

20년이나 더 지난 1987년에 미국으로 왔다. 라모스 부인은 한국 식료품 가게의 대다수 사람들이 한국인들이었지만 다가가서 함부로 말을 걸 수는 없었다고 설명했다. 말을 붙일 핑계가 있어야 했다. 그래서 그녀는 자신처럼 젊은 여성을 보면, 사려는 물건을 고르는 듯 뒷걸음질을 치다가 실수인 것처럼 하면서 식료품 카트와 부딪혔다. 미국에 도착한 지 불과 몇 개월 지나지 않아 과부가 된 젊은 군인아내였던 라모스 부인은 친구를 찾으려고 결사적이었다. 라모스 부인은 이런 식으로 친구를 찾았으며 그중 한 명과는 아직도 연락하고 지낸다고 했다. 그녀도 라모스 부인처럼 군인아내이다.

주요 군 기지에 남편과 함께 주둔하게 되었을 때는, 특히 1960년대 후반부터는 서로 접촉하는 것이 훨씬 쉬워졌다. 1970~1980년대 남편과 함께 오키나와 혹은 독일에 주둔해 있을 때 한국인 군인아내들을 만났다고 몇 명의 여성들이 그렇게 회상했다. 1980년대 후반 피터슨 부인은 독일에서 살았는데, 한국인 여성들과 그들의 군인 남편을 만나서 함께 바비큐 파티를 하거나, 쇼핑을 하거나, 또는 긴긴 이야기를 나누면서 커피를 마시기도 했다. 아이들을 바깥에 데리고 나가 함께 놀게 해주고 점심으로 한국 음식을 먹었다. 도처에 한국 여성들이 있었다. 그래서 서로 만나기가 쉬웠다고 그녀는 말했다. 그녀는 그곳에서 만났던 여성들 여럿과 여전히 연락하며 지낸다.

군인 남편을 따라서 이 기지 저 기지를 따라다녔던 대부분의 여성들은 많은 지역에서 서로 만나서 친구가 되었다. 이들은 이곳저곳으로 자주 이사를 다녔다. 결과적으로 많은 여성들이 미국 전역에 흩어져 있는 친구들의 조직망과 지인들을 얻게 되었다. 예를 들어 내가 만났던 거의 모든 사람들은 다른 주에 사는 친구들에 관해 말하면서 "우린 독일에서 만났어요"라는 식의 설명을 덧붙였다. 그들은 자신들이 사는 지역에 관한 정보와 한국인 군인아내들의 상황에 관한 이야기를 교환했다. 이런 네트워크와 연결된 여성들은 모조 고추장을 만드는 법에서 구직에 이르기까지 다양한 정보에 접근할 수 있었다. 이런 네트워크가 때로는 공식적인 단체에 병합되기도 했고, 때로는 그냥 비공식적인 친구들 모임으로 남아 있기도 했으며, 또 때로는 교회의 기초가 되었다. 이런 네트워크의 구성원은 서로 중복되었으므로, 교회, 단체, 비공식 모임이 개인적인 유대와 상호 회원을 통해 서로 연결되었다.

네트워크를 형성하면서 한국인 군인아내들은 국제결혼한 한국인 이민 여성으로서 익숙하지 않은 위치와 입장을 익숙한 사회적인 형태로 변형시키고 있었다. 여자친구들과 여성들로만 조직된 네트워크가 20세기 전반에 걸쳐 한국인 여성들의 삶에 중요한 역할을 하게 되었다. 대체로 동문이거나 동향으로 형성된 이런 우정의 네트워크는 자신들의 삶과 자기 스스로를 꾸려 나가는 또래 집단과 함께 정보와 우정을 제공하게 되었다. 남한에서 여성들은 자기 삶에서 마주치게 되는 다양한 화젯거리를 말하기 위해 여성들끼리 조직을 만들었다.[1] 공장 여성들은 노동 운동에 주요한 역할을 했으며, 중산층 가정주부들은 소비자 협회, 학부모 협회, 주민 협회를 조직했다. 이런 가정주부 단체의 활동이 자녀 교육이나 집안을 제대로 꾸리기와 같이 전통적으로 여성의 역할로 간주되었던 가정적인 관심사에 국한된 것은 사실이었다. 그럼에도 이들은 가정생활이라는 말을 하찮은 집안일이 아니라 훌륭한 여성들이 충분히 받아들일 만한 활동으로 그 범위를 확장시켰다. 여기에 덧붙여 외관상 보수적인 단체들―종종 '게으른 가정부인'

들이 모여서 사교하기 위한 집단으로 조롱받았던—은 여성들이 자신들이 처한 조건을 비판적으로 질문하고 자기 삶을 만들어 나가며, 그로 인해 전복적인 행동의 공간으로 기능하는 공개토론장이 될 수 있다.[2]

이와 마찬가지로 낯설고 새로운 땅에서 친숙한 우정을 추구하고자 하는 한국인 군인아내들의 모임과 교제는, 그들 여성이 자기와 자기 세계를 스스로 규정하고 서로에게 비판적 도움을 제공하며 또한 서로를 긍정함으로써 자아를 긍정하는 공간을 창조했다. 이런 교제를 통해 그들은 커뮤니티를 만들고 한국인 군인아내라는 공통된 위상으로 인해 자매애를 발휘하게 되었다. 커뮤니티의 핵심에는 몇 가지 사회단체가 있었다. 한국 교민 교회, 특히 교회들은 주로 군인아내들의 필요에 따라 군 기지 근방에 위치하고 있었다. 한국인 군인아내들의 독자적이고 지역적인 단체, 기지 내 군인아내 단체, 각 주뿐만 아니라 심지어 대양과 대륙 건너에 살고 있는 친구와 지인들의 비공식 네트워크 등으로 조직되었다. 1970~1980년대 무렵 미국에 도착했거나, 아니면 새로운 지역으로 방금 옮긴 군인아내들은 그곳에 정착하면서 친구를 사귀고 그들 나름의 커뮤니티에 소속할 수 있는 기회를 찾으려면 이들 조직의 문을 두드리면 도움을 받을 수 있었다. 1950~1960년대에 도착했던 여성들과는 달리, 이들은 한국인끼리 서로 만나기 위해 시집 식구나 남편들에게 의존할 필요가 없었으며 '낯선 얼굴의 바다 속에 홀로' 떠 있지 않아도 되었다.

일부 여성들은 미국에 도착하기도 전에 이런 커뮤니티 네트워크와 접촉할 수 있었다. 예를 들어 오렐라나 부인은 한국에서 결혼한 후 기지 안에 있는 한국인 군인아내 조합에 참여했다. 그곳을 통해 그녀는 한국인 군인아내의 세계와 친숙해졌으며, 독일이나 일본과 같은 다른 미군 기지의 생활에 관한 이야기를 들었으며, 미국에서 해야 할 일과 하지 말아야 할 일들에 관해 이미 들었다. 이런 방식으로 그들은 미군의 피부양자로 살아갈 생활에 적응할 수 있는 유용한 정보를 얻었다.

1991년 미국에 도착한 이후 오렐라나 부인은 다른 주에 있는 새로운 기지로 남편을 따라 이동하면서 매번 이 네트워크를 이용할 수 있었다. 대부분의 경우 기지 근처에 있는 교회와 주로 한국인 군인아내로 구성된 교회의 목사는 그녀가 이사할 지역에 있는 다른 한인 교회를 대체로 알아 봐 줄 수 있었다. 그녀와 친구가 되었던 군인아내들은 그 지역에 있는 자신들의 친구들과 그녀를 연결시켜 줄 수도 있었다. 오렐라나 부인은 이런 방식으로 이사를 할 때마다 개인적으로 기초적인 지식을 가지고 새로운 지역에서 새롭게 접촉하는 것이 가능했다.

한국인 군인아내들이 만든 커뮤니티를 지나치게 과장해서는 안 된다. 그것은 무수히 많은 지역 조직과 공식적으로 연결된 전국적인 조직은 아니다. 조직들 사이의 연결은 종종 빈약하고 때로는 개인적인 접촉에 의존하기도 한다. 여성들은 자신들의 공통된 요구를 충분히 만족시켜 줄 수 있는 그들 나름의 조직을 만들지는 못했다. 대다수 단체들은 군인아내들을 위한 커뮤니티 서비스에 이바지하기보다는 사교 클럽에 가깝다. 자원봉사자들에게 의존하고 있으므로 이들이 추구할 수 있는 활동 범위는 종종 제한적이다. 또한 군인아내들은 그들에게 도움을 주는 모든 조직을 통제할 수는 없다. 비록 집단으로서 이들 여성은 교회를 통제할 수 있는 대단한 힘을 발휘하기도 하지만, 어쨌거나 교회는 종파 조직의 공식적인 통제 아래 놓여 있다. 목사들은 군인아내 교회에 부임하기 전까지는 이런 조직을 이해할 만한 지식이라고는 거의 없는 한국인 목사들이 대부분이다.[3] 남편의 근무지를 따라 떠돌아야 하는 군인아내들의 생활로 인해 대부분의 교회에는 항상 주기적으로 순환하는 신도들이 있다. 이로 인해 여성들의 영향력은 많이 약화된다. 게다가 이런 단체와 네트워크가 모든 한국인 군인아내들을 포괄한다는 것은 불가능하다. 내가 만났던 많은 군인아내들은 어떤 단체와도 유리되어 오히려 외롭게 살아가는 경우가 대부분이었다. 그럼에도 불구하고 한국인 군인아내들 대부분은 개인적으로든 조직적으로든 유대의 네트워크를 형성해 왔다. 그렇게 그들은 서로 접촉해 왔으며, 종종 소중하고 현실적인 도움을 주고받았다. 이보다 더욱 중요한 것은 이런 군인아내 조직들이 공통된 이해관계를 가진 일관된 커뮤니티로, 즉 자아와 자매애를 긍정하고 표현할 수 있는 커뮤니티로 상상되는 것이다.

오로지 우리 여성들끼리

호텔 나이트클럽이 갑자기 한국 여성들로 가득 차면서 떠들썩한 웃음과 함께 춤추면서 떠드는 한국말이 음악에 섞여 대기 중에 맴돈다. 이 여성들은 휴가 중이다. 남편, 아이들, 일상적으로 되풀이되는 집안일로부터 벗어나 자유를 흠뻑 즐기고 있다. 이들의 단체 유흥은 미국인의 아내로 살아가면서 겪는 소외된 삶으로부터 벗어나는 일시적인 유예의 시간이었다. 대부분 백인 미국인들인 주위 사람들은 눈이 휘둥그레진다. 본 부인은 그들의 반응을 묘사하면서 즐겁게 웃는다.

이게 그 점에서 정말 재밌는 거야. 우리는 호텔로 가. 그 사람들[백인 미국인들―옮긴이]은 정말로 놀라워한다니까. 아니 왜 저렇게 많은 아시아 여자들이 여기를 〔남편들 없이―옮긴이〕 혼자들 오는 걸까? 놀랄 일이 한두 가지가 아니거든. 게다가 이 사람들은 한국 여자들이 몹시도 조용한 여자들이라고 생각하거든. 하지만 우린 즐기는 걸 좋아하지. 우리가 얼마나 활달한데. 그러면 그 사람들은 말이지, 정말로 어쩔 줄 몰라 해. 우리는 춤추는 것도 좋아해. 음악이 나오면 우린 무대로 나가 춤을 추지. 그야말로 아시아인들, 춤추는 아시아 여자들 천지가 돼. 우리 모두 함께 춤을 추니까. 그럼 어딜 가든 사람들이 놀라. 정말 놀란다니까. 어떤 미국인들은 묻기도 해. 왜 여자들뿐이냐고. 그들은 우리가 외국에서 여행 온 걸로 생각해. 우리가 미국에서 살고 있다는 것을 알지 못하거든. 우리가 남편을 집에 두고 왔다고 말하면 어떻게 그럴 수 있냐고 또 물어. 그들은 그게 너무 놀라운 거야. 미국인들은 그렇게 하지 않잖아. 그들은 언제나 함께 여행하잖아. 그러니까 너무 놀라는 거지. 그들은 남편이 뭐라고 하지 않느냐고 물어봐. 놀라운 게 좀 많겠어?

1978년 이후부터 한국인 군인아내들의 지역 단체들은 휴가를 갔으며, 그리하여 해마다 미국인들을 놀라게 했다. 그들은 칸쿤, 바하마, 그 외에도 미국에 있는 많은 관광지를 다녀왔다. 인터뷰를 했던 1996년 당시 그들은 크루즈 여행을 계획하고 있었다. 비록 '여자들끼리' 여행이 대다수 미국인들에게는 낯설고 심지어 이상하게 보일지는 모르지만, 한국 사회에서는 흔히 볼 수 있는 모습이다. 따라서 그것은 여성들 사이의 친밀한 우정의 표시가 확대되어 나타난 오늘날의 모습이다. 예를 들어 한국에서 중산층 여성들은 대학 시절에 여자들끼리 여행을 다닌다. 그리고 훗날 그들의 자녀들이 장성하여 결혼하고 나면 또다시 여자들끼리 여행을 한다. 이 조직의 여자들에게 여행은 개인적인 기쁨을 누릴 수 있는 기회이며, 미국인과 결혼한 한국 여성들끼리 우정을 다질 수 있는 방법이 된다. 본 부인의 경우처럼, 상당수 여성들은 놀라워하는 미국인들의 모습을 즐기는 것처럼 보였다. 미국인들이 가지고 있는 상투적인 이미지를 깨는 것에서 맛볼 수 있는 즐거움이었다. 왜냐하면 아시아 여성에 대한 미국인들의 상투적인 이미지는 말 없고 온순하며 남편의 권위에 공손하게 복종하는 것으로 새겨져 있기 때문이다. 언제나 함께 여행하는 미국인 부부들에 대한 그녀의 코멘트에서 드러나다시피, 이른바 해방되었다고 보이는 미국 여성과 비교해 볼 때, 군인아내들이야말로 자유롭다는 것을 미묘하게 주장하는 방향으로 읽어 낼 수도 있다. 미국인들은 한국 여성들이 남편에게 묶여 있다고 생각하지만 사실상 미국 여성이야말로 자유가 없다고 말하고 있는 것이다. 큰소리로 떠들썩하게 자신을 표현하는 여성들, 즉 여성들끼리 한국말로 서로 소리치고 춤추는 것에서, 그들은 자율성과 정체성을 함께 나누는 것이다.

연례 휴가를 언제나 여성들끼리 간 것은 아니었다. 처음 휴가 때에는 남편도 함께였다. 하지만 본 부인이 설명했다시피, 남편과 함께한 여행은 전혀 재미가 없었다. 그때 이후부터 여성들끼리 여행에서 남편들은 제외되었으며, 여행은 이 집단의 연례 활동의 하이라이트가 되었다. 이 조직의 공동 설립자였던 본 부인은 남편과 함께하는 휴가가 노동으로 바뀌게 되는 이유를 설명해 주었다.

식사 걱정도 해야 해. 언제나 남편들과 함께 움직여야 해. 여성들은 우리끼리 함께 이야기하고 즐기면서 재밌게 보내고 싶거든. 그런데 남편들이 따라오면 전혀 재미가 없어져. 언제나 남편을 신경 써야 하니까. 당신 뭐하고 싶어? 당신 뭐 먹고 싶어? 우리 뭐 먹을까? 하면서 말이지. 우리끼리 여행을 가면 알아서 한국 음식을 그냥 만들어 먹을 수 있잖아. 그런데 남편들이 있으면 미국 음식을 준비해야 하거든. 그야말로 성가신 거지.

그녀는 또한 여성들끼리만 여행을 가면 그냥 한국말로 이야기를 나눌 수 있지만 남편들도 있으면 영어를 써야 한다고 했다. 그녀는 전반적인 분위기를 설명하면서 그렇게 되면 휴가의 전체 느낌이 바뀌어 버려 여성들끼리만 갔을 때의 그런 분위기가 아니라고 말한다. 휴가는 일상생활로부터 벗어난 휴식을 의미한다. 하지만 남편과 동행하면 일생생활의 부담이 여전히 따라다니게 된다. 본 부인이 설명한 이야기는, 이런 부담이 문화적인 것일 뿐만 아니라 미국인 아내로서의 역할을 수행하기 위해 미국인 문화에 자신을 적응시켜야 하는 부담을 의미한다. 남편이 없으면 여성들은 자기들끼리 즐길 수 있으며 한국 음식을 먹고 한국말을 하면서 마음껏 웃고 놀 수 있다. 아내의 역할 혹은 미국 문화의 요구에 스스로를 맞춰야 할 필요가 전혀 없다. 군인아내로서 자신들의 생활을 반드시 부정하거나 부인하지 않고서도 그들은 일시적으로 그런 부담을 떨쳐버릴 수 있는 것이다.

한국인 여성들, 특히 미국인과 결혼한 여성들과 사귀면서 군인아내들은 일상생활로부터의 유예 기간을 얻을 뿐만 아니라 외국인들 사이에서는 찾을 수 없는, 심지어는 남편과 같은 친밀한 관계에서마저 찾을 수 없는 동료의식을 발견한다. 연례 휴가는 아마도 이런 요구의 가장 공공연한 표현일 수 있다. 하지만 이것은 또한 군인아내들의 공식적 단체나 비공식적인 네트워크를 통해 표현되기도 한다. 군인아내들이 있는 대부분의 지역에는 적어도 한두 개의 공식적인 군인아내 단체가 있다. 일반적으로 그런 조직을 한국계 미국인 부인회라는 명칭으로 부르며, 공적으로는 이른바 국제결혼 부인회라고 한다. 말하자면 한국 여성으로서 비한국 남자와 결혼한 여성들의 모임이라는 뜻이다. 실제로 이 조직의 구성원들 절대다수는 군인아내들이다. 왜냐하면 같은 국제결혼이긴 하지만 군인들과 하지 않은 사람들은 군인아내들에게 붙어 다니는 상투적인 이미지를 회피하려 애썼으며, 군인아내들을 배척하는 경향이 있기 때문이다.

내가 연구를 주로 진행했던 지역에는 수백 명의 구성원을 가진 한국인 군인아내 지역 단체가 있었다. 이런 단체는 남편, 사회복지사, 목사들로부터 자극을 거의 받지 않은 채 여성들 스스로가 설립한 것이었다. 여성들은 집단의 필요를 느꼈으며 그래서 그런 조직을 설립했다. 그 지역에 있는 군사 기지 두 곳은 미국 전역뿐 아니라 전 세계에 걸쳐 있는 군사 기지 주변에 있는 것과 마찬가지로, 그 자체의 한국인 군인아내 조직을 가지고 있다. 영내 협회는 수많은 군속 단체로서 군대에 의해서, 말하자면 자발적인 서비스 제공을 원하는 다른 군인 부인회와 마찬가지로 느슨한 지원을 받지만, 지역 협회는 어떤 외부적인 지원도 받지 않는 독자적인 조직이다. 영내 협회는 종종 남편의 지위와 승진에 따라 경쟁하는 경합장이기도 하다. 그런 만큼 남편들의 계급에 따른 군대 위계질서를 흉내 내어 부인들 사이에서도 사회적인 위계질서가 생긴다. 그런 영내 협회에서 서비스는 때로 남편의 승진에 영향을 미치며, 따라서 협회의 회장은 필연적으로 장교의 아내들이 차지하게 마련이다.

하지만 지역 협회는 한층 더 편안한 분위기의 동료의식이 주를 이룬다. 이것은 주로 대다수 지역 협회의 구성원들이 군대로부터 한두 단계 거리가 떨어진 상태이며, 그들의 남편들은 이제 퇴역하여 일반 시민으로 살아가고 있기 때문이다. 영내 협회와 지역 협회 모두에 참여하는 여성들은 영내 협회를 그냥 '활동'이라고 보는 반면 지역 협회는 단단히 짜여져 있는 커뮤니티로 간주한다. 지역 협회는 회원들에게 지역 사회의 일원이 될 수 있는 기회와 소속감을 제공한다. 그것은 많은 군인아내들에게 주류 한국인들과 다른 미국인 협회에서는 맛볼 수 없는 소속감이다. 일부 단체들은 또한 군인아내들이 느끼기에 그들의 이해관계와 밀접한 대의명분을 위해 일할 수 있는 기회를 제공한다. 이를테면, 곤경에 처한, 한국에서 사는 미국인 혹은 동포 군인아내들을 돕는 일도 한다.

그들 나름의 집단

군인아내들은 커져 가는 한국 교민 커뮤니티뿐 아니라 자신들의 친척으로부터도 배척당하고 있으며, 그들이 아무리 온 마음으로 미국적 방식을 받아들인다고 하더라도 미국인들은 여전히 그들을 '동양인 여성들'로 본다는 것을 알게 되었다. 지역 한국인 군인아내 단체의 창립 회원인 크리스펀 부인이 설명하다시피, 그들은 자기들 나름의 커뮤니티를 만들 필요성을 느꼈다.

미국인들과 사귀는 건 힘들어. 그들은 우리를 동양인, 동양계 여성이라는 식으로 이렇게 저렇게 부르거든. 그렇다고 우리가 한국인 커뮤니티에 합류하려고 하면, 한국 교민들은 우리를 국제결혼한 여성들이라는 딱지를 붙여 이러쿵저러쿵 하지. 그러다 보면 우리가 갈 곳이 없어. 그래서 이 단체를 만들게 된 거야.

내가 앞으로 'ABC 한국계 미국인 부인회'라고 부를 이 단체는 1979년에 처음으로 만남을 가졌으며, 광범한 지역으로부터 회원들을 끌어들였다. 육군 기지, 공군 기지, 그리고 상당수의 한국 교민 인구가 살고 있는 주요한 대도시 지역을 망라했다. 이 단체의 공동 설립자들과 창립 회원들에는 미군과 결혼한 여성들뿐만 아니라 다른 외국인들과 결혼한 여성들, 예를 들어 남아시아인과 결혼하여 미국 대학에서 교편을 잡고 있는 소설가 이광수의 딸, 그리고 1950년대 초반에 미국인과 결혼하여 민간외교관으로 국제결혼한 여성의 대표적인 사례가 되었던 송전기(미국 이름은 Chon S. Edward―옮긴이)처럼 미군이 아니라 다른 외국인과 결혼한 여성들도 포함되어 있었다.

또 다른 초기 창립 회원인 킹스턴 부인에 따르면, 여러 명의 여성들이 국제결혼한 여성들을 위한 단체의 필요성에 대해 3~4년 동안 논의를 했고, 마침내 그들은 그런 조직을 만들기로 결정했다. 여러 명의 다른 여성들과 접촉한 뒤, 1979년 그들은 단체를 설립하기 위한 회의를 개최했다. 첫 모임에 여덟 명의 여성이 참석했다. 일단 단체가 만들어지자 굉장히 많은 여성들이 회원으로 가입했다. 그 많은 여성들이 어디에 있다가 다들 나타났을까 의심스러울 지경이었다. 단체는 회원이 수십 명으로 증가할 정도로 성장했다. 또 비록 회원은 아니지만 몇 십 명의 여성들은 단체와 익숙해졌다. 사람들은 그렇게 많은 군인아내들이 있었다는 사실에 놀라

위했다고 킹스턴 부인은 말했다.

하지만 단체에 내부적인 문제가 발생하기 시작했다. 그러자 회장은 부인회를 해체하자고 제의했다. 문제는 부인회 회장을 둘러싸고 발생한 것처럼 보인다. 그 당시 회원이었던 여성들의 회고담을 들어보면, 회장이 너무 거만하여 회원들을 충분히 존중하지 않았다고 한다. 일부 회원들이 보기에, 명문가 출신이자 전문직 일을 하는 민간인 남성과 결혼했던 이 여성이 교육 수준이 낮은 배경 출신이자 사병과 결혼한 여성들을 깔보는 것 같았다. 회장은 대단히 머리가 좋은 여성이었지만 사회성이 부족했으며, 군인아내들을 대변하는 다양한 집단의 여성들과 잘 지낼 수 있는 능력도 부족했다고 킹스턴 부인은 설명했다.

한국에서 겪은 성차별주의가 싫어서 온 여성들도 있어요. 가출하여 창녀가 되고 미국 양키를 만나서 이리로 온 여성들도 있고……. 어떤 이들은 피엑스나 매점에서 만났대. 정말 별의별 사람들이 다 있거든. 영리한 사람들은 영리한 법이잖아? 그래서 '뭐 이런 회장이 다 있어?'라고 회원들은 생각했던 거지. 결국 회원들이 떨어져 나가기 시작했어.

킹스턴 부인에 따르면, 회원들이 떠나자 그 회장은 남아 있는 회원들에게 조직을 해체해야 한다고 말했다. 킹스턴 부인은 자신이 왜 적극적으로 개입하여 조직을 함께 유지해 나갈 생각을 했는지 설명했다.

국제결혼한 여성들, 이른바 남들이 그렇게 부르는 여성들이 있어. 국제결혼한 여성들은 전부 양키 갈보들이었어. 그들은 교육을 받아본 적도 없지. 무식하고 천박한 여자들이 떼거리로 뭉쳤다지만 그들로부터 뭘 기대할 수 있겠어? 저들은 찢어져. 그게 한국인 교민 사회가 우리를 보는 방식이에요. 그게 그 사람들 관점이니까. 저들은 찢어져, 찢어지고 말고, 라는 게 우리를 보는 교민들의 시선이야. 마침내 내가 회장이 되었어. 우리는 상당한 호황을 누렸어요.

군인아내들에 대한 상투적 이미지와 편견을 의식함으로써 킹스턴 부인은 오히려 조직을 함께 유지해 나가야 한다는 각오를 회원들에게 불러 일으켰다. 그녀는 군인아내들에 대한 편견을 강화할 수도 있는 '증거'를 제공하고 싶지 않았다. 다른 여성들도 조직이 죽어 버리도록 방치할 수는 없다는 점에 동의했다. 그래서 과거의 회원들이 돌아오도록 하는 데 힘을 합쳤으며 다양한 활동을 후원했다. 그들은 한국인 고아와 미국계 아시아인을 위한 모금 활동을 했으며, 군인아내를 위한 사회적인 모임을 열고, 부정적인 상투적 이미지와 싸우려고 지역 한인 대중 매체에 성공한 군인아내들의 삶을 소개하는 데 앞장섰다. 그들은 또한 가정 폭력으로 고통받는 군인아내들, 남편으로부터 버림받은 군인아내들, 일자리를 필요로 하는 사람들을 도왔다. 조직이 성장함에 따라 제2의 조직이 생겨났다. 이 단체를 나는 'XYZ 한국계 미국인 부인회'라고 부르고자 한다. 이 두 가지 조직은 지리적인 영토에 따라 분리되었다. 원래의 'ABC 부인회'가 주로 회원들을 외떨어진 교외 지역과 반(半)농촌 지역에서 끌어들였다면, 자매 조직인 'XYZ 부인회'는 주요 대도시의 회원들을 끌어들였다. 양대 조직은 활발하게 유지되면서 상호 활동을 종종 후원하기도 했다. 이 두 단체는 오로지 여성들의 단결과 헌신에 의존해서 오랜 세월 꾸려져 왔다

322

고 여러 여성들은 말한다.

조직의 초기 역사에서 겪은―해체의 위기에 직면했던―일화로부터 존경과 단결의 주제가 출현했다. 종종 미국인들뿐만 아니라 다른 한국인들로부터도 존중받지 못하는 이 여성들은, 그로 인해 서로 간에 존중하기를 요구했으며, 그들을 존중하지 않는 국제결혼한 여성들을 참고 견디며 넘어가지 않았다. 동료의식과 자신들과 같은 처지에 있는 여성과의 사이에서 상호 존중하기를 기대하면서 합류한 조직에서, 회장이라는 사람이 회원들을 적절하게 존중하지 않으며 주류 한국인 교민들 사이에서 쉽게 마주치게 되는 그와 유사한 편견을 드러내는 것에 당혹해 하지 않을 수 없었다. 이들이 독자적으로 구상했던 커뮤니티에서 그런 편견은 발 디딜 곳이 없었다.

또한 이 일화는 비한국인과 결혼한 모든 한국 여성들이 '국제결혼한 여성'으로 범주화된다는 사실을 보여 준다. 그러므로 여성들 스스로가 한층 더 세밀하게 구분하고 있다는 점이 드러난다. 기본적인 구분은 군인과 결혼한 여성들인 군인아내들과 민간인 외국인과 결혼한 여성들 사이를 구분하는 것이다. 후자의 범주에 속하는 여성들은 군인아내들과 자신들을 구분하려고 애쓴다. '국제결혼한 여성'이라는 딱지는 기지촌의 그림자가 쉽게 연상되기 때문이다. 종종 자신들을 우월하다고 느끼는 일부 여성들은 군인아내들을 그냥 피해 버리는 반면, 상당수 여성들은 교육받지 못한 이들을 계몽시킬 필요성이 있으므로 자신들을 이런 여성들 위에 있는 지도자로 상정하는 경우도 있다. 이것은 또한 부분적으로는 남편의 위상에 기초한 계급적인 구분이기도 하다. 흔히 민간인 남편들의 경우 잘 교육받은 전문직 종사자가 많다. 이들은 아시아 연구를 하는 학자이거나 그와 관련된 학과 교수, 외교관, 국제무역에 종사하고 있는 사업가 등인 반면 군인아내들의 남편들은 일반 사병이다.

또 다른 구분으로는 군인아내들과, 조직을 해체하겠다고 위협한 국제 결혼한 다른 여성들 사이의 구분이다. 차이를 가로질러 함께 해보자고 결심하는 대신, 군인아내들이 조직을 장악하고, 국제결혼한 다른 여성들이 주변으로 밀려나고 동반 탈퇴하게 되면서, 이런 구분은 한걸음 옆으로 비켜나게 되었다. 그렇게 하여 나타나게 된 결속은 국제결혼한 여성 사이의 연대라기보다는 군인아내들의 연대라는 것에 훨씬 더 가깝다.

자기 나름의 명분

ABC 부인회가 설립되었던 바로 그때 본 부인과 다른 군인아내 집단은, 내가 앞으로 '한국의 국제적인 딸들'이라고 부를 지역 조직을 결성하고 있었다. 이 집단의 여성들 또한 군인아내들이 함께 모일 필요성을 느끼고 있었다. 비록 여성들은 군인아내였던 다른 많은 친구들과 지인들이 있었지만, 너무 바빠서 지속적으로 연락하고 지내기가 힘들었다. 일하랴, 아이들 키우랴, 그렇게 미국 생활에 적응해야 했던 초기 시절에 우정을 쌓거나 조직을 만들 정도로 한가한 시간이 전혀 없었다.

그러던 중 한 여성이 세상을 뜨게 되었는데, 그녀의 죽음이 조직을 형성하는 촉발제 역할을 했다. 그녀와 친한 관계로 발전할 만큼 시간을 내지 못했다는 깊은 후회가 상심을 더했다. 공식적인 조직이 있다면 유대를 형성할 수 있는 공개토론장과 규칙적인 동료의식으로 발전할 수 있는 계기를 제공해 줄 것이라고 여성들은 생각했다.

너무 슬펐어. 언제나 일에 쫓겨서 우린 그다지 자주 만나질 못했어. 언제나 일하느라고. 우리가 미국에 왔을 땐 그저 일만 했어. 그러다가 그렇게 헤어지게 되었으니……. 그래서 단체를 만들자고 하게 됐어. 그때가 1978년이었지. 미국인과 결혼한 한국 여성들만으로, 그렇게 하기로 했어. "우리는 다 같다, 그래서 우리는 모든 것을 이야기한다"는 취지로. 부끄러워할 것은 없다고.

본 부인을 비롯한 창립 구성원들은 조직이 구체적인 목표를 가져야 하다고 느꼈다. 그래서 여성들은 단지 사교 모임이 아니라 공통된 목표를 향해 함께 일할 수 있었다. 그들 나름의 명분으로, 특히 미국계 아시아인 아이들을 위해 한국에 있는 고아원을 재정적으로 후원하기로 했다. 이들이 여는 주요 행사는 해마다 모금 디너 행사를 주관하는 것이다. 이 행사는 해마다 성장해 왔다. 수익금은 한국 고아원이나 한국에서 미국계 아시아인들을 돕는 펄벅 재단 등에 기부한다. 12월 달에 열린 디너 행사는 여성들이 직접 마련한 한국 음식, 경품, 음악과 오락거리를 등을 특색으로 한다. 여성들은 교회, 친구들, 다른 지인들을 통해 수백 장의 티켓을 해마다 팔았다. 경품은 한국 왕복 티켓, 텔레비전 세트, 부엌 용품 등이었는데, 그런 경품들은 지역 한국인 협회나 교회, 혹은 다른 한국인 회사들로부터 지원받은 것이었다. 거의 모든 것 — 음식, 일손, 상품, 장비 — 은 기부받은 것이므로 행사 비용은 사실상 거의 들지 않았다. 해마다 거의 유일하게 지출되는 비용은 행사장 임대비용이다. 때로는 행사장 또한 지역 교회나 협회가 군인아내 단체에게 공짜로 사용할 수 있도록 해주었다. 어떤 해는 디너 행사로 3천 달러의 수익금을 올리기도 했다.

또 다른 연례행사로는 앞서 언급했던 해마다 가는 휴가와 이들 여성과 그들의 가족을 위한 휴일 파티를 들 수 있다. 이런 활동 안에 새겨져 있는 것은 여성들의 공동체의식과 다른 사람들과의 연대의식이다. 휴가는 그냥 자신들만을 위한 것이지만, 파티는 가족, 친구와 함께하는 것이다. 한편 모금은 외부인들과 지인들에게 군인아내들의 긍정적인 이미지를 증진시키며, 여성들은 자신들의 명분을 한국인과 미국인 모두가 지지해 줄 수 있는 기회를 얻는다. 이런 활동은 가족, 친지, 지인들로 서클을 넓혀가면서 그 핵심에 군인아내들을 자리하게 한다. 간단히 말해 이런 활동을 통해 그들은 자기 나름의 세계에서 중심에 서게 된다.

군인아내들이 만든 커뮤니티는 다른 실제적인 기능에도 봉사한다. 그들은 일자리에 관한 정보를 교환하고, 취직자리에 관한 참고 사항을 서로에게 제공하기도 한다. 군인아내들이 일자리를 옮길 때, 그들은 종종 동료인 군인아내들로 충원시킨다. 따라서 일자리는 '전부 조직원끼리' 나눈다. 그들은 신참들을 데려가서 미국에서 어떻게 살아남을 것인지를 가르쳐 준다. 서로의 아이들을 돌봐 주고 음식을 함께 해먹기도 한다. 예를 들어 내가 참석했던 교회에 있는 여성 집단은 여러 가지 방식으로 서로를 보살펴 주었다. 한 여성이 다른 여성에게 자기 아이를 집에 데려다 달라고 부탁하고서는 서둘러 직장으로 달려가는 모습은 흔히 볼 수 있다. 그것은 단지 그 아이를 태워서 집에 데려다 주는 것만이 아니라 때로는 아이들을 데리고 가서 끼니를 챙겨 먹이는 것을 의미하기도 한다. 일자리를 찾아 다른 주로 이동하게 되면 나이 든 여성이 좀더 젊은 여성의 아이들을 돌봐 주기도 한다. 또한 해마다 여러 명의 여성들이 모여 블루베리 따는 일을 하러 가기도 한다. 말하자면 블루베리 농장을 따라서 이주 노동을 하는 것이다. 그들은 관광철이 되면 해변의 콘도미니엄 청소를 함께하러 가기도 한다. 이런 계절적인 일자리 기회는 한두 명의 여성을 통해 얻게 된다. 한두 명의 여성이 일자리를 알아보면서 다른 여성들에게 입소문을 퍼뜨린다.

1995년에 한 젊은 여성이 공군 남편과 함께 한국에서 미국의 공군 기지로 곧장 왔을 때, 교회에 다니는 기존 군인아내 조직이 새로 온 여성의 정착을 지원했다. 그들은 운전면허증을 어떻게 따는지, 피엑스와 매점에서 구할 수 없는 한국 음식을 어디서 사는지를 알려줌으로써 영내에서 생활하는 데 다양한 편의를 제공했다. 그리하여 그녀는 주말마다 하는 교회 활동에 재빨리 참여하게 되었다. 미국의 다른 지역에서 이곳으로 이사 온 여성들에게도 이와 유사한 환대를 보여 주었다. 하지만 이 여성은 특별한 혜택을 받고 있는 셈이다. 왜냐하면 이 지역에 신참으로 온 사람일 뿐만 아니라 이 나라에 신참으로 온 사람이기 때문이다. 과거에는 전혀 없었던 커뮤니티가 형성되었기에 그녀는 그 덕을 많이 본 경우였다.

한편, 1950~1960년대에 도착했던 여성들은 자신들을 커뮤니티의 일원으로 생각하지 않았다고 말했다. 왜냐하면 그런 커뮤니티 자체가 없었기 때문이다. 요즘 도착하는 여성들은 다행이라고 말한 사람들도 있었다. 왜냐하면 지금은 기존의 커뮤니티가 이미 형성되어 있기 때문이라고 했다. 이들과 대조적으로 몇 십 년 뒤에 도착했던 여성들, 특히 1980~1990년대에 도착했던 여성들은 군인아내 커뮤니티에 관해서 많은 이야기를 했다. 그들에게 커뮤니티는 이미 존재하는 것이었으며, 결혼을 통해 미국인이 됨으로써 그곳으로 들어가는 입구가 제공된 것이다.

처음에는 같은 민족이자 같은 젠더이며 또한 군인아내라는 위상으로 함께 모이게 되었지만, 어쨌거나 이들 여성은 독자적으로 커뮤니티를 건설하면서 유대를 강화하려고 의식적으로 노력했다. 여성들이 그러한 활동을 선택하는 데에는 커뮤니티와 스스로를 규정하려는 이들의 노력이 반영되어 있다. 많은 군인아내들이 미국에서 어려운 생활을 하고 있다는 것을 알고 있으므로 그들은 좀더 운이 나쁜 동료들을 돕고자 했다. 혼혈 아이들의 어머니로서 그들은 한국에서 아메라시언(Amerasian, 미국인과 아시아인 사이에 태어난 자녀를 일컫는 말—옮긴이)들을 위한 활동을 시작했다. 그들은 자신들의 삶에 드리워져 있는 기지촌의 그림자를 더욱 강화시킬 수 있음에도 이런 행동을 선택했다. 많은 여성들은 개인적인 생활 속에서 이런 문제를 받아들였다. 예를 들어 크리스펀 부인은, 어머니는 한국인이며 아버지는 미군인 어린아이를 입양했다. 본 부인은 재정적 지원이 부족해서 고아원을 열지는 못했지만, 그 사업은 그녀가 미국으로 이민 오기 전부터 몇 년 동안 하고자 했던 일이었다. 이후 그녀의 초점은 고아원에서 아메라시언으로 바뀌었다. 여러 명의 다른 여성들과 마찬가지로, 그녀는 아메라시언과 유대감을 느끼며 그들을 보면 자기 아이들이 생각난다고 했다.

군인아내로서 자신들의 삶과 연관되어 있는 활동을 선택하면서, 여성들은 자신들이 주류 한국 교민들과 미국인들 모두와 다르다는 점을 인정한다. 하지만 이들은 그런 차이가 열등함의 표시는 아니라고 주장한다. 또한 여성들은 개인적인 친밀성에 기초한 것이 아니라 미국인의 아내로서의 연관성에 기초하여 서로 연결시켜 주는 커뮤니티의 비전을 강화하고자 한다. 그들은 역사학자 베네딕트 앤더슨(Benedict Anderson)이 민족 국가와 민족주의라는 맥락에서 '상상의 공동체'라고 부른 것을 창조하고 있었다. 커뮤니티는 인쇄된 매체에 의해 유지되었던 것이 아니라, 이 지역에서 저 지역으로 여행하는 군인아내들의 입에서 나온 말들로 유지되었다. 이런 방식으로 군인아내들은 서로를, 그리고 서로의 조직을 의식하게 되었다. 직접적으로 서로를 모른다고 할지라도 서로 어느 정도 연결되어 있다는 느낌을 가질 수 있었다. 오렐라나 부인의 경우에서 보듯, 1980~1990년대 군인아내들은 한국인 군인아내들의 네트워크의 문을 두드림으로써 한 지역 커뮤니티에서 다른 지역 커뮤니티로 원활하게 이동할 수가 있었는데, 이것은 무엇보다도 중요한 '상상의 공동체'를 구체적으로 구현한 것이다.

비록 앤더슨은 인쇄된 언어들이 민족주의라는 '상상의 공동체'를 구성하는 데 핵심적인 역할을 한다고 주장했지만, 일상생활에서 얼굴과 얼굴을 날마다 마주하는 것 또한 사람들을 연결시키는 데 핵심적인 역할을 한다.[4] 군인아내들의 공동체의식은 이와 같은 직접적인 대면에 의해 만들어지고 유지되었다. 그들의 '상상의 공동체'는 서로의 삶과 상황에 관한 정보의 도관(導管)으로 기능하는 개인적인 관계망을 통해 창조되었다. 서로가 서로를 알아가면서 그들의 공동체의식은, 자신들이 만난 적이 전혀 없었을 뿐만 아니라 그럴 가능성조차도 없는 사람들을 포함하여 직접적이고 개인적인 접촉을 초월하게 되었다. 얼굴을 마주하는 만남을 통해 한국인 군인아내라는 공통된 위상으로 공유된 공동체에 대한 믿음을 발전시키는 것이 용이할 수 있었다. 직접적이고 개인적인 접촉을 통해 군인아내들은 스스로를 개인적인 접촉을 넘어서는 커뮤니티로 상상했다.

그렇지만 개인적인 접촉은 군인아내들 가운데서 관계를 개념화하고 공동체의식을 표현하는 데 핵심적인 방식으로 남아 있었다. 이들은 모든 한국인 군인아내들을 결코 전부 다 만날 수 없다는 점을 너무나도 잘 알고 있지만, 모든 군인아내들은 서로 잘 알고 있으며 조만간 서로 알게 될 것이라고 주장한다. 1950년대나 1960년대에 도착했던 여성들은 거의 주장하지 않지만, 오히려 나중에 온 여성들이 이런 믿음을 주로 표현했다.

군인아내들 서로가 서로를 잘 알게 될 것이라는 이런 가정은—커뮤니티의 창립에 비공식적인 우정의 네트워크의 힘과 중요성을 입증하려고 하는 것처럼—공식적인 조직이 창립되기 전부터 팽배했던 것처럼 보인다. 최초로 조직을 만든 여성들이 어떻게 서로를 알게 되었는가라는 질문에 킹스턴 부인은 잠시 당혹해 하다가 대답했다. "군인아내가 되면 서로 알게 되어 있어요. 이해하겠어요? 서로 알음알음으로 연락이 되거든." 이와는 대조적으로 뮬런 부인과 부겔리 부인은 1950년대에 도착했는데, 한국인 군인아내들이 서로 접촉할 수 있었다는 것에 놀라워했다. 예를 들어 부겔리 부인은 지역 부인회 여성들이 어떻게 서로를 알게 되었는지를 놀랍게 생각했다.

우리는 함께 한국 여성이다

군인아내들이 구축했던 커뮤니티는 두드러지게 심지어는 의도적으로 한국적이다. 이것은 주로 강제된 미국화와 결과적으로 많은 여성들이 겪었던 문화적 박탈에 대한 대응이지만 그것은 또한 그들을 불결하고 "진정한 한국인이 아니다"라고 간주하는 것에 대한 대응이기도 하다. 여성들은 음식과 언어, 그리고 그들이 보기에 한국적인 사고 패턴으로 간주되는 것에 대한 긍정을 통해 자신들의 연대를 표현했다. 그런 것들이 많은 여

330

성들이 미국적인 방식에 적응하거나 복종하지 않을 수 없었던 영역이라는 것은 전혀 우연의 일치가 아니다.

월례 지역 협회 모임과 주마다 열리는 교회 예배에서 한국 음식이 없다면 완전한 것일 수 없었다. 음식을 준비하고 소비하는 것을 통해 군인 아내들은 한국 여성의 가정적인 면모와 한국적인 여성성과의 관련을 긍정하고 표현한다.

대부분의 협회에서 그 달의 안주인이 거의 모든 음식을 준비한다면 다른 회원들은 부수적인 음식들을 장만하여 가지고 온다. 때때로 이런 모임은 자기 가족들로부터는 인정받지 못하는 한국요리 솜씨를 뽐내는 기회가 되기도 한다. 내가 참석했던 한 모임에서 한국식 불고기, 갈비찜, 맵게 무친 오징어, 만두, 매운 찜닭, 애호박볶음, 나물이라고 불리는 다양한 야채 요리들로 말 그대로 상다리가 휘어졌다. 카운터에는 거대한 김치찌개 냄비와 쌀밥이 있었다. 여성들은 공식적인 사업 모임 이전에 접시에 음식을 수북이 담아 와서 먹었다. 어떤 여성들은 모임이 끝난 후 휴식을 취하며 서로 사교 모임을 가지면서 또다시 먹었다. 한 여성은 두 번째 접시에 음식을 담아 오면서 한 달치 먹을 것을 하루 만에 전부 다 먹어야 한다면서 웃었다. 이런 여성은 집안에서 남편이 한국 음식을 먹도록 허락하지 않는 여성들이었다.

여성들은 음식에 관해 많은 이야기를 나눴다. 한 여성은 시금치를 맛보면서, 어린 시절에는 시금치를 정말 싫어했는데 지금은 시금치 맛이 그렇게 좋을 수 없다고 말했다. 또 한 여성은 만두를 빚으려면 엄청 시간이 많이 걸렸을 것 같다고 감탄하면서 만두 빚는 법을 물었다. 그러자 상대방 여성은 정말 시간이 많이 든다고 대답했다. 게다가 자기 남편이 그녀더러 음식 장만에 그렇게 많은 시간을 들이는 것은 미친 짓이라고 했다는 말도 덧붙였다. 만두 만드는 법을 말해 주는 대신, 그녀는 어머니와 함께 만두를 빚었던 어린 시절 이야기를 하기 시작했다. 많은 한국 어머니들처럼 그녀의 어머니 또한 만두를 예쁘게 빚으면 멋진 남자와 결혼하여 예쁜 딸을 낳게 될 것이라고 했다. 미래에 대한 기대로 설레면서 그녀는 조심스럽게 만두를 반달 모양으로 만들고 가장자리 주름을 잡았다. 다른 여성들도 인정한다는 듯이 고개를 주억거렸다. 그들 역시 그와 비슷한 추억을 가지고 있기 때문이었다. 한국의 어머니들은 아직까지도 딸들에게 그와 똑같은 이야기를 해주는지 궁금해 하면서 그중 한 여성이 나에게 나의 어머니도 예쁘게 만두를 빚으면 그렇게 될 것이라고 이야기해 주었는지 물었다. 내가 그렇다고 말하자, 그녀는 만족한 듯 고개를 끄덕이면서 말했다. "그럼, 그렇고 말고. 그건 오래된 전통이니까. 아마도 결코 사라지지 않을 거야." 그때 또 한 여성이 서로 젖어 있던 몽상을 깼다. "지금 우리 꼴 좀 봐! 우리 요리 솜씨를 인정할 수도 없는 미국 남자랑 사는 것으로 끝났는데!"

내가 참석했던 군인아내 교회에서 주일 예배는 점심 식사 다음에 있었다. 음식은 언제나 한국 음식이었다. 여성들이 번갈아 가면서 매주 식사를 준비했다. 매주 일요일 아침마다 거의 백 명에 이르는 사람들의 식사를 준비하느라 몇 시간씩 일했다. 식사는 간단했으며 대체로 김치와 밥과 국이나 찌개였다. 때로는 국수와 김치가 나올 때도 있었다. 또 때로는 아침 일찍 시작한 영어 예배 시간에 남편과 아이들을 위해 준비했다가 남은 도넛과 한국 음식이 카운터 위에 놓여 있기도 했다. 나는 도넛을 집어먹는 여성을 본 적이 없었다. 도넛은 어린 아이들과 십대들이나 슬쩍슬쩍

집어먹었다. 일부 여성들에게 한국 음식을 요리하고 먹는 것은 교회에서만 할 수 있는 일이었다. 예배가 끝난 후 급하게 일하러 가야 하는 한 여성은 한국 음식을 먹을 수 있는 유일한 곳이 교회라고 말했다.

　교회의 여성 신도들은 함께 모여 정규적으로 엄청난 양의 김치를 담갔다. 김장은 가정에서 여성들이 수행하는 전통적인 가사의례이다. 일단 교회 냉장고를 청소하다 신김치를 발견하면, 몇 명의 여성들은 신김치로 김치전을 부쳐서 모임을 주관하고 있는 목사와 장로들, 바깥에서 놀고 있는 아이들, 그리고 그 주의 헌금을 계산하는 여성들에게 김치전 접시를 돌렸다. 여성들이 김치전을 부치는 동안 그들은 가장자리가 노릇노릇하게 굽혀 파삭파삭한 번철에서 지글거리는 김치전을 먹으면서, 그렇게 먹는 것이 가장 맛있다고 말했다. 그들은 어린 시절에 나이 든 어른들이 요리하는 모습을 지켜보았던 것을 회상했다. 지름이 30센티미터가 넘는 커다란 부침개는 오래된 번철(솥뚜껑으로 하는―옮긴이)이 아니면 불가능했으며, 미국에서는 그런 번철을 찾을 수 없다고 했다. 한 여성이 나를 돌아보며 "아, 저 친구는 그런 걸 기억하기엔 너무 어려. 게다가 여기서 자랐잖아, 그렇지 않아?"라고 물었다. 내가 대답도 하기 전에 최근 한국을 방문했던 다른 여성이 서울의 한 시장에서 옛날 번철을 보았는데, 손님들에게 부침개를 구어서 팔더라고 전했다.

　만두와 김치전에 관한 두 여성의 대화에서 이들은 단지 기억만이 아니라 한국 여성으로서의 자의식을 이야기하고 있었다. 그들은 스스로를 이야기꾼이자 역사가로 표현했는데, 그들의 개인사는 한국 여성, 나아가 한국 국민들의 광범한 역사와 떼려야 뗄 수 없는 이야기를 드러냈다.

　이상적인 가정생활과 여성들의 커뮤니티는 그들의 이야기에서 반복되는 주제였다. 그것은 여성들 사이에 그리고 여성들에게서 여성들에게로 전달되는 것이었다. 어머니, 할머니, 이모, 이웃 여성들로부터 전해 들으면서 그들은 처음으로 아내와 어머니로서의 미래를 꿈꾸었으며, 그런 꿈을 성취하는 중요한 단계로서 요리 등의 살림살이를 배웠다. 나처럼 젊은 여성, 딸 또래 심지어는 손녀뻘 되는 젊은 여성에게 질문을 하면서, 그들은 자신을 여러 세대에 걸쳐서 여러 대륙을 가로지른 한국인 여성 커뮤니티의 일원으로 위치시켰으며, 유사한 이상, 기억, 경험과 연결시켰다. 특히 만두에 관한 질문은 그런 기억과 경험으로 표현된 이상―여성의 가정 생활, 요리의 중요성, 따라서 음식을 제공하는 여성, 좋은 남편과 자녀들이라는 목표―을 긍정하는 것이며, 그것은 나와 같은 젊은 여성들에게도 이상으로 남아 있다. 하지만 번철에 관한 질문은 다소 다른 목적이 있었다. 세대차에 기초하여 그들이 공통적으로 경험한 것으로부터 나를 미묘하게 배제시킴으로써, 그리고 내가 한국에서 자란 것이 아니라 미국에서 자랐다는 사실을 환기시킴으로써, 혈연으로는 한국인이지만 양육 과정으로 봐서 아마도 좀더 미국인에 가까운 나와 비교해 볼 때 그들이야말로 '진정한 한국인'이었음을 주장하고 있었다. 기억을 이야기하는 개인사를 통해 이들 여성은 군인아내로서 자신을 정체화하기보다 한국 여성으로서의 자기 정체성을 강조했다.

훌륭한 한국 요리 솜씨를 알아주지도 못하는 미국 남편과 결혼하는 것으로 끝장났다는 의견은 어린 시절의 꿈과 현재 경험하고 있는 현실 사이의 차이, 한국 여성으로서의 정체성과 군인아내라는 현재 위상 사이의 불일치를 모두에게 떠오르게 만들었다. 이것은 또한 주류 한국인 사회의 눈으로 볼 때 그들은 무엇보다 군인아내일 따름이라는 사실 또한 떠오르게 만들었다. 월례 모임에서 그 코멘트가 모든 사람들로부터 환영을 받지는 못했다. 몇몇 여성은 신경질적인 웃음을 보였지만 어느 누구도 직접적인 반응을 드러내지 않았다. 여성들이 자기들 사이에서는 가족 안에서 겪는 문화적 갈등을 공공연하게 언급하지만, 이 특정한 의견은 에티켓에 어긋나는 것으로 보였다. 이 의견은 그들의 한국성을 강조하는 대신 이상적인 한국적 여성상으로부터 일탈뿐만 아니라 한국사의 지배적인 서술로부터도 일탈했음을 부각시켰으며, 미국인 남편들은 최선의 경우 그런 이상을 실현하기 힘든 상대이고 최악의 경우 그런 이상의 현실 불가능을 의미하는 것이다. 미국인 남편들이 아내들의 한국 요리 솜씨를 인정할 수조차 없다는 점을 지적함으로써, 그 의견을 확대 해석하면 이들 여성의 문화와 따라서 이들 여성 자체가 가족 안에서 충분히 인정받지 못하고 있다는 말이 된다. 사실상 이 발언은 여성들의 이탈된 위상을 강조했다. 이런 의견이 드러낸 문제는 그것을 이슈화했다는 점에 있다기보다는 부당한 해석을 강조했다는 데 있었다.

한국성으로부터 이탈을 강조하기보다는 가족 내부의 문화적 갈등을 논의함으로써 그들은 한국적인 이상과 사회적 관습의 준수를 강조한다. 이들 여성이 종종 환기시키는 이상적인 한국 여성상은 가족을 위해 그중에서도 특히 자녀들을 위해 끊임없이 희생하고 고통받는 여성상이다. 예를 들어 그 모임에서 여성들이 서로 전해 주었던 이야기들은 대체로 가족의 평화나 혹은 제멋대로인 아이들을 위해 어머니로서의 사랑을 보여 줌으로써 미국적인 방식에 순응하는 것을 중심으로 맴돌고 있었다. 그 가운데서도 그들은 남편과 자녀들로부터 경험한 문화적 소외를 서로 공유하고 있었다. 그들의 사회적 관습이 가족 안에서 거부되고 있다는 것을 서로 확인함과 동시에 유사한 경험을 바탕하여 서로를 이해하고 있었다.

예를 들어 월례 모임에서 한 여성은 십대인 딸에 대한 장황한 이야기를 했다. 그녀는 딸의 옷 입는 방식, 화장, 긴 전화통화, 데이트 욕구 등을 인정하지 않았다. 딸아이를 나무랄 때마다 여기는 미국이라고 말대꾸를 한다고 그녀는 불평했다. 그러면서 아이들은 그녀가 알아들을 수 없는 자기네들끼리 사용하는 낯선 은어로 툴툴거린다고 했다. "'유행 따라 잘 나간다(get it with)', '사귀다(get along)', 뭐, 그런 표현들 있잖아요? 내가 이해하지 못하는 말을 한다니까." 하지만 그녀가 이해할 수 없는 것은 자기 딸들이라고 했다. 딸들은 어머니 말에 주의를 기울여야 한다고 주장한다. 여성은 고통받는 자이면서 동시에 생명을 잉태하는 자라는 흔한 한국적 이미지를 환기시키면서 그녀는 "내 배가 찢어지게 아파서 자기네들을 이 세상에 낳아 놓았으니, 내 말을 들어야지"라고 말했다. 거실에 모였던 여성들은 이 말에 전적으로 수긍한다는 듯이 즉각 고개를 끄덕이면서 자녀들이 무심코 하는 말들이 그녀들의 가슴을 얼마나 아프게 하는지에 관해서 이야기하기 시작했다. 여러 명의 여성들은 자녀들이 무슨 말만 했다 하면 마치 고장 난 녹음기처럼 언제나 "여기는 미국이라니까요"라는 말을 되풀이한다고 했다. 그러고는 자녀들이 언젠가 어른이 되었을 때라야만 어머니들이 자기들을 위해 얼마나 희생했는지를 깨닫게 될 것이라는 결론을 내렸다.

놀랍게도 이런 대화는 어디서든지 익히 들을 수 있다. 나는 서울에 사는 한국 여성들 역시 자기 자녀들에 관해서 이와 마찬가지 이미지를 나열하고 분만과 출산의 고통을 이야기하면서 자녀들은 생명을 부여해 준 어머니에게 존경하고 복종해야 한다고 말하는 것을 들었다. 나는 또한 미국에 이민 온 한국 여성들 역시 그와 똑같은 말을 하면서 똑같은 이미지를 환기시키는 것을 들었다. 그런 대화에서 결론 역시 언제나 똑같았다. 말하자면 자식을 낳아 봐야 부모 마음을 이해하게 될 것이라고 했다. 다른 여성들과 대략 비슷한 연배였던 군인아내들이 자기 자녀들에 관해 비슷한 대화를 나누는 것은 전혀 놀라운 일이 아니었다. 군인아내들이 인정하면서도 무시했던 문화적 갈등 요인이 이런 대화에서는 약간 다른 방식으로 표출된다. 군인아내들은 고통받는 어머니와 고마워할 줄 모르는 자녀들의 이미지를 사용함으로써, 문화적 차이로 인해 자녀들이 무심코 드러내는 무시를 세대차이라는 식으로 말을 바꿔서 표현했다. 그 나이 또래의 한국 여성들 사이에서는 전형적이라고 볼 수 있을 만큼 공통된 이미지를 환기시킴으로써, 군인아내들은 자기 가족 안에서 경험한 문화적 갈등과 소외감을 가볍게 여기는 대신 오랜 세월 동안 고통받는 한국 어머니의 위상을 강조했다.

그런 토론을 할 수 있고 그런 자기주장을 하면서 인정받을 수 있는 사회적인 공간을 제공해 주는 것이야말로 지역 협회의 중요한 역할 중 하나이다. 본 부인은 그녀와 다른 창립 회원들은 유사한 경험을 했으므로 즉각적으로 이해하고 서로 공감할 수 있는 다른 여성들과 이야기를 나눌 만한 그들 나름의 공간이 필요하다는 점을 느꼈다고 했다. 겉보기에는 문화적 충돌로 인해 군인아내로 살아가는 것이 얼마나 힘든가를 토로하는 것처럼 보이지만, 이런 이야기들은 사실상 이들 여성의 한국적 정체성에 초점을 맞추고 있다. 이런 대화를 통해 그들은 한국 여성으로서 자신들의 정체성을 긍정적으로 표현하고 받아들인다.

이와 같은 협회와 한인 교회에서는 한국 언어가 지배적인데. 그 점은 이들 여성의—특히 나이 든 여성들에게는 더욱—한국적 정체성을 긍정하고 부양하는 데 중요한 역할을 한다. 이 여성들 대개는 일본 식민지 시절에 성장기를 보낸 터라 한국 언어에 대한 공식적인 교육을 받지 못했다. 나이가 지긋한 한 여성은 자신의 한국어 실력이 형편없다고 말했다. 1930~1940년대에 성장기를 보냈던 그녀는 일본 학교를 다녔고, 이후 미국으로 이민을 와서 영어를 배웠다. 어른이 되고서야 비로소 그녀는 한글 자모를 배웠으며, 미국에서 한인 교회에 다니면서 읽고 쓰는 법을 배웠다. 나 역시 한글을 공식적으로 교육받은 적이 사실상 없으며 당신과 마찬가지로 내 나름대로 읽고 쓰는 법을 터득해야만 했다고 말해 주었을 때, 그녀는 고개를 끄덕였다. "그러니까 글쎄, 언어라는 게 얼마나 중요한지 당신도 잘 알잖우"라고 그녀는 힘주어 말했다.

그 다음 주 일요일, 그녀는 나에게 가죽 장정을 한 한글 성경을 선물했다. 그녀가 준 성경책 안에는 단호하고 자신감 있는 한글 필체로 쓴 우리의 이름이 적혀 있었다. 그녀는 교회에 다니고 성경책을 읽으면서 한글을 배웠다. 처음에 그녀는 예배 시간에 목사와 교인들이 번갈아 가며 성경 구절을 큰 소리로 읽고 화답하는 것을 따라가느라고 애를 먹었다고 했다. 그녀가 좋아하는 성경 구절을 읽고 또 읽으면서 그녀의 독해력은 향상되었고, 성경 공부 시간에 큰 소리로 읽을 수 있을 만큼 실력이 쌓이자 자신감이 붙었다고 했다. 이런 자신감으로 인해 그녀는 한국 여성이자, 한국의 딸이며, 그리고 신의 딸이라는 사실이 자랑스러웠다고 했다.

부겔리 부인은 군인아내 지역 협회의 월례 모임에 처음 나갔을 때 한국어에 둘러싸여 있는 자신을 보고 어안이 벙벙했던 순간을 떠올렸다. "그 많은 여자들이 전부 한국말로 수다를 떤다는 사실이 어찌나 놀라웠던지"라고 그녀는 말했다. 수십 년 동안 다른 한국 여성들과 거의 접촉이 없었던 터라 그 장면이 낯설게 느껴졌던 것이다. 때때로 그녀는 다른 여성들이 무슨 말을 하고 있는지 따라잡기 힘들 때도 있었다. 그녀의 마음속에서는 한국말들이 유창하게 흘러 다녔지만, 막상 입에서 나올 때는 서로 뒤엉키면서 더듬거렸다. 하지만 월례 모임에 계속해서 참석하고, 미국 교회에서 한국 교회로 옮기면서 그녀의 혀는 한국말을 기억해 냈다. 그러자 단어들이 편안한 방식으로 흘러나오게 되었다고 했다. 한국어가 되돌아왔다는 사실에 말로는 다할 수 없는 기쁨을 맛보았다고 말하면서 그녀는 생긋 웃었다. "그래서 이제 나는 이처럼 당신에게 한국말로 말할 수 있잖아요. 그전 같았더라면 어림도 없었을걸요."

미국에 온 첫해에 이혼을 하고 하루하루 벌어먹고 사느라 바빴던 부겔리 부인은 사람 사귈 시간이 없었다. 재혼을 하고 생활이 차츰 안정이 되었을 때는 과거에 만났던 한국 여성들과의 연락이 전부 끊어진 상태였다. 그 무렵 그녀는 미국인들과 친구가 되었으며 미국인 교회에 다니고 있었다. 1990년대 초반에 이르러서야 비로소 그녀는 다른 군인아내를 만나면서 한국인들과 어울리기 시작했다. 그때는 한국어보다 영어에 더 익숙해져 있었다. 그런데도 다른 군인아내들과 영어로 말해야겠다는 생각은 결코 들지 않았다. 영어는 전혀 다른 느낌이어서 한국인들과 대화할 때 영어로는 제대로 느낌이 살지 않는다고 말했다. 그녀는 자신의 영어가 짧다는 점을 인정하면서, 짧은 영어로 말하기보다 한국인들과 짧은 한국말로 말하는 편이 훨씬 이치에 맞는다고 말했다. 게다가 "영어가 편한 적이 한 번도 없었어. 영어는 언제나 뭔가 빠진 듯한 느낌이 들어"라고도 했다. 한국말을 해도 그와 같은 느낌이 종종 들기는 하지만, 그래도 자기 생각을 한국어가 더욱 잘 표현해 주는 것 같다고 했다.

대화를 나누던 중 본 부인은 한국어는 사업을 하기에 좋은 언어는 아니라고 웃으면서 불만을 토로하면서 "내가 제대로 된 한국어 표현을 몰라서 그런지 모르겠지만, 영어가 더 편할 때가 있어"라고 말을 이었다. 월례 모임에서 영어를 사용할 생각은 해보지 않았냐고 본 부인에게 물었을 때 그녀는 놀라는 눈치였다. "오, 아니, 전혀. 우린 한국말을 써야 해. 오로지 한국어만이 우리의 느낌과 생각들을 정말로 표현할 수 있거든. 영어가 아무리 능통하다 해도, 게다가 한국말을 까먹기도 했지만, 그래도 우리의 내면적인 자아는 한국말로써만 표현될 수 있거든." 월례 모임을 할 때 더욱 분명한 표현이 필요한 경우, 그들은 한국말로 토론하는 중에 필요한 영어를 부가적으로 끼워 넣을 수 있다고 말했다.

이들 여성은 언어와 맺는 복잡한 관계를 분명히 표현하고 있다. 비록 영어든 한국어든 완전히 능통하여 읽고 쓸 수 있는 것은 아니지만, 정서적으로는 한국어에 훨씬 더 후한 점수를 주었다. 본 부인이 말하듯 한국어는 자신들의 가장 내면적인 존재를 표현하는 언어이기 때문이다. 한국어는 또한 자신의 정체성을 드러내는 언어이다. 따라서 한국어 읽기 능력을 습득했을 때 한국 여성으로서 자신에 대한 자부심을 느끼는 한편, 나이 든 교회의 여성들은 한국어와는 달리 영어 습득 능력을 전혀 다른 관점으로 보았다. 영어 습득은 자기 존재의 긍정이 아니라 만족을 표시하는 것이었다. 부겔리 부인은 오직 한국어만이 다른 한국인들과 제대로 말할 수 있는 언어라고 여긴다. 비록 한국어에다 영어 구절을 뒤섞어서 사용하지만, 그녀에게 중요한 것은 애초(default)이자 지배적인 모국어이다. 듣는 사람과의 관계에서뿐만이 아니라 그녀의 사고와 발언을 구조화하는 애초의 언어는 모국어이다. 이와 유사한 관점을 본 부인에게서도 찾아볼 수 있다. 그녀에게 한국어는 '진정한 내적 자아'를 표현하는 언어인 반면 영어는 사업을 하기 위해 필요한 언어이다. 한국어는 개인적이며, 자신의 존재와 정체성과 결부한 언어라면, 영어는 비개인적이며, 실제적인 문제나 일과 관련된 언어이다. 크리스핀 부인은 한마디로 이 모든 것을 요약했다. "한국 여자들끼리, 우린 모든 이야기를 할 수 있고 서로 이해할 수 있어요." "한국 여자들끼리"라고 표현하긴 했지만, 이런 단결과 연대는 한국인 군인아내들 사이에 한정된 것이다. 협회는 군인아내들에게 그들 나름의 토론장을 열어 주기 위해 설립되었다. 본 부인이 지적하다시피 다른 한국인들이 참여하면, 군인아내들은 자유롭게 말할 수 없었을지도 모른다. 자유롭다기보다는 오히려 주류 한국인들이 가지고 있는 상투적인 이미지를 강화시키지 않을까 두려워해서 스스로 조심했을 것이다. 게다가 다른 한국인들은 군인아내들과 같은 이해관계를 가지고 있지 않다고 여러 명의 여성들이 이구동성으로 말했다.

자매애의 한계

군인아내 연대는 모든 군인아내들을 전부 포함하는 것이 아니다. 자매애는 한계가 있다. 군인아내 커뮤니티 안에서도 이런 한계는 대체로 인종과 계급에 따라 규정된다. 예를 들어 지역 협회 회원들 가운데 아프리카계 미국인 군인들의 아내는 거의 없다. 여기에 덧붙여 협회 구성원의 대다수는 안정되고 비교적 안전한 생활을 유지할 수 있었다. 사실상 계급과 인종이 섞여 있는 경우는 거의 없었다. 골딘 부인은 ABC 부인회의 창립 회원들을 알고 있었지만 조직이 처음 구성될 때 초대받지 못했다고 말했다. 그 이유는 그녀가 "흑인과 결혼했기" 때문이라고 결론지었다. 내가 만났던 여성들 가운데서 백인과 결혼한 대다수 여성들은 백인과 결혼한 다른 여성들과 어울렸으며, 마찬가지로 흑인과 결혼한 대다수 여성들은 흑인과 결혼한 다른 여성들과 어울렸다. 이런 구분에 예외가 있다면 일반적으로 두 가지 범주로 나눠진다. (1) 출신 배경과 현재의 생활과 관련하여 여성들이 비슷한 사회적 위상을 가질 때 (2) 한 여성이나 한 집단의 여성들이(대체로 백인과 결혼했으며 그리고/혹은 계급적으로 더 높은 위상일 때) 다른 여성들(대체로 흑인과 결혼했으며 그리고/혹은 계급적으로 더 낮은 위상일 때)에게 도움의 손길을 내밀고 있었다.

　여성들 사이에서 인종적 경계는 남성들 사이의 인종적인 구분을 대체로 반영하고 있다. 캐서린 문은 미군들이 여성들에게 흑인과 백인 사이의 인종적인 경계선을 지키라고 요구했다고 기록한 바 있다. 백인 병사들은 흑인 병사들과 함께 클럽을 이용하기를 빈번히 거부하면서 여성들에게 인종적 경계선을 지키라고 요구한다.[5] 이와 유사하게, 인종적인 경계선은 군인 기지에서 생활하는 여성들 사이에서 가장 엄격했다. 그곳에서 여성들은 남성들 사이의 위계질서와 지배적인 미국 군대 문화 안에서 인종적인 위계질서에 노출되지 않을 수 없었다. 한 여성은 자기 남편이 융커스 부인이라는 여성과 어울리는 것에 눈살을 찌푸린다고 했다. 왜냐하면 그녀의 남편이 흑인이기 때문이었다. 그는 자기 자신의 자녀 역시 그런 단어로 불리기 십상이라는 사실을 까마득히 잊은 것처럼 그 아이들을 종종 "잡종"이라고 불렀다. 그러면서 자기 아내에게 자기 아이들이 그 아이들과 어울리면서 함께 놀지 않도록 하라고 주의시켰다.

비교적 안정되고 안전한 생활을 누리고 있는 조직의 회원들이 흑인 아내들과 하층 계급의 군인아내들에게 제공하는 자매애는 자선이었다. 조직 회원들은 자신들보다 운이 나쁜 여성들을 열심히 돕고자 한다. 1970년대에 사회학자 김실동이 연구했던 시애틀-터코마와 같은 특정한 지역에서는 지역 단체가 지역 사회복지 서비스 기관과 연계하여 가정 폭력, 이혼, 유기, 실업, 질병 등에 처한 군인아내들을 도울 수 있었다지만, 내가 연구를 수행했던 지역은 그렇지 않았다. 이로 인해 그들이 다른 여성들을 도울 수 있는 능력은 심각하게 제한되어 있었다. 도움은 일시적이었고 특별한 기간에 주어지는 것이므로, 이런 조직은 동료 군인아내들이 대면한 문제를 분석하거나 체계적으로 대처할 수가 없었다. 마약 중독자인 남편에게 학대를 당해 시력을 잃었으며 두 아이와 함께 절대 빈곤 속에 남겨진 한 여성의 경우를 회상하면서 킹스턴 부인은 이렇게 말했다.

> 너무 안됐어. 그런데 어쩌겠어요? 인생이란 게, 그게 인생인데. 슬픈 일은 일어나게 마련이고. 조직은 그런 사람들을 열심히 돕고자 해요. 그런데 한계가 있지. 주고 또 주고, 그렇게 영원히 줄 수는 없으니까.

여성들의 삶을 효과적으로 바꿀 수 있도록 도울 수 있는 종합적인 프로그램을 만들어 낼 수 없었음으로, 조직의 여성들은 오직 일시적인 도움만을 제공할 수밖에 없었다. 그들은 병원에 입원한 군인아내들을 문병하고 극빈자들에게 쉼터를 제공하며 한국 음식을 만들어서 가져다주었다. 또 아마추어 카운슬링과 격려, 그리고 윤리적인 지원을 해주었다.
킹스턴 부인은 회원들이 가진 동기를 이렇게 말했다.

우리, 우리 군인아내들은 서로 뭉치길 원했어. 그래서 그렇게 했고 좋은 일[곤경에 처한 군인아내들을 돕는 일]을 많이 했지. 우린 많은 여성들을 도왔어요.

하지만 결과적으로 회원들에게 그런 도움을 제공한다는 것이 점점 더 힘들어졌다. 더욱 체계적인 원조 프로그램을 개발하려는 노력의 일환으로, 1990년대 중반 크리스핀 부인은 지역 한국 부인 센터와 더불어 XYZ 부인회에 여러 번 연계를 시도했다. 센터는 가정학대를 당하는 여성들을 위한 긴급 전화를 개설했으며, 군인아내들에게 영어교실과 같은 프로그램을 제공했다. 하지만 크리스핀 부인에 따르면 XYZ 부인회 여성들은 저항했다. 외관상 그들은 외부자들에 의해 지배받을까 봐 우려했다고 말했다.

군인아내들이 '외부자'인 한국 여성 목사의 도움으로 공동체를 형성한 것이 뉴욕에 있다. 뉴욕 한국 교민 커뮤니티의 한가운데 있는 플러싱에 위치한 무지개 센터는 한국인 군인아내들에게 쉼터, 치유 기회, 다른 한국인 여성들과 손닿을 수 있는 기회를 제공한다. 이와 같은 군인아내들의 커뮤니티는 여성들이 자립할 수 있도록 돕고, 가족들과의 문화적 차이에 대처할 수 있도록 하는 데 집중한다. 결혼 후 헤나 한(Henna Hahn)이라는 이름으로 알려진 여금현 목사와 여러 명의 여성들이 1993년에 함께 설립한 이 센터는 군인아내들을 위한 다양한 사회 서비스 활동을 벌이고 있다. 군인아내들 스스로가 센터 운영에 핵심 역할을 한다. 군인아내들은 신참자들을 환영하고 그들을 한국적인 문화의 풍경, 소리, 맛으로 감싸줌으로써, 쉼터를 찾는 여성들이 보여 주었던 정서불안이 문화적인 박탈감에서 비롯되었다는 믿음에 바탕하여 활동을 펼치고 있다. 그들은 정기적으로 함께 모여 김치와 그들 나름의 된장을 담그고, 심리적·문화적 치유 활동의 하나로 전통적인 가정의례들을 의도적으로 선택했다. 그들은 또한 중고품 자선 가게를 운영함으로써 사업 수완도 배우고 센터를 위한 운영 자금도 벌고 있다.

긍정적인 이미지

외부자의 시선—한국인들과 미국인들 모두—은 이들 여성의 삶에서 지속적인 영향력을 미쳤다. 왜냐하면 이들의 목표 중 하나는 그들이 그처럼 예리하게 느꼈던 편견과 싸우면서 군인아내들도 뭔가 할 수 있다는 것을 세상에 보여 주는 것이었다. 예를 들어 이런 시선을 의식함으로써 킹스턴 부인은 조직의 역사에서 핵심적인 순간에 지도자의 역할을 할 수 있었다. 그것은 한국인과 미국인 모두에게 긍정적으로 자신들을 묘사하려는 동기 부여가 되기도 한다. 예를 들어 ABC 부인회의 초기 시절 이들의 목표는, 군인아내들이 지적이며 잘 교육받고 재밌게 생활하고 생산적이며 또한 성취하는 삶을 살고 있다는 점을 한국인 커뮤니티에게 보여 주는 것이었다. 그래서 킹스턴 부인은 이렇게 말했다.

우리는 군인아내들의 현실을 당당한 방식으로 보여 주었어요. 우리는 그들에게 멋진 여성이라는 점을 보여 주었어. 하지만 글쎄, 그들이 생각하기에는…… 그들은 우리 모두 한국 여성이라고 했다가도 음, 글쎄, 외국인과 결혼을 하면 우리 모두는 교육받지 못한 자들이 되어 버리지. 그러나 우리는 그들에게 우리 군인아내들도 정말로 대단한 사람들이라는 점을 보여 주었지.

이와 유사하게 본 부인은 한국 신문과 미국 신문 모두에 그들 조직의 활동을 보도하는 신문 기사를 실었다. 그래서 조직이 사람들에게 군인아내들의 힘을 보여 주고, 여성들에 관한 상투적인 이미지를 깨도록 도왔다고 말했다.

군인아내들은 또한 민간외교관이 되어 주류 미국 사회가 소비할 수 있는 한국 문화를 제시하는 존재로 가정되기도 한다. 비록 한국 교민 협회가 후원하는 행사들—거리 축제, 한국의 날 퍼레이드 등—이 이런 기능을 하지만, 군인아내들의 역할이 훨씬 더 클 수 있었다. 한국 교민 협회가 대체로 뉴욕, 로스앤젤레스, 시카고와 같은 대도시, 그리고 다인종·다민족의 맥락 속에서 작용하는 것이라면, 군인아내들은 주로 백인 미국인 커뮤니티에서 그러한 기능을 담당했다. 전국에 걸쳐 학교와 커뮤니티가 다문화적인 축제를 개최하기 시작했을 때, 농촌 지역이나 소읍, 또는 거리가 떨어진 교외 지역은 한국을 대변하는 데 군인아내들에게 의존했던 것처럼 보였다. 많은 여성들은 행사 참여에 관한 것들을 이야기했다.

1990년대 이후로 지역 학교는 내가 다니고 있던 교회 여성들에게 다문화 축제 참가를 요청했다. 전통 한복을 입고 여성들은 만두, 불고기, 고기와 야채를 곁들인 잡채, 김밥과 같은 한국 음식을 준비해서 팔았다. 그들은 또한 귀중한 보석류를 전시했다. 칠기 보석함, 천에 수놓은 자수 공예품, 도자기 꽃병, 비취 보석 등 한국적인 문화 상품을 미국인들에게 선보였다. 미국인들에게 한국 문화—그렇게 하여 한국 민족으로까지 확장되는—가 감상할 만한 가치가 있다는 것을 열렬히 보여 주고 싶은 마음으로 말미암아 미국인들에게 인정받을 만한 '문화'를 아무리 발전시켰다 할지라도 다문화적인 사고가 그들을 이방인으로 배제시킬 수 있다는 사실을 그들은 종종 알아차리지 못한다.[6]

1980년대부터 진지하게 시작되었던 문화적 다원주의가 다문화주의로 재정식화된 미국의 다문화주의 담론은 한국인 군인아내들과 다른 소수자들에게 포함(inclusion)과 존중, 그리고 평등을 약속했다. 하지만 일상생활에서 그런 공허한 약속은 배신으로 드러났다. 다문화 축제에서 전시되는 그런 문화—3세계의 문화, 아프리카계 미국인, 아시아인, 카리브 사람, 라틴 아메리카 이민자들, 때로는 원주민 미국인 등—는 주류 미국 문화와 서구 문화에 종속된다. 다문화 축제에서는 이탈리아 오페라나 미국의 로큰롤이 아니라 중국 오페라가, 발레나 모던댄스가 아니라 하와이 훌라가 공연된다. 또한 다이아몬드가 아니라 한국의 비취 보석이, 애플파이와 초콜릿 케이크가 아니라 일본의 떡이 전시된다. 리사 로가 주장했다시피, 이런 전시는 문화적 풍요성과 문화유산의 전통을 입증하는 것이 아니다. 왜냐하면 이런 문화들은 평면적으로 똑같이 '타자'의 문화가 되어 버린다. 자기 민족 문화를 전시하도록 허락받은 사람들이 목하 '진행 중'인 자민족에 대한 지배의 역사를 '망각하도록' 만드는 것이 이처럼 변형된 축제이다. 사실상 축제는 그들을 위한 것이 아니라 지배 문화에 속한 사람들을 위한 것이다. 다문화 축제는 인종적·민족적 소수자 문화를 전유하여 '이민자들의 국가(nation of immigrants)'라는 자유주의 이상을 드러낸다. 그런 자유주의 이상 속에서 모든 문화, 그리고 암묵적으로 모든 민족은 평등하게 접근되고 평등하게 재현된다.

따라서 다문화주의의 언어는 종속적인 문화에 관한 미국의 우월성과 예외주의를 입증하는 데 이용된다. 그것은 한때 두드러졌던 용광로(melt-ing pot)의 은유에 대한 역사적인 지속이며 근본적으로는 동화주의 모델이다. 세기가 전환될 무렵(19세기말에서 20세기로—옮긴이) 극화되었던 용광로의 은유는, 미국을 다른 문화 출신의 사람들을 받아들이고 녹여서 새롭고 우월한 품종인 미국인을 산출하는 것으로 묘사했다.[7] 다문화주의에 앞서 나타났던 문화적 다원주의와 흡사하게 다문화주의는 이런 문화를 미국의 '민족적' 문화로 상상하고 다양성을 즐기기 위해 표피적인 차이를 허용하는 사회적·문화적 체계 안에서 적절하게 훈육되고 포섭하면서도 실질적인 차이는 '비미국적인 것'으로 가차 없이 거부한다. 예를 들어 어쩌다가 '민족 음식(ethnic meal)'을 먹는 것은 자신의 유산을 인정하는 증거로서 칭송되면서 심지어 타인과의 차이에 대한 관용으로 허용되고 있는 반면, 영어는 미국을 위한 단 하나의 언어로서 지속적으로 격상되고 있다. 다문화주의가 찬양하는 다양성은 미국적 헤게모니의 동질성을 가리는 엷은 장막이다.

헤이즐 카비(Hazel Carby)에 따르면 다문화주의는 인종차별주의를 인정하지 않을 뿐만 아니라 저항의 가능성을 설명하지 못한다.[8] 그런데도 군인아내들에게 다문화주의적 축제는 아무리 제한적이라고 하더라도 미국인들에게 한국 문화의 아름다움을 보여 주는 기회가 된다. 따라서 미국인들로부터(동료인 다른 군인아내들로부터라기보다) 한국적인 정체성을 인정하게 함으로써 긍정적으로 평가받을 수 있는 기회가 된다. 자녀들은 어머니가 꾸중을 하면 "여기는 미국이다"라는 식으로 무시해 버리며 남편은 한국 음식을 거부하는 그런 가정에서 살고 있는 여성들에게 다문화주의 축제는 한국 여성으로서 미국인들에게 받아들여지고 있다는 느낌을 갖게 되는 드문 기회를 제공해 준다. 이것은 자신감과 자존감을 부양시키는 순간이 될 수 있다. 한 여성은 이렇게 말했다.

> 사람들이 정말 관심을 보여. 온갖 걸 다 물어봐요. 내 옷, 음식, 뭐든지 간에. 어떤 남자가 과거에는 한국을 생각하면 전쟁밖에 떠오르지 않았다고 했거든. 그런데 이제는 아름다운 비단 옷과 훌륭한 예술품을 가진 나라로 생각할 수 있게 되었다더군.

이로 인해 그녀는 군인아내들에 관한 것뿐만 아니라 한국 그 자체에 관한 긍정적인 이미지를 전파하고 있다는 느낌을 받았다. 1970년대 중반에 도착했던 한 여성은 사적인 대화를 하면서, 남편은 자기 나라도 지키지 못해서 미국인들에게 의존했던 엄청 낙후된 나라가 한국이라면서 경멸적인 말을 종종 했다고 했다. 한국에 관해 남편들이 경멸조로 말하는 다른 여성들과 마찬가지로 그녀는 남편의 말이 자신을 깔보려는 의도를 가지고 있다고 느꼈다. 그녀에게 화가 났을 때 남편은 종종 그런 식의 발언을 했기 때문이다. 다문화주의 축제에 남편과 함께 가게 되었는데, 한국의 전시가 인기가 있다는 것을 보고 그녀의 남편은 놀랐다. 비록 일시적이기는 했지만 그래도 다문화 축제가 그의 행동에 영향을 미쳤다. 그다음 몇 주일 동안 남편은 그 전시에 관해 우호적인 말을 여러 번 했으며, 한국에 관한 모욕적인 언사도 차츰 줄어들었다고 그녀는 전했다. 이것을 보면서 그녀는 비록 남편의 태도를 바꿀 수는 없었지만 한국 문화에 대해 다른 미국인들로부터 긍정적인 반응을 얻어 낼 수 있다는 점을 깨달았다

고 했다

다문화주의 축제가 하나의 민족, 즉 미국을 긍정하려는 목적을 가지고 있으므로 실질적인 차이를 벗겨 낸 하나의 정체성만을 긍정하려는 것을 목표로 삼고 있는 것은 분명해 보인다. 그렇다 해도 이들 여성은 이런 축제를 저항의 기회로 이용하며 바로 그 차이에 뿌리를 둔 정체성을 긍정하려고 한다. 남편이 한국 문화를 멸시했다고 말했던 그 여성은, 미국인들이 한국 문화의 아름다움이 한국 민족의 고통과 연결되어 있다는 점을 볼 수 있기를 원했다. 그들의 전시를 통해 다문화주의 축제가 문화를 탈구시키고, 역사와 커뮤니티로부터 연결 고리를 떼어 놓는다는 것을 그녀는 분명히 감지했다. 그녀는 끊어진 연결 고리를 스스로 다시 연결시키면서 한국 역사를 고통으로 이해하는 맥락 속에 재위치시켰다. 따라서 그녀는 다문화주의의 받침대를 직접적으로 공격하는 두 가지 핵심적인 관찰을 명료하게 드러냈다.

군인아내들이 자기 문화와 그것을 표현할 방법을 끈덕지게 고집하는 것은 문화적 정체성이 표피적인 것이라는 다문화주의의 주장을 전복시키는 것이다. 한국인 군인아내들에게 문화적 정체성은 대단히 중요하다. 지역 협회의 월례 모임에 참석하는 여성들은 남편의 반대에도 그곳에 참석했다. 와인버그 부인은 가족의 조화를 위해서 자신의 문화적 표현을 많이 '포기하고' 살면서 대개는 남편이 하자는 대로 따라왔지만, 그녀 또한 남편이 자기더러 월례 모임에 나가지 말라고 금지할 권리가 없다고 주장했다. 심지어 그 월례 모임이 한밤중에 열린다고 하더라도 남편은 반대할 권리가 없다고 했다.

군인아내들은 미국인들에게 긍정적인 한국적 정체성을 묘사하려고 노력하지만, 한편으로는 다른 한국인들에게 자신들이 미국과 개인적으로 연결되어 있음을 드러내기도 한다. 이것은 그들을 학대하는 미국인 남편에 의해 억압받고 희생당하는 존재로 그려지는 상투적인 군인아내들의 모습에 대한 반발이자 또한 많은 한국인들이 미국의 주류에 접근한 것으로 연상하는 그런 위상을 유지하려는 것으로 읽을 수 있다. 이런 과시는 대단히 미묘하지만 미국인들과 결혼해서 획득하게 된 이점을 강조함으로써 가능해진다. 이를테면 새 차를 구입하는 데 그녀의 가족을 위해 미국인 시동생이 거래를 엄청 잘해 주었다는 무심한 발언이나 혹은 자선 모금 디너의 주최자로서 그녀가 행사장을 공짜로 빌릴 수 있었던 것은 시아버지가 재향군인회 회원이었기 때문이라는 등의 발언에서 은근히 드러난다. 종종 군인아내들은 미국인과 결혼하는 것이 실제로 이점이 많다는 믿음을 공공연하게 표현하기도 한다. 예를 들어 크리스핀 부인은 여동생에게 미국인과 결혼하라고 권장했다면서 그 이유를 이렇게 설명했다. 어쨌거나 미국에서 사는 한 미국인과 결혼하는 것이 오히려 이치에 맞는 일이며, 그렇게 하면 가족의 '내부자'로서 혜택을 누릴 수 있다고 했다. 말하자면 미국 사회에서 어떻게 살아야 하는지 그 방법을 아는 내부자가 있으면 훨씬 살기가 유리하다는 것이다. 피터슨 부인도 그와 유사한 믿음을 표현했다. 비록 결혼 생활의 어려움을 토로한 적이 있었지만, 미국에서 살려면 미국인과 결혼하는 것이 훨씬 현실적이라고 말했다.

군인아내들은 '쇼비니스트 돼지'라는 한국 남성의 이미지와는 대조적인 '멋진 왕자님'이라는 미국 남성의 이미지를 이용하기도 한다. 그래서 한국 남성과 결혼한 한국 여성과 비교하여 해방된 여성으로 자신을 위치시키기도 한다. 역시, 이런 주장을 하는 여성들의 목표는 학대당하고 희생당하는 군인아내라는 상투적 이미지에 저항하려는 것이다. 브레넌 부인이 한국 비디오 가게 주인과 만나면서 기지촌의 싸늘한 그림자를 느꼈을 때, 그녀는 상대방 여성에게 자기보다 더 해방되고 더 자유롭다고 느끼느냐고 묻는 것으로 응수했다. 자기 기분을 배려하는 남편이 있는 브레넌 부인이 보기에 한국인 남편치고 부인의 기분을 살필 사람은 없을 것이 너무나 분명하기 때문이다. 비디오 가게 여주인은 브레넌 부인이 더 많은 자유를 누리고 있다는 점을 인정할 수밖에 없었다. 그녀 역시 많은 한국인들이 동의하다시피 한국 남성과 미국 남성의 바로 그런 이미지에 동의하기 때문이었다. 미국 남성의 이런 이미지와 현실이 일치하지 않는다는 점을 자기네들끼리 이야기할 때에는 인정하면서도, 다른 한국인과 부딪히게 될 때면 미국 남자와 결혼하기로 마음먹은 자신들의 결정을 인정받기 위해 그런 이미지들을 편리하게 이용한다.

저항의 커뮤니티

지배적인 한국인의 자아 정체성은 한국인들 사이에서 다양성을 인정하지 못한다. 인류학자 박계영에 따르면 1.5세대 한국계 미국인들은 그들 나름의 뚜렷한 정체성을 가지고 있다. 한국인이면서도 미국인으로서 그들은 가정교육이 통합시키면서도 변형시켜 낸 어떤 정체성을 가지고 있다.[9] 한국인 입양아들과 많은 2세대 한국계 미국인들은 남한이나 이민 세대들에게는 '한국인'으로 표시 나게 알아볼 만한 것이 없는 것처럼 보일 수도 있다. 하지만 이들 역시 한국인 사회에서 그리고 한국계 미국인 사회에서 한 구성원임을 주장한다. 부분적으로는 한국계 혼혈인들은 자신들이 물려받은 한국적인 유산을 점점 더 강조하면서, '순수 혈통'의 한국인이 자신들의 주장을 포함시키기를 인정하도록 주장한다. 이런 다양성은 주변화되고 억압되고 무시되어 왔다. 사실 이런 다양성으로 인해 한민족의 동질성을 주장하는 지배적인 한국의 담론은 잘못된 것이다.

그와 동시에 이런 순수 혈통에서 '벗어난' 한국계 미국인들이 삭제, 억압, 전유하려는 노력과 부딪히면서 인종적·문화적 차이를 주장하고 표현하려는 주장은 미국 다문화주의의 동질화 담론에 도전하려는 것으로 볼 수 있다. 성인이 된 한국계 입양아는 이렇게 말했다. "우리의 문화적 탐구는 목적이 있다는 말을 듣는데, 그것이 다문화주의이죠. 백인 가족에서 성장했던 우리는 그 본보기였고, 행운일 수 있어요. 우리는 인종적인 조화가 가능하다는 것을 보여 줄 수 있습니다. 부담으로 무거워진 우리의 등을 아무렇지 않게 보여 줄 수는 없어요."[10]

군인아내들의 상상의 공동체는 또한 한국적인 자아규정과 미국적인 자아규정 모두에 도전하는 것이다. 군인아내 공동체는 한국 여성으로서 미국과 밀접한 유대가 있는 '국제결혼한 여성으로서', 좀더 세분화하자면 미군과 결혼한 한국인 여성이라는 공유된 정체성으로 인해 공인된 자매애에 주로 기초해 있다. 비록 주류 한국인과 한국계 미국인들은 이들을 미국 사회와의 연계로 인해 '덜 한국인'으로 간주하기는 하지만 군인아내 본인들을 그렇게 생각하지 않는다. 이들 여성은 자신들이 인종 간 결혼을 해서 미국으로 이민을 왔다는 그 사실 때문에 더 이상 '진짜' 한국인이 아니라는 개념을 거부하면서 그 나름의 한국적인 정체성의 형태를 창조해 왔다. 이런 정체성―젠더에 특유한 정체성이자 그들의 상황에 특수한 정체성―은 단일한 한국적 정체성이 과연 얼마나 타당한가에 대한 도전이며, 한국인 커뮤니티 내부에서 차이의 공간을 열어나가고 있다.

이와 동시에 실체적인 차이에 대한 그들의 주장—언어, 사고방식, 역사와 관련하여—은 미국의 다문화주의에서 '민족적(ethnic)'인 것을 안정적인 가치로 만들려는 것에 도전한다. 왜냐하면 그들은 사실상 민족화되는 것을 거부하고 있기 때문이다. 이민자들이 미국인으로 통하려면 우선은 소수 민족이 되는 것이 필수적이라고 보는 사회에서(이민을 갔다고 즉각적으로 미국인이 되는 것이 아니라 미국인으로 받아들여지기까지 오랜 세월이 걸린다는 의미—옮긴이), 이런 거부는 미국적 민족주의에 대한 직접적인 도전이다. 그들의 커뮤니티는 미국적인 가족 안에 그들을 동화시키고 싶어 하는 주류 미국인들을 웅변적으로 반박하는 것을 상징한다. 그것은 진행 중인 미국적 예외주의의 창조에 그들의 민족적 문화가 단지 액세서리 역할을 하는 것으로 간주하려는 다문화주의에 대한 반박이다. 그것은 또한 심지어 남편이 한국적 정체성을 포기하라고 요구하더라도 그런 요구를 거절하는 것이다. 하지만 그들 나름의 한국적 정체성을 유지하고 구축하면서도 그들은 또한 미국에서 미국인으로서 그렇게 할 권리가 있다고 주장하고 있다.

군인아내들은 저항을 넘어 운동하려고 투쟁 중이다. 미국인의 편견과 한국인의 편견 모두에 저항하면서 그것을 넘어서려고 한다. 의식적이든 무의식적이든 간에, 그들은 한국적인 정체성과 미국적인 정체성 모두를 변형시키려고 압력을 가하고 있으며 편협하고 배타적인 것에서 벗어나 광범위하고 포괄적인 방향을 향해 나가고 있다. 미국인과 한국인 모두에게 그들은 같은 질문을 던진다. 벨 훅스가 또 다른 맥락에서 물었던 질문인, "일체성(Oneness)의 개념을 경험하기 위해 타자성(Otherness)을 왜

파괴하려 하는가"라고 묻고 있다.[11]

자신들 스스로를 공동체로 상상하면서 군인아내들은 그들 나름의 공간을 창조했다. 이런 공동체의 창조는 다층적인 공동체와 다양한 방식으로 연결되어 있으면서도 그들은 이런 공동체 안에서 분열되어 있는 것이 아니다. 이들의 연례행사—휴가, 휴일 파티, 자선 모금 행사—를 상기해 보라. 이런 연례행사들은 군인아내들을 미국인과 한국인 모두를 포함하면서, 점점 외연을 넓히고 있는 서클의 중심에 위치하도록 만들어 주고 있다.

군인아내들은 국가와 공동체의 간극을 서로 꿰맬 수 있는 가능성을 보여 주었다. 그들은 사람들이 함께 뭉쳐서 공동체를 형성하는 방식을 변화시키려고 노력한다. 그것 하나만으로도 군인아내들의 현실의 공동체와 상상의 공동체는 단일 국가에 속한다는 사람들의 규정과 내적인 동질성에 대한 민족주의의 주장 모두에 도전하는 것이다.

인터뷰한 여성들의 간략한 전기(傳記)

✤

브레넌 부인

1996년 11월 그녀의 집에서 인터뷰를 했다.

1941년에 태어났다. 1973년에 결혼했으며, 미국에 도착한 해는 1975년이다. 다섯 명의 형제들 가운데 장녀였으며 농사짓는 가정의 유일한 딸이었다. 그녀는 두 명의 남동생이 미국으로 올 수 있도록 보증했다. 동생 한 명은 식료품 가게를 하고 있으며, 또 한 명은 패스트푸드 레스토랑을 운영하고 있다. 형제들 중 나머지 두 명의 남동생은 한국에서 농사를 짓고 있다. 그녀의 남편은 농촌 출신이었으며 형제가 열 명이나 되었다. 그녀와 남편 모두 군인아내 교회에 다니고 있다. 그들은 딸 하나를 낳았다. 딸은 결혼하여 자녀 둘을 두었고, 그중 아들은 군대에 있다. 나는 공식적인 인터뷰를 하기 2년 전부터 그녀와 알고 지냈으며 이야기를 나누었다.

3, 4, 5, 6장을 보라.

크리스핀 부인

1995년 9월 교외에 있는 그녀의 집에서 인터뷰를 했다. 그곳에서 그녀는 20년 이상 살고 있었다.

그녀는 1945년 무렵에 태어났다. 사병이었던 남편과 결혼한 뒤 1965년 미국에 도착했다. 그들은 한국인 여성과 미군 사이에서 태어난 사내아이를 한국 방문 당시 입양했다. 거의 30년 동안 결혼 생활을 유지했으며 남편은 꾸준히 계급이 올라서 장교가 되었다. 하지만 그들은 1991년 이혼했다. 그녀는 남편의 군대 연금 절반을 이혼 수당으로 받아서 생활하고 있다. 그녀는 그것을 그와 함께 군대 생활을 한 것에 대한 보상이라고 불렀다.

그녀는 가능한 빠른 시일 안에 그녀의 가족 모두가 이민을 올 수 있도록 보증했다. 어머니와 큰오빠, 그리고 두 명의 여동생들은 1970년대 초반에 도착했다. 그녀는 군인아내 조직을 출범하는 일에 관여했으며, 그 지역에 있는 단체 세 곳 모두에서 일하고 있다.

2, 3, 4, 6장을 보라.

데니슨 부인

1995년 4월에 또 다른 군인아내가 경영하고 있는 미용제품 가게에서 인터뷰를 했다.

1930년대 중반에 태어났으며, 1957년에 결혼하여 1958년 미국에 도착했다. 그들은 아들 하나와 딸 셋을 두었는데, 모두 장성했다. 1960년대 초반에 그녀는 남편과 별거했는데, 남편의 폭력 때문이었다. 하지만 그들은 공식적으로 이혼을 하지 않았기 때문에 그녀와 아이들은 의료급여를 비롯한 여러 혜택을 받을 수 있었다. 그녀는 아이들을 먹여 살리기 위해 수많은 저임금 직종을 전전했다. 이 부부는 자녀들이 다 자란 후인 1976년에 이혼했으며, 얼마 후 그녀는 재혼했다. 1996년 3월, 딸이 그녀의 환갑을 기념하기 위해 하기 위해 환갑잔치를 마련해 주었다. 환갑잔치에는 그녀가 회원으로 있는 군인아내 교회의 모든 교인들이 참석했다.

3, 5, 6장을 보라.

에드슨/소머 부인

1995년 그녀의 집에서 인터뷰를 했다.

1950년대 후반에 태어났다. 미군과 계약 결혼을 한 후 1980년 미국에 도착했다. 그녀가 영주권을 받을 때까지 그들은 텍사스에서 2년을 동거한 다음 이혼했다. 그로부터 얼마간의 세월이 지난 뒤 그녀는 두 번째 남편을 만났다. 그 역시 미군이었는데, 영내에서 웨이트리스로 일하면서 알게 되었다. 인터뷰를 할 당시 두 사람은 결혼한 지 십 년이 되었으며, 학교에 갈 나이가 된 딸 둘이 있었다. 그녀는 한국의 빈곤 가정 출신이었으며, 속아서 매춘을 하게 되었다. 인터뷰 당시 그녀는 한국 남성을 접대하는 술집 매니저로 일하고 있었다. 젊은 한국 여성들을 고용하고 있는 그 술집에서 여성들은 남성 고객들이 마시는 술값에 따라 커미션을 받았다. 여성들의 결정에 따라 남성 고객과의 관계는 매춘으로 확대될 수도 있었다. 상당한 규모의 한국 이민 인구가 있는 대부분의 도시에는 그런 시설들이 있다.

2, 5장을 보라.

페리슨 부인

1995년 5월 노동자들이 사는 동네의 이동 주택에서 인터뷰를 했다.

1957년에 태어났으며, 1978년 육군 사병이었던 남편과 함께 미국에 도착했다. 그녀는 군인아내 교회의 집사이다. 고등학교에 다니는 두 딸과 걸음마를 하는 막내딸이 있다. 남편은 종종 실직 상태이고, 이 직업 저 직업을 전전하고 있다. 공장에서 상근직 일을 하는 그녀는 간호사가 되기 위해 학교에 다니고 있다. 그녀의 꿈은 아이들이 다 자라고 나면 의료 선교사가 되는 것이다. 열심히 일하며 쾌활한 삶의 태도와 열렬한 신앙심을 가진 그녀는 교회에서 큰 존경을 받고 있다.

2, 3, 4, 5장을 보라.

골딘 부인

1993년 12월과 1995년 7월, 그녀의 집에서 인터뷰를 했다.

1946년에 태어났으며 1972년 미국에 도착했다. 골딘 부인은 나와 공식 인터뷰를 한 최초의 군인아내였는데, 우리는 상당히 친해졌다. 그녀의 집에서 밤을 새면서 인터뷰를 하기도 했다. 그녀는 자신의 기지촌 생활을 조금씩 조금씩 점차적으로 털어놓았다. 그녀의 남편은 아프리카계 미국인이다. 두 사람은 결혼 직후 오키나와에서 살았다. 그곳에서 그들은 아들을 낳았으며 1972년 텍사스로 이사를 했다. 그녀는 텍사스에 있을 동안 남편의 구타를 더 이상 견딜 수가 없어서 아들을 데리고 달아났다. 내가 만났던 군인아내들 가운데 폭력적인 남편에 관해 이야기를 한 여성들이 있는데, 그중에서도 그녀는 참고 견뎠던 남편의 학대를 가장 솔직하게 이야기했다. 온갖 일을 전전하다가 그녀는 사업을 시작했다. 그야말로 온갖 사업에 손을 댔는데, 주로 작은 가게들을 운영했다. 하지만 재정적으로 안정될 기미는 희박하다. 열네 살 때 아버지를 찾겠다고 가출한 아들은 그때 이후로 간헐적으로 연락을 한다고 했다. 그녀는 자기 인생살이에 관한 이야기를 한국어로 쓴 자필 원고를 가지고 있다. 그녀는 한국에 있는 누군가가 그것을 소설이나 영화로 만들어 주기를 희망하고 있다.

2, 3, 4, 5, 6장을 보라.

그랜트/부겔리 부인

1996년 1월 교외에 있는 그녀의 집에서 인터뷰를 했다.

1932년에 태어난 그녀는 첫 번째 남편과 함께 1957년 미국에 도착했다. 남편의 간통으로 이혼한 후 혼자 살면서 15년 동안 여러 공장에서 일을 했다. 그러다가 두 번째 남편을 만나서 결혼했다. 남편에게는 이미 두 명의 아들이 있었고, 그녀에게서 난 아이들은 없었다. 인터뷰 당시 두 사람은 결혼한 지 25년이 되었다. 우리는 식당 테이블에 앉아서 인터뷰를 했는데, 식탁 위에는 잡다한 편지, 자질구레한 장식품들, 잡지가 한쪽 끝에 쌓여 있었다.

2, 3, 4, 6장을 보라.

킹스턴 부인

1995년 7월 그녀의 자수품 가게에서 인터뷰를 했다. 가게는 시내 중심가의 번잡한 거리에 있는 해산물 가게 틈새에 끼어 있었다.

1940년대에 태어났으며, 딸이 태어나고 난 뒤인 1965년 미국에 도착했다. 유복한 가정의 막내딸이었던 그녀는 영어를 배우러 다니다가 자기 반 영어 선생이었던 남편을 만났다. 결혼 후 남편이 바람을 피워서 이혼했고, 혼자서 딸을 키웠다. 그녀는 군인아내 조직의 설립자이자 회장이었다. 다른 군인아내들과는 달리 그녀는 그다지 고생을 하지 않았다고 했다. 그녀의 시아버지가 잘 살았고 친절했기 때문이었다. 인터뷰 당시 그녀는 예순을 바라보는 나이에 자기 가게 이층에서 혼자 살고 있었다. 동네 스포츠 팀, 학교, 클럽, 작은 단체들에서 필요로 하는 자수 로고가 새겨진 셔츠, 모자, 재킷, 그 밖의 소품들을 제작하면서 생계를 꾸리고 있었다.

6장을 보라.

린버그/뮬런 부인

1996년 11월 작은 반(半)농촌 지역에 있는 그녀의 집에서 인터뷰를 했다.

1929년에 태어난 그녀는 1951년 일본에서 여객선을 타고 남편과 함께 미국에 도착했다. 남편이 미국 여성과 바람을 피워 9년 후 이혼했다. 그리고 얼마 가지 않아 재혼했다. 인터뷰 당시 두 사람은 결혼한 지 31년이 되었다. 그녀는 은퇴했지만 그녀보다 몇 살 연하인 남편은 계속 일을 하고 있었다. 그녀에게는 자녀가 없다.

2, 3, 4, 5, 6장을 보라.

모건 부인

1995년 5월 공군 기지 근처에 있는 그녀의 작은 연립주택에서 인터뷰를 했다. 1960년대 중반에 태어난 그녀는 1983년 미국에 도착했다. 1989년에 이혼한 첫 번째 남편과의 사이에서 태어난 아들이 있다. 두 번째 남편과는 아들 둘을 두었다. 그녀는 7남매 중에서 막내였으며, 그녀가 결혼하기 몇 해 전에 아버지가 돌아가셨다. 그녀는 대학을 다녔으며 결혼하지 않은 마지막 딸로서 어머니와 함께 살고 있었다. 그녀는 군인아내 교회의 회원이었다. 공식적인 인터뷰를 하기 전부터 우리는 종종 만나서 이야기를 했다. 이 인터뷰는 그녀와 가족들이 텍사스로 이사 가기 한 주 전에 이뤄졌다. 우리는 하루 온종일 함께 보냈다. 아이 둘은 아직 어려서 집에 있었고, 큰아들은 인터뷰가 끝날 그 무렵 초등학교에서 돌아왔다.

3, 4, 5, 6장을 보라.

멀리건/본 부인

1995년 반(半)농촌 지역에 있는 그녀의 집에서 인터뷰를 했다.

1930년 무렵에 태어났으며, 미군이었던 두 번째 남편과 함께 1960년에 미국에 도착했다. 두 사람 사이에 난 어린 아들과 한국인이었던 첫 남편 사이에 난 십대 딸과 함께 미국으로 왔다. 몇 년 지나 그녀는 두 번째 남편과 이혼했다. 그녀의 딸을 학대했기 때문이었다. 아들에게 적합한 아버지가 되어 줄 사람을 찾다가 그녀는 세 번째 남편을 만났다. 그들은 지금 살고 있는 집을 직접 지었다. 그것은 두 가족 이상을 수용하도록 고안된 집이었다. 널찍한 지하실에는 침실과 부엌이 딸려 있는 거실 공간이 있었고, 1층에는 식당, 2층에는 더 많은 침실이 있었다. 그들이 이 집을 지은 것은 그녀가 이민을 보증하고 있는 아메라시언 가족들을 좀더 잘 보살펴 주기 위해서였다. 그녀의 집은 최근에 도착한 가족들로 항상 북적거렸다. 그 가족들은 주로 아메라시언 남자와 그의 아내, 그리고 어린아이들로 구성되어 있었다. 그녀가 아메라시언 아이들과 그 아이들의 어머니를 보증한 적은 아직 없다. 그녀는 1970년대 후반에 지역 군인아내 조직을 세웠다. 1995년 그녀는 자기 집 지하실에서 군인아내 교회를 출범시키느라 바빴다. 한국인 목사와 미국인 목사가 한국어와 영어로 합동 예배를 주관했다. 대략 열 가족이 참석했다.

2, 3, 4, 5, 6장을 보라.

오렐라나 부인

1995년과 1996년에 공군 기지의 일부로 되어 있는 주택 단지 안 아파트에서 인터뷰를 했다.

1966년에 태어났으며, 1991년 남편과 아직 꼬마인 아들과 함께 미국에 도착했다. 그들은 그녀가 다니던 대학교 영어 클럽에서 만났다. 남편은 이탈리아계 미국인 부부의 외동아들이었다. 전업주부인 그녀는 가업인 보석 사업에 뛰어들기 위해 보석감정사가 되려는 생각을 하고 있었다. 그녀는 군인아내 교회의 회원이었지만, 가톨릭 신자인 남편을 설득해서 프로테스탄트 교회에 합류하기 위해 그곳을 떠났다. 그녀는 내가 만난 군인아내들 가운데 유일하게 대학을 졸업한 사람이었다.

2, 4, 6장을 보라.

피터슨 부인

1995년 1월 그녀가 일하고 있는 한국인 식료품 가게와 식당 맞은 편 도로에 있는 그녀의 아파트에서 인터뷰를 했다.

1962년에 태어났다. 아프리카계 미국인 군인과 결혼해서 1986년 미국에 도착했다. 두 사람 사이에 일곱 살짜리 아들이 있다. 인터뷰 당시 그녀는 남편과 이혼 절차를 밟고 있었다. 남편이 백인 미국인 여성과 바람을 피웠기 때문이었다. 우리의 대화는 남편의 불륜으로 초래된 힘든 상황에 관한 이야기들이 주를 이뤘다. 남편과 그 여성은 자신들의 관계를 공공연하게 자랑하고 다

넀다. 두 사람의 관계는 남편이 독일에 주둔하고 있을 때 시작되었다. 내가 그녀를 처음 만났을 때 그녀는 남편과 1년 동안 별거 중이었는데, 낮에는 한국인 식료품 가게에서, 저녁에는 한국인 식당에서 일을 하고 있었다. 학교가 파하고 돌아온 그녀의 아들은 그녀가 일하는 가게 주변을 맴돌고는 했다. 가게에서 식당으로 교대하기까지 자투리 시간에 그녀는 아들에게 저녁을 먹였다. 이후에 그녀는 식당에서 잠시 짬을 내어 아들을 재웠다. 종종 우리는 그녀가 가게에서 일을 하는 동안 이야기를 나누었다. 공식적인 인터뷰는 그녀가 식당일을 끝낸 늦은 밤 시간에 이뤄졌다. 때때로 그녀의 아들은 잠에서 깨어나 잠이 묻은 눈으로 우리더러 왜 자지 않느냐고 묻고는 했다.

2, 3, 4장을 보라.

풀라스키 부인

1995년 5월 그녀의 집 근처에 있는 작은 공원에서 인터뷰를 했다.

1950년대 초반에 태어났다. 그녀는 1984년 미국에 도착했으며, 1986년에 다시 왔다. 나는 종종 그녀의 열 살짜리 아들과 다섯 살짜리 딸을 교회에서 집까지 태워다 주었다. 우리는 많은 대화를 나눴다. 최근 들어 세 번째 남편과 이혼한 그녀는 복지 수당으로 생활하면서 간호조무사가 되기 위해 학교에 다닐 계획을 하고 있다. 그녀는 고등학교를 졸업하자마자 한국 남자와 첫 번째 결혼을 했다. 그렇게 결혼을 빨리 한 까닭은 그 당시 부모님이 돌아가신 터라 의지할 데가 필요했기 때문이었다. 그들은 딸이 있었다(그 딸은 다 커서 결혼을 했다). 그녀는 딸이 네 살 때 도망을 쳤는데, 남편을 도무지 견딜 수가 없었기 때문이었다. 그녀는 계속해서 비천한 일을 전전했는데, 군산과 부산에 있는 기지촌에서 일을 하기도 했다. 그녀는 기지촌에서 두 번째 남편을 만났다. 두 사람은 1984년 잠시 미국으로 왔다가, 남편의 다음 주둔지인 오키나와로 갔다. 그곳에서 두 사람은 이혼을 했고, 그녀는 또 다른 미군과 재혼했다. 그녀의 세 번째 남편은 한국인 어머니와 미군 아버지 사이에서 태어난 사람이었다. 두 사람은 1986년 미국으로 들어갔다. 이번 인터뷰는 사실상 두 번째였다. 첫 번째 인터뷰를 녹음한 테이프를 넣어 두었던 배낭을 도둑맞으면서 테이프도 함께 분실했다. 내가 만났던 다른 군인아내들의 상황도 힘들었지만, 그녀는 그중에서도 가장 불안정한 생활을 하고 있었다. 그녀와 자녀 두 명은 아버지로부터 아무런 도움을 받지 못하고 있었다. 그들 모두 군인아내 교회 근처의 번잡한 거리에 있는 작은 원룸 아파트에서 살고 있었다.

5, 6장을 보라.

라모스 부인

1995년 5월 그녀의 아파트에서 인터뷰를 했다.

1960년대 중반에 태어났으며, 미군에 입대한 푸에르토리코인과 결혼해서 1987년 미국으로 왔다. 남편은 결혼한 지 몇 달 지나지 않아 캔자스에 있는 기지에서 훈련 도중 사망했다. 그녀는 장례식을 치르기 위해 푸에르토리코로 갔다. 그녀는 군대로부터 지급받은 보상금 가운데 절반을 남편의 가족에게 주었다. 왜냐하면 남편의 가족은 한국에 있는 그녀의 가족보다도 더욱 가난했기 때문이었다. 그녀의 언니도 미군과 결혼했으며, 그녀는 군인아내 교회에 다니고 있었다. 그녀의 남편은 형부의 친구였다. 나는 그녀의 언니와 아이들을 이미 잘 알고 있었다. 하지만 두 사람이 자매라는 사실은 나중에 알았다. 그녀에게는 다섯 살짜리 아들이 있었는데, 남편이 죽고 난 뒤에 만난 남자 사이에 난 아이였다. 두 사람은 약혼을 했지만 파혼했다. 그녀는 한국인들을 접대하는 술집에서 호스티스로 일하고 있다. 그녀는 영어도 못하고 배운 기술도 없기 때문에 일자리를 얻을 수 있는 기회가 드물다고 말했다.

5장을 보라.

와인버그 부인

1996년 1월 교외에 있는 그녀의 집에서 인터뷰를 했다.

1940년대 중반에 태어났다. 그녀는 장교인 남편과 1968년 결혼해서 그 다음 해 미국에 도착했다. 그녀의 남편은 유대인이다. 그래서 그녀는 유대교로 개종했으며 두 아들도 유대인이 될 수 있었다. (유대인의 정체성은 모계를 따르기 때문에 자녀들이 유대인으로 인정받으려면 어머니가 유대인이 되어야만 한다.) 인터뷰를 했던 여성들 중에서 그녀만이 결혼 후 한번도 바깥일을 하지 않은 유일한 여성이었다.

2, 3, 4, 5장을 보라.

이 연구는 주로 구술사 인터뷰와 1993년 가을에서부터 1996년이 끝날 때까지 델라웨어 밸리 지역과 그 주변 지역—필라델피아 대도시권, 동부 펜실베이니아, 뉴저지, 뉴욕시가 포함되어 있다—에서 실시한 현지 조사에 기초한 것이다. 또한 1997년 두 차례 남한을 여행하면서 서울에 있는 기지촌인 이태원을 비롯하여 의정부와 동두천을 방문했다.

글로 쓰여진 출전에는 신문 기사, 커뮤니티나 단체에서 작성한 보고서, 미군 문서, 군인아내들 여러 명의 개인적인 기록들이 포함되어 있다. 남아 있는 문서 자료들이 희귀했으므로, 주로 현지 조사로부터 얻은 것들을 이용했다. 이와 같은 현지 조사에는 1951년에서부터 1991년까지 40년의 세월 동안 미국에 도착했던 군인아내 16명의 인터뷰를 비롯하여 거의 150명에 이르는 군인아내와 그 가족들을 참여 관찰한 것이 포함되어 있다. 지역의 한국인 교민 사회가 그들이 알고 있는 군인아내를 나에게 소개시켜 주었고, 나는 개인적인 접촉을 통해 이들과 만났다.

이 연구는 한 지역에서 수행된 것이었지만, 지리적으로 한정된 커뮤니티 연구는 아니다. 연구의 초점은 한국인 군인아내들의 역사와 그들의 생활 경험인데, 이들 여성이 이야기했던 역사와 생활 경험의 대부분은 미국과 한국을 비롯한 전 세계의 미군 기지가 있는 지역에서 일어난 것이었다. 델라웨어 밸리 지역이 특별한 중요성을 갖는 것은 5장과 6장에서만이다. 왜냐하면 5장과 6장에서는 이들 여성이 그 지역의 주류 한국인 사회와 맺는 관계와 그들만의 지역적인 협회를 발전시켜 나간 것을 중심으로 대부분의 논의가 진행되고 있기 때문이다. 그럼에도 5장과 6장 또한 미국의 다른 지역에서의 한국인 군인아내들의 역사에 의존한 것이기도 하다.

내가 알기로는 오직 두 명의 여성이 이 연구에 분명한 반대 의사를 표명했다. 한 여성의 반대로 인해 월례 정기 모임에서 협회의 회원들이 어떻게 상호 작용하는지 제대로 알 수 없었다. 대다수 군인아내 협회와 마찬가지로, 이 정기 모임은 합의에 의해 움직이기 때문이었다. 그녀는 협회 회원들만 참석하는 회의에 연구자가 들어온다면 회의가 즐겁고 긴장이 풀어지기보다는 잔뜩 긴장하게 될 것이라는 이유를 들었다. 나는 그 이유가 타당하다는 생각이 들어서 이 연구를 위해 한 번 더 배려해 달라는 간청을 하지 않았다. 하지만 협회의 다른 구성원들은 자기들의 생활과 협회의 역사에 관해 상당히 자유롭게 나와 이야기를 나눴다. 나는 회원이 아닌 사람들에게도 개방되는 회합에는 참석했다.

또 한 여성이 반대한 까닭은 군인아내들의 생활이 공중의 시선에 노출되는 것을 꺼려했기 때문이다. 어느 일요일 예배가 끝나고 난 뒤 그녀는 자기 집에서 저녁을 함께하자면서 나를 초대했다. 나는 그녀가 이 연구에 호기심이 있거나 아니면 참여하는 데 관심이 있나보다라고 생각했다. 한편 그녀는 내가 친구를 사귀고 싶어 하는, 이제 막 도착한 군인아내라고 생각했다. 목사님이 내가 하고자 하는 연구와 나에 대해서 몇 주 전에 공지를 했음에도, 만나는 사람들마다 부지런하게 내 소개를 해야만 했다. 그녀는 내가 누군지 전혀 알지 못했다. 그녀는 대부분의 시간을 교회 부엌이나 탁아소에서 일을 하고 있었기 때문이다. (그녀에게는 서로 사귀기 위해 낯선 사람과 이야기를 하기보다 자기들 사이에서 해야 할 좀더 중요하고 관심 있는 일이 있었던 것 같다.) "아시다시피 저는 미군과 결혼한 한국인 여성의 삶을 연구하고 있습니다"라고 말문을 열었을 때, 그녀는 충격을 받았고 배신감을 솔직하게 표현했다. 그녀는 내 연구의 가치를 의심스러워하면서 한국인들은 군인아내들을 부정적으로 보는 데 능사라는 점을 지적했다. 그래서 우리는 합의를 했다. 나는 그녀에게 도움을 요구하지 않는 대신 내가 하는 연구 작업을 그녀 또한 방해하지 않기로 했으며, 그냥 우리는 동료 교인으로 지내기로 했다. 우리가 이런 합의에 이르게 된 것은, 내 연구의 목표와 관점에 관해 오랫동안 대화를 나눈 끝에 그녀는 이 연구가 착취적이거나 선정적인 것이 아니라는 결론을 내렸기 때문이다. 그 후로 우리는 친한 사이로 관계가 발전되었고, 한국 문화에서 나이 든 사람을 우대하는 것처럼 나는 그녀를 언니로 대했다.

자기 아내들이 나와 접촉하는 것을 반대하는 것은 남편들에게서 좀더 흔히 볼 수 있었다. 페리먼 부인의 남편은—더욱 공공연하게 반대하기는 했지만—어쨌거나 많은 다른 남편들이 보여 주는 반대의 전형적인 경우였다. 그는 우리가 인터뷰를 할 때 자기 아내에게 진실을 말하라고 훈계하면서 방해를 했다. 내가 그에게 인터뷰를 요청하자, 그는 내가 결혼을 하지 않았으므로 결혼 생활을 이해할 리 없다는 이유로 거절했다. 또 다른 부인의 남편은 우리가 인터뷰를 하고 있을 때 집에 도착했는데, 일부러 헛기침을 하면서 "한마디도 알아들을 수가 없군. 영어로 이야기해야 하는 것 아냐"라고 불평을 털어놓았다. 그는 우리가 인터뷰를 하는 도중에 이층으로 올라가 버렸다.

한국과 미국이라는 두 나라 모두의 역사적
맥락 안에서 한국인 군인아내들의 생활 경험을 구성하며, 헤게모니와 권
력, 그리고 저항의 문제를 검토하면서 이 연구는 군인아내에 관한 기존의
연구와는 대단히 다른 접근을 하고 있다. 기존 연구 중에서 절대다수는
결혼 생활의 적응, 갈등, 가정 학대의 사례, 더 나은 복지를 제공하기 위
한 전략에 주로 관심을 갖는 사회복지 제공자들에 의해 수행된 것이었다.
군대와 관계하고 있는 다수의 군목들과 다른 사회복지 제공자들이 한국
여성과 미군과의 결혼에 관한 연구를 했는데, 이것은 군대가 이런 부부들
을 돕기 위해 제공해야 할 서비스에 초점을 맞춘 연구였다.[1] 또한 한국 교
민 교회의 목사들은 한국인 군인아내들에 대한 목회 활동 방식을 연구해
왔다.[2] 일부 연구는 협소하게 규정된 문제를 연구하기 위해 통계 분석을
이용한다. 한 가지 전형적인 연구가 1989년 노정자의 박사학위 논문인
데, 이 논문은 인종 간 결혼을 한 한국 여성들의 결혼 생활 만족도에 영향

을 미치는 요소들을 검토한 것이었다.[3]

몇 가지 다른 접근을 한 연구들이 있었지만, 그런 연구들마저 이들 여성의 경험은 주로 특정한 학과에 적합한 문제들을 이론적으로 논의하기 위한 연구 자료로 이용되었다. 인류학적인 연구는 두 명의 한국 군인아내들이 자신의 생애를 이야기하는 서사(narrative) 전략을 조명한다.[4] 커뮤니케이션 연구는 텍사스에 사는 네 부류의 한국인들—즉 1세대 한국 이민자들, 유학생들, 2세대 한국계 미국인들, 군인아내들—이 미국 텔레비전과 한국 비디오를 시청하는 습관을 분석한다.[5]

사회복지 제공자 연구에서 가장 잘 알려진 것은 김복림과 다니엘 부독리(Daniel Booduk Lee)가 수행한 것인데, 두 연구자 모두 도움이 필요한 한국인 군인아내들과 20년 이상을 함께 보냈다.[6] 두 학자 모두 많은 한국인 군인아내들이 행복하며 성공한 삶과 결혼 생활을 하고 있다는 점을 지적한다. 하지만 한편으로 그들은 군인아내들이 처한 문화적 적응의 어려움, 남편의 학대, 사회적인 고립과 그 결과로 인한 심리적 손상 등을 강조한다. 이런 상세한 묘사는 극도의 고통을 겪고 있거나 심지어 병리적이며 외부의 개입이 절박하게 필요한 사람들에 관한 것이다. 그들이 연구했던 여성들은 사회복지 제공자들의 주목을 받았던 사람들이기 때문에, 이것이 한국인 군인아내 전체를 정확히 반영한 것이라고 볼 수는 없다.

1991년 학부생이 쓴 논문이 한국 군인아내에 관한 다른 문헌들과는 다른 신선한 출발점을 제공했다. 김해윤(Haeyun Juliana Kim)은 2세대 한국계 미국인인 본인 스스로 알게 된 '그늘에 가려진 여성들(women in shadow)', 다시 말해 그녀가 교회에서 본 여성들과 흡사한 여성들에 관한 이야기를 논문으로 구성한다. 그녀는 매사추세츠 포트 데븐스(Fort

Devens)에 사는 군인아내들과 식사를 함께하면서 그들이 "한국에 있는 나의 이모들일 수도 있었다"[7]는 점을 깨닫게 된다. 이들과 정기적으로 만나고 난 뒤에 그녀는 군인아내 일곱 명의 이야기를 제시한다.

김해윤은 또한 사회적 일탈의 문제와 결혼 생활의 적응과 같은 관점에서부터 역사와 커뮤니티의 건설로 연구를 이동해야 한다는 점을 보여 주는 데 중요한 주장을 한다. 그녀는 한국인 군인아내들은 한국계 미국인 여성이라고 주장한다. 이러한 주장은 이들을 한국계 미국인 커뮤니티와 그 역사의 일부로 그들을 위치시키는 것이다. 하지만 이런 관점은 '그늘로부터 나온 목소리'로서 그들을 특성화함으로써 절충적인 관점이 되어 버린다. 여성들을 한국계 미국인으로 위치시키고 있지만, 그녀 또한 이들을 한국계 미국인 사회의 주변부에 계속 위치시키고 있다. 이런 점에도 불구하고 그녀의 관점은 다층적으로 연결된 과거를 재구성하고 복원함으로써 아시아계 미국인 연구 전통 안에 자신의 작업을 위치시킴과 동시에 주변화되거나 그리고/혹은 분리된 특정 계층의 사람들을 통합적인 커뮤니티로 끌어들이고 있다. 이전에 논의된 연구가 전통적인 학과—즉 사회학, 인류학, 사회복지학—에 근거하여 이런 분야에 특수하고 세부적인 문제들을 주로 언급한 반면, 그녀의 연구는 주변화된 여성들의 삶을 연대기로 기술하려고 한다. 말하자면 수정주의적인 태도이자 민족학이나 여성학과 같은 분야에서 구현되고 있는 선구자적인 연구를 시도한 것이다.[8]

김복림의 작업을 예외로 한다면, 기존의 연구 중 어느 것도 한국인 군인아내들을 내가 국제적인 군인아내라 칭한—즉 미군과 결혼한 전 세계의 여성이라는—한층 더 광범한 현상 안에 위치시키려 한 연구는 없었다. 이런 현상은 2차 세계대전 동안 본격적으로 시작되었다. 미군이 영국, 프

372

랑스, 이탈리아, 독일 등지에 주둔하게 되면서 이들 나라의 여성과 관계하거나 결혼함으로써 나타난 것이었다.[9] 이런 국제결혼은 주로 종전 직후의 일정 기간에 한정된 것이었다. 1960년대 무렵 국제결혼의 숫자는 유럽에 주둔한 미군 병력의 감소와 더불어 급격하게 줄어들었다. 전후 일본 점령과 더불어 미군은 일본인 여성과 결혼하기 시작했다. 김복림이 잘 보여 주었다시피, 특정한 국가의 여성과 미군과의 결혼은 그 나라에 미군이 개입한 궤적과 함께했다. 따라서 미국이 일본, 한국, 필리핀, 베트남에 군대를 파병함에 따라, 미군들은 일본인 아내, 한국인 아내, 필리핀 아내, 베트남 아내들을 본국으로 데려갔다.[10] 대부분의 연구들은 이들 여성의 일부가 미군에게 매춘 여성으로 서비스했던 기지촌 출신이라는 점을 지적했다. 하지만 군대 매춘이 지역 여성과 미군 사이의 결혼이나 군인아내들의 삶에 어떤 영향을 미쳤는지를 분석하려고 시도한 연구는 전혀 없었다.

게다가 어떤 연구도 이주(migration)라는 그들의 상황 속에서 국제결혼한 군인아내들의 경험을 적절히 자리매김하려 하지 않았다. 비록 한국 군인아내에 관한 다니엘 리(Daniel B. Lee)의 작업이 한국 이민사에서 그들이 차지하는 자리를 분석하려 했지만, 그는 한국인 교민 사회에 이바지한 그들의 공로와 사회적·문화적 차원에서 한미 관계를 매개한 민간 외교관으로서의 역할로 이 여성들을 파악함으로써 주류 한국인 이민들의 관점을 강화한다.[11]

군인아내에 관한 문헌이 너무 협소하다면, 아시아계 미국인에 관한 문헌은 군인아내들의 존재를 언급하는 것 이상으로 나가지 못한다. 아시아계 미국인들의 경험에 관한 이정표가 되었던 텍스트인 로널드 다카키(Ronald Takaki)의 『다른 나라에서 온 이방인들(Strangers from a

Different Shore)』과 서쳉 찬(Sucheng Chan)의 『아시아계 미국인: 해석적인 역사(Asian Americans: Interpretive History)』에서 아시아 출신 군인아내들에 관한 논의는 고작 몇 쪽에 불과하다. 두 책 모두 중국계 미군과 결혼했던 중국인 여성들에 관한 논의가 주를 이룬다. 이제는 절판된 김복림의 사회복지사들을 위한 안내 책자를 제외하고는 아시아 군인아내들만을 전적으로 다룬 전공 논문은 없다. 오직 두 권의 책에 아시아계 군인아내들에 관해 길게 언급한 부분이 포함되어 있는데, 두 책 모두 일본인 전쟁신부에 초점을 맞추고 있다.[12]

한국계 미국인에 관한 문헌은 더욱 무시하고 있다. 한국계 미국인에 관한 주요 텍스트들 중 최봉윤의 『미국 속의 한국인(Koreans in America)』과 김일수의 『새로운 도시 이주자들: 뉴욕의 한인들(New Urban Immigrants: Korean in New York)』은 세기가 바뀔 무렵에서부터 1965년 이후 이민 붐에 이르기까지 한국인들의 이민을 연대기로 기술하면서 군인아내들을 잠시 언급한다.[13] 1980년 이후 출판되었던 한국계 미국인에 관한 전공 논문의 대다수는 소규모 자영업자들과 민족 경제, 인종 관계, 정체성 구성과 관련된 경험에 초점을 맞췄다.[14] 군인아내들은 거의 거론된 적이 없다.

한국에서 한국인 군인아내들에 관한 학문적인 관심은 마찬가지로 거의 없다. 관심이라고는 대중 매체가 보여 주는 정도였다. 김실동 같은 학자—그 이후 몇 년 동안 미국에 기반을 둔—는 1970년대와 1980년대의 연구에 근거하여 한국 대중 매체들을 위한 저널리즘적인 설명을 했다. 제주 대학의 유철인—한국인 군인아내들의 서사 전략에 관한 박사학위 논문을 썼다—에게 한국인 군인아내들을 소재로 한 한국 텔레비전 다큐멘터리에 관한 자문을 구했다.[15] 내가 확인한 바로는 어떤 학자도 군인아내들에 관한 학문적인 연구를 한국에서 출판한 적이 없다. 한국에서 특별히 군인아내를 다룬 출판물―논문이나 책의 한 장(章)이거나 한 권의 책이 거나 간에―로서 진지한 학문적 작업으로 접근한 것은 전혀 없다. 한국인 이민과 해외에 거주하는 한국인들에 관한 한국학(Korean scholarship)이 지난 20년 동안 점점 증가하고 있는 추세라는 점으로 볼 때, 군인아내들 에 관한 관심 부족은 정말로 놀라울 따름이다.

옮긴이의 글

I.

중고등학교 시절 한 번쯤 가출을 꿈꾸지 않은 사람들이 있을까? 고등
학교 진학을 핑계로 나는 합법적 가출을 감행했다. 지긋지긋한 집을 떠날
수는 있었지만 사는 게 호락호락한 것은 아니었다. 우여곡절 끝에 하야리
아 미군 부대 근처에서 자취라는 것을 시작했다. 그곳 언니들과 어울려
지내면서 기지 안으로 따라 들어가서 놀기도 했다. 미군 부대 안은 별천
지였다. 그 언니들이 이른바 말하는 별천지의 '공주'들이었다.

1970년대 초반 부산 시내는 동쪽인 부산대학에서부터 서쪽인 동아대
학까지 가는데 구불구불한 버스 노선 하나면 충분했다. 부산대학교에서
출발한 버스는 하야리아 미군 부대를 지나고 태화고무신 공장을 거쳐 부
산역 근처 초량동 텍사스를 지나 동아대학교로 향했다. 대학과 대학 사이
에 끼어 있는 공장과 집결지를 거쳐서 지나가는, 그야말로 희한한 노선이
었다. 아침이면 이 버스는 온갖 인간 군상들로 넘쳐 나는 콩나물시루가

되었다. 그 당시 부산은 고무신 산업으로 유명했다. 태화고무신 공장과 경남여고는 한 정거장 차이였다. 교복을 걸친 여학생들이 학생 요금 10원을 냈다면, 나와 같은 또래였던 '공순이'들은 학생이 아니라는 이유로 성인 요금 20원을 냈다. 그녀들은 태화고무신 공장 정문에서 우르르 내렸다. 누렇게 뜬 얼굴로 졸다 내리던 어린 그녀들의 뒤통수를 바라보면서 세상은 터무니없이 불공평하고 불평등하다는 점을 알게 되었다. 그녀들의 삶은 노동자로 대접받기 이전이었다. 대한뉴스가 아무리 백만 불 수출의 주역이라고 추켜세운다 한들, 어린 그녀들의 피곤한 삶에 그런 수사가 보탬이 되는 것 같지는 않았다. 그들이 이른바 말하는 '공순이'들이었다.

그 시절 한국 사회에서 찢어지게 가난한 여자들에게 열려 있는 미래는 세 가지 '공주'밖에 없는 듯했다. 그것이 양공주, 공순이, 공무원이었다. 정책적으로 이촌향도를 지향했던 그 당시 한 무리의 농촌 처녀들은 도시로 흘러 들어와서 '공순이'라고 불리는 여공이 되었고, 다른 한 무리의 여자 아이들은 달러벌이를 하는 '양공주'가 되었다. 그렇지 않을 경우 말단 '공무원'(지금의 9급 공무원은 하늘의 별따기라고들 하지만, 그 당시 지금의 9급에 해당하는 5급 공무원은 박봉에 시달리는 직업이었다)이 되는 길이 있었다. 1970년대 우리 사회가 가난한 여성들의 몸과 노동을 배치한 방식이 대충 그런 식이었다.

그 시절의 '공주' 언니들은 어디로 갔을까? 그 점이 항상 궁금했다. 그런 궁금증에는 일종의 부채의식이 깔려 있었다. 함께 어울려 지내면서도 '그들' 안에 '내'가 포함될까 봐 나는 언제나 전전긍긍했다. 그런 두려움에도 불구하고 스스럼없이 어울렸던 것은 우리 사회의 천민으로 구성되는 그들과의 동류의식과 더불어 '그들보다' 내가 낫다는 개뿔도 아닌 우월감에서 비롯되었을 것이다.

그런데 우리 사회 자체가 그들을 걸타고 앉아서 이만큼 살게 되었다는 걸 인정한 적이 과연 있었던가? 복거일의 소설 『캠프 세네카의 기지촌』에서 보다시피 기지촌을 중심으로 통역관, 하우스보이, 세탁부, 양키 아줌마, 미장원, 여관, 술집, 업소 주인, 포주, 그리고 가장 아래쪽에 기지촌 매춘 여성이 자리하고 있었다. 이들 위에 보건소, 소방서, 경찰서와 같은 하급 권력 기관이 있었다. 그 위로 지역 국회위원, 검찰청과 같은 상급 권력 기관이 자리했다. 브루스 커밍스의 말마따나 광복과 한국전쟁 이후 한국 사회는 미군 기지를 중심으로 한 기지촌 경제에 매달려서 되살아났다고 할 수 있다. 하지만 그 사실을 인정하는 순간 대한민국이 주권 국가라는 신화는 무너져 내린다. 그러니 국가가 그 점을 어떻게 인정할 수 있겠는가.

한국인들에게 근대적 환상의 양면성은 기지촌 여성을 동화 속의 '양공주'로 묘사하면서도 이들을 처벌한 데서 찾아볼 수 있다. 기지촌 여성들은 자기 신분을 운명으로 돌리면서 '한' 많은 세상을 살았을지 모르지만, 이들이 운명으로 인식한 것은 특수한 돈의 구조와 국가들 사이의 역학 관계에서 비롯된 것이었다. 한국 사회 전체가 기지촌에 의존하고 있으면서도 그 사실을 은폐하려면 기지촌 군사 매춘은 없었던 일이어야 한다. 기지촌 여성은 다른 노동 상품과 달리 그녀를 상품으로 만든 바로 그 사회에 의해서 처벌된다. 발터 벤야민의 말을 빌리자면 양공주라는 "인간 형태는 자신의 기원을 은폐해야 하는 상품화의 과정이 인간의 모습을 취한 것이다."

II.

아메리칸 드림이 시작되는 곳은 공항이라는 말이 있다. 공항에 누가 마중을 나오느냐에 따라 모든 게 달라진다. 야채 장수를 하는 사촌이 마중 나오면 야채 장수가 되고, 세탁소를 하는 큰형이 나오면 세탁 일을, 미용실을 하는 언니가 나오면 미용 기술을 배우게 될 것이다. 그렇다면 꽃다발을 든 미군 남편이 공항에 마중 나온 여성들의 삶은 어떻게 되었을까? 이 책은 미군을 남편으로 둔 여성들의 삶에 관한 구술사로 구성되어 있다.

한국은 외국 남성과 결혼한 여성들, 그중에서도 특히 해방 이후 미군과 결혼한 여성들을 비가시화시켰다. 오랜 세월 유교적 가부장적 국가였던 한국은 대단히 방어적인 민족주의와 한민족 순수혈통주의를 윤리의식으로 포장해 왔다. 그러므로 다른 나라 남성과 결혼한 여성들을 비하하기 일쑤였다. 게다가 미군과 결혼한 군인아내들은 기지촌의 그림자에서 벗어나기 어려웠다. 태평양을 가로질러 미국에서 살더라도 이들 여성은 기지촌의 그늘을 신발창에라도 묻혀 가지고 다니는 것으로 간주되었다. 이 여성들이 오로지 구원받을 수 있는 것은 모성을 발휘할 때뿐이었다. 혼혈에 대한 우리 사회의 이중적인 태도가 극명하게 드러난 것이 하인스 워드와 그 어머니의 사례일 것이다. 그처럼 차별했던 혼혈인이지만 성공하는 순간 자랑스러운 한국인으로 둔갑한다. 그렇지 못한 경우 한국 사회는 다문화·다인종 혼혈아들을 가차 없이 유령으로 만들어 버린다. 그것이 한국 사회가 안고 있는 천박성이다.

한민족 순수혈통주의를 미풍양속인 양 걸핏하면 언급하지만, 사실 한국은 중국의 변방 국가로서 살아남으려고 자국민 여성을 상납해 온 오랜 역사를 지니고 있다. 근대에 들어와서 위안부, 양공주 등으로 여성을 거래하기 오래 전부터 자국 여성들을 거래해 왔다. 이능화의 『조선여속고(朝鮮女俗考)』에 보면 고려 원종 15년(1274년) 원나라에서 부녀자를 공녀로 요구했다. 공녀(貢女)란 과거 고려와 조선이 중국에 공물로 진상한 여자를 말한다. 고려는 결혼도감이라는 특별 관청을 설치하여 원이 요구하는 여자들의 숫자를 채웠다. 그들이 북으로 끌려갈 때 통곡소리가 하늘을 뒤흔들었다고 한다. 공녀의 거래는 고려시대로 끝난 것은 아니었다. 『조선왕조실록』에 따르면 태종 8년(명나라 영락제 6년)에 임금이 경복궁에서 중국 사신인 황엄 등과 더불어 명나라 왕실에 보낼 처녀를 선발했다. 여성의 거래는 중국 왕조(원나라, 명나라, 청나라)가 바뀌어도 계속되었다. 일본 식민지 시대에는 군위안부라는 명목으로, 해방 후 미군 점령기 동안에는 기지촌 여성으로 거래되었다. 가부장적인 국가는 그 점을 결코 인정하고 싶어 하지 않았고, 국민들 또한 국가적 자긍심에 치명타를 가하는 그런 사실을 알고 싶어 하지 않았다. 이 책은 바로 그 점을 이론적으로 짚어 내고 구체적인 구술사로서 보여 준다.

그와 더불어 이 책은 미군과 결혼한 여성이라고 하면 언제나 기지촌을 연상하는 사회적 편견을 걷어 내고자 한다. 낯선 땅에 정착한 이 여성들은 스스로의 커뮤니티를 만들어 나간다. 아메리칸 드림의 환상에도 불구하고 미국에서 계급, 인종, 젠더, 언어의 구획선을 넘는다는 것은 거의 불가능해 보인다. 아메리칸 드림이 공항에서 시작된다는 말이 그 점을 역설적으로 보여 주고 있다. 힘들고 위험하며 지저분한 직업은 이민자들 몫이고, 그런 직업의 대물림에서 이민자들이 벗어날 수 있는 가능성은 그다지 많지 않다는 것이 공항의 일화이다. 하지만 그처럼 힘든 도전이기 때문에 성공 신화는 더욱 빛을 발한다. 이 책에서 미군과 결혼하여 미국으로 떠난 여성들은 언어의 장벽, 인종의 장벽, 계급의 장벽 앞에서 그냥 좌절하고 피해자 의식에 젖어 있는 것이 아니라 그런 경계선을 넘나들면서 스스로의 삶을 꾸려 나간다. 물론 고통과 좌절과 가난도 있고 버림받은 상처와 슬픔도 있지만 자신의 운명에 맞서—국가라는 생물학적 운명에 맞서 국적을 바꾸기도 하고, 개인적인 운명에 맞서 남편을 바꾸기도 하면서—자기 삶의 주인이 되려고 노력했다는 점에서 그들은 자기 나름의 '아메리칸 드림'을 일군 여성들이다. 자신의 가족, 한국인 교민 사회, 국가, 언어의 가장자리에 서 있지만, 바로 그 접경지대에서 억척스럽게 꾸려 나간 이들의 삶은 그래서 잔잔한 감동을 전해 준다.

이제 한국에서는 한국 여성들이 빠져나간 자리를 아시아 여러 나라 여성들이 채우고 있다. 이 책에 등장하는 한국 여성들이 미국으로 가서 다문화 가족을 일구고 사는 동안, 한국에는 외국인 이주 여성들이 또 다른 다문화 가족을 만들어 가고 있다. 이 책을 읽으면 한국에서 다문화 가족 구성에 대한 통찰의 지점 또한 찾을 수 있지 않을까 한다. 한국 여성들이 미국 사회에서 경험한 문화적 합병, 언어적 소외, 인종적 비하 등을 타산지석으로 삼는다면, 한국으로 온 이주 여성들과 우리가 어떤 방식으로 함께해야 할 것인지를 성찰할 수 있을 것이기 때문이다. 한국인 남편을 중심으로 남편의 문화, 남편의 언어, 남편의 음식에 이르기까지 일방적으로 한국 남편의 문화를 이주 여성 아내들에게 강제할 것이 아니라 '진정으로' 다문화의 가능성을 고려하는 것이 필요하다. 오늘날 한국은 열 가구당 한 가구가 다문화 가족이다. 한민족 순수혈통주의는 과거에도 존재하지 않았고 미래에도 존재하지 않을 것이다. 그러므로 배타적 민족주의에서 벗어나는 것이야말로 다문화 가족 시대의 한 해결책이 될 것이다.

끝으로 이 책을 번역하면서 역자가 저지른 온갖 실수를 꼼꼼하게 찾아내서 지적해 주고 열의와 정성으로 읽어 준 삼인출판사의 강주한 선생에게 역자로서 감사드린다. 이 책을 번역함으로써나마 내 안에 앙금으로 남아 있던 부채의식이 조금은 덜어질 수 있으면 하는 바람이 있었다. 그런 의미에서 이 책의 저자와 번역을 맡겨 준 삼인출판사에게 감사의 마음을 전한다.

주석

서론

1) 박혜정과 다카기(J. T. Takagi)가 만든 다큐멘터리 〈이방의 여인들(Women Out-side)〉(Third World Newsreel, 1996) 참조.

2) 예를 들어, "War Bride arriving in U.S.," *Life*, February 18, 1946, p. 27. 전쟁신부 수송 체계는 영국인 전쟁신부들을 미국으로 운송하기 위해 미군에 의해 설립되었다. Jenel Virden, *Good-Bye, Piccadilly: British War Brides in America* (Urbana: University of Illinois Press, 1996), pp. 49~64.

3) 군대에 있던 중국계 미국인들 또한 중국 여성들을 신부로 맞이하여 고국으로 돌아왔다. 2차 세계대전 동안 미국의 우방이었던 중국의 시민인 이들 여성은 아시아인들에 대한 엄격한 이민 규정으로부터 면제되었다. 약 6천 명의 중국인 전쟁신부들이 전쟁신부 조항 아래 미국으로 건너왔다. 이와 같은 여성들의 유입으로 중국계 미국인 사회의 젠더 불균형을 잡는 데 도움이 되었다. 간략한 개관에 관해서는 Sucheng Chan, *Asian Americans: An Interpretive History* (Philadelphia: Temple University Press, 1991), p. 140을 보라. 외관상으로 볼 때 중국인 전쟁신부들 가운데 비중국인 미국인과 결혼한 사람은 거의 없었다.

4) Daniel. B. Lee, "Korean Women Married to Servicemen," in *Korean American Women Living in Two Cultures*, ed. Young In Song and Ailee Moon (Los Angeles: Academia Koreana, Keimyung-Baylo University Press, 1997), pp. 94~123.

5) 한국전쟁은 평화 협정이 아니라 휴전과 더불어 끝났다. 따라서 즉각적인 군사적 갈등이 없는데도 미국은 공식적으로는 한반도에서 교전 상태로 남게 되었다. 이로 인해 남한은 미군에 의해 전투 지대로 범주화되고, 그곳에 주둔하는 병사들에게는 격무 수당(hardship pay)이 지급되었다.

6) 1945년 이후 한미 관계를 상세하게 분석한 역사가인 브루스 커밍스의 저서를 참조하라. 이제는 고전이 된 두 권의 책인 *Origins of the Korean War* (Princeton: Princeton University Press, 1981 and 1990) 〔국역본은 브루스 커밍스, 김자동 옮김, 『한국전쟁의 기원』(서울: 일월서각, 1986)〕와 일반 독자를 위해 쓴 현대사인 *Korea's Place in the Sun: A Modern History* (New York: W. W. Norton, 1997) 〔국역본은 브루스 커밍스, 김동노 외 옮김, 『브루스 커밍스의 한국 현대사』(서울: 창작과비평사, 2001)〕를 함께 참조할 것.

7) 맞선은 한국 문화에서 오래된 전통이다. 결혼을 주선할 의도로 사람들을 소개시켜 주는 것은 한국인들에게는 흔한 일이다. 따라서 군인아내들만 나에게 맞선을 제안한 것이 아니다. 내가 만났던 나이 든 많은 한국인들도 마찬가지였다.

8) 켈리가 1993~1994년 펜실베이니아 대학에서 남부 흑인들, 저항, 민권 운동에 관해서 좌담을 했을 때 나는 이 구절을 처음으로 들었다.

1장 미합중국 기지촌

1) 이런 통계는 주로 다니엘 리의 책에 인용되어 있다. Daniel B. Lee, "Korean Women Married to Servicemen," in *Korean American Women Living in Two Cultures*, ed. Young In Song and Ailee Moon (Los Angeles: Academia Koreana, Keimyung-Baylo University Press, 1997), pp. 96~97. 미군 아내로서 미국으로 들어왔던 한국인 여성의 실제적인 숫자에 관한 통계치는 단일한 어떤 기관에도 보존되어 있지 않았다. 그래서 미국 이민국과 귀화 서비스, 서울 시청에 있는 한국 시민과 외국 시민 사이의 결혼 기록, 남한의 이민국에 보관된 기록 등을 여러 기관에서 뽑아야 했다. 이런 자료와 또 다른 자료들을 이용하여 리는 이 주제에 이용 가능한 가장 철저한 수치를 기록했다.

2) 일부 통계치에 관해서는 Chul-In Yoo, "Life Histories of Two Korean Women Who Marry American GIs," Ph.D. dissertation, University of Illinois at Urbana-Champaign, 1993; 그리고 Sawon Hong, "Another Look at Marriages

between Korean Women and American Servicemen," *Korea Journal* (May 1982), pp. 21~30을 보라.

3) 아시아에 있는 미군 기지 주변의 군대 매춘에 관한 논의에 관해서는 다음을 보라. Cynthia Enloe, *Bananas, Beaches and Bases: Making Feminist Sense of International Politics* (Berkeley: University of California Press, 1989); Cynthia Enloe, *The Morning After: Sexual Politics at the End of the Cold War* (Berkeley: University of California Press, 1993); Saundra Pollock Sturdevant and Brenda Stoltzfus, *Let the Good Times Roll: Prostitution and the U.S. Military in Asia* (New York: New Press, 1992) 〔국역본은 브렌다 스톨츠퍼스·산드라 스터드반트 엮음, 김윤아 옮김, 『그들만의 세상: 아시아의 미군과 매매춘』(서울: 잉걸, 2003)〕; Katherine H. S. Moon, *Sex among Allies: Military Prostitution in U.S.-Korea Relations* (New York: Columbia University Press, 1997) 〔국역본은 캐서린 H. S. 문, 이정주 옮김, 『동맹 속의 섹스』(서울: 삼인, 2002)〕. 스터드반트와 스톨츠퍼스가 필리핀, 남한, 오키나와에 있는 미군 기지에 초점을 맞췄다면, 인로의 논의는 미국뿐만 아니라 영국과 다른 군사력이 지원했던 군대 매춘을 포함하고 있다.

4) 쉼터(My Sister's Place), 남한의 기지촌과 기지촌 매춘에 관한 제목 없는 보고서, 1997, 28쪽. 이후부터 '자매의 집'(이 책에서는 '쉼터'로 표기한다―옮긴이)에 관한 참조는 1997년 보고서를 지칭하는 것이다. 쉼터는 두레방의 미국 이름이다. 두레방은 기지촌 여성을 위한 커뮤니티 센터이다. 서울 근처 의정부의 기지촌에 위치한 두레방은 한국교회여성연합의 후원을 받고 있다.

5) Kevin Heldman, "Itaewon, South Korea. On the Town with the U.S. Military," datelined Dec. 19, 1996. 이 글은 인터넷으로 읽을 수 있다. http://www.kimsoft.com/korea/us-army.htm.

6) 뻗벌은 기지촌의 별칭이며 늪지대라는 의미이다. 발을 한번 들여 놓으면 도망이 불가능하다는 뜻이다. 이것은 또한 안일순이 1995년에 쓴 소설의 제목이기도 하다. 안일순, 『뻗벌』(서울: 공간미디어, 1995).

7) Bok-Lim C. Kim, "Casework with Japanese and Korean Wives of Americans," *Social Casework* (May 1972), p. 277; Bascom W. Ratliff, Harriet Faye Moon, and Gwendolyn A. Bonacci, "Intercultural Marriage: The Korean-American Experience," *Social Casework* (April 1978), p. 122; Sil Dong Kim, "Internationally Married Korean Women Immigrants: A Study in Marginality," Ph.D. dissertation, University of Washington, 1979, p. 5; Daniel Booduck Lee, "Mili-

tary Transcultural Marriage: A Study of Marital Adjustment between American Husbands and Korean-Born Spouses," D.S.W. dissertation, University of Utah, 1980, p. 16.

8) 한국에서 실행되고 있는 그런 결혼은 서울 시청에 등록되어 있으며, 모든 한국 시민들의 결혼을 등록하는 데 사용되는 한국 서식뿐만 아니라 미국대사관에 제공하는 서식을 사용하여 등록되어 있다. 결과적인 결혼 증서는 한국과 미 당국 모두에 의해 직인을 찍고 사인을 받아 한국인 배우자에게 이민 비자를 신청하는 데 사용될 수 있다. 하지만 서울 시청이 보관한 기록들은 미국 시민과 결혼한 한국 여성이 기지촌 출신인지 아닌지에 관한 표시는 없다. 그리고 얼마나 많은 미국인들이 미군 병사인지를 보여 주는 것도 없다. 미국대사관은 미국 시민과 다른 나라 시민들 사이의 결혼 기록을 보관하지 않는다. 1997년 3월 서울 종로구에 있는 구청 직원과의 대화와 1997년 7월 서울에 있는 미대사관의 민원 담당 부서 직원과의 대화.

9) Yoo, "Life Histories of Two Korean Women Who Marry American GIs," p. 36.

10) Hong, "Another Look at Marriages between Korean Women and American Servicemen." 결혼 허락을 위해 군인이 부대장에게 제출해야 하는 신청서는 1년 이상 보관하지 않는다. 따라서 홍은 그녀가 연구를 실시했던 바로 그 한 해 동안에 제출된 신청서를 검토하는 것 이상으로 조사하는 것이 불가능하다는 것을 알게 되었다.

11) 쉼터, 남한의 기지촌과 기지촌 매춘에 관한 제목 없는 보고서, 1997; Bok-Lim Kim, "Casework with Japanese and Korean Wives of Americans"; Yoo, "Life Histories of Two Korean Women Who Marry American GIs,"; Sil Dong Kim, "Internationally Married Korean Women Immigrants"; Hong, "Another Look at Marriage between Korean Women and American Servicemen."

12) Bok-Lim C. Kim, "Asian Wives of U.S. Servicemen: Women in Shadows," *Amerasia Journal*, no. 4 (1977), p. 235.

13) Heldman, "Itaewon, South Korea. On the Town with the U.S. Military,"; Bruce Cumings, "Silent but Deadly: Sexual Subordination in the U.S.-Korea Relationship," in *Let the Good Times Roll: Prostitution and the U.S. Military in Asia*, by Saundra Pollock Sturdevant and Brenda Stoltzfus (New York: New Press, 1992), pp. 169~175.

14) 이런 인용의 출처는 이메일 토론 리스트(moogoonghwa@ucsd.edu)에 붙어 있는 1999년 4월 중순의 것이다. 작성자가 개인적으로 가지고 있는 것에서 가져왔다. 그는

당시 많은 리스트를 가지고 있었다. 이런 토론을 하던 중에 포스트를 붙였던 세 명의 소수 민족 한국인(그들의 이름으로 식별될 수 있었는데, 작성자도 포함되어 있었다)은 감정적이고 비합리적이며, 기지촌 매춘에 미군들이 부분적인 책임이 있다고 주장했다는 이유로 반미적이라고 분노에 찬 비난을 받았다. 앞으로 공개될 PBS 방송의 남한 기지촌 여성들에 관한 박혜정과 다카기(J. T. Takagi)가 감독한 1996년 다큐멘터리인 〈이방의 여인들(The Women Outside)〉 공지 포스트에 의해서도 즉각적으로 그 흔적을 찾아볼 수 있다. 이 다큐멘터리 역시 리스트에서 목청을 높인 사람들에 의해서 '감정적이고' '선전 선동적'이라는 이유로 간단히 무시되었다.

15) John Dower, *War without Mercy: Race and Power in the Pacific War* (New York: Pantheon Books, 1993; originally published in 1986). 이 책은 '동양의 적'이라는 인종차별주의적인 묘사가 2차 세계대전 동안 얼마나 널리 사용되었는지 보여 준다. Lloyd Lewis, *The Tainted War: Culture and Identity in Vietnam Narratives* (Westport, Conn.: Greenwood Press, 1985). 이 책은, 미군의 모든 영역에서 병사들은 훈련을 받는 동안 적은 동양인이며 열등하다는 것을 주입받았던 것으로 회상하고 있다는 점을 보여 준다.

16) Moon, *Sex among Allies*, p. 37.

17) *Pacific Stars and Stripes*, July 3, 1977; Moon, *Sex among Allies*, p. 33에서 인용.

18) Second Infantry Division, 102nd Military Intelligence Battalion Soldiers Book, 1987 rev. ed., pp. 14~15. 인터넷에서 볼 수 있다. http://members. xoom.com/cptango/102ndSolBK.PDF.

19) Moon, *Sex among Allies*, pp. 33~34.

20) Lynn Thiesmeyer, "U.S. Comfort Women and the Silence of the American Other," *Hitting Critical Mass: A Journal of Asian American Cultural Criticism*, vol. 3, no. 2 (Spring 1997), pp. 47~67.

21) 일본과 미국만이 자국 군인들의 사기를 위해 강제 매춘에 가담한 유일한 나라는 아니다. 2차 세계대전 때 독일은 유대인 여성들뿐만 아니라 독일이 침략했던 다른 나라의 여성들을 군 위안소에서 성노예로 이용했다. 프랑스인들은 알제리 여성들을 '기동 현장 사창가'에서 이용하여 베트남에 있는 자기 군대에게 서비스를 하도록 했다(알제리와 베트남은 프랑스의 식민지였다). 파키스탄 군대는 1971~1972년에 발생했던 9개월 동안의 전쟁에서 포로로 잡힌 방글라데시 여성들로 군 위안소를 채웠다. 2차 세계대전 때 미국의 패턴(George S. Patton) 장군은 미군을 위한 군 위안소 설치를 생각하다가 포기했다. 왜냐하면 미국 본토에 남아 있는 아내들과 어머니들이 일으킬 소란

이 전쟁의 노력을 훼손시킬 수 있을 것으로 염려했기 때문이다. Susan Brownmiller, *Against Our Will: Men, Women and Rape* (New York: Fawcett columbine, 1975), pp. 63~64, 75~78, 82~83, 92~93을 보라.

22) Thiesmeyer, "U.S. Comfort Women and the Silence of the American Other"; 베트남 참고 문헌 Brownmiller, *Against Our will*, pp. 94~97; 오키나와 참고 문헌 Suzuyo Takazato and Harumi Miyashiro, "Crimes against Okinawan Women by American Soldiers since World War II," in *Appeal to Prioritize Women's Rights*, ed. Suzuyo Takazato and Keiko Itosu (Women's Group to Disallow the U.S Military Bases, 1996); 한국전쟁 때의 사건 Cumings, "Silent but Deadly," pp. 171~172; 필리핀의 사례와 미군의 증언 ABC's "Prime Time Live," 5/13/1996; 쉼터, 남한의 기지촌과 기지촌 매춘에 관한 제목 없는 보고서, 1997; 한국교회여성연합, 『위대한 군대, 위대한 아버지―주한 미군에 의한 여성과 어린이의 인권 유린에 관한 보고』, 1995; Moon, *Sex among Allies*.

23) 군대 매춘 체계가 유럽에 있는 미군 군사 시설 주변에서는 그다지 주요한 이슈가 되지 않는다는 점을 눈여겨보자. 미군들과 어울리는 지역 여성들은 여자친구로 보일 뿐 매춘으로 간주되지 않는다. 유럽에서 미군은 매춘을 적극적으로 억제하고 있다. 이것은 '갈색 여성'과 '백인 여성'들이 다르게 인식된다는 것을 대단히 잘 보여 주는 것이다. Enloe, *Bananas, Beaches and Bases*.

24) 쉼터, 남한의 기지촌과 기지촌 매춘에 관한 제목 없는 보고서, 1997; 한국교회여성연합, 『위대한 군대, 위대한 아버지―주한 미군에 의한 여성과 어린이의 인권 유린에 관한 보고』, 1995; Katharine Moon, *Sex among Allies*; Sturdevant and Stoltzfus, *Let the Good Times Roll*.

25) Cumings, "Silent but Deadly," p. 170.

26) Enloe, *Bananas, Beaches and Bases*, pp. 81~92; Cynthia Enloe, *Does Khaki Become You? The Militarization of Women's Lives* (Boston: South End Press, 1983).

27) 일본 식민주의의 지배 아래서는 한국 전역에 매춘이 존재했던 반면에 1945년 이후 매춘은 남한만의 문제로 남아 있는 것처럼 보인다. 북한에서는 매춘의 증거가 없다. Cumings, "Silent but Deadly"를 보라. 심지어 한국전쟁 동안에도 미군과 유엔군에게는 무리지어 따라다녔던 여성들이 있었지만, 북한군이나 중공군을 따라다녔던 여성들은 거의 없었던 것처럼 보인다. 한국 여성을 문란하고 육욕적이라고 보는, 미국인들이 흔히 생각하는 상투적인 이미지는 거짓인 것으로 드러난다. 이것은 또한 1945년 이

후 남한에서 매춘이 미군의 존재와 직접적으로 관련되어 있음을 보여 주는 것이다.

28) Hei Soo Shin, "Women's Sexual Services and Economic Development: The Political Economy of the Entertainment Industry and South Korean Dependent Development," Ph.D. dissertation, Rutgers University, 1991, pp. 42~44; 윤일웅, 『매춘: 전국 사창가와 창녀 실태』(서울: 동광출판사, 1987)의 1장을 보라. 한국에서 매춘과 여성 유흥업소 종사자들의 역사에 관한 개관이 실려 있다.

29) 손정목, 「일제하의 매춘업: 공창과 사창」, 『도시행정연구』 3(서울: 서울시립대학교출판부, 1988), 285~360쪽.

30) Ki-baik Lee, *A New History of Korea*, trans. Edward W. Wagner, with Edward J. Shultz (Cambridge, Mass.: Harvard University Press, 1984), pp. 346~359. 〔이기백, 『한국사신론』(서울: 일조각)의 영어 번역판〕.

31) 손정목, 「일제하의 매춘업: 공창과 사창」. 유교적인 관습—말하자면 특히 아시아와 비서구에 특수한 것—이 아시아 나라에서 여성의 순결을 지배한다는 공통된 개념이 여기서는 적용되지 않을 수 있다는 사실에 주목할 필요가 있다. 예를 들어 미국으로 이민 온 유럽 여성에 관한 연구에 따르면, 매춘을 하게 된 많은 여성들은 과거의 고용주나 다른 남성에 의해서 '더럽혀진' 이후로 이 장으로 들어오게 되었다. Donna Gabaccia, *From the Other Side: Women, Gender and Immigrant Life in the U.S., 1820~1990* (Bloomington: Indiana University Press, 1994). 따라서 성폭력을 경험한 뒤 여성이 매춘으로 들어오는 현상은 특별히 유교적인 관습 때문이라기보다 성적인 이중적 기준과 가부장적인 관습과 훨씬 더 관련이 있는 것처럼 보인다.

32) 권규식·오명근, 「윤락 여성의 실태」, 『여성문제연구』 3(대구: 대구효성가톨릭대학출판부, 1973), 149~171쪽.

33) George Hicks, *The Comfort Women* (Sydney, Australia: Allen and Unwin, 1995) 〔국역본은 조지 힉스, 전경자 외 옮김, 『위안부: 일본 군대의 성노예로 끌려간 여성들』(서울: 창작과비평사, 1995)〕; 박선영·류 바오 춘, 『나는 나를 죽일 수 없었다』(서울: 깊은사랑, 1995).

34) Bruce Cumings, *Origins of the Korean War*, vol. I (Princeton: Princeton University Press, 1981). 이 책은 한국에서 미군의 점령과 미군정 치하의 정치, 그리고 그것이 미친 영향을 자세히 밝히고 있다.

35) 한국교회여성연합, 『위대한 군대, 위대한 아버지—주한 미군에 의한 여성과 어린이의 인권 유린에 관한 보고』, 1995.

36) 『은마(Silver Stallion)』에서 묘사된 많은 장면들은 미군정 기간(1945~1948)과 전쟁

동안에 일어난 일이다. 미군들의 강간이 두려워 부녀자들이 전쟁 기간 내내 밤마다 숨어 지내야 했다는 이야기를 나의 이모들은 증언해 주었다. 전쟁을 경험했던 그들과 다른 한국인들은 미군들이 한국 여자들을 찾으면서 한국말로 처녀이자 각시라는 뜻으로 "색시, 색시"를 어떻게 외쳤는지를 이야기했다. 이런 행동은 보편적으로 미군들이 한국 여성을 겁탈하려는 의도를 가지고 있었으며, 한국 여성들을 성적인 노리개로 취급했다는 의미로 받아들여졌다. 이와 유사한 기억에 관해서는, Chungmoo Choi, "Nationalism and Construction of Gender in Korea," in *Dangerous Women*, ed. Elaine H. Kim and Chungmoo Choi (New York: Routledge, 1998), pp. 9~32, 그리고 특히 p. 15를 보라. 〔국역본은 일레인 김·최정무 편저, 박은미 옮김, 『위험한 여성』(서울: 삼인, 2001)〕.

37) Junghyo Ahn, *Silver Stallion* (New York: Soho Press, 1990) 〔한국어판은 안정효, 『은마는 오지 않는다』(서울: 고려원, 1990)〕.

38) 쉼터, 남한의 기지촌과 기지촌 매춘에 관한 제목 없는 보고서, 1997, 31~32쪽.

39) 비무장지대(DMZ: Demilitarized Zone)는 38선과 대략 비슷하다.

40) 한국교회여성연합, 『위대한 군대, 위대한 아버지—주한 미군에 의한 여성과 어린이의 인권 유린에 관한 보고』, 1995, 31~32쪽.

41) Katherine H. S. Moon, "International Relations and Women: A Case Study of United States-Korea Camptown Prostitution, 1971~1976," Ph.D. dissertation, Princeton University, 1994, pp. 41~42; 『동아일보』 1962년 7월 22일자, Moon, p. 42에서 인용.

42) 한미주둔군지위협정(SOFA)이 1966년 조인되었을 때, 보상을 기대한 주민들의 희망은 완전히 사라졌다. 이 협정은 남한에서 군사 작전을 위해 필요한 모든 땅과 모든 것을 아무런 비용 없이 사용할 수 있다고 규정했다.

43) 송탄에 관한 나의 논의는 오연호의 『식민지의 아들에게』(서울: 백산서당, 3판, 1994), 140~142쪽. 인용은 142쪽이며, 내가 한국어판을 번역했다.

44) 한국교회여성연합, 『위대한 군대, 위대한 아버지—주한 미군에 의한 여성과 어린이의 인권 유린에 관한 보고』, 1995, 33쪽.

45) 쉼터, 남한의 기지촌과 기지촌 매춘에 관한 제목 없는 보고서, 1997, 33~34쪽.

46) 처음에 군인들은 화대로 군표를 지불했다. 미국이 기지에 사용할 목적으로 미국 달러를 도입했을 때 미군들은 미국 달러로 지불했다. 미군들을 접대하는 클럽과 가게에서 한국 화폐가 아니라 미국 화폐로 계산했다.

47) Moon, "International Relations and Women," pp. 70~71.

48) Eighth U.S. Army, Office of International Relations, "Human Factors Research: Part II, Troop-Community Relations," 1965. Moon, "International Relations and Women," p. 236에서 인용.

49) 40년에 걸친 한국 정부의 매춘 정책에 관한 1990년의 연구에 따르면, 한국 정부는 한국인을 상대하는 매춘과 외국인을 상대하는 매춘에 관련하여 이중적인 기준을 가지고 있었다. 한국 사회에 비윤리적인 영향을 끼친다는 이유로 국내 매춘은 근절되어야 한다고 보았다. 반면 외국인을 상대로 한 매춘은 국가 방위와 경제에 도움이 되었기 때문에 실제로 묵인했다. 달리 표현하자면, 한국 정부는 기지촌 매춘을 한국에 있는 미군의 존재에 대한 일종의 보상으로 간주하여 지원한 것이다. 그것은 또한 외화벌이에 도움이 되었다. 조형·장필화, 「국회 속기록에 나타난 여성 정책 시각: A. 매매춘에 대하여」, 『여성학논집』 7집, 1990년 12월(서울: 이화여자대학교 한국여성연구원).

50) 성병을 척결하려는 한미 공조 노력에 관한 논의와 기지촌 여성에 대한 통제에 관해서 달리 주가 달려 있지 않은 내용들은 Moon, *Sex among Allies*를 참조.

51) Moon, "International Relations and Women," p. 65.

52) 1966년에 체결한 소파협정은 미군이 한국에서 누리게 될 권리와 특권은 무엇이며, 각각의 정부가 한국에 주둔한 미군과 관련하여 어떤 책임을 질 것인가, 한국 법규를 어기는 미군과 다른 군속들에게 한국 정부가 발휘할 수 있는 사법적인 권리는 있는가, 있다면 그것은 어떤 것인가 등을 세부적으로 명시한 것이다. 소파협정 아래 설립된 상호위원회는 협정의 이행을 감독했다.

53) 캐서린 문이 인터뷰한 여성들. *Sex among Allies*; Sturdevant and Stoltzfus, *Let the Good Times Roll*에서 이 점은 간단히 나타나 있다.

54) Moon, "International Relations and Women," p. 142.

55) Moon, "International Relations and Women," p. 240.

56) Moon, "International Relations and Women," p. 259.

57) 기지촌에는 클럽 여성뿐 아니라 거리의 여성들이 있다. 거리 여성은 클럽 여성의 가격보다 낮고, 기지촌 여성들 가운데서 위상도 낮다. 기지촌의 위계질서에서 볼 때 미군 지아이와 결혼하는 여성의 위치가 가장 높다. 그 다음으로는 지아이와 꾸준히 남자친구 관계를 유지하면서 그에게 재정적인 지원을 받는 여성이다. 말하자면 '계약 동거 관계'에 있는 여성이다. 그 다음은 클럽 여성이다. 그리고 마지막이 거리의 여성이다. 거리의 여성 중에서도 나이가 많은 여성이 꼴찌를 차지한다. 이런 정보는 1997년 2월과 3월 쉼터를 방문했을 때 그곳에 들어와 있던 여성들과의 대화 중에 들은 것이다.

58) Moon, "International Relations and Women," chapters 5 and 6; *Sex among*

Allies, chapters 3 and 4.

59) Sturdevant and Stoltzfus, *Let the Good Times Roll*, pp. 176~179; 1997년 3월,
쉼터의 간사 김명분과의 인터뷰.

60) 기지촌 여성에 관한 다음의 논의와 기지촌으로 들어오게 되는 길에 관한 설명은,
1997년 3월 쉼터에서 간사로 일하는 김명분과의 인터뷰에서 얻은 정보에 따른 것이
다. 쉼터, 남한의 기지촌과 기지촌 매춘에 관한 제목 없는 보고서, 1997; 한국교회여
성연합, 『위대한 군대, 위대한 아버지 — 주한 미군에 의한 여성과 어린이의 인권 유린
에 관한 보고』, 1995; Moon, "International Relations and Women."

61) 한국 정부는 매춘을 근절하려는 노력의 일환으로 매춘 여성을 겨냥한 직업 훈련 프로
그램을 실시했다. 하지만 이런 노력은 매춘을 부추기는 사회 구조를 변화시키는 것이라
기보다 여성을 재활시키는 데 초점을 맞춘 것이었다. 이 프로그램의 성과는 미미했다.

62) 기지촌 생활과 클럽 체계에 관한 기술은 1997년 2~3월 쉼터에 들어와 있는 기지촌
여성들과의 대화로부터 얻은 정보이다. Moon, "International Relations and
Women," pp. 49~57; Moon, *Sex among Allies*. pp. 19~27; Sturdevant and
Stoltzfus, *Let the Good Times Roll*, pp. 176~179; 1997년 3월, 김명분과의 인터뷰.

63) 쉼터, 남한의 기지촌과 기지촌 매춘에 관한 제목 없는 보고서, 1997, 17쪽. 원래 한국
어판을 내가 번역했다.

64) 윤정모, 『고삐』(서울: 풀빛, 1988), 29~30쪽.

65) AFKN 방송은 원래 남한에 주둔한 미군을 위한 것이었지만, 방송협정이 변경되기까
지 대부분의 한국 텔레비전에서도 시청할 수 있었다. AFKN 프로그램은 미국 영화, 시
트콤, 코미디 쇼, 뉴스 등을 한국 대중들에게 제공했다.

66) Hyeon-Dew Kang, "Changing Image of America in Korean Popular Litera-
ture: With an Analysis of Short Stories between 1945~1975," *Korea Journal*
(October 1976), pp. 19~33; Manwoo Lee, "Anti-Americanism and South
Korea's Changing Perception of America," in *Alliance under Tension: The
Evolution of South Korea-U.S. Relations*, ed. Manwoo Lee, Ronald D. McLau-
rin, and Chung-In Moon (Boulder, Colo.: Westview Press, 1988), pp. 7~27.
미국은 광주 학살에 연루되었다. 광주 학살은 남한 군대가 저지른 것이었지만, 미국은
남한과 미 군사력을 공동으로 운영하는 군대 위계에서 최고 지위를 차지하고 있었다.
달리 표현하자면 1980년 한국군은 미군 장성의 지휘 아래 있었다. 따라서 광주 학살처
럼 이런 식의 대규모 군대 이동은 미군이 알고 승인을 해야만 가능했다. (명령 체계는
공식적으로 1995년에 변경되었다. 그러므로 한미통합군을 지휘하는 장군은 이제 한국

인이다). 광주 학살에서 미군의 역할에 관한 오랜 의구심을 확인해 주는 미국 정부의 문건에 관한 논의는 다음을 참조. Tim Shorrock, "Ex-Leaders Go on Trial in Seoul," *Journal of Commerce*, Five Star edition, February 27, 1996, p. AI, and Tim Shorrock, "Debacle in Kwangju," *The Nation*, December 9, 1996, pp. 19~22.

67) 브루스 커밍스의 1998년 강연 기록을 보라. Bruce Cumings, "The Question of American Responsibility for the Suppression of Chejudo Uprising," presented at the 50th Anniversary Conference of the April 3, 1948 Chejudo Rebellion, Tokyo, March 14, 1998.

68) Stephen J. Epstein, "Wanderers in the Wilderness: Images of America in Ch' oe In-ho's Kipko p'urun pam," *Korea Journal*, vol. 35 (Winter 1995), pp. 72~79. 기지촌 여성에 관해 한층 더 공감하는 독법처럼 보일 수도 있지만, 이런 독법은 그 나름의 문제점이 있다. 그중에서도 특히 기지촌 여성 인물을 이렇게 형상화하는 것은 그들 여성을 대상화하고 그들의 목소리를 침묵시키며, 그들의 생활 경험을 타인의 목적에 이용하는 것이 된다.

69) 미군에 의해 저질러진 극단적 범죄, 즉 1992년 윤금이 살해 사건은 널리 알려져 있다. 한국인들은 점차 미국과 미군을 자발적으로 비난하고 있다. 하지만 이로 인해 기지촌 여성들에 대한 연민과 공감이 증가하는 것처럼 보이지는 않는다.

70) 쉼터, 남한의 기지촌과 기지촌 매춘에 관한 제목 없는 보고서, 1997; Sturdevant and Stoltzfus, *Let the Good Times Roll*.

71) 예를 들어 다음을 보라. Gail Pheterson, ed., *A Vindication of the Rights of Whores* (Seattle: Seal Press, 1989); Frederique Delacoste and Priscilla Alexander, ed., *Sex Work: Writings by Women in the Sex Industry*, 2d ed. (Pittsburgh: Cleis Press, 1987).

72) 강석경, 「낮과 꿈」, 『밤과 요람』(서울: 민음사, 1983, 1993), 25쪽.

73) 쉼터, 남한의 기지촌과 기지촌 매춘에 관한 제목 없는 보고서, 1997, 13쪽.

74) 혼혈아라는 낙인이 찍힌 그 아이들은 종종 가족의 호적에 올라가지 못한다. 한국에서 유일하게 출생과 법적인 지위를 얻을 수 있는 방법은 호적에 등재되는 것이다. 아버지가 대체로 입증될 수 없고 아버지가 거의 협조하지 않기 때문에, 이런 아이들은 미국 당국으로부터 등록될 수 없다. 이 아이들은 사실상 국적이 없게 된다. 기지촌의 아메라시언들이 직면하고 있는 문제에 관한 개관은 다음을 참조. Margo Okazawa-Rey, "Amerasian Children in GI Town: A Legacy of U.S. Militarism in South

Korea," *Asian Journal of Women's Studies*, vol. 3, no. 1 (1997), pp. 71~102 (Seoul: Ewha Women's University Press).

75) Sturdevant and Stoltzfus, *Let the Good Times Roll*, p. 209.

2장 미국병

1) 한국전쟁에 관한 고전적인 책으로는 브루스 커밍스가 두 권으로 저술한 『한국전쟁의 기원』을 참조할 것. Bruce Cumings, *Origins of the Korean War* (Princeton: Princeton University Press, 1981 and 1990).

2) 공법 271조, 즉 전쟁신부법안(War Brides Act)으로 알려진 이 법안은 미군들이 자기 아내를 미국으로 데려올 수 있도록 허용하기 위해 1945년 통과되었지만, 아시아 국가 출신 신부들을 위한 어떤 규정도 없었다. 1910~1920년대 동안 여러 법안이 통과된 결과, 그 당시 아시아 이민은 법적으로 금지되어 있었다. 중국은 예외적으로 약간은 할 당되어 있었다. 이 규정은 2차 세계대전 동안 중국이 우방으로 인정받았기에 만들어진 규정이었다. 아시아 이민의 금지는 인종차별주의라는 국제적인 비난을 받게 될 것이라 예상되었다. 공법 271조를 여러 번 수정한 결과 미군의 아시아인 아내들이 미국으로 들어오는 것이 허용되었지만, 1~2년이 채 지나지 않아 폐기되었다. (조순이는 이런 수정 조항 아래서 미국으로 들어왔던 것처럼 보인다.) 1952년에 이르러서야 이 법이 변경되어 미국 시민의 아시아인 아내들이 법적인 차별 없이 미국으로 들어올 수 있도록 허용되었다. 법안의 변경에 관한 논의에 대해서는 다음을 참조. Michael C. Thornton, "The Quiet Immigration: Foreign Spouses of U.S. Citizens, 1945~1985," in *Racially Mixed People in America*, ed. Maria P. P. Root (London: Sage Publications, 1992), pp. 64~76. 여성, 이민, 시민권과 관련한 법들에 관한 전반적인 논의는 Candice Bredbenner, *A Nationality of Her Own: Women, Marriage and the Law of Citizenship* (Berkeley: University of California Press, 1998)을 보라.

3) 그녀의 반응은 남한에서 결혼에 관한 관념이 바뀌고 있음을 시사한다. 남한에서 낭만 적 사랑은 점차적으로 결혼에 대한 합법적이고 충분한 사유가 되었다. 현대 한국인들 의 결혼 관행에 관한 간략한 역사와 풍부한 논의를 보려면, Laurel Kendall, *Getting Married in Korea: Of Gender, Morality and Modernity* (Berkeley: University of California Press, 1996)를 참조하라.

4) Table I in Bok-Lim C. Kim, "Asian Wives of U.S. Servicemen: Women in Shadows," *Amerasia Journal*, no. 4 (1977), pp. 91~115. 원래 자료는 U.S. Commissioner of Immigration and Naturalization, *Annual Reports, 1947~1975*, Table 6 (Washington, D.C.).

5) Kim, "Asian Wives of U.S. Servicemen."

6) 브루스 커밍스의 최근 연구, Bruce Cumings, *Korea's Place in the Sun: A Modern History* (New York: W. W. Norton, 1997)는 이 시기의 경제 상태를 논의한다. 특히 4~6장을 보라.

7) Cumings, *Korea's Place in the Sun*, p. 304.

8) 지하경제는 여전히 성행하고 있다. 서울에 있는 대부분의 시장에는 피엑스와 미군 매점에서 나온 미제 물건을 파는 암시장이 있고, 신문에는 종종 암거래상들이 체포되었다는 기사가 실린다는 것이 이 사실을 입증한다.

9) Table I in Kim, "Asian Wives of U.S. Servicemen," pp. 91~115.

10) George Ogle, *South Korea: Dissent within the Economic Miracle* (Atlantic Highlands, N.J.: Zed Books, 1990); Martin Hart-Landsberg, *Rush to Development* (New York: Monthly Review Press, 1993). 한국의 도시화와 프롤레타리아트화, 그리고 그로 인해 가난에 찌든 젊은 여성들이 도시지역으로 대거 이동하는 사회적 격변에 관한 논의이다. 1997년 쉼터에서 나온 보고서는, 뿌리 뽑혀 흩어진 많은 젊은 여성들이 기지촌으로 흘러들어오기까지 이와 같은 도시화가 미친 영향을 증언한다.

11) 한국에는 미국과 같이 출생증명서, 결혼증명서, 이혼증명서와 같은 것이 따로 없다. 그 대신 이 모든 사건들은 각 가족의 호적등본에 기록되어 있다. 호적등본은 결혼이나 이혼을 할 때, 혹은 이민을 갈 때 등등에 요구되며, 그 사람의 신원을 확인해 주는 것이 된다.

12) Katherine H. S. Moon, "International Relations and Women: A Case Study of United States-Korea Camptown Prostitution, 1971~1976," Ph.D. dissertation, Princeton University, 1994, p. 43.

13) Table I in Kim, "Asian Wives of U.S. Servicemen"; Table I in Daniel B. Lee, "Korean Women Married to Servicemen," in *Korean American Women Living in Two Cultures*, ed. Young In Song and Ailee Moon (Los Angeles: Academia Koreana, Keimyung-Baylo University Press, 1997), pp. 94~123.

14) 한국에서 여공들의 생활에 관한 연구는, Royal Asiatic Society, Korea Branch, *Yogong: Factory Girl* (Seoul: Royal Asiatic Society, Korea Branch, 1988)을 보라.

15) Hart-Landsberg, *Rush to Development*, pp. 177~182.

16) 언니는 나이 든 여성을 지칭하거나 부를 때 사용하는 존칭이다. 젊은 여성들 사이에서 약간 나이 든 여성에 대한 일종의 호칭으로 사용된다.

17) Table I in Lee, "Korean Women Married to Servicemen."

18) 한국 이민에 관해 길게 논의한 것에 대해서는, Ilsoo Kim, *New Urban Immigrants: The Korean Community in New York* (Princeton: Princeton University Press, 1981)을 보라.

19) Nancy Abelmann and John Lie, *Blue Dreams: Korean Americans and the Los Angeles Riots* (Cambridge, Mass.: Harvard University Press, 1995), pp. 56~77. 이 책은 한국인들이 미국으로 이민을 가려는 욕망을 불러일으키는 다층적인 요소들—경제 상태, 정부 정책 등—에 관해 논의하고 있다.

20) Table I in Lee, "Korean Women Married to Servicemen."

21) Lee, "Korean Women Married to Servicemen."

22) 서울 미군위문협회(U.S.O.)의 부소장인 이본 박(Yvonne Park)과 1997년 2월 26일 서울에서 나눈 개인적인 인터뷰.

23) 예를 들어, 전남사회운동협의회 편, 황석영 기록, 『죽음을 넘어, 시대의 어둠을 넘어』 (서울: 풀빛, 1985)는 광주 항쟁과 학살에 관한 목격자의 증언으로 1985년에 출판되었다. 금서가 되었지만 이 책은 학생 운동권에서 널리 유포되었다. 영어 번역은 Jai-Eui Lee, *Kwangju Diary: Beyond Death, Beyond the Darkness of the Age* (Berkeley: University of California Press, 1999).

24) 1990년대 중반에 이르기까지, 한미연합 사령관은 언제나 미국인이었다. 유일한 한국 군은 통합군의 일부이므로, 사실상 이것은 미국의 손에 한국군이 완전히 장악되게끔 만든다. 정보자유법을 통해 저널리스트인 팀 셔록이 최근에 발굴한 문건에 따르면, 학살에 미군이 연루되었을 것이라는 학생들의 추측이 기본적으로 옳았던 것으로 드러났다. Tim Shorrock, "Ex-Leaders Go on Trial in Seoul," *Journal of Commerce*, Five Star edition, February 27, 1996, p. AI; "Debacle in Kwangju," *The Nation*, December 9, 1996, pp. 19~22. 광주 항쟁과 학살에 관한 학술 논문 모음집으로 다음을 보라. Donald N. Clark, ed., *The Kwangju Uprising: Shadows over the Regime in South Korea* (Boulder, Colo.: Westview Press, 1988).

25) 1980년대 한국에서의 정치와 노동자 시위, 그리고 민주화 운동에 관한 간략한 역사에 관해서는, Cumings, *Korea's Place in the Sun*, pp. 377~393.

26) 1977년 INS는 미국 시민의 아내로 입국했던 이민자들의 궤적을 추적하는 것을 중단

했다. 따라서 INS 기록은, 얼마나 많은 한국 여성들이 오렐라나 부인과 함께 미국으로 들어왔는지를 알려 주지 못한다. 다니엘 리가 수집한 자료들은 1989년 이후는 다루지 않는다. 그래서 나는 2차 문헌에서도 다른 데이터를 발견할 수가 없었다.

27) Paul Messaris and Jisuk Woo, "Image vs. Reality in Korean Americans' Responses to Mass-Mediated Depictions of the United States," *Critical Studies in Mass Communication*, vol. 8 (1991), pp. 74~90. 미국으로 오기 전에 한국 이민자들이 미국을 보는 입장에 관한 논의이다. 41명의 이민자들에 관한 이 연구에서, 연구자들은 이민자들이 미국의 이미지를 부와 자유, 그리고 기회가 지배적인 곳으로 간주했으며, 미국을 천국 또는 꿈을 성취할 수 있는 땅으로 보았다고 말했다. 의미심장하게도, 피면담자들은 자신이 경험한 현실과 이런 이미지들이 일치하지 않는다고 느끼고 있다는 점을 연구자들은 알게 되었다.

28) J. M. Blaut, *The Colonizer's Model of the World* (New York: Guilford Press, 1993).

29) Frantz Fanon, *Black Skin, White Masks*, trans. Charles Lam Markmann, originally published in French in 1952 (New York: Grove Weidenfeld, 1967) 〔국역본은 프란츠 파농, 이석호 옮김, 『검은 피부 하얀 가면』(고양: 인간사랑, 1998)〕; Aime Cesaire, *Discourse on Colonialism*, trans. Joan Pinkham, originally published in French in 1955 (New York: Monthly Review Press, 1972); Albert Memmi, *The Colonizer and the Colonized*, trans. Howard Greenfield, originally published in French in 1957 (Boston: Beacon Press, 1967).

30) 남한에서 영어의 중요성과 영어에 관한 다음의 논의는 이 시기 동안 한국에서 살았던 한국 친지, 친구, 가족 들의 설명으로부터 이끌어 낸 것이다. 영어 교육과 관련된 남한의 교육 체계에 관한 지식은 월간 『말』에 실린 한국의 영어 교육에 관한 기사에 기초한 것이다. 내가 참고한 『말』의 두 기사는 1997년 10월호의 126~129쪽과 1998년 4월호의 194~197쪽에 각각 실린 것이다.

31) 한국은 오랫동안 중앙 집중식 교육 체계를 유지했으면서도, 남한 정부는 1954년에 이르기까지 중앙 집중화된 프로그램을 공식적으로 시작하지는 않았다. 중앙 집중식 교육은 제1차 교과 과정이라고 불리는 국정교과서를 도입하고부터였다. 이 교과 과정은 거의 몇 년에 한 번씩 수정되고 있으며 따라서 국정교과서 역시 다시 쓰여지고 있다. 남한은 현재 6차 교과 과정의 중간에 있는데, 그것은 1999년 공표된 것이다.

32) Lee, Table I in "Korean Women Married to Servicemen."

3장 이민자들이 만난 것: 저항에서 생존까지

1) Aihwa Ong, *Spirits of Resistance and Capitalist Discipline: Factory Women in Malaysia* (Albany: State University of New York Press, 1987). 이와 유사한 논의로는, Robin D. G. Kelley, in *Race Rebels: Culture, Politics and the Black Working Class* (New York: Free Press, 1996)와 *Hammer and Hoe: Alabama Communists during the Great Depression* (Chapel Hill: University of North Carolina Press, 1990)을 보라. 켈리는 아프리카계 미국인들의 위장된 저항과, 그것이 어떻게 적절한 상황이 되면 폭발적인 반란으로 불타오를 수 있는지를 기술한다.

2) James C. Scott, *Domination and the Arts of Resistance* (New Haven, Conn.: Yale University Press, 1990), pp. 19, 190. 또한 그의 *Weapons of the Weak: Everyday Forms of Peasant Resistance* (New Haven, Conn.: Yale University Press, 1985)도 참조.

3) 이것은 제국주의와 인종에 관한 연구와 일치한다. 이것은 식민주의자들은 피식민지인들을 인간 이하로 간주한다는 것을 드러내 보여 주었다. 또한 이런 입장은, 공식적인 식민주의자-피식민지인 관계가 끝나고 난 뒤에도 오랫동안 흔적을 남기고 있다는 점을 보여 주었다. 『자비 없는 전쟁』에서 존 다우어는 미국과 일본 모두 서로를 희화하하고 인종 차별을 했음을 보여 주었다. 다우어에 따르면, 미국이 일본이라는 적을 인간 이하로 묘사했다면, 일본의 인종 차별적인 전략은 미국을 적으로 규정하는 것에 의존했다. 미국은 일본을 짐승과 같고 인간 이하로 규정했는데, 다우어는 이런 특징을 다른 아시아 국가들까지 확장시키고 포함시킨다. 특히 한국과 베트남 전쟁 동안 그런 점이 두드러졌다. 비백인 민족들을 인간 이하로 규정하는 서구의 전반적인 경향과 연관이 있었다. John W. Dower, *War Without Mercy: Race and Power in the Pacific War* (New York: Pantheon Books, 1993). 초판은 1986년에 출간되었다.

4) 인종에 관한 다양한 논의에 관해서는 다음을 보라. Barbara J. Fields, "Race and Ideology in American History," in *Region, Race and Reconstruction: Essays in Honor of C. Vann Woodward*, ed. J. Morgan Kousser and James M. McPherson (New York: Oxford University Press, 1982), pp. 143~147; Henry Louis Gates, Jr., "Introduction: Writing 'Race' and the Difference It Makes," in *"Race," Writing and Difference*, ed. Henry Louis Gates, Jr. (Chicago: University of Chicago Press, 1986), pp. 1~20; Evelyn Brooks Higginbotham, "African American Women's History and the Metalanguage of Race," *Signs: Journal of*

Women in Culture and Society, vol. 17, no. 2 (1992), pp. 251~274.

5) 로널드 다카키는 인종적 범주는 식민지 시대부터 20세기에 이르기까지 북미 역사를 통틀어 작동하고 있었으며, 타자를 희생하여 백인들에게 경제적·정치적·사회적·문화적 특권을 부여해 왔음을 보여 주었다. Ronald Takaki, *Iron Cages: Race and Culture in Nineteenth-Century America* (New York: Oxford University Press, 1979; 2d ed., 1990); "Reflections on Racial Patterns in America," in *From Different Shores: Perspectives on Race and Ethnicity in America*, ed. Ronald Takaki (New York: Oxford University Press, 1987), pp. 26~38.

　　마이클 오미와 하워드 위넌트는, 미국 사회는 민권 투쟁과 같은 반인종차별주의 운동을 단지 다른 인종적 구성체로 만들어 버리는 것으로 대응해 왔음을 설득력 있게 보여 주었다. 말하자면, 어느 정도 요구하는 바를 수용하면서도 인종적인 범주가 기초하고 있는 그 이면의 불평등의 토대는 전혀 손대지 않고 남겨 두는 방식으로 대응해 왔다는 것이다. 인종과 인종차별주의를 더욱 근본적인 차별주의로 추정되는 것의 부산물로 설명하려고 하는 민족성, 계급, 국가라는 패러다임에 저항하면서, 그들은 인종과 인종차별주의는 이와 같은 다른 패러다임에 의해서 설명될 수 없는 별개의 역학을 가진 것임을 밝히고자 한다. 그들은 또한 인종적 구성체가 발생하는 영역은 광범하고, 인간 경험의 가능한 모든 측면을 포괄하는 것이며, 그들이 공공의 거시적 차원이라고 부른 것에서부터 일상적이고 개인적인 경험의 미시적인 차원에 이르기까지를 전부 포괄하는 것이라고 주장한다. Michael Omi and Howard Winant, *Racial Formations in the United States* (New York: Routledge, 1994).

　　패트리샤 힐 콜린스와 벨 혹스 같은 페미니스트 학자들은 다카키나 오미와 위넌트보다 한걸음 더 나아간 논지를 편다. 그들은 미국에서 흑인 여성의 사례를 들어서 인종과 젠더가 어떻게 결합하여 유색 여성들을 지배하고 억압하는지 보여 준다. 예를 들어 그들은 유모와 요부(the Mammy and the Jezebel, 이세벨은 이스라엘의 왕 아합의 아내. 왕비가 된 후 바알의 제사장을 끌어 들여 숭배를 강요하다가 갈멜 산에서 여호와의 예언자인 엘리야와의 대결에서 패했다―옮긴이)와 같은 상투적인 이미지는 인종화하고 젠더화하여 지속적으로 흑인 여성들을 '제자리'에 묶어 두려고 훈육하면서 재구성하는 것이라고 주장한다. 이와 유사하게 아시아 여성들의 상투적인 이미지는 온순하고 지극히도 여성적이며 순종적인 활짝 핀 연꽃의 이미지와 간교하고 공격적이며 위험한 드래곤 레이디로 구분함으로써 아시아 여성들에게 '자연스럽고' '적절한' 것으로 보이는 특정한 역할을 이행하도록 요구하는 것이다. Patricia Hill Collins, *Black Feminist Thought: Knowledge, Consciousness, and the Politics of Empower-*

ment (New York: Routledge, 1990); bell hooks, *Ain't I a Woman? Black Women and Feminism* (Boston: South End Press, 1981).

이런 분석의 공통점은 인종차별주의가 다층적인 차원에서 작동하고 있다는 통찰이다. 심지어 가장 일상적인 경험과 가장 개인적인 인간 상호 작용에 영향을 미친다는 것이다. 게다가 스튜어트 홀이 '추론적인 인종차별주(inferential racism)' 라고 부르는 것, 그리고 산 후안 주니어(E. San Juan, Jr.)가 '은밀한 인종차별주의(covert racism)' 라고 부르는 이와 같은 인종차별주의는 은폐되어 있고 자연스런 현상이 된다. 인종 차별적인 태도와 행동은 의문의 여지가 없는 전제로 받아들여지고, 따라서 그것이 근거하고 있는 인종차별주의적인 속성을 드러내지 않고서도 실행되도록 허용된다. E. San Juan, Jr., *Racial Formations, Critical Transformations: Articulations of Power in Ethnic and Racial Studies in the United States* (Atlantic Highlands, N.J.: Humanities Press International, 1992), p. 40; Stuart Hall, "The Whites of Their Eyes: Racist Ideologies and the Media," in *Silver Linings*, ed. George Bridges and Rosalind Brunt (London: Lawrence and Wishart, 1981), p. 36.

6) 오리엔탈리즘과 아시아 여성의 상투적 이미지에 관한 논의로는 다음을 보라. Renee E. Tajima, "Lotus Blossoms Don't Bleed: Images of Asian Women," in *Making Waves: An Anthology of Writings by and about Asian American Women*, ed. Asian Women United of California (Boston: Beacon Press, 1989), pp. 308~318; L. Hyun-Yi Kang, "The Desiring of Asian Female Bodies," *Visual Anthropology Review*, vol. 9, no. I (Spring 1993), pp. 5~21; Gina Marchetti, *Romance and the "Yellow Peril": Race, Sex, and Discursive Strategies in Hollywood Fiction* (Berkeley: University of California Press, 1993); Aki Uchida, "The Orientalization of Asian Women in America," *Women's Studies International Forum*, vol. 21, no. 2 (1998), pp. 161~174.

7) Darrell Y. Hamamoto, *Monitored Peril: Asian Americans and the Politics of TV Representation* (Minneapolis: University of Minnesota Press, 1994); Marchetti, *Romance and the "Yellow Peril"*; Kang, "The Desiring of Asian Female Bodies"; Yoki Yoshikawa, "The Heat Is on *Miss Saigon*: Organizing across Race and Sexuality," in *The State of Asian America: Activism and Resistance in the 1990s*, ed. Karin Aguilar-San Juan (Boston: South End Press, 1994), pp. 275~294.

8) Rosina Lippi-Green, *English with an Accent: Language, Ideology, and Dis-*

crimination in the United States (New York: Routledge, 1997). 특히 chapter 9(The real trouble with Black English)와 II(The stranger within the gates)를 보라. 리피 그린은 무수히 많은 언어 차별의 법적인 사례, 그중에서도 특히 억양 차별에 관해 논의한다. 악센트 차별로 인해 아시아 이민자들과 아시아계 미국인들은 직장을 잃거나 해고당한다. 또는 말하는 방식으로 인해 그들은 차별을 받고 있었다. chapter 8(Language ideology in the workplace and the judicial system)을 보라.

9) '한국적인 것(koreanness)'을 어떻게 정의할 것이며, 과연 무엇이 '한국적인 것'인가에 관한 질문은 제쳐 두기로 한다. 왜냐하면 그것은 내 연구의 범위를 벗어나는 것이기 때문이다. 그 대신 나는 그 용어 자체가 대단히 역동적이고 유동적이며 또한 다성적이며 경합적이라는 점, 그리고 맥락과 의도에 따라서 대단히 많은 의미를 가질 수 있다는 점을 주장하고 싶다. 그런 단서와 더불어 나는 그 용어를 느슨하고 광범한 의미로 믿음, 행동, 라이프스타일, 표현 등과 같이 많은 한국인들 스스로에 의해서 한국적인 것으로 연상되는 것, 또한 이 책에 등장하는 여성들에 의해서뿐만 아니라 미국인들에 의해서 한국적인 것으로 연상되는 것을 지칭하고자 한다.

10) Daniel Y. Moon, "Ministering to Korean Wives of Servicemen," in *Korean Women in a Struggle for Humanization*, ed. Harold Hakwon Sunoo and Dong Soo Kim (Memphis, Tenn.: Association of Korean Christian Scholars in North America, 1978), p. 107.

11) Lisa Lowe, *Immigrant Acts: On Asian American Cultural Politics* (Durham: Duke University Press, 1996). 특히 첫 번째 장을 참고. 그리고 Gary Okihiro, *Margins and Mainstreams: Asians in American History and Culture* (Seattle: University of Washington Press, 1994) 참고. 두 책 모두 아시아인들이 영원한 이방인으로서 구성되고 취급되어 왔던 방식에 관해 이야기하고 있다.

12) 예를 들어 자신의 지역 사회에서 문화적인 지도자였던 일본 이민자들을 진주만 공격에 대한 결과로서 체포했던 이면에 이런 추론이 깔려 있었다. 일본어, 일본 춤, 그리고 다른 형태의 문화적 표현 형태를 실천했던 그런 사람들은 미국에 충성하지 않았던 것으로 가정되었다.

13) 대부분의 어린이들은 반아시아인 혐오 발언을 경험했던 반면 한국인 어머니와 유대계 미국인 아버지 사이에 난 이 아들은 반아시아인 편견과 반유대인 편견에 혼합된 혐오 발언을 경험했다. 이와 유사하게 아프리카계 미군과 결혼한 여성들은 자녀들이 "사팔뜨기 검둥이"라는 놀림을 받았다고 말했다. 나에게 들려주었던 경험에서 공격자들은 단 한 명을 제외하고는 언제나 백인들이었다. 아프리카계 미국인과 결혼했던 한 여성은

이혼 후 아프리카계 미국인들이 모여 사는 동네에 정착했다. 그녀의 아들은 다른 아프리카계 미국인 아이들로부터 "칭크(chink)" 혹은 "노랑이(gook)"와 같은 놀림을 당했다. 다른 한국인들로부터는 그런 혐오 발언을 듣지 못했다고 그녀는 말했다. 하지만 내가 생각하기에 그녀가 주로 다른 한국 사람들과의 접촉이 없었기 때문으로 보인다.

14) Mari J. Matsuda, Charles R. Lawrence III, Richard Delgado, and Kimberlé Williams Crenshaw, *Words That Wound* (Boulder, Colo.: Westview Press, 1993). "공격적인 발언"에 대한 정의는 p. 1 참고.

15) 한국인들은 임신 기간을 열 달로 헤아린다. 열 달 동안 한 달을 똑같이 4주로 친다. 전체 40주는 임신 기간의 의학적인 규정과 일치한다.

16) Dongsook Park Kim, "The Meanings of Television Viewing: An Interpretive Analysis of Four Korean Groups in the U.S.," Ph.D. dissertation, University of Texas at Austin, 1990, p. 257에서 인용함.

17) 결혼 생활에서의 갈등과, 조사 연구에 관한 논의에 관해서는 Don Chang Lee, "Intermarriage and Spouse Abuse: Korean Wife and American Husband," in *Koreans in America: Dreams and Realities*, ed. Hyung-chan Kim and Eun Ho Lee (Seoul: Institute of Korean Studies, 1990), pp. 133~150를 보라.

18) Venny Villapando, "The Business of Selling Mail-Order Brides," in *Making Waves: An Anthology of Writings by and about Asian American Women*, ed. Asian Women United of California (Boston: Beacon Press, 1989), pp. 318~336. 이것은 아시아 여성을 피곤한 미국인 남성을 구원하고 전통적인 아시아의 가치를 통해 미국 가족을 다시 활기차게 해주는 부드럽지만 강한 영혼의 소유자로 위치시키는 1인칭 서술이다. 이 아시아적 가치는 알고 보면 전통적인 미국적 가치였지만, 현대 사회에 만연된 개인주의로 인해 상실해 버린 것이었다. Wanwadee Larson, *Confessions of a Mail Order Bride* (Far Hills, N.J.: New Horizon Press, 1989).

19) 수많은 학자들이 미국 노동 시장의 이런 분할을 분석해 왔다. 그 가운데 Teresa L. Amott and Julie A. Matthaei, *Race, Gender and Work* (Boston: South End Press, 1991); Evelyn Nakano Glenn, *Issei, Nisei, War Bride: Three Generations of Japanese Women in Domestic Service* (Philadelphia: Temple University Press, 1986); Lucie Cheng and Edna Bonacich, ed., *Labor Immigration under Capitalism* (Berkeley: University of California Press, 1984)을 보라.

20) Evelyn Nakano Glenn and Ching Kwan Lee, "Factory Regimes of Chinese Capitalism: Different Cultural Logics of Labor Control," in *Ungrounded*

Empires: The Cultural Politics of Modern Chinese Transnationalism, ed. Aihwa Ong and Donald Nonini (New York: Routledge, 1997), pp. 115~142.

21) 한국인 군인아내들의 틈새 위치에 관한 자기규정은 글로리아 안잘두아가 사용한 접경지대라는 용어를 환기시킨다. 안잘두아는 멕시코계 미국인들의 혼종과 경계선의 역사와 위치를 묘사하기 위해 이 용어를 사용했다. 처음으로 이 용어가 널리 알려지게 된 것은 그녀의 책 때문이다. Gloria Anzaldua, *Borderland/La Frontera: The New Mestiza* (San Francisco: Aunt Lute Books, 1987). 접경지대라는 용어는 이제 두 개 이상의 문화와 지리적·국가적 맥락과 협상하는 이주자들의 경험을 묘사하는 비유어가 되었다.

22) '황금 방석'은 풍요한 생활을 묘사하는 한국 속담인데, 종종 미국을 지칭하는 데 사용되었다.

4장 요리는 미국식으로, 먹기는 한국식으로

1) Roland Barthes, "Toward a Psychosociology of Contemporary Food Consumption," in *Food and Culture*, ed. Carole Counihan and Penny Van Esterik (New York: Routledge, 1997), p. 21. "음식은 어떤 상황을 소비하고 전달한다. 음식은 정보를 구성한다. 그것은 기표이다."

2) 미국이라는 '상상의 공동체', 말하자면 미국의 지배적인 자기 정체성은 이민자들의 정체성이다. 그들은 자신들의 낡고 오래된 문화를 새롭고 현대적인 미국 문화와 교환해 왔으며, 미국인으로서 새롭고 더 나은 삶으로 교환해 왔다. 비록 때때로 문화적 다원주의나 다문화주의로 수정됨으로써 용광로(melting pot)가 모자이크나 샐러드, 혹은 일관된 전체로서의 혼합에 대한 다른 무수히 많은 은유를 사용해 왔지만, 미국화의 이상, 즉 백인 미국을 설정하는 것이며 백인 미국인들을 우월한 것으로 설정하는 것은 20세기 전반에 걸쳐 강력하게 남아 있다. 미국화의 가장 중요한 척도 가운데 하나가 음식이었다.

3) 민병갑 외, 『미국 속의 한국인』(서울: 유림문화사, 1991), 180쪽; Eui-Young Yu, "Ethnic Identity and Community Involvement of Younger-Generation Korean Americans," in *Korean Studies: New Pacific Currents*, ed. Dae-Sook Suh (Honolulu: University of Hawaii Press, 1994), pp. 263~282. 2세대가 보존하고 싶어 하는 또 다른 측면은 연장자에 대한 존경심이었다.

4) 한경구, 「어떤 음식은 생각하기에 좋다: 김치와 한국 민족성의 정수」, 『한국문화인류

학』 26집(서울: 한국문화인류학회, 1994), 51~68쪽.

5) 스파게티는 한국인들 사이에서 인기 있는 외국 음식이 되었다. 아마도 마늘이 들어 있고, 소스를 얹은 국수가 한국인들에게는 익숙한 음식 형태이기 때문일 것이다. 1960~1970년대 한국에서 온 많은 독신 남학생들은 스파게티 소스 캔을 따고, 마늘을 넣고 국수를 끓여서 먹는 것이 미국에 와서 처음으로 만들어 본 음식이었다.

6) 한국 여성들은 갓 결혼했을 때는 가장 초보적인 요리의 기본만을 알고 있는 경우가 많다. 대부분의 젊은 며느리들은 시어머니에게 요리하는 법을 배운다. 그러므로 미국인과 결혼한 군인아내들은 한국 음식을 만드는 법을 결코 배운 적이 없었다는 것을 의미한다.

7) '언니'는 나이 든 여성에게 말을 건넬 때 쓰는 존칭이다. 한국 여성들이 자기보다 나이든 여성들을 언니라는 친근한 호칭으로 부르는 것은 매우 흔한 일이다. 군인아내들 가운데서는 언니라는 호칭을 쓰면서 서로 친족과도 같은 관계로 발전하기도 한다.

8) 다른 한편 어떤 한국인들은 한국에서 한국 음식은 미국에서 먹는 한국 음식처럼 맛있지는 않다고 말한다. 코리아타운 근처에서 성장했으며, 한국 음식을 날마다 집에서 먹었던 이런 한국계 미국인들은 그들 나름의 향수를 표현하고 있다. 하지만 조상의 땅이라는 기원(起源)의 나라 바깥에서 성장했던 인종적·민족적 소수자로서 그들은 이런 향수를 다국적(transnational) 경험으로 인해 비틀린 방식으로 표현한다.

9) Donna Gabaccia, *We Are What We Eat* (Cambridge, Mass.: Harvard University Press, 1998), pp. 122~148. 또한 George Sanchez, "'Go after the Women': Americanization and the Mexican Immigrant Woman, 1915~1929," in *Unequal Sisters: A Multicultural Reader in U.S. Women's History*, ed. Vicki L. Ruiz and Ellen Carol Dubois (New York: Routledge, 1990), pp. 284~297을 보라.

10) 음식 준비 방식이 젠더화되어 있는 것에 관한 논의는 특히 다음을 참조. Marjorie L. DeVault, *Feeding the Family: The Social Organization of Caring as Gendered Work* (Chicago: University of Chicago Press, 1991); Jacqueline Burgoyne and David Clarke, "You Are What You Eat: Food and Family Reconstitution," in *The Sociology of Food and Eating*, ed. Anne Murcott (Aldershot, England: Gower Publishing House, 1983); Janet Theophano and K. Curtis, "Sisters, Mothers and Daughters: Food Exchanged and Reciprocity in an Italian-American Community," in *Diet and Domestic Life in Society*, ed. A Sharman, J. Theopano, K. Curtis, and E. Messer (Philadelphia: Temple University Press,

1991); M. Ekstrom, "Class and Gender in the Kitchen," in *Palatable Worlds: Sociocultural Food Studies*, ed. E. L. Furst, R. Prattala, M. Ekstrom, L. Holm, and U. Kjaernes (Oslo: Solum Forlag, 1991).

정체성을 표현하는 데 음식의 역할에 관한 논의는 Linda Keller Brown and Kay Mussell, ed., *Ethnic and Regional Foodways in the United States: The Performance of Group Identity* (Knoxville, Tenn.: University of Tennessee Press, 1984)를 보라.

11) 리사 헬드케는 이런 현상을 "문화적인 음식 식민주의"라고 부른다. "Let's Eat Chinese: Cultural Food Colonialism," presented at the Midwestern Conference of the Society for Women in Philosophy, Spring 1993. 그리고 Uma Narayan, *Dislocating Cultures: Identities, Traditions, and Third World Feminism* (New York: Routledge, 1997), pp. 178~188에서 인용함.

12) Stephanie Coontz, *The Way We Never Were: American Families and the Nostalgia Trap* (New York: Basic Books, 1992). 이 책은 그처럼 지나간 시대는 실제로 결코 존재하지 않았으며, 가정주부라는 전통적인 미국인 가족의 이상은 미국 여성들 중에서도 극히 소수를 제외하고는 결코 실현된 적이 없었음을 보여 준다.

13) Daniel Y. Moon, "Ministering to 'Korean Wives' of Servicemen," in *Korean Women in a Struggle for Humanization*, ed. Harold Hakwon Sunoo and Dong Soo Kim (Memphis, Tenn.: Association of Korean Christian Scholars in North America, 1978), pp. 97~116.

14) 민병갑 외, 『미국 속의 한국인』(서울: 유림문화사, 1991), 179~180쪽.

15) 도너 가바시아는 명료하게 그런 믿음의 개요를 제시한다. Donna Gabaccia, *From the Other Side: Women, Gender and Immigrant Life in the U.S., 1820~1990* (Bloomington: INdiana University Press, 1994).

16) 미국에서 인종적·문화적 정체성과 백인성(whiteness)이 베풀어 주고 있는 이점에 관한 연구는 다음을 보라. Ruth Frankenberg, *White Women, Race Matters: The Social Construction of Whiteness* (Minneapolis: University of Minnesota Press, 1993); David Roediger, *The Wages of Whiteness* (New York: Verso, 1991); Noel Ignatiev, *How the Irish Became White* (New York: Routledge, 1995); George Lipsitz, *The Possessive Investment in Whiteness: How White People Profit from Identity Politics* (Philadelphia: Temple University Press, 1998). 이런 책들은 백인성에 관해 증가하는 문헌들의 일부이다. 다음 책들 역시 이에

포함된다. Matthew Frye Jacobson, *Whiteness of a Different Color: European Immigrants and the Alchemy of Race* (Cambridge, Mass.: Harvard University Press, 1998); Karen Brodkin, *How Jews Became White Folks and What That Says about Race in America* (New Brunswick, N.J.: Rutgers University Press, 1998); Ruth Frankenberg, ed., *Displacing Whiteness: Essays in Social and Cultural Criticism* (Durham, N.C.: Duke University Press, 1997).

17) Laurel Kendall and Mark Peterson, ed., *Korean Women: View from the Inner Room* (New Haven, Conn.: East Rock Press, 1983); Sandra Mattielli, ed., *Virtues in Conflict: Tradition and the Korean Woman Today* (Seoul: Royal Asiatic Society, Korea Branch, 1977); Yung-Chung Kim, ed. and trans., *Women of Korea*, by the Committee for the Compilation of the History of Korean Women (Seoul: Ewha Women's University Press, 1976); 또하나의문화동인들, 『주부, 그 막힘과 트임』(서울: 또하나의문화, 1990).

18) Sidney Mintz, *Tasting Food, Tasting Freedom* (Boston: Beacon Press, 1996). 이 책에 따르면, 미국이 요리 그 자체라고 할 만한 것을 가지고 있지는 않다. 하지만 패스트푸드, 인스턴트와 냉동식품, 통조림 등 손쉽게 준비해서 먹을 수 있는 음식을 특징으로 하는 뚜렷한 식사 방법을 가지고 있다고 할 수 있다.

19) Richard D. Alba, *Ethnic Identity: The Transformation of White America* (New Haven, Conn.: Yale University Press, 1990), pp. 79~80, 85~86. 또한 Mary C. Waters, *Ethnic Options: Choosing Identities in America* (Berkeley: University of California Press, 1990)를 보라.

20) Mary Douglas, "Deciphering a Meal," in *Food and Culture*, ed. Carole Counihan and Penny Van Esterik (New York: Routledge, 1997), pp. 36~54.

21) 한국 식사의 구성에 관한 묘사는 미국과 한국에서 중산층 한국 가족으로서 식사를 했던 나의 경험에 기초한 것이다. 또한 적절한 한국 식사를 구성하는 것에 관한 다른 여성들과의 논의들에 따른 것이다. 레스토랑에서 나오는 근사한 한국 식사들은 구성도 다양하며 어떤 것은 코스 요리로 나오기도 한다.

22) 미국 식사 구성에 관한 묘사는 미국에서 생활한 나의 경험에 기초한 것이다. 그리고 미국 여성들과 어떤 것이 적절한 미국 식사인가에 관한 논의에 따른 것이다.

23) Gabaccia, *We Are What We Eat*. 이 책은 민족 음식 아이템들이 미국 문화에 통합되는 것을 논의하고 있다.

24) 김유미, 『미국 학교의 한국 아이들』(서울: 일선기획, 1988), 69~75쪽.

25) Sil Dong Kim, "Internationally Married Korean Women Immigrants : A Study in Marginality," Ph.D. dissertation, University of Washington, 1979, p. 110.

26) 이와 유사하게 인도차이나와 몽족(Hmong, 몽족은 라오스의 소수 민족으로 산악 부족이다. 베트남전쟁 때 미군을 도왔지만 미국은 몽족을 버렸으며 라오스, 베트남의 보복 공격으로 수난을 당했다―옮긴이) 이민 여성들은 문화적인 변화에 따른 스트레스로 인해 생긴 질병과 정서적인 외상을 치유하는 수단으로서 그네들의 토착 음식을 먹는 것에 관해 말한다. Gabaccia, *From the Other Side*, p. 121을 보라.

5장 방탕한 딸들, 효성스런 딸들

1) 한(恨)은 한국인들의 특징을 정의하는 데 종종 언급된다. 일레인 김은 한이라는 개념을 한국계 미국인들의 역사와 한반도에서의 한국인들의 역사와 연결시키는 데 사용한다. 그녀는 1992년 로스앤젤레스 민간인 폭동의 의미와 결과를 성찰하면서 한이라는 개념을 이용한다. Elaine Kim, "Home is Where the *Han* is," in *Reading Rodney King, Reading Urban Uprising*, ed. Robert Gooding-Williams (New York : Routledge, 1993), pp. 215~235. 한국에서 1945년 이후의 맥락에서 한에 관한 논의와 민족 분단과 통일의 문제에 관해서는 Roy Richard Grinker, "Loss, Mourning and Resentment : Han," in *Korea and Its Futures : Unification and the Unfinished War* (New York : Macmillan, 1998), 한국계 미국인 기독교인들의 관점에서 본 논의는 Andrew Sung Park, *The Wounded Heart of God : The Asian Concept of Han and the Christian Doctrine of Sin* (Nashville, Tenn. : Abingdon Press, 1994)을 보라.

2) 추석은 음력 8월 15일에 행하는 연례 명절이다. 추석은 양력으로는 대략 9월이나 10월 초 정도가 된다. 음력 설날과 더불어 추석은 한국에서 가장 중요한 명절이며 가족이 함께 모여 조상의 묘를 찾아간다.

3) Alejandro Portes and Alex Stepick, *City on the Edge : The Transformation of Miami* (Berkeley : University of California Press, 1993). 쿠바와 아이티 이민자들은 경제적 안정과 사회적 인정을 얻기 위해 미국 흑인들과 자신들을 분리시킨다. 1세대 한국인 이민자들에게 아프리카계 미국인들에 관한 것을 가르치기 위해 1992년 로스앤젤레스 소요 사태와 그 궤적을 좇아 아프리카계 미국인들의 간략한 역사를 출판했다. 이 책은 로스앤젤레스, 뉴욕, 필라델피아 등지에서 세미나에 사용되었으며, 자녀

들이 부모들에게 열심히 읽도록 권장했다. 장태한, 『흑인, 그들은 누구인가?』(서울: 한국경제신문사, 1993).

4) 그렇다고 한국인 부모들이 외국인 며느리를 외국인 사위보다 좀더 쉽게 받아들이면서 환영했다는 말은 아니다. 하지만 외국인 여성과 결혼한 남성은 여성들이 겪었던 만큼 의 사회적 배제, 경멸, 편견을 덜 경험한 것은 사실이다.

5) 이 입장은 일레인 김이 인터뷰를 했던 많은 남성들에 의해 표현되었다. Elaine Kim, "Men's Talk: A Korean American View of South Korean Constructions of Women, Gender and Masculinity," in *Dangerous Women: Gender and Korean Nationalism*, ed. Elaine Kim and Chungmoo Choi (New York: Routledge, 1998), pp. 67~118.

6) Jiemin Bao, "Same Bed, Different Dreams: Intersections of Ethnicity, Gendger, and Sexuality among Middle- and Upper-Class Chinese Immigrants in Bangkok," *positions: east asia cultural critique*, vol. 6, no. 2 (Fall 1998), p. 482.

7) 이에 대한 예외가 학생 운동과 다른 민족주의 사회운동 내부에서 있었다. 이런 운동권 안에서 두 사람 모두 공공연하게 외국인의 영향을 받았으며 애국심이 결여되었다는 이 유로 비판받았다. 이런 맥락에서 외국 여성과 그들의 결혼은 서구화의 증거로 인용되 었다. 하지만 주목할 만한 것은, 이런 비판은 애국심과 서구화의 문제에만 국한되어 있 다는 점이다. 따라서 외국인과 결혼한 한국 여성들에게 쏟아지는 부정적 이미지에 핵 심적이었던 도덕성과 오염이라는 식의 비판을 남자들은 받지 않았다.

8) Agnes Davis Kim, *I Married a Korean* (New York: John day, 1953).

9) Daniel B. Lee, "Korean Women Married to Servicemen," in *Korean American Women Living in Two Cultures*, ed. Young In Song and Ailee Moon (Los Angeles: Academia Koreana, Keimyung-Baylo University Press, 1997), p. 97.

10) 『말』 1988년 8월호, 109쪽.

11) 바로 이 20년 기간 동안 수천 명의 한국 아이들이 미국인들에게 입양되어 미국으로 이민을 왔다. 비록 데이터가 완전한 것은 아니지만 입양아들의 숫자는 군인아내들의 숫자보다 훨씬 더 많을 법하다.

12) Lee, "Korean Women Married to Servicemen," pp. 96~97.

13) 주로 유학생들이었던 한국인들은 1910년대와 같이 일찍부터 존재했었다. 어느 정도 크기의 커뮤니티는 몇 십 년이 지날 때까지 형성되지 않았다. Jae-Hyup Lee, "Identity and Social Dynamics in Ethnic Community: Comparative Study on Bound-

ary Making among Asian Americans in Philadelphia," Ph.D. dissertation, University of Pennsylvania, 1994; 이창희, 『필라델피아 한인사, 1945~1995』(필라델피아: 필라델피아 한인회, 1995).

14) '1.5 세대'라는 말은 처음에는 어릴 적에 이민을 왔던 한국인을 지칭하는 용어였다. 이 용어는 특히 이런 이민자들의 틈새 위상을 함축하는 것이다. 즉 1.5세대의 성장기는 한국과 미국 사이에 쪼개져 있었다. 이제 이 말은 어릴 때 이민을 왔던 다른 아시아인들을 포함하는 넓은 의미로 사용되고 있다.

15) Kyeyoung Park, *The Korean American Dream: Immigrants and Small Business New York City* (Ithaca, N.Y.: Cornell University Press, 1997); In-Jin Yoon, *On My Own: Korean Business and Race Relations in America* (Chicago: University of Chicago Press, 1997); Min Pyong Gap, *Caught in the Middle: Korean Communities in New York and Los Angeles* (Berkeley: University of California Press, 1996); Ivan Light and Edna Bonacich, *Immigrant Entrepreneurs: Koreans in Los Angeles, 1965~1982* (Berkeley: University of California Press, 1988); Ilsoo Kim, *New Urban Immigrants: The Korean Community in New York* (Princeton: Princeton University Press, 1981).

16) 튀기는 혼혈 한국인을 부르는 경멸적인 용어이다.

17) "누워서 침 뱉기"는 다른 사람을 험담하거나 비판하지만 결국은 자신 자신에게로 되돌아가는 것을 말하는 한국 속담이다. 말하자면 가족, 동포 한국인, 동료 노동자 등과 같이 자신과 관련되어 있으므로 결국 자신을 비난하는 것을 의미한다. 그런 행동은 자기 얼굴에 침이 떨어지는 불리한 결과를 초래하는 것이 된다. 왜냐하면 그런 험구는 말하는 사람의 나쁜 성격이나 약점을 스스로 드러내는 것이기 때문이다

18) MBC 방송 〈PD 수첩〉 1994년 9월 27일과 10월 4일에 방영된 '국제결혼: 그 명과 암' 1·2부.

19) 살인과 폭동에 관해 남한의 신문들은 다방면으로 보도했다. 두 가지 반응이 주를 이뤘다. 하나는 곤궁에 빠진 동포 한국인들의 처지를 동정하는 것이며, 다른 하나는 한국인들이 저지른 잔인성에 대한 공포였다. 남한 사람들은 단지 오렌지 주스 한 병 때문에 그처럼 치명적인 언쟁이 벌어질 수 있다는 것을 이해할 수 없었다. 두순자—확대하자면 대체로 한국인 교민 사회 — 는 인간의 목숨보다 돈이 더 소중한, 탐욕스럽고 쩨쩨한 인간으로 묘사되었다. 이 사건이 터졌던 바로 그 당시 남한 사회 자체도 자본주의 가치가 생활 방식을 바꿔버린 방식에 관심을 갖고 있었다. 따라서 남한 사회가 보인 이런 반응은 그런 우선순위의 변화에 대한 반발이 부분적으로 작동한 것이었다.

20) 필라델피아 판 『동아일보』의 1면 기사로 1996년 내내 실렸다.

21) 「쓰러진 촛불: 이영옥에게 온정을」, 『동아일보』 필라델피아 판 1996년 2월 3일자, 1면.

22) 「따뜻한 손길, 아쉬운 교포 여인」, 『동아일보』 필라델피아 판 1995년 8월 1일자, 3면.

23) 「한국인의 아들이다」, 『코리아 타임즈』 애틀랜타 판 1997년 10월 15일자, B7면.

24) Lisa Lowe, *Immigrant Acts: On Asian American Cultural Politics* (Durham: Duke University Press, 1996), pp. 1~36.

25) 송전기, 『나도 한국의 딸』(서울: 미래문화사, 1988).

6장 누이들은 스스로 한다: 커뮤니티 세우기

1) 북한의 여성들도 마찬가지로 그렇게 했었을 것이다. 하지만 나는 정부가 후원하는 여성 조직체의 활동을 언급하는 것 이상으로 심도 있게 이 점을 논의한 연구를 알지 못하므로, 1945년 이후 한국의 여성 조직체 관한 논의는 남한에만 한정시킨다.

2) 이승선 외, 「주부 운동」, 『주부, 그 막힘과 트임』(서울: 또하나의문화, 1990), 308~320쪽.

3) 일군의 한인 목사들은 군인아내들을 위한 목회 활동을 가장 잘 할 수 있는 방법을 논의하기 위해 연례 콘퍼런스를 개최했다. 두 번째 콘퍼런스는 1997년 라스베가스에서 열렸다.

4) 앤더슨에게서 실마리를 얻은 다른 학자들은 '상상의 공동체'를 건설하는 데 방송 매체의 역할을 분석했다. 예를 들어 Purnima Mankekar, "Television Tales and a Woman's Rage: A Nationalist Recasting of Draupadi's 'Disrobing'," *Public Culture*, vol. 5, no. 3 (Spring 1993), pp. 469~492를 보라.

5) Katherine Moon in *Sex among Allies* (New York: Columbia University Press, 1997); Saundra Pollock Sturdevant and Brenda Stoltzfus in *Let the Good Times Roll: Prostitution and the U.S. Military in Asia* (New York: New Press, 1992). 이 책들은 미군 병사들 사이의 인종적인 경계가 기지촌 여성들 사이에서도 어떻게 되풀이되고 있는지를 논의하고 있다. 특히 *Sex among Allies*, pp. 84~92를 참조. 이 책에서 캐서린 문은, 부분적으로는 1960~1970년대의 사회적 이슈로부터 비롯되었던 흑인과 백인 병사들 사이의 인종적인 갈등이 이들 여성에게로 전가되는 과정을 논의한다. 기지촌 여성들은 미군당국에 의해서 반인종차별주의 교육을 위한 표적이자 문제의 원인으로 간주되었다.

6) Lisa Lowe, "Imagining Los Angeles in the Production of Multiculturalism," in *Immigrant Acts: On Asian American Cultural Politics* (Durham: Duke University Press, 1996), pp. 84~96. 또한 E. San Juan, Jr., "The Cult of Ethnicity and the Fetish of Pluralism" in *Racial Formations, Critical Transformations: Articulations of Power in Ethnic and Racial Studies in the United States* (Atlantic Highlands, N.J.: Humanities Press, 1992), pp. 31~41.

7) 1908년 무대에 오른 이스라엘 쟁윌(Israel Zangwill)의 연극 <용광로(The Melting Pot)>는 엄청난 박수갈채를 받았다. 용광로의 개념은 또한 포드영어교실(Ford English School)에서 공연으로 극화되었다. Jonathan Schwartz, "Henry Ford's Melting Pot," in *Ethnic Groups in the City*, ed. Otto Feinstein (Lexington, Mass.: Heath Lexington, 1971), pp. 192~193. 용광로라는 개념 자체는 오래된 것으로 존 드 크레브쾨르(J. Hector St. John de Crevecoeur)의 『미국 농부에게서 온 편지(Letters from an American Farmer)』(1782)로까지 거슬러 올라갈 수 있다. 특히 「미국인이란 무엇인가?」라는 글에서 그는 유럽의 다양한 '인종'으로부터 형성되어 나온 '신인간'을 격찬한다. 용광로라는 개념은 원래 남성과 유럽인을 중심으로 인식된 것이라는 점에 주목할 필요가 있다. 말하자면 존 드 크레브쾨르와 쟁윌은 미국인을 남성 유럽인의 혼합으로부터 창조된 것으로 설정했다는 것이다. 아프리카인, 아시아인, 혹은 다른 비백인 비유럽인과 어떤 인종의 여성들도 분명히 이 개념에는 들어 있지 않았다. 이런 참고 문헌을 나에게 지적해 주었던, 이메일 토론 리스트인 'H-Ethnic', 그중에서도 특히 독일 드레스덴의 디트리히 헤르만(Dietrich Herrmann)에게 나는 동료로서 감사한다.

8) Hazel Carby, "Multiculture," *Screen Education*, vol. 34 (Spring 1980), pp. 62~70.

9) Kyeyoung Park, "'I Really Do Feel I'm 1.5!': The Construction of Self and Community by Young Korean Americans," in *Amerasia Journal*, vol. 25, no. I (1999), pp. 139~163.

10) Kari Ruth, "Dear Luuk," in *Seeds from a Silent Tree: An Anthology by Korean Adoptees*, ed. Tonya Bishoff and Jo Rankin (San Diego, Calif.: Pandal Press, 1998), p. 144.

11) bell hooks, *Outlaw Culture: Resisting Representations* (New York: Routledge, 1994), p. 234.

부록 2 한국인 군인아내에 관한 학문적인 접근에 대한 개관

1) Bascom W. Ratliff, Harriet Faye Moon, and Gwendolyn A. Bonacci, "Intercultural Marriage: The Korean-American Experience," *Social Casework* (April 1978), pp. 221~226; Frank D. Richardson, "Ministries to Asian Wives of Servicemen: A 1975 Inquiry," *Military Chaplains' Review* (Winter 1976), pp. 1~14.

2) Daniel Y. Moon, "Ministering to Korean Wives of Servicemen," in *Korean Women In a Struggle for Humanization*, ed. Harold Hakwon Sunoo and Dong Soo Kim (Memphis, Tenn.: Association of Korean Christian Scholars in North America, 1978), pp. 97~116.

3) Jung Ja Rho, "Multiple Factors Contributing to Marital Satisfaction in Korean-American Marriages and Correlations With Three Dimensions of Family Life," Ph.D. dissertation, Kansas State University, 1989.

4) Chul-In Yoo, "Life Histories of Two Korean Women Who Marry American GIs," Ph.D. dissertation, University of Illinois at Urbana-Champaign, 1993.

5) Dongsook Park Kim, "The Meanings of Television Viewing: An Interpretive Analysis of Four Korean Groups in the U.S." Ph.D. dissertation, University of Texas at Austin, 1990.

6) 가장 잘 알려진 책이 김복림의 것이다. Bok-Lim Kim et al., *Women in Shadows: A Handbook for Service Providers Working with Asian Wives of U.S. Military Personnel* (La Jolla, Calif.: National Committee Concerned with Asian Wives of U.S. Servicemen, 1981). 김복림이 출판한 다른 대표적인 연구들은 참고 문헌을 참조할 것.

7) Haeyun Juliana Kim, "Voices from the Shadows: The Lives of Korean War Brides," *Amerasia*, vol. 17, no. 1 (1991), p. 16.

8) 아시아계 미국인 연구에서 그런 학문적 접근의 초기 사례들은 다음을 참조하라. Victor G. Nee and Brett de Bary Nee, *Longtime Californ'* (Stanford: Stanford University Press, 1986; originally published in 1972). 이 책은 샌프란시스코의 차이나타운에 관한 연구이다.

9) Elfrieda Berthiaume Shukert and Barbara Smith Scibetta, *War Brides of World War II* (New York: Penguin Books, 1989); Jenel Virden, *Good-Bye, Piccadil-*

ly: British War Brides in America (Urbana: University of Illinois Press, 1996). 세 명의 저자 모두 2차 세계대전의 전쟁신부들이다. 그들이 지적하다시피 전쟁신부 현상은 2차 세계대전 시기에 시작된 것은 아니었다. 왜냐하면 미군들은 이전의 전쟁, 그 중에서도 특히 1차 세계대전 동안에 지역 여성들과 결혼했기 때문이었다.

10) 그들은 다음 세대인 아이들을 전부 낳아 놓았으면서도 그들에 대한 부권을 결코 주장하지 않았다. 아메라시언들은 그들의 어머니와 더불어 차별받고 거부당했다. 현대 한국 상황에 관해서 다음을 참조. Margo Okazawa-Rey, "Amerasian Children in GI Town: A Legacy of U.S. Militarism in South Korea," *Asian Journal of Women's Studies*, vol. 3, no. 1 (1997), pp. 71~102 (Seoul: Ewha Women's University Press). 베트남 아메라시언들이 1980년대 미국으로 이주하면서 겪었던 경험에 관해서는 Chung Hoang Chuong and Le Van, *The Amerasians from Vietnam: A California Study* (Folsom, Calif.: Southeast Asia Community Resource Center, 1994)를 보라. 인터넷 웹사이트 www.famas.org는 필리핀 아메라시언을 공표하고 아메라시언 이민법을 수정하여 필리핀 아메라시언들을 포함시키도록 로비를 하는 데 주력하고 있다. 이 법은 한국과 동남아시아 국가 출신의 아메라시언들에게만 미국으로의 이민을 허용하고 있다. 이 지역들은 미국이 전쟁을 했던 곳이었다.

11) Daniel B. Lee, "Transcultural Marriage and Its Impact on Korean Immigration," in *Korean-American Women: Toward Self-Realization*, ed. Inn Sook Lee (Mansfield, Ohio: Association of Korean Christian Scholars in North America, 1985), pp. 42~64.

12) Evelyn Nakano Glenn, *Issei, Nisei, War Bride: Three Generations of Japanese American Women in Domestic Service* (Philadelphia: Temple University Press, 1986); Paul Spickard, *Mixed Blood: Intermarriage and Ethnic Identity in Twentieth-Century America* (Madison, Wis.: University of Wisconsin Press, 1989).

13) Bong-Youn Choy, *Koreans in America* (Chicago: Nelson-Hall, 1979) [국역본은 최봉윤, 『미국 속의 한국』(서울: 종로서적, 1983)]; Ilsoo Kim, *New Urban Immigrants: The Korean Community in New York* (Princeton: Princeton University Press, 1981).

14) Nancy Abelmann and John Lie, *Blue Dreams: Korean Americans and the Los Angeles Riots* (Cambridge, Mass.: Harvard University Press, 1995); Ivan Light and Edna Bonacich, *Immigrant Entrepreneurs: Koreans in Los Angeles,*

1965~1982 (Berkeley: University of California Press, 1988); Min Pyong Gap, *Caught in the Middle: Korean Communities in New York and Los Angeles* (Berkeley: University of California Press, 1996); Kyeyoung Park, *The Korean American Dream: Immigrants and Small Businesses in New York City* (Ithaca, N.Y.: Cornell University Press, 1997); In-Jin Yoon, *On My Own: Korean Businesses and Race Relations in America* (Chicago: University of Chicago Press, 1997).

15) 김실동, 「코쟁이 병사와 혼인한 한국 여자 칠만 명의 시집살이」, 『뿌리깊은나무』 1979년 10월호, 60~67쪽; MBC 방송 〈PD 수첩〉 1994년 9월 27일과 10월 4일에 방영된 '국제결혼: 그 명과 암' 1·2부.

참고 문헌

영어 문헌

Abelmann, Nancy, and John Lie. *Blue Dreams: Korean Americans and the Los Angeles Riots* (Cambridge, Mass.: Harvard University Press, 1995).

Aguilar-San Jaun, Karin. *The State of Asian America: Activism and Resistance in the 1990s* (Boston: South End Press, 1994).

Ahn, Junghyo. *Silver Stallion* (New York: Soho Press, 1990). 한국어 초판은 1986년 출간되었고, 영문 번역은 저자가 직접했다. [안정효, 『은마는 오지 않는다』(서울: 고려원, 1990)의 영문판].

Alba, Richard D. *Ethnic Identity: The Transformation of White America* (New Haven: Yale University Press, 1990).

Amott, Teresa L., and Julie A. Matthaei. *Race, Gender and Work* (Boston: South End Press, 1991).

Anderson, Benedict. *Imagined Communities: Reflections on the Origin and Spread of Nationalism* (New York: Verso, rev. ed., 1991) [국역본은 윤형숙 옮김, 『상상의 공동체―민족주의의 기원과 전파에 대한 성찰』(서울: 나남, 2002)].

Anzaldua, Gloria. *Borderland/La Frontera: The New Mestiza* (San Francisco: Aunt Lute Books, 1987).

Asian Women United of California, ed. *Making Waves: An Anthology of Writings by and about Asian American Women* (Boston: Beacon Press, 1989).

Bak, Sangmee. "McDonald's in Seoul: Food Choices, Identity and Nationalism." In *Golden Arches East: McDonald's in East Asian*, ed. James L. Watson (Stanford: Stanford University Press, 1997).

Bao, Jiemin. "Same Bed, Different Dreams: Intersections of Ethnicity, Gender, and Sexuality among Middle-and Upper-Class Chinese Immigrants in Bankok." *positions: east asia cultural critique*, vol. 6, no. 2 (Fall 1998), pp. 475~502.

Barthes, Roland. "Toward a Psychosociology of Contemporary Food Consumption." In *Food and Culture*, ed. Carole Counihan and Penny Van Esterik (New York: Routledge, 1997).

Beardsworth, Alan, and Teresa Keil. *Sociology on the Menu* (New York: Routledge, 1997).

Blaut, J. M. *The Colonizer's Model of the World* (New York: Guilford Press, 1993).

Bredbenner, Candice. *A Nationality of Her Own: Women, Marriage and the Law of Citizenship* (Berkeley: University of California Press, 1998).

Brewer, Brooke Lilla. "Interracial Marriage: American Men Who Marry Korean Women." Ph.D. dissertation, Syracuse University, 1982.

Brodkin, Karin. *How Jews Became White Folks and What That Says about Race in America* (New Brunswick, N.J.: Rutgers University Press, 1998).

Brown, Linda Keller, and Kay Mussell, ed. *Ethnic and Regional Foodways in the United States: The Performance of Group Identity* (Knoxville, Tenn.: University of Tennessee Press, 1984).

Brownmiller, Susan. *Against Our Will: Men, Women and Rape* (New York: Fawcett Columbine, 1975) [국역본은 편집부 옮김, 『성, 성폭력, 성폭력의 역사』(서울: 일월서각, 1990)].

Burgoyne, Jacqueline, and David Clarke. "You Are What You Eat: Food and Family Reconstitution." In *The Sociology of Food and Eating*, ed. Anne Murcott (Aldershot, England: Gower Publishing House, 1983).

Butler, Judith. *Gender Trouble* (New York: Routledge, 1990).

Callaway, Helen. *Gender, Culture and Empire: European Women in Colonial*

Nigeria (Urbana: University of Illinois Press, 1987).

Campomanes, Oscar V. "New Formation of Asian American Studies and the Question of U.S. Imperialism." *positions: east asia cultural critique*, vol. 5, no. 2 (Fall 1997), pp. 523~550.

Carby, Hazel. "Multiculture." *Screen Education*, vol. 34 (Spring 1980), pp. 62~70.

Cesaire, Aime. *Discourse on Colonialism*. Trans. Joan Pinkham (New York: Monthly Review Press, 1972; Originally published in French in 1955).

Chan, Sucheng. *Asian Americans: An Interpretive History* (Philadelphia: Temple University Press, 1991).

Cheng, Luice, and Edna Bonacich, ed. *Labor Immigration under Capitalism* (Berkeley: University of California Press, 1984).

Choi, Chungmoo. "Nationalism and the Construction of Gender in Korea." In *Dangerous Women*, ed. Elaine H. Kim and Chungmoo Choi (New York: Routledge, 1998), pp. 9~32. [국역본은 박은미 옮김, 『위험한 여성』(서울: 삼인, 2001)].

Choy, Bong-Youn. *Koreans in America* (Chicago: Nelson-Hall, 1979) [국역본은 최봉윤, 『미국 속의 한국』(서울: 종로서적, 1983)].

Chuong, Chung Hoang, and Le Van. *The Amerasians from Vietnam: A California Study* (Folsom, Calif.: Southeast Asia Community Resource Center, 1994).

Clark, Donald N., ed. *The Kwangju Uprising: Shadows over the Regime in South Korea* (Boulder, Colo.: Westview Press, 1988).

Collins, Patricia Hill. *Black Feminist Thought: Knowledge, Consciousness, and the Politics of Empowerment* (New York: Routledge, 1990).

Coontz, Stephanie. *The Way We Never Were: American Families and the Nostalgia Trap* (New York: Basic Books, 1992).

Counihan, Carole, and Penny Van Esterik, ed. *Food and Culture: A Reader* (New York: Routledge, 1997).

Crevecoeur, J. Hector St. John. *Letters from an American Farmer*. 1782.

Cumings, Bruce. *Origins of the Korean War*, 2 vols. (Princeton: Princeton University Press, 1981 and 1990) [국역본은 김자동 옮김, 『한국전쟁의 기원』(서울: 일월서각, 1986)].

_____. "Silent but Deadly: Sexual Subordination in the U.S.-Korea Relationship." In *Let the Good Times Roll: Prostitution and the U.S. Military in Asia*, ed. Saundra Pollock Sturdevant and Brenda Stoltzfus (New York: New Press, 1992), pp. 169~175.

_____. *Korea's Place in the Sun: A Modern History* (New York: W. W. Norton, 1997) [국역본은 김동노 외 옮김, 『브루스 커밍스의 한국 현대사』(서울: 창작과비평사, 2001)].

Delacoste, Frederique, and Prescilla Alexander, ed. *Sex Work: Writings by Women in the Sex Industry*, 2d ed. (Pittsburgh: Cleis Press, 1987).

DeVault, Marjorie L. *Feeding the Family: The Social Organization of Caring as Gendered Work* (Chicago: University of Chicago Press, 1991).

Douglas, Mary. "Deciphering a Meal." In *Food and Culture*, ed. Carole Counihan and Penny Van Esterik (New York: Routledge, 1997), pp. 36~54.

Dower, John W. *War without Mercy: Race and Power in the Pacific War* (New York: Pantheon Books, 1993; Originally published in 1986).

Ekstrom, M. "Class and Gender in the Kitchen." In *Palatable Worlds: Sociocultural Food Studies*, ed. E. L. Furst, R. Prattala, M. Ekstrom, L. Holm, and U. Kijaernes (Oslo: Solum Forlag, 1991).

Enloe, Cynthia. *Does Khaki Become You? The Militarzation of Women's Lives* (Boston: South End Press, 1983).

_____. *Bananas, Beaches and Bases: Making Feminist Sense of International Politics* (Berkeley: University of California Press, 1989).

_____. *The Morning After: Sexual Politics at the End of the Cold War* (Berkeley: University of California Press, 1993).

Epstein, Stephen J. 'Wanderers in the Wilderness: Images of America in Ch'oe In-ho's Kipko p'urun pam." *Korea Journal*, vol. 35 (Winter 1995), pp. 72~79.

Fanon, Fritz. *Black Skin, White Masks*. Trans. Charles Lam Markmann (New York: Grove Weidenfeld, 1967; Originally published in French in 1952) [국역본은 이석호 옮김, 『검은 피부 하얀 가면』(고양: 인간사랑, 1998)].

Fenkl, Heinz Insu. *Memories of My Ghost Brother* (New York: Penguin Books, 1996).

Fields, Barbara J. "Race and Ideology in American History." In *Region, Race and Reconstruction: Essays in Honor of C. Vann Woodward*, ed. J. Morgan Kousser and James M. McPherson (New York: Oxford University Press, 1982), pp. 143~147.

Foucault, Michel. "Afterword: The Subject and Power." In *Michel Foucault: Beyond Structuralism and Hermeneutics*, ed. Hubert L. Dreyfuss and Paul Rabinow (Chicago: University of Chicago Press, 2d ed., 1983).

Frankenberg, Ruth. *White Women, Race Matters: The Social Construction of Whiteness* (Minneapolis: University of Minnesota Press, 1993).

_____. ed. *Displacing Whiteness: Essays in Social and Cultural Criticism* (Durham, N.C.: Duke University Press, 1997).

Gabaccia, Donna. *From the Other Side: Women, Gender and Immigrant Life in the U.S., 1820~1990* (Bloomington: Indiana University Press, 1994).

_____. *We Are What We Eat* (Cambridge, Mass.: Harvard University Press, 1998).

Galbraith, Hemming L., and Robert S. Barnard, Jr. "A Survey of Korean-American Marriage Applicants." *Military Chaplains' Review* (Winter 1981), pp. 51~61.

Gates, Henry Louis, Jr. "Introduction: Writing 'Race' and the Difference It Makes." In *"Race," Writing and Difference*, ed. Henry Louis Gates, Jr. (Chicago: University of Chicago Press, 1986), pp. 1~20.

Glenn, Evelyn Nakano. *Issei, Nisei, War Bride: Three Generations of Japanese American Women in Domestic Service* (Philadelphia: Temple University Press, 1986).

Glenn, Evelyn Nakano, and Ching Kwan Lee. "Factory Regimes of Chinese Capitalism: Different Cultural Logics of Labor Control." In *Ungrounded Empires: The Cultural Politics of Modern Chinese Transnationalism*, ed. Aihwa Ong and Donald Nonini (New York: Routledge, 1997), pp. 115~142.

Gramsci, Antonio. *Selections from the Prison Notebooks*, ed. and trans. Quintin Hoare and Geoffrey Nowell Smith (New York: International Publishers, 1997; Originally published in 1971).

Grinker, Roy Richard. *Korea and Its Futures: Unification and the Unfinished War* (New York: MacMillan, 1998).

Hall, Stuart. "The Whites of Their Eyes: Racist Ideologies and the Media." In

Silver Linings, ed. George Bridges and Rosalind Brunt (London: Lawrence and Wishart, 1981).

____. "Gramsci's Relevance for the Study of Race and Ethnicity." In *Stuart Hall: Critical Dialogues in Cultural Studies*, ed. David Morley and Kuan-Hsing Chen (London: Routledge, 1996).

Hamamoto, Darrell Y. *Monitored Peril: Asian Americans and the Politics of TV Representation* (Minneapolis: University of Minnesota Press, 1994).

Harris, Marvin. *Good to Eat* (New York: Simon and Schuster, 1985).

Hart-Landsberg, Martin. *Rush to Development* (New York: Monthly Review Press, 1993).

Heldman, Kevin. "Itaewon, South Korea. On the Town with the U.S. Military." Datelined Dec. 19, 1996. 이 글은 인터넷으로 읽을 수 있다. http://www.kimsoft. com/korea/us-army.htm

Hicks, George. *The Comfort Women* (Sydney, Australia: Allen and Unwin, 1995) [국역본은 전경자 외 옮김, 『위안부: 일본 군대의 성 노예로 끌려간 여성들』 (서울: 창작과비평사, 1995)].

Higginbotham, Evelyn Brooks. "African American Women's History and the Metalanguage of Race." *Signs: Journal of Women in Culture and Society*, vol. 17, no. 2 (1992), pp. 251~274.

Hong, Sawon. "Another Look at Marriage between Korean Women and American Servicemen." *Korea Journal* (May 1982), pp. 21~30.

hooks, bell. *Ain't I a Woman? Black and Feminism* (Boston: South End Press, 1981).

____. "Eating the Other." In *Black Looks: Race and Representation* (Boston: South End Press, 1992), pp. 21~40.

____. *Outlaw Culture: Resisting Representations* (New York: Routledge, 1994).

Ignatiev, Noel. *How the Irish Became White* (New York: Routledge, 1995).

Jacobson, Matthew Frye. *Whiteness of a Different Color: European Immigrants and the Alchemy of Race* (Cambridge, Mass.: Harvard University Press, 1998).

Jeffords, Susan. *The Remasculinazation of the United States* (Bloomington: Indiana University Press, 1989).

Jeong, Gyung Ja, and Walter R. Schumm. "Family Satisfaction in Korean/Amer-

ican Marriages: An Exploratory Study of the Perceptions of Korean Wives."
Journal of Comparative Family Studies, vol. 21, no. 3 (Autumn 1990), pp.
325~336.

Kang, Hyeon-Dew. "Changing Image of America in Korean Popular Literature:
With an Analysis of Short Stories between 1945~75." *Korea Journal* (Octo-
ber 1976), pp. 19~33.

Kang, L. Hyun-Yi. "The Desiring of Asian Female Bodies." *Visual Anthropolo-
gy Review*, vol. 9, no. 1 (Spring 1993), pp. 5~21.

Kelly, Robin D. G. *Hammer and Hole: Alabama Communists during the Great
Depression* (Chapel Hill: University of North Carolina Press, 1990).

_____. *Race Rebels: Culture, Politics and the Black Working Class* (New York:
Free Press, 1996).

Kendall, Laurel. *Getting Married in Korea: Of Gender, Morality and Modernity*
(Berkeley: University of California Press, 1996).

Kendall, Laurel, and Mark Peterson, ed. *Korean Women: View from the Inner
Room* (New Haven, Conn.: East Rock Press, 1983).

Kim, Anges Davis. *I Married a Korean* (New York: John Day, 1953).

Kim, Bok-Lim C. "Casework with Japanese and Korean Wives of Americans."
Social Casework (May 1972), p. 277.

_____. "Asian Wives of U.S. Servicemen: Women in Shadows." *Amerasia Jour-
nal*, no. 4 (1977), pp. 91~115.

_____. "Pioneers in Intermarriage: Korean Women in the United States." In
Korean Women in a Struggle for Humanization, ed. Harold Hakwon
Sunoo and Dong Soo Kim (Memphis, Tenn.: Association of Korean Christ-
ian Scholars in North America, 1978), pp. 59~95.

Kim, Bok-Lim C. et al. *Women in Shadows: A Handbook for Service Providers
Working with Asian Wives of U.S. Military Personnel* (La Jolla, Calif.:
National Committee Concerned with Asian Wives of U.S. Servicemen,
1981).

Kim, Dongsook Park. "The Meanings of Television Viewing.: An Interpretive
Analysis of Four Korean Groups in the U.S." Ph.D. dissertation, University
of Texas at Austin, 1990.

Kim, Elaine. "Home Is Where the *Han* Is." In *Reading Rodney King, Reading*

Urban Uprising, ed. Robert Gooding-Williams (New York: Routledge, 1993), pp. 215~235.

_____. "Men's Talk: A Korean American View of South Korean Constructions of Women, Gender and Masculinity." In *Dangerous Women: Gender and Korean Nationalism*, ed. Elaine Kim and Chungmoo Choi (New York: Routledge, 1998), pp. 67~118.

Elaine Kim, and Chungmoo Choi. ed. *Dangerous Women: Gender and Korean Nationalism* (New York: Routledge, 1998).

Kim, Haeyun Juliana. "Voices from the Shadows: The Lives of Korean War Brides." *Amerasia*, vol. 17, no. 1 (1991), pp. 15~30.

Kim, Hyun Sook, and Pyong Gap Min. "The Post-1965 Korean Immigrants: Their Characteristics and Settlement Patterns." *Korea Journal of Population and Development*, vol. 21, no. 2 (1992), pp. 121~143.

Kim, Hyung-chan, and Eun Ho Lee. ed. *Koreans in America: Dreams and Realities* (Seoul: Institute of Korean Studies, 1990).

Kim, Ilsoo. *New Urban Immigrants: The Korean Community in New York* (Princeton: Princeton University Press, 1981).

Kim, Sil Dong. "Internationally Married Korean Women Immigrants: A Study in Marginality." Ph.D. dissertation, University of Washington, 1979.

Kim, Yung-Chung, ed. and trans. *Women of Korea*, by the Committee for the Compilation of the History of Korean Women (Seoul: Ewha Women's University Press, 1976).

Kwak, Tae-Hwan, and Seong Hyong Lee. ed. *The Korean-American Community: Present and Future* (Seoul: Kyungnam University Press, 1991).

Larson, Wanwadee. *Confessions of a Mail Order Bride* (Far Hills, N.J.: New Horizon Press, 1989).

Lee, Ching Kwan. "Factory Regimes of Chinese Capitalism: Different Cultural Logics of Labor Control." In *Ungrounded Empires: The Cultural Politics of Modern Chinese Transnationalism*, ed. Aihwa Ong and Donald Nonini (New York: Routledge, 1997), pp. 115~142.

Lee, Daniel Booduck. "Military Transcultural Marriage: A Study of Marital Adjustment between American Husbands and Korean-Born Spouses." Department of Social Work dissertation, University of Utah, 1980.

422

_____. "Transcultural Marriage and Its Impact on Korean Immigration." In *Korean-American Women: Toward Self-Realization*, ed. Inn Sook Lee (Mansfield, Ohio: Association of Korean Christian Scholars in North America, 1985), pp. 42~64.

_____. "Transculturally Married Korean Women in the U.S.: Their Contributions and Sufferings." In *The Korean-American Community: Present and Future*, ed. Tae-Hwan Kwak and Seong Hyong Lee (Seoul: Kyungnam University Press, 1991), pp. 287~316.

_____. "Korean Women Married to Servicemen." In *Korean American Women Living in Two Cultures*, ed. Young In Song and Ailee Moon (Los Angeles: Academia Koreana, Keimyung-Baylo University Press, 1997), pp. 94~123.

Lee, Don Chang. "Intermarriage and Spouse Abuse: Korean Wife-American Husband." In *Koreans in America: Dreams and Realities*, ed. Hyung-chan Kim and Eun Ho Lee (Seoul: Institute of Korean Studies, 1990).

Lee, Inn Sook, ed. *Korean-American Women: Toward Self-Realization* (Mansfield, Ohio: Association of Korean Christian Scholars in North America, 1985).

Lee, Jae-Hyup. "Identity and Social Dynamics in Ethnic Community: Comparative Study on Boundary Making among Asian Americans in Philadelphia." Ph.D. dissertation, University of Pennsylvania, 1994.

Lee, Jai-Eui. *Kwangju Diary: Beyond Death, Beyond the Darkness of the Age* (Berkeley: University of California Press, 1999) [전남사회운동협의회 편, 황석영 기록, 『죽음을 넘어, 시대의 어둠을 넘어』(서울: 풀빛, 1985)의 영어 번역판].

Lee, Ki-baik. *A New History of Korea*, trans. Edward W. Wagner, with Edward J. Schultz (Cambridge, Mass.: Harvard University Press, 1984) [이기백, 『한국사신론』(서울: 일조각)의 영어 번역판].

Lee, Manwoo. "Anti-Americanism and South Korea's Changing Perception of America." In *Alliance under Tension: The Evolution of South Korea-U.S. Relations*, ed. Manwoo Lee, Ronald D. McLaurin, and Chung-in Moon (Boulder, Colo.: Westview Press, 1988), pp. 7~27.

Lewis, Lloyd B. *The Tainted War: Culture and Identity in Vietnam Narratives* (Westport, Conn.: Greenwood Press, 1985).

Light, Ivan, and Edna Bonacich. *Immigrant Entrepreneurs: Koreans in Los Angeles, 1965~1982* (Berkeley: University of California Press, 1988).

Lippi-Green, Rosina. *English with an Accent: Language, Ideology, and Discrimination in the United States* (New York: Routledge, 1997).

Lipsitz, George. *The Possessive Investment in Whiteness: How White People Profit from Identity Politics* (Philadelphia: Temple University Press, 1998).

Lowe, Lisa. *Immigrant Acts: On Asian American Cultural Politics* (Durham: Duke University Press, 1996).

MacClancy, Jeremy. *Consuming Culture* (New York: Holt, 1992).

Mankekar, Purnima. "Television Tales and a Woman's Rage: A Nationalist Recasting of Draupadi's 'Disrobing.'" *Public Culture*, vol. 5, no. 3 (1993), pp. 469~492.

Marchetti, Gina. *Romance and the "Yellow Peril": Race, Sex, and Discursive Strategies in Hollywood Fiction* (Berkeley: University of California Press, 1993).

Matsuda, Mari, J. Charles R. Lawrence Ⅲ, Richard Delgado, and Kimberlé Williams Crenshaw. *Words That Wound* (Boulder, Colo.: Westview Press, 1993).

Matsui, Yayori. *Women's Asia* (Atlantic Highlands, N.J.: Zed Books, 1989).

Matielli, Sandra, ed. *Virtues in Conflict: Tradition and the Korean Woman Today* (Seoul: Royal Asiatic Society, Korea Branch, 1977).

Memmi, Albert. *The Colonizer and the Colonized*. Trans. Howard Greenfield (Boston: Beacon Press, 1967; Originally published in French in 1957).

Messaris, Paul, and Jisuk Woo. "Image vs. Reality in Korean Americans' Responses to Mass-Mediated Depictions of the United States." *Critical Studies in Mass Communication*, vol. 8 (1991), pp. 74~90.

Mies, Marie. *Patriarchy and the Accumulation of Capital on a World Scale* (London: Zed Books, 1986) [국역본은 강정숙 외 옮김, 『여성, 최후의 식민지』 (서울: 한마당, 1987)].

Mies, Marie, Veronica Bennholdt-Thomson, and Claudia von Werlhof. *Women: The Last Colony* (Atlantic Highlands, N.J.: Zed Books, 1988).

Min, Pyong Gap. *Caught in the Middle: Korean Communities in New York and Los Angeles* (Berkeley: University of California Press, 1996).

Mintz, Sidney. *Tasting Food, Tasting Freedom* (Boston: Beacon Press, 1996).

Moallem, Minoo, and Iain A. Boal. "Multicultural Nationalism and the Politics of Inauguration." In *Between Woman and Nation: Nationalisms, Transnational Feminisms and the State,* ed. Caren Kaplan, Norma Alarcon, Minoo Moallem (Raleigh, N.C.: Duke University Press), pp. 243~263.

Moon, Daniel Y. "Ministering to Korean Wives of Servicemen." In *Korean Women in a Struggle for Humanization,* ed. Harold Hakwon Sunoo and Dong Soo Kim (Memphis, Tenn.: Association of Korean Christian Scholars in North America, 1978), pp. 97~116.

Moon, Katherine H. S. "International Relations and Women: A Case Study of United States-Korean Camptown Prostitution, 1971~1976." Ph.D. dissertation, Princeton University, 1994.

_____. *Sex among Allies: Military Prostitution and U.S.-Korea Relations* (New York: Columbia University Press, 1997) [국역본은 이정주 옮김, 『동맹 속의 섹스』(서울: 삼인, 2002)].

Murcott, Anne, ed. *The Sociology of Food and Eating* (Aldershot, England: Gower Publishing House, 1983).

Naficy, Hamid. *The Making of Exile Cultures: Iranian Television in Los Angeles* (Minneapolis: University of Minnesota Press, 1993).

Narayan, Uma. *Dislocating Cultures: Identities, Traditions, and Third World Feminism* (New York: Routledge, 1997).

Nee, Victor G., and Brett de Bary Nee. *Longtime Californ'* (Stanford: Stanford University Press, 1986; Originally published in 1972).

Ogle, George. *South Korea: Dissent within the Economic Miracle* (Atlantic Highlands, N.J.: Zed Books, 1990).

Okazawa-Rey, Margo. "Amerasian Children in GI Town: A Legacy of U.S. Militarism in South Korea." *Asian Journal of Women's Studies,* vol. 3, no. 1 (Seoul: Ewha Women's University Press, 1997), pp. 71~102.

Okihiro, Gary. *Margins and Mainstreams: Asians in American History and Culture* (Seattle: University of Washington Press, 1994).

Omi, Michael, and Howard Winant. *Racial Formations in the United States* (New York: Routledge, 1994).

Ong, Aihwa. *Spirits of Resistance and Capitalist Discipline: Factory Women in*

Malaysia (Albany: State University of New York Press, 1987).

＿＿. "On the Edge of Empires: Flexible Citizenship among Chinese in Diaspora." *positions: east asia cultural critique,* vol. 1, no. 3 (1993), pp. 745~778.

Park, Andrew Sung. *The Wounded Heart of God: The Asian Concept of Han and the Christian Doctrine of Sin* (Nashville, Tenn.: Abingdon Press, 1994).

Park, Kyeyoung. *The Korean American Dream: Immigrants and Small Businesses in New York City* (Ithaca, N.Y.: Cornell University Press, 1997).

＿＿. " 'I Really Do Feel I' m 1.5!' : The Construction of Self and Community by Young Korean Americans." *Amerasia Journal,* vol. 25, no. 1 (1999), pp. 139~169.

Park, Young Mi. "U.S. Military Presence in Korea and Its Effects on Korean Women: A Theological Reflection on Prostitution and Marriage." M. Div. thesis, Harvard Divinity School, Harvard University.

Pascoe, Peggy. "Race, Gender and Intercultural Relationship: The Case of Interracial Marriage." *Frontiers: A Journal of Women Studies,* vol. 12, no. 1 (1991), pp. 5~18.

Pheterson, Gail, ed. *A Vindication of the Rights of Whores* (Seattle: Seal Press, 1989).

Portes, Alejandro, and Alex Stepick. *City on the Edge: The Transformation of Miami* (Berkeley: University of California Press, 1993).

Ratliff, Bascom W., Harriet Faye Moon, and Gwendolyn A. Bonacci. "Intercultural Marriage: The Korean-American Experience." *Social Casework* (April 1978), pp. 221~226.

Ray, Krishnendu. "Meals, Migration and Modernity: Domestic Cooking and Bengali Indian Ethnicity in the United States." *Amerasia Journal,* vol. 24, no. 1 (1998), pp. 105~127.

Rho, Jung Ja. "Multiple Factors Contributing to Marital Satisfaction in Korean-American Marriages and Correlations with Three Dimensions of Family Life." Ph.D. dissertation, Kansas State University, 1989.

Richardson, Frank D. "Ministries to Asian Wives of Servicemen: A 1975 Inquiry." *Military Chaplain' Review* (Winter 1976), pp. 1~14.

Roediger, David. *The Wages of Whiteness* (New York: Verso, 1991).

Royal Asiatic Society, Korea Branch. *Yogong: Factory Girl* (Seoul: Royal Asiatic Society, Korea Branch, 1988).

Ruth, Kari. "Dear Luuk." In *Seeds from a Silent Tree: An Anthology by Korean Adoptees*, ed. Tonya Bishoff and Jo Rankin (San Diego, Calif.: Pandal Press, 1998).

Saenz, Rogelio, Sean-Shong Hwang, and Benigno E. Aguirre. "In Search of Asian War Brides." *Demography*, vol. 31, no. 3 (August 1994), pp. 549~559.

Sanchez, George. "'Go after the Women': Americanization and the Mexican Immigrant Woman, 1915~1929." In *Unequal Sisters: A Multicultural Reader in U.S. Women's History*, ed. Vicki L. Ruiz and Ellen Carol Dunois (New York: Routledge, 1990), pp. 284~297.

San Juan, Jr., E. *Racial Formations, Critical Transformations: Articulations of Power in Ethnic and Racial Studies in the United States* (Atlantic Highlands, N.J.: Humanities Press International, 1992).

Schwartz, Jonathan. "Henry Ford's Melting Pot." In *Ethnic Groups in the City*, ed. Otto Feinstein (Lexington, Mass.: Heath Lexington, 1971), pp. 192~193.

Scott, James C. *Weapons of the Weak: Everyday Forms of Peasant Resistance* (New Haven, Conn.: Yale University Press, 1985).

____. *Domination and the Arts of Resistance* (New Haven, Conn.: Yale University Press, 1990).

Sharman, A., J. Theophano, K. Curtis, and E. Messer, ed. *Diet and Domestic Life in Society* (Philadelphia: Temple University Press, 1991).

Shin, Hei Soo. "Women's Sexual Services and Economic Development: The Political Economy of the Entertainment Industry and South Korean Dependent Development." Ph.D. dissertation, Rutgers University, 1991.

Shorrock, Tim. "Ex-Leaders Go on Trial in Seoul." *Journal of Commerce*, Five Star edition, February 27, 1996, p. A1.

____. "Debacle in Kwangju." *The Nation*, December 9, 1996, pp. 19~22.

Shukert, Elfrieda Berthiaume, and Barbara Smith Scibetta. *War Brides of World War II* (New York: Penguin Books, 1989).

Song, Young In, and Ailee Moon, ed. *Korean American Women Living in Two Cultures* (Los Angeles: Academia Koreana, Keimyung-Baylo University Press, 1997).

Spickard, Paul. *Mixed Blood: Intermarriage and Ethnic Identity in Twentieth-Century America* (Madison, Wis.: University of Wisconsin Press, 1989).

Steel, Ronald. "When Worlds Collide." *New York Times*, July 21, 1996.

Sturdevant, Saundra Pollck, and Brenda Stoltzfus, ed. *Let the Good Times Roll: Prostitution and the U.S. Military in Asia* (New York: New Press, 1992) 〔국역본은 김윤아 옮김, 『그들만의 세상: 아시아의 미군과 매매춘』(서울: 잉걸, 2003)〕.

Sunoo, Harold Hakwon, and Dong Soo Kim, ed. *Korean Women in a Struggle for Humanization* (Memphis, Tenn.: Association of Korean Christian Scholars in North America, 1978).

Tajima, Renee E. "Lotus Blossoms Don't Bleed: Image of Asian Women." In *Making Waves: An Anthology of Writings by and about Asian American Women*, ed. Asian Women United of California (Boston: Beacon Press, 1989), pp. 308~318.

Takaki, Ronald. "Reflections on Racial Patterns in America." In *From Different Shores: Perspectives on Race and Ethnicity in America*, ed. Ronald Takaki (New York: Oxford University Press, 1987), pp. 26~38.

_____, ed. *From Different Shores: Perspectives on Race and Ethnicity in America* (New York: Oxford University Press, 1987).

_____. *Iron Cages: Race and Culture in Nineteenth-Century America* (New York: Oxford University Press, 1979, 2d ed., 1990).

Takazato, Suzuyo, and Harumi Miyashiro. "Crimes against Okinawan Women by American Soldiers since World War II." In *Appeal to Prioritize Women's Rights*, ed. Suzuyo Takazato and Keiko Itosu. Women's Group to Disallow the U.S. Military Bases, 1996.

Theophano, J., and K. Curtis. "Sisters, Mothers and Daughters: Food Exchanged and Reciprocity in an Italian-American Community." In *Diet and Domestic Life in Society*, ed. A. Sharman, J. Theophano, K. Curtis and E. Messer (Philadelphia: Temple University Press, 1991).

Thiesmeyer, Lynn. "U.S. Comfort Women and the Silence of the American

428

Outrage." In *Hitting Critical Mass: A Journal of Asian American Cultural Criticism*, vol. 3, no. 2 (Spring 1997), pp. 47~67.

Thornton, Michael C. "The Quiet Immigration: Foreign Spouses of U.S. Citizens, 1945~1985." In *Racially Mixed People in America*, ed. Maria P. P. Root (London: Sage Publications, 1992), pp. 64~76.

Truong, Thanh-dam. *Sex, Money, and Morality: Prostitution and Tourism in Southeast Asia* (Atlantic Highlands, N.J.: Zed Books, 1990).

Uchida, Aki. "The Orientalization of Asian Women in America." *Women's Studies International Forum*, vol. 21, no. 2 (1998), pp. 161~174.

Villapando, Venny. "The Business of Selling Mail-Order Brides." In *Making Waves: An Anthology of Writings by and about Asian American Women*, ed. Asian Women United of California (Boston: Beacon Press, 1989), pp. 318~336.

Virden, Jenel. *Good-Bye Piccadilly: British War Brides in America* (Urbana: University of Illinois Press, 1996).

Warde, Alan. *Consumption, Food and Taste* (Thousand Oaks, Calif.: Sage Publications, 1997).

Waters, Mary C. *Ethnic Options: Choosing Identities in America* (Berkeley: University of California Press, 1990).

Watson, James L., ed. *Golden Arches East: McDonald's in East Asia* (Stanford: Stanford University Press, 1997).

Wood, Roy C. *The Sociology of the Meal* (Edinburgh, UK: Edinburgh University Press, 1995).

Yim, Sun Bin. "Korean Immigrant Women in Early Twentieth-Century America. "In *Making Waves: An Anthology of Writings by and about Asian American Women*, ed. Asian Women United of California (Boston: Beacon press, 1989), pp. 50~60.

Yoo, Chul-In. "Life Histories of Two Korean Women Who Marry American GIs." Ph.D. dissertation, University of Illinois at Urbana-Champaign, 1993.

Yoon, In-Jin. *On My Own: Korean Businesses and Race Relations in America* (Chicago: University of Chicago Press, 1997).

Yoshikawa, Yoki. "The Heat Is on Miss Saigon: Organizing across Race and Sexuality." In *The State of Asian America: Activism and Resistance in the*

1990s, ed. Karin Aguilar-San Juan (Boston: South End Press, 1994), pp. 275~294.

Yu, Eui-Young. "Ethnic Identity and Community Involvement of Younger-Generation Korean Americans." In *Korean Studies: New Pacific Currents*, ed. Dae-Sook Suh (Honolulu: University of Hawauu Press, 1994), pp. 263~282.

한국어 문헌

안일순, 『뺏벌』(서울: 공간미디어, 1995).

또하나의문화동인들, 『주부, 그 막힘과 트임』(서울: 또하나의문화, 1990).

박선영·류 바오 춘, 『나는 나를 죽일 수 없었다』(서울: 깊은사랑, 1995).

장태한, 『흑인, 그들은 누구인가?』(서울: 한국경제신문사, 1993).

조혜정, 『한국의 여성과 남성』(서울: 문학과지성사, 1988).

조형·장필화, 「국회 속기록에 나타난 여성 정책 시각: A. 매매춘에 대하여」, 『여성학논집』 7집, 1990년 12월(서울: 이화여자대학교 한국여성연구원).

송전기, 『나도 한국의 딸』(서울: 미래문화사, 1988).

한경구, 「어떤 음식은 생각하기에 좋다: 김치와 한국 민족성의 정수」, 『한국문화인류학』 26집(서울: 한국문화인류학회, 1994), 51~68쪽.

강석경, 「낮과 꿈」, 『밤과 요람』(서울: 민음사, 1983, 1993).

강성철, 『주한미군』(서울: 일송정, 1988).

김실동, 「코쟁이 병사와 혼인한 한국 여자 칠만 명의 시집살이」, 『뿌리깊은나무』 1979년 10월호, 60~67쪽.

김유미, 『미국 학교의 한국 아이들』(서울: 일선기획, 1988).

권규식·오명근, 「윤락 여성의 실태」, 『여성문제연구』 3(대구: 대구효성가톨릭대학출판부, 1973), 149~171쪽.

이창희, 『필라델피아 한인사, 1945~1995』(필라델피아: 필라델피아 한인회, 1995).

민병갑 외, 『미국 속의 한국인』(서울: 유림문화사, 1991).

오연호, 『더 이상 우리를 슬프게 하지 말라』(서울: 백산서당, 1990).

오연호, 『식민지의 아들에게』(서울: 백산서당, 3판, 1994).

손정목, 「일제하의 매춘업: 공창과 사창」, 『도시행정연구』 3(서울: 서울시립대학교출판부,

1988), 285～360쪽.

이숭선 외, 「주부 운동」, 『주부, 그 막힘과 트임』(서울: 또하나의문화, 1990), 308～320쪽.

윤일웅, 『매춘: 전국 사창가와 창녀 실태』(서울: 동광출판사, 1987).

윤정모, 『고삐』(서울: 풀빛, 1988).

신문과 잡지

『코리아 타임즈』 뉴욕 판.

『코리아 타임즈』 애틀랜타 판.

『동아일보』 필라델피아 판.

『말』.

보고서 / 회보(會報) / 팸플릿

한국교회여성연합, 『위대한 군대, 위대한 아버지 ― 주한 미군에 의한 여성과 어린이의 인권 유린에 관한 보고』, 1995.

쉼터, 남한의 기지촌과 기지촌 매춘에 관한 제목 없는 보고서, 1997. (쉼터 ― 혹은 자매의 집 ― 는 두레방의 영어 이름이다. 두레방은 기지촌 여성을 위한 커뮤니티 센터이다. 서울 근처 의정부의 기지촌에 위치한 두레방은 한국교회여성연합의 후원을 받고 있다.)

『두레방 회보』 1～18, 1988～1997년.

다문화 가족 봉사 전국 후원회, 『뉴스레터』 1995～1997년. (다문화 가족 봉사 전국 후원회는 텍사스 주의 킬린 기지 주변의 한국 군인아내와 그 가족을 위한 감리교 지원 조직 단체이다.)

무지개 센터, 『무지개 소식지』 1995～1998년. (무지개 센터는 뉴욕에 있는 한국 군인아내를 위한 커뮤니티이자 지원 센터이다.)

새움터, 『새움터 회보』 1～17, 1996～1998년. (새움터는 동두천에 있는 기지촌 여성과 그 자녀들을 위한 커뮤니티이자 지원 센터이다.)

Second Infantry Division, 102nd Military Intelligence Battalion Soldiers Book. 1987 rev. ed.

도움을 준 사람들과의 인터뷰

페이 문(Faye Moon) : 쉼터 공동 설립자이며 무지개 센터 간사. 1997년 12월 뉴욕에 있
　　는 무지개 센터에서 인터뷰.
김명분 : 쉼터 간사이며 새움터 공동 설립자. 1997년 3월 의정부 근처에서 인터뷰.
여금현 목사(헤나 한) : 무지개 센터 설립자이며 소장. 1997년 12월 뉴욕에 있는 무지개
　　센터에서 인터뷰.
박 목사(가명) : 필자가 리서치를 수행했던 한국 군인아내 교회의 목사. 1996년 교회에서
　　인터뷰.
손 목사 : 미국 동부 연안과 남부에 있는 한국 교민 교회의 목사. 1995~1996년 필라델피
　　아에서 인터뷰.

다큐멘터리

박혜정·다카기(J. T. Takagi), 〈이방의 여인들(The Women Outside)〉 Third World
　　Newsreel, 1996.
이윤경(Grace Yoonkyung Lee)·다이애나 리(Diana S. Lee), 〈캠프 아리랑(Camp Ari-
　　rang)〉, 1995.
MBC 〈PD 수첩〉, '국제결혼: 그 명과 암' 1·2부, 1994년 9월 27일, 10월 4일.